Matriz Tributária Brasileira e Princípio da Capacidade Contributiva

Matriz Tributária Brasileira e Princípio da Capacidade Contributiva

2023

Irapuan de Souza Passos

ALMEDINA

MATRIZ TRIBUTÁRIA BRASILEIRA E PRINCÍPIO DA CAPACIDADE CONTRIBUTIVA

AUTOR: Irapuan de Souza Passos

DIRETOR ALMEDINA BRASIL: Rodrigo Mentz
EDITORA JURÍDICA: Manuella Santos de Castro
EDITOR DE DESENVOLVIMENTO: Aurélio Cesar Nogueira
ASSISTENTES EDITORIAIS: Larissa Nogueira e Rafael Fulanetti
ESTAGIÁRIA DE PRODUÇÃO: Laura Roberti

DIAGRAMAÇÃO: Almedina
DESIGN DE CAPA: Roberta Bassanetto

ISBN: 9786556278520
Junho, 2023

Dados Internacionais de Catalogação na Publicação (CIP)
(Câmara Brasileira do Livro, SP, Brasil)

Passos, Irapuan de Souza
Matriz tributária brasileira e princípio da capacidade contributiva / Irapuan de Souza Passos. --1. ed. -- São Paulo : Almedina, 2023.

ISBN 978-65-5627-852-0

1. Direito tributário 2. Impostos - Brasil
3. Tributação - Leis e legislação - Brasil
4. Tributos - Brasil I. Título.

23-149212 CDD-336.205

Índices para catálogo sistemático:
1. Tributação e reforma tributária: Economia
336.205
Henrique Ribeiro Soares – Bibliotecário – CRB-8/9314

Este livro segue as regras do novo Acordo Ortográfico da Língua Portuguesa (1990).

EDITORA: Almedina Brasil
Rua José Maria Lisboa, 860, Conj.131 e 132, Jardim Paulista | 01423-001 São Paulo | Brasil
www.almedina.com.br

AGRADECIMENTOS

Neste momento de reconhecimento, é com muito orgulho e emoção que elevo meu pensamento aos meus pais, os quais, apesar de suas limitações à época de nossa formação como pessoas, semearam em nossos corações, no dos meus irmãos e no meu, o sentimento de que só o conhecimento teria o condão de nos trazer crescimento e realização, tanto como pessoas, quanto como profissionais.

Ademais, dignos de meu reconhecimento também minha esposa e filhos, que apesar do meu recolhimento ao estudo por tão longo período, com consequente comprometimento de nosso convívio familiar, foram compreensivos e reconhecedores da importância de tal sacrifício em prol de uma grandiosa e perene realização.

Outrossim, não haveria de faltar nesta página a qual se dá ao reconhecimento daqueles que de forma direta, ou mesmo indireta, contribuíram para o êxito desta jornada, o nome do meu orientador, Dr. Maurício Dalri Timm do Valle, ao qual rendo homenagens e manifesto meus agradecimentos pela sua presteza em amparar-me em momentos de dificuldades vivenciados principalmente nos passos iniciais desta caminhada.

Por fim, não poderia me abster nesta singular oportunidade de prestar homenagem, ao tempo em que lhe dedico esta obra, à minha mãe, dona Ivanira, em reconhecimento à sua perseverança e determinação na consecução de seus ideais, minha fonte maior de inspiração.

PREFÁCIO

O autor

O autor do livro que o leitor tem, agora, em mãos – Irapuan de Souza Passos –, foi um dos alunos mais participativos e um dos orientandos mais interessados que encontrei na minha caminhada acadêmica. Integrante de uma turma muito especial, Irapuan foi mestrando querido por todos. Todos aqueles da turma composta preponderantemente por integrantes da Carreira Auditoria Tributária do Distrito Federal confirmam que, além de gentil, o autor deste livro tem opiniões fortes defendidas com bons argumentos. E isso, sendo discreto e aparentando ser tímido.

Outra característica do autor é a humildade, empregada, aqui, como antônimo de vaidade. Irapuan não se mostrou em momento algum vaidoso durante todo o mestrado. Uma passagem exemplifica o que quero dizer. Numa das disciplinas cursadas, se não me engano, Teoria do Direito, em cada encontro havia um seminário sobre um tema específico. Observando os tópicos básicos indicados, cabia ao expositor (relator) aprofundar e subdividir os tópicos da forma como lhe parecesse mais apropriado em sua apresentação, bem como efetuar a pesquisa e as leituras necessárias para o seminário.

Além do expositor, haviam revisores encarregados de complementar a exposição do relator. Se bem me lembro, Irapuan foi o revisor do quinto encontro, no qual trataríamos da "Tipologia de Normas". A bibliografia era densa. Nela, constavam Herbert Hart, Hans Kelsen, Frederick Schauer, Georg Henrik von Wright, Daniel González Lagier e Carlos Santiago Nino. No momento da apresentação dos expositores (relatores), ficou absolutamente evidente que não haviam preparado a apresentação. Apesar de um deles ser um dos mais competentes da turma, era perceptível que, naquele momento, improvisava. Irapuan, que era o revisor, e havia dedicado dias para a leitura e preparação da sua apresentação, em sua grandeza, viu-se impossibilitado moralmente de a exibir na tela, o que, inevitavelmente realçaria a deficiência da apresentação de seus colegas. Limitou-se, pois, a se valer da técnica por eles adotada, expondo oralmente seu trabalho.

De se ressaltar que somente vim a tomar conhecimento deste fato, quase um ano após a defesa de sua dissertação, momento em que, valendo-se de um ambiente propício, motivado pelo estreitamento de nossa amizade, o que inevitavelmente a relação orientando/orientador tratou de providenciar, o assunto veio à tona e aqueles dezenove slides, "já empoeirados", foram a mim apresentados.

Para minha felicidade, digo que Irapuan, muito mais que um orientando, tornou-se um grande amigo.

A obra

A obra de fôlego, construída durante o mestrado em direito do autor, foi defendida em 05 de julho de 2022, perante banca composta pelo Professor Doutor Marcos Aurélio Pereira Valadão, como examinador externo, pelo Professor Doutor Cleucio Santos Nunes, como examinador interno e por mim, como orientador e Presidente da Banca.

O livro é escrito em linguagem leve e agradável, baseado em excelente bibliografia nacional e estrangeira tanto de direito tributário quanto de teoria geral do direito, mais especificamente, teoria analítica do direito.

Logo na introdução, o autor demonstra sua preocupação com a justiça, fazendo menção, já no início do seu texto, aos objetivos fundamentais da República, previstos no art. 3º da Constituição, e também à forma por meio da qual esses objetivos se concretizam: por meio da atribuição, a todo cidadão, da responsabilidade de contribuir na medida de sua capacidade contributiva. Estaria, aí, o "*...prestígio da equidade no rateio das custas burocráticas*". Na visão de Irapuan, a "*...rigorosa distribuição das competências tributárias, com a qual se buscou evitar a possibilidade de um contribuinte se ver sujeito de exação por mais de uma pessoa tributante pela mesma hipótese de incidência*" é outra manifestação da preocupação do Constituinte com a observância da capacidade contributiva.

O primeiro capítulo do livro deixou-me muito feliz. Irapuan vale-se de excelente bibliografia de teoria analítica do direito para superar a visão da homogeneidade sintática das normas jurídicas, ou seja, de que todas teriam a estrutura de juízo hipotético condicional, para ao final concluir que "... *as normas jurídicas não são modelos estáticos e isolados, são modelos dinâmicos que se implicam e se correlacionam, sejam elas enunciativas de formas de ação ou comportamento, ou de formas de organização e garantia das ações ou comportamentos*".

Adiante, o autor analisa as normas de competência na teoria geral do direito, tratando das proposta "unitaristas" e "não-unitaristas" para, em seguida, descrever e examinar algumas das visões acerca das normas de competência, quais sejam, "*i) a das teorias que reduzem as normas jurídicas de competência a normas prescritivas ou a partes destas, diga-se, normas de conduta, imperativas ou permissivas; ii) a das que não veem as normas de competência como prescritivas, mas como: ii.a) regras técnicas; ii.b) regras conceituais; e ii.c) regras constitutivas, as quais podem ser: ii.c.1) institucionais ou ii.c.2) performativas*".

Irapuan realiza, ainda, a distinção entre competência tributária e capacidade tributária ativa. Em seguida, traça a evolução histórica da competência tributária no Brasil, examina os conflitos de competência, que, para ele, não passam de "*mera ilusão e de pura aparência*", para então tratar das espécies de competência tributária (competência comum, competência exclusiva, competência extraordinária e competência residual), e, por fim, examinar, criticamente, as características das competências tributárias (privatividade, indelegabilidade, incaducabilidade, inalterabilidade, irrenunciabilidade e facultatividade).

O segundo capítulo é dedicado ao Princípio da Capacidade Contributiva. Após realizar uma retomada histórica do princípio, Irapuan examina o princípio da capacidade contributiva no Brasil, examinando a presença do princípio nas Constituições anteriores a 1988. Neste capítulo fica ainda mais evidente a preocupação de Irapuan com a justiça tributária, sobretudo pela energia que emprega no texto ao tratar do mínimo existencial e a sua necessária proteção, bem como do princípio da proibição do efeito confiscatório. Merecem aplausos a postura de Irapuan de não se furtar à analise das relações entre a extrafiscalidade e a capacidade contributiva. E mais: merece elogio o tratamento dele sobre a "Teoria do Benefício", sobre a "Teoria do Sacrifício" e sobre a "Teoria do Talento Pessoal".

Por fim, o terceiro e último capítulo é o fechamento da obra que se mostrou, até aqui, muito interessante. Nele, o autor examina a injustiça da matriz tributária brasileira e a regressividade dela, lembrando que esta manifesta-se de variadas formas, como, por exemplo, "*...por um desequilíbrio* *entre as tributações das bases – propriedade, renda e consumo...*", ou por meio de distorção dentro da própria base, no caso em que as pessoas de menor renda são tributadas em nível maior do que aquelas de maior renda. No capítulo, Irapuan também trata de tema não tão explorado na doutrina do direito tributário nacional: a solidariedade; examina detalhadamente o imposto de renda e a sua progressividade, bem como temas sensíveis, com lucidez invejável.

Temos certeza de que o leitor aproveitará a agradável leitura deste livro que vem em boa hora, contribuindo fortemente para a cultura jurídico-tributária nacional.

Brasília, março de 2023.

MAURÍCIO DALRI TIMM DO VALLE
Doutor, Mestre e Bacharel em Direito pela UFPR. Coordenador do Programa de Pós-graduação Stricto Sensu em Direito da Universidade Católica de Brasília – UCB. Conselheiro Titular do Conselho Administrativo de Recurso Fiscais – CARF. Ex-Assessor de Ministro do Supremo Tribunal Federal. Advogado licenciado.

SUMÁRIO

INTRODUÇÃO

Diante do que se lê no preâmbulo da Constituição da República Federativa do Brasil de 1988 (CF/88), no qual o legislador originário expressamente atribui ao Estado Democrático de Direito a função de assegurar o exercício dos direitos sociais e individuais, a liberdade, a segurança, o bem-estar, o desenvolvimento, a igualdade e a justiça como valores supremos de uma sociedade fraterna, pluralista e sem preconceitos, fundada na harmonia social e comprometida, na ordem interna e internacional, com a solução pacífica das controvérsias...[1]

Considerando-se também o disposto em seu art. 3º, a determinar quanto aos objetivos fundamentais da República: i) Construir uma sociedade livre, justa e solidária; ii) Garantir o desenvolvimento nacional; iii) erradicar a pobreza e a marginalização e reduzir as desigualdades sociais e regionais; e iv) promover o bem de todos, sem preconceitos de origem, raça, sexo, cor, idade e quaisquer outras formas de discriminação...[2]

Evidente que a intenção do legislador originário quando da elaboração da referida Constituição não era outra senão a de atribuir a todo cidadão brasileiro, na justa medida de sua capacidade, a responsabilidade de contribuir para a concretização daqueles objetivos.

Tal ordenamento vai repercutir nos vários ramos do direito, e em especial no Direito Tributário, no qual, mediante a instituição e arrecadação de tributos, buscar-se-á prover os recursos financeiros necessários a se fazer frente à burocracia estatal, cabendo ao legislador ordinário a modulação da carga tributária a que cada cidadão caberá suportar.

[1] BRASIL, Constituição da República Federativa do Brasil.

[2] *Ibid.*

Com vistas ao prestígio da equidade no rateio das custas burocráticas, tratou o próprio constituinte de delinear o alcance da exação quando, no art. 145, §1º[3] do Texto Maior, expressamente determina que os impostos, sempre que possível, terão caráter pessoal e serão graduados segundo a capacidade econômica do contribuinte.

Perceba-se que o dispositivo supracitado (art. 145, §1º, CF/88) já vincula o legislador ordinário, na instituição de tributos, à observância, sempre que possível, da capacidade contributiva do cidadão contribuinte. Nota-se, porém, que para o legislador originário aqueles objetivos revelam-se muito caros, e que não poderia deixar de, ainda no Texto Constitucional, impor ao legislador ordinário uma sistemática operacional com o fim de efetivá-los. É o que se verifica no art. 153, §2º, I da CF/88 a determinar que o Imposto de Renda será informado pelo critério da progressividade.

Ademais, providência a realçar a preocupação do Constituinte quanto ao respeito ao princípio da capacidade contributiva pelo legislador infraconstitucional na instituição de tributos, foi a rigorosa distribuição das competências tributárias, com a qual se buscou evitar a possibilidade de um contribuinte se ver sujeito de exação por mais de uma pessoa tributante pela mesma hipótese de incidência.

Ora, se é certo que os fenômenos econômicos sujeitos à tributação revelam capacidade contributiva, não menos correto é afirmar que, se várias pessoas jurídicas de direito público vislumbrarem alcançar um mesmo fenômeno, ver-se-á o risco de a acumulação de incidências acabar por ultrapassar a capacidade contributiva ali manifestada.

Verifica-se, pois, na decisão constitucional de se repartir rigidamente as competências tributárias, além de se evitar conflitos entre os entes políticos na eleição das fontes de recursos a satisfazer sua despesa burocrática, uma proteção ao contribuinte contra o exagero de tributação, vez que, encerrando duplo comando – à medida que habilitam determinada pessoa política a criar um dado tributo, proíbem as demais de virem a instituí-lo –, evitam-se abusos do legislador ordinário tendentes ao aviltamento de valores fundamentais prestigiados pela ordem jurídico constitucional, como a liberdade e a propriedade.

Diante do que se expõe e da relevância que se extrai do tema, propõe-se este trabalho a investigar quão efetivo tem se apresentado o labor legislativo infraconstitucional no que se refere ao respeito e busca pelo que determi-

[3] Principal fundamento da progressividade.

nou o legislador originário na Constituição de 1988 quanto ao princípio da capacidade contributiva.

Compondo-se seu desenvolvimento de três partes principais, inicialmente apresentar-se-á os vários enfoques ao termo "norma" apresentados pelos autores da Teoria do Direito, destacando-se, a despeito das diversas e conflituosas teorias que se puseram a conceituá-la, a existência do importante grupo de normas que tem por função conferir poderes, as normas que constituem regras para a criação de normas que impõem deveres, as quais também merecerão considerações em tópico imediatamente subsequente. Em seguida a doutrina e a legislação contemporâneas assumem o protagonismo como fonte da pesquisa.

A segunda parte, voltada ao estudo do arcabouço teórico e jurídico do princípio da capacidade contributiva, tratará de oferecer ao leitor subsídios a lhe respaldar o entendimento do que se busca com uma tributação que privilegie a justa e equânime divisão das custas da burocracia estatal entre os cidadãos contribuintes, o que, em seu núcleo, encontra-se a proteção ao mínimo existencial, imprescindível à manutenção da dignidade da pessoa humana.

A terceira e derradeira parte encarregar-se-á do estudo material da regressividade que aflige a matriz tributária brasileira, sendo este capítulo iniciado com a apresentação ao leitor da proposta de Valcir Gassen de se substituir a tradicional designação "Sistema Tributário" pela expressão "Matriz Tributária" sob a justificativa de esta oferecer uma carga semântica mais adequada ao estudo do fenômeno tributário. Na sequência, ainda como preparativo ao enfrentamento do tema principal um subtópico se encarrega de contextualizar o leitor com o termo "justiça", variável a integrar o título que nomeia o capítulo em tela.

Parte-se então a se demonstrar, na legislação ordinária, fatores a comprometer a justa repartição da carga tributária que há de se esperar de uma matriz tributária que se tenha por justa. Disserta-se quanto à alta participação da tributação sobre o consumo na arrecadação tributária global e seus efeitos negativos no quesito justiça fiscal, desde sua falta de visibilidade, o que tende a afastar a cidadania tributária, até as inúmeras dificuldades encontradas a que as capacidades contributivas sejam individualizadas e discriminadas.

Na continuidade, a considerar o mandamento constitucional a impor ao Imposto de Renda o critério informativo da progressividade, corolário da capacidade contributiva, minuciosa verificação é realizada em sua legislação com vistas a aferição de seu grau de conformidade com o Texto Maior.

Em seguida, o desafio de identificar o que tem, desde "Cabral", influenciado a matriz tributária brasileira no sentido de sua persistente e sistêmica regressividade toma assento. A hipótese é a de que, em virtude da vocação da sociedade brasileira, marcada desde o "descobrimento" por uma heterogeneidade bem definida de suas classes sociais, colocou-se, o poder político, sempre a mercê da influência de uma minoria detentora de grande poder econômico, por conseguinte, as políticas tributárias, assim como a política de uma forma geral, sempre estiveram a serviço da preservação e proteção de seus interesses, em prejuízo de uma equânime distribuição da carga tributária e consequente atingimento da justa redistribuição de renda.

Ademais, considerando-se a importância que as transferências intergovernamentais representam no orçamento das unidades subnacionais, notadamente as de menores fontes de recursos próprios, e considerando-se ainda, conforme mandamento constitucional, objetivarem tais repasses à promoção do equilíbrio socioeconômico entre estados e municípios, um último esforço é dispensado no sentido de se avaliar quão coerente esta equalização tem se revelado.

Quanto à metodologia adotada, realça-se seu caráter descritivo, a qual baseia-se em fontes secundárias, tais como trabalhos doutrinários, outras produções científicas, legislação tributária, estudos realizados por órgãos governamentais, além de conteúdo extraído da internet. A abordagem no tratamento dos dados é a qualitativa, e o método, o hipotético dedutivo.

CAPÍTULO 1
A MATRIZ TRIBUTÁRIA BRASILEIRA E AS COMPETÊNCIAS TRIBUTÁRIAS

1.1. Norma jurídica, mais que um juízo hipotético

É lição de Tércio Sampaio Ferraz Júnior ter a ciência dogmática contemporânea encontrado no conceito de norma um instrumento operacional importante para fazer realizar sua tarefa analítica de identificar o direito. Citando a Teoria Pura do Direito o autor menciona que, para Hans Kelsen, os comportamentos humanos só são conhecidos mediatamente pelo cientista do direito, isto é, enquanto regulados por normas. Que os comportamentos, a conduta de um ser humano perante outro, são fenômenos empíricos que manifestam um significado que possui um aspecto subjetivo e outro objetivo.[4]

Para Eugenio Bulygin e Daniel Mendonca "norma" é

> *una prescripción emitida por un agente humano, denominado «autoridad normativa», dirigida a uno o varios agentes humanos, denominados «sujetos normativos», que obliga, prohíbe o permite determinadas acciones o estados de cosas.*[5]

[4] A demonstrar sua teoria, Kelsen explica que ao se levantar o braço em uma assembleia, tal conduta pode ser, conforme a intenção do agente, um simples movimento de preguiça, um ato de espreguiçar-se. Outrossim, no contexto, tal manifestação pode ter um significado objetivo na medida em que o agente, ao levantar a mão, manifesta um voto computável para tomar uma decisão, significado objetivo que é criado por uma norma segundo a qual o ato de votar será contado pelo erguimento do braço. FERRAZ JR., Tércio Samapaio, **Introdução ao Estudo do Direito**, 11. ed. São Paulo: Atlas, 2019, p. 71.

[5] BULYGIN, Eugenio; MENDONCA, Daniel, **Normas y Sistemas Normativos**, Madri: Marcial Pons, 2005, p. 15.

Advertem os autores, porém, que a restrição do alcance atribuída ao termo norma como equivalente à prescrição não implica que o direito seja composto exclusivamente por prescrições, pois além das normas prescritivas o sistema jurídico também pode conter outros tipos de normas, como as definidoras ou constitutivas. Citam como exemplo de tais tipos de normas as definições, as ficções e as disposições derrogatórias.[6]

A motivação de certas condutas sociais é uma das principais finalidades da autoridade normativa ao editar uma norma, e para tal, mister se faz a comunicação desta aos seus sujeitos normativos. Apesar de essa comunicação pressupor o uso de uma linguagem, a norma não é um conjunto de signos linguísticos, mas sim o sentido que esses signos expressam. Ensinam os autores que para que a norma cumpra a função que a autoridade lhe atribui é necessário que o destinatário da formulação normativa, o sujeito da norma, capte o seu sentido, do contrário este não poderá ser motivado pela norma e não poderá obedecê-la, nem aplicá-la.[7]

Adentrando ao tema das proposições normativas os autores chamam a atenção para a ambiguidade das orações que contém palavras normativas, tendo em vista sua aplicabilidade tanto para expressar normas, quanto para expressar proposições acerca de normas. Com o fim de ilustrar a ambiguidade ora levantada, afirmam os autores que quando alguém diz "*prohibido fumar*" cabem ao menos duas interpretações possíveis: i) Se a intenção foi a de se proibir que se fume, tal expressão foi usada prescritivamente e as palavras expressam uma norma; ii) mas se a intenção foi simplesmente a de informar sobre a existência de uma proibição editada por outro, a expressão foi usada descritivamente e, desta vez, ao invés de norma, expressará uma proposição normativa. Dessa forma, resta demonstrado que, ainda que se possam ser representadas pelas mesmas palavras, as propriedades das normas e das proposições normativas são indiscutivelmente distintas. As normas, que podem ser obedecidas ou desobedecidas, são qualificadas como válidas ou inválidas, justas ou injustas, etc.; enquanto que as proposições normativas são verdadeiras ou falsas, vez que não podem nem ser obedecidas, nem desobedecidas.[8]

Ressalte-se ainda que, para a verdade da proposição normativa o que há que se considerar é tão somente o fato de que a norma a que esta se refira

[6] *Ibid.*

[7] *Ibid.*, p. 16.

[8] *Ibid.*, p. 19.

exista, seja válida, ou esteja vigente, sendo irrelevante quem a formula, enquanto que, a validade da norma poderá depender da pessoa que a formula, vez que haverá casos em que se exigirá que seu autor reúna certas condições relativas à competência.[9]

Ainda neste contexto, relevante o esforço de Humberto Ávila em afastar qualquer tendência de se relacionar normas a textos, que adiante ele nomeia de dispositivos, ou conjunto deles. O autor, reconhecendo os dispositivos como meros objetos da interpretação, assevera ser no resultado desta, nos sentidos construídos a partir da interpretação sistemática dos textos normativos, que as normas são construídas.[10]

Dessa forma, conclui o autor não haver correspondência biunívoca entre dispositivo e norma na medida em que onde houver um, não obrigatoriamente terá que haver o outro, i) havendo dispositivos a partir dos quais se pode construir mais de uma norma; e casos em que, ii) havendo mais de um dispositivo, a partir deles apenas uma norma é construída.[11, 12]

Ademais, assevera o autor haver normas mesmo sem dispositivos específicos a lhes dar suporte físico, do que são exemplos os princípios da segurança jurídica e da certeza do Direito. Em sentido inverso, verificam-se casos da existência de dispositivos infrutíferos normativamente, como é o caso do enunciado constitucional que prevê a "proteção de Deus", uma vez que desta expressão não se vislumbra qualquer construção normativa.[13]

Eduardo C. B. Bittar e Guilherme Assis de Almeida, valendo-se do art. 229 da Constituição de 1988,[14] dão uma aula quanto à motivação da criação

[9] *Ibid.*, p. 20.

[10] ÁVILA, Humberto, **Teoria dos Princípios: da definição à aplicação dos princípios jurídicos**, 2. ed. São Paulo: Malheiros, 2003, p. 22.

[11] *Ibid.*, p. 22, 23.

[12] Um "bom exemplo" do primeiro caso, disserta Ávila, é o exame do enunciado prescritivo que exige lei para a instituição ou aumento de tributos, a partir do qual pode-se chegar ao princípio da legalidade, ao princípio da tipicidade, à proibição de regulamentos independentes e à proibição de delegação normativa. Quanto ao segundo caso, no qual há mais de um dispositivo e deles apenas uma norma se constrói, como exemplo de sua ocorrência leciona o autor que pelo exame dos dispositivos que garantem a legalidade, a irretroatividade e a anterioridade chega-se ao princípio da segurança jurídica. *Ibid.*, p. 22.

[13] *Ibid.*

[14] "Art. 229. Os pais têm o dever de assistir, criar e educar os filhos menores, e os filhos maiores têm o dever de ajudar e amparar os pais na velhice, carência ou enfermidade." BRASIL, Constituição da República Federativa do Brasil.

de uma norma jurídica baseada na investigação da vida social. Ao se observar em nosso redor, podemos constatar que determinados comportamentos são o padrão e os aceitáveis pela sociedade, porém, não há garantia de que tais situações desejadas serão sempre verificadas. "[...] constata-se que o normal é o auxílio dos pais aos filhos menores, e o dos filhos maiores, em caso de necessidade, aos pais", porém, embora o senso comum conduza à conclusão de que tais comportamentos sejam os normais e esperados, não há garantia de sua observância.[15]

É motivado por esta instabilidade do comportamento desejado que o Direito transforma determinada situação em norma, a qual, além de estabelecer um "dever ser", prevê uma consequência para o seu descumprimento. Doravante, o comportamento em tela é expelido do campo do livre arbítrio, o Direito passa a prescrever a normalidade,[16] passa a normatizar a realidade, ditando os comportamentos e atitudes que se considerem normais e desejáveis, "(Os pais têm o dever de assistir [...] e os filhos maiores têm o dever de ajudar e amparar)".[17]

O hábito de se referir às normas jurídicas como uma espécie da classe geral das normas, e que as normas são um caso prescritivo da linguagem, embora só até certo ponto isso seja verdade, é praticamente uma unanimidade.[18]

Apesar de sua primordial importância para a transmissão de informações, à linguagem pode-se atribuir inúmeras outras finalidades no seu uso, tais como: uso informativo, uso expressivo, uso interrogativo, uso operacional e uso prescritivo ou diretivo. Esta é uma relação simplificada, veja-se, pois, quantas ações linguísticas se encobrem sob o título de "uso diretivo" como as de suplicar, implorar, sugerir, recomendar, aconselhar, solicitar, pedir, reclamar, indicar, ordenar, mandar, impor e assim por diante.[19]

[15] Bittar, Eduardo C. B.; De Almeida, Guilherme Assis, **Curso de Filosofia do Direito**, 14. ed. São Paulo: Atlas, 2019, p. 865.

[16] O autor oferece um brilhante esclarecimento quanto à diferenciação do "ser" e do "dever ser". Inicia explicando que a elaboração de uma norma científica se dá a partir da observação dos fenômenos e constatação de sua repetição ou regularidade, concluindo que a lei científica "descreve" a normalidade, esta no plano do "ser", e que a norma jurídica "prescreve" a normalidade, estando no plano do "dever ser". *Ibid.*

[17] *Ibid.*

[18] Nino, Carlos Santiago, **Introducción al Análisis del Derecho**, 2. ed. Buenos Aires: Astrea, 2003, p. 63.

[19] *Ibid.*, p. 64.

O uso prescritivo da linguagem objetivará a direcionar o comportamento do outro e não prejudicará seu caráter o fato de se alcançar ou não tal finalidade, sendo bastante que o emissor tenha tido a intenção real de influir na conduta do destinatário. Não o seria, se o emissor soubesse que o destinatário não poderia cumprir, se a formula sabendo que ninguém a percebe, e assim por diante.[20]

Uma boa técnica para expressar a intenção de direcionar o comportamento do destinatário seria usar o verbo da oração em modo imperativo, mas não se vê aqui uma condição necessária ou suficiente para que uma frase expresse uma diretiva, o que pode se dar por meio de uma sentença no indicativo: "É-lhe conveniente estudar", ou uma proposição assertiva por meio de uma oração em modo imperativo: "Para ligar o Televisor, pressione o botão esquerdo".[21] O uso de palavras deônticas é outro recurso a indicar que determinada oração expressa uma diretiva, tais como: "obrigatório", "permitido", "proibido"; ou modais, como: "necessário", "possível", "impossível". O caráter de diretiva de uma oração também pode ser indicado mediante uma expressão operativa que faz referência ao ato linguístico que se realiza ao se formular tal oração: "Eu ordeno que você me dê isso"; "Eu imploro que não me bata"; "Peço que me mande o expediente".[22]

As diretivas que estão relacionadas com as normas – as ordens, os comandos, as imposições –, muitas vezes chamadas de prescrições, são as que tem maior força. Caracterizam-se por manifestar uma superioridade do sujeito emissor sobre o destinatário, superioridade esta que pode se manifestar pela força física ou moral. Ressalte-se que as diretivas que são chamadas "prescrições" não se restringem às que ordenam ou emitem comandos, têm uma denotação mais ampla, alcançam também a espécie de enunciados que não são ordens, as permissões ou autorizações.[23]

Para von Wright as normas se distinguem em **a) normas principais**: a.i) As regras definidoras ou determinativas: Definem ou determinam uma atividade (regras de jogos, regras gramaticais); a.ii) As diretivas ou regras técnicas: indicam um meio para alcançar um determinado fim; a.iii) As Prescrições: visam a direcionar condutas; e **b) normas secundárias**: b.i) normas ideais: estabelece um padrão ou modelo da espécie ótima dentro

[20] *Ibid.*

[21] *Ibid.*, p. 65.

[22] *Ibid.*

[23] *Ibid.*, p. 66.

de uma classe; b.ii) costumes: o caráter social do costume lhe atribui uma pressão normativa, o que o sujeita a críticas e sanções da sociedade; b.iii) normas morais: das quais seriam exemplos, cumprir promessas, honrar pai e mãe.[24]

Elemento constitutivo do Direito, a norma, célula do organismo jurídico, detém as mesmas características encontradas naquele, quais sejam, a sua natureza objetiva ou heterônoma[25] e a exigibilidade ou obrigatoriedade daquilo que ela enuncia.[26]

Para alguns autores, notadamente influenciados por Hans Kelsen, a norma jurídica é sempre redutível a um juízo ou proposição hipotética na qual se prevê um fato (F) ao qual se vincula uma consequência (C). O que, esquematicamente corresponderia a: Se F é, deve ser C. Tal entendimento, porém, não é uníssono na doutrina. Neste sentido posiciona-se Miguel Reale ao asseverar que esta estrutura lógica apenas atenderia certas categorias de normas jurídicas, como as destinadas a reger os comportamentos sociais, não alcançariam, por exemplo, as normas de organização, as dirigidas aos órgãos do Estado, ou as que fixam atribuições, na ordem pública ou privada. Em tais espécies de normas, nada é dito de forma condicional ou hipotética, mas sim categórica, excluindo-se qualquer condição.[27]

Definindo as normas jurídicas como comandos gerais formulados pelo soberano[28] a seus súditos, John Austin as define como comandos dirigidos a quem se deseje regular o comportamento, sob a ameaça de causar-lhe dano caso não se conduza em conformidade com determinado comando. Para este autor, as normas jurídicas sempre serão compostas pelo sujeito (a quem a ordem se destina), pelo ato a ser realizado, pela ocasião da realização do ato e um operador imperativo. Quanto ao dano a ser imposto

[24] *Ibid.*, p. 69.

[25] "[...] é próprio do Direito valer de maneira heterônoma, isto é, com ou contra a vontade dos obrigados". Reale, Miguel, **Lições Preliminares de Direito**, 27. ed. São Paulo: Saraiva, 2002, p. 80.

[26] *Ibid.*, p. 79.

[27] *Ibid.*

[28] O elemento que distingue as normas jurídicas dos demais comandos, é que os comandos que são jurídicos têm sua origem na vontade de um soberano. Na teoria de John Austin, conforme lembra Carlos Nino, "*Si un hombre determinado es destinatario de un hábito de obediencia de la mayor parte de una sociedad sin que él, a su vez, tenga el hábito de obedecer a un superior, ese hombre es soberano en esa sociedad, y la sociedad (incluido el soberano) es una sociedad política e independiente*". Nino, **Introducción al Análisis del Derecho**, p. 79.

ao sujeito normativo no caso de não cumprimento ao ordenamento, este poderá constar na própria norma prescritiva, em uma segunda parte, ou em uma outra, exclusivamente punitiva.[29]

Hans Kelsen, para o qual a prescrição de sanção é requisito indivorciável da norma jurídica, formula uma concepção a respeito de normas jurídicas em muitos aspectos análoga à de Austin, e o interessante é que o faz sem conhecer originalmente a elaboração deste último. Para Kelsen, há dois tipos de juízos, i) os juízos de ser: afirmações descritivas capazes de ser verdade ou falsidade; ii) os juízos de dever ser: "*que son directivos y respecto de los cuales no tiene sentido predicar verdad o falsedad*".[30]

Ainda que se espere dos juízos de "dever ser" a função de interpretar os atos de vontade cuja intenção é dirigida à ação de outra pessoa, Kelsen se recusa a ver necessariamente detrás dos juízos de dever ser, que ele chama de "normas", uma vontade real no sentido psicológico,[31] motivo pelo qual sugere que a analogia entre as normas e comandos é apenas parcial, seria a norma um comando "despsicologizado"[32].

Kelsen assinala ainda outra propriedade das normas que as diferencia dos comandos ou ordens, a validade. Refere-se esta à existência específica das normas, constituindo sua força obrigatória, qualidade de que as meras ordens não são detentoras. "Que um juízo de 'dever ser' seja uma norma válida depende de que quem a formule esteja autorizado a fazê-lo por outra norma, que por sua vez seja válida".[33]

[29] *Ibid.*, p. 78.

[30] *Ibid.*, p. 79.

[31] Para justificar seu entendimento, Nino enumera alguns exemplos: i) Leis aprovadas por parlamentares que, em boa medida, não sabem o que é o que sancionam; ii) Costumes, por trás dos quais não se pode detectar uma vontade real; iii) Leis que sobrevivem mesmo quando seus autores já morreram; iv) Testamento que só produz efeito quando seu autor morre. *Ibid.*, p. 79, 80.

[32] Tércio Sampaio Ferraz Júnior assevera ser opinião prevalecente na doutrina dogmática a de que a norma jurídica é uma espécie de imperativo despsicologizado, um comando no qual não se identificam o comandante, nem o comandado, o que se deve ao fato de, de um lado, após a norma posta, a figura do legislador parecer perder sua importância e, de outro, posto serem as normas jurídicas comandos genéricos e universais, não se identificam seus destinatários, motivo pelo qual, há quem diga não se tratar, em absoluto, de um comando. FERRAZ JR., **Introdução ao Estudo do Direito**, p. 86.

[33] "*Que un juicio de deber ser sea una norma valida depende de que quien lo formula esté autorizado a hacerlo por otra norma que a su vez sea válida.*". NINO, **Introducción al Análisis del Derecho**, p. 80.

Para Kelsen as normas jurídicas distinguem-se em normas primárias e normas secundárias.[34] As primeiras, normas genuínas, encarregam-se de prescrever, em certas ocasiões, a privação de um sujeito de seus bens por meio da força, enquanto as secundárias, meros derivados lógicos das primárias, dão-se a fornecer uma explicação mais clara do direito.[35]

Joseph Raz critica a distinção das normas jurídicas baseada unicamente no fato de que seu conteúdo seja uma sanção, como quer Kelsen, e explica:

> O linchamento ou a vingança podem ser prescritos por certos sistemas morais positivos sem transformá-los em ordens jurídicas. Da mesma forma, ordens sociais não jurídicas podem prescrever castigos corporais de crianças por seus pais, alunos por seus professores, etc. A coação também pode ser autorizada ou mesmo prescrita por ordens sociais não jurídicas em casos de perigo para a comunidade ou parte dela.[36]

Miguel Reale alinha-se aos pensadores que consideram que para se alcançar um conceito geral de regra jurídica, há que se abandonar a sua redução a um juízo hipotético. Neste sentido são suas palavras.

> Não vemos como se possa vislumbrar qualquer relação condicional ou hipotética em normas jurídicas como estas:
>
> a) "Compete privativamente à União legislar sobre serviço postal" (Constituição, art. 22, V);
>
> b) "Brasília é a Capital Federal" (Constituição, art. 18, § 1º);
>
> c) "Toda pessoa é capaz de direitos e deveres na ordem civil" (Código Civil de 2002, art. 1º);

[34] Em verdade, nem sempre os autores coincidem em chamar primárias ou secundárias as normas. Para Herbert Hart, por exemplo, destoando de Kelsen, as normas primárias se distinguem por se referirem à ação ou criarem uma obrigação, enquanto que as secundárias, assumem uma função mais complexa que estabelecer sanções, importando na atribuição de poderes. Reale, **Lições Preliminares de Direito**, p. 80.

[35] Nino, **Introducción al Análisis del Derecho**, p. 84.

[36] *"Lynching or vendetta may be prescribed by certain positive moral systems without turning them into legal orders. Similarly, non-legal social orders can prescribe corporal punishment of children by their parents, pupils by their teachers, etc. Coercion may also be authorized or even prescribed by non-legal social orders in cases of danger to the community or part of it".* Raz, Joseph, **The Concept of a Legal System: an introduction to the theory of legal system**, 2. ed. Oxford: Oxford University Press, 1980, p. 82. Nino, **Introducción al Análisis del Derecho**, p. 88.

d) "Os filhos estão sujeitos ao poder familiar enquanto menores" (Código Civil de 2002, art. 1.630).[37]

E continua o autor:

> Somente por um artifício verbal poder-se-á dizer que o citado art. 18, § 1º, da Carta Magna quer dizer que, se uma cidade for Brasília, deverá ser considerada Capital Federal; ou então que, pelo art. 1º da Lei Civil de 2002, se algum ser for pessoa, deverá ser capaz de direitos e obrigações [...].[38]

Para concluir e sedimentar seu raciocínio, Reale elenca uma série de regras que não se apresentam como juízos hipotéticos, não havendo alternativa do seu cumprimento ou não.

> [...] as regras que dispõem sobre a organização dos poderes do Estado, as que estruturam órgãos e distribuem competências e atribuições, bem como as que disciplinam a identificação, modificação e aplicação de outras normas não se apresentam como juízos hipotéticos.[39]

Crítico à concepção que toma as normas jurídicas por comandos, leciona Herbert Lionel Adolphus Hart que a eficiência do esquema das ordens respaldadas por ameaças restringem-se muito bem à estrutura das normas jurídicas penais e de algumas poucas civis, deixando de lado o importante grupo de normas que constituem regras para a criação das normas que conferem poderes.[40]

Cumprindo uma lei criminal a função social de prescrever e definir certos tipos de conduta como algo que deve ser evitado ou feito por aqueles a quem se aplica, independentemente de seus desejos, o castigo, ou sanção, associado pela lei às infrações ou violações do direito criminal, destina-se a fornecer um motivo para a abstenção dessas atividades. Certa analogia verifica-se entre tais ordens gerais e o direito de responsabilidade civil, cujo principal objetivo é atribuir aos indivíduos compensação pelos danos sofridos em resultado da conduta de outrem.[41]

[37] Reale, **Lições Preliminares de Direito**, p. 78.

[38] *Ibid.*, p. 79.

[39] *Ibid.*

[40] Hart, Herbert L. A., **O Conceito de Direito**, 3. ed. Lisboa: Fundação Calouste Gulbenkian, 2001, p. 34, 35; Nino, **Introducción al Análisis del Derecho**, p. 88, 89.

[41] Hart, **O Conceito de Direito**, p. 34.

No entanto, Herbert Hart salienta haver importantes tipos de leis em que citada analogia com as ordens baseadas em ameaças falha redondamente, visto que preenchem uma função social bastante diferente. A ilustrar sua lição, disserta por exemplo que, as regras jurídicas que definem os modos pelos quais se podem celebrar contratos, testamentos, ou casamentos válidos não obrigam as pessoas a atuar de determinada maneira, não impondo deveres ou obrigações, em vez disso, conferem-lhes poderes jurídicos legais para se criar, através de certos procedimentos especificados e sujeitos a certas condições, estruturas de direitos e deveres dentro do quadro coercitivo do direito.[42]

Rechaçando a concepção que reduz o direito a um só tipo de regras, Herbert Hart, ao considerá-la uma inaceitável deformação da realidade jurídica, propõe considerar o ordenamento jurídico como a união de diferentes tipos de normas ou regras, classificando-as em regras primárias e regras secundárias[43], o que facilita uma compreensão mais precisa de uma série de fenômenos jurídicos que somente se classificariam de uma forma simplista em um esquema unitário.

As regras primárias, dirigidas tanto aos funcionários, prescrevendo-lhes a aplicação de sanções, quanto aos súditos, indicando-lhes condutas que se consideram desejáveis, são as que impõem a seus destinatários, mediante sua força compulsiva, a realização de certos atos.[44] As regras secundárias não tratam diretamente do que os indivíduos devem ou não fazer, mas das regras primárias.[45]

> Por isso, pode dizer-se de todas elas que estão num plano diferente das regras primárias, porque são todas relativas a tais regras; isto no sentido de que, enquanto as regras primárias dizem respeito às acções que os indivíduos devem ou não fazer, essas regras secundárias respeitam todas às próprias regras primárias. Especificam os modos pelos quais as regras primárias podem ser determinadas de forma concludente, ou ser criadas, eliminadas

[42] *Ibid.*, p. 35.

[43] *Ibid.*, p. 103.*"Hart sostiene que ver el derecho como una unión de reglas primarias de obligación con las normas secundarias que se acaban de indicar, facilita una comprensión más aguda de una serie de fenómenos jurídicos que si se lo encasilla en forma simplista en un esquema unitario."*. NINO, **Introducción al Análisis del Derecho**, p. 92.

[44] NINO, **Introducción al Análisis del Derecho**, p. 91.

[45] *Ibid.*

e alteradas, bem como o facto de que a respectiva violação seja determinada de forma indubitável.[46]

Herbert Hart até imagina a possibilidade de "uma sociedade sem poder legislativo, tribunais ou funcionários de qualquer espécie",[47] inclusive relata estudos que sustentam a existência de tais comunidades primitivas, cujo único meio de controle social era a atitude geral do grupo para com seus modos-padrões de comportamento, uma estrutura baseada no "costume", ao que ele chama de regras primárias de obrigação.

Porém, o autor passa desde logo a elencar certas condições para este convívio social: i) As regras devem conter restrições ao livre uso da violência, ao furto e à fraude a que os seres humanos estão tentados; ii) Sendo o medo da pressão social o que leva os súditos a se conformarem com as regras, é evidente que os que as aceitam não podem deixar de ser maioria, pois de outro modo, os que as rejeitam teriam uma pressão social demasiado pequena a temer.[48]

> É evidente que só uma pequena comunidade estreitamente ligada por laços de parentesco, sentimentos comuns e crenças e fixada num ambiente estável poderia viver com êxito em tal regime de regras não oficiais. Em quaisquer outras circunstâncias, uma tão simples forma de controlo social deverá revelar-se deficiente e exigirá um complemento de diferentes modos.[49]

O autor disserta ver neste modelo primitivo três deficiências a serem vencidas, sem o que não há como subsistir em uma sociedade mais complexa:

i) a incerteza: as regras não formam um sistema, mais se assemelham às nossas regras de etiqueta. Não há a que(m) recorrer quando de dúvida quanto à existência ou ao preciso âmbito de determinada regra, quer por referência a um texto dotado de autoridade, quer a um funcionário cujas declarações sejam neste ponto dotadas de autoridade;
ii) caráter estático: O único modo de alteração das regras conhecido de tal sociedade será o processo lento do crescimento. "Não haverá

[46] HART, **O Conceito de Direito**, p. 104.
[47] *Ibid.*, p. 101.
[48] *Ibid.*
[49] *Ibid.*, p. 102.

em tal sociedade um meio de adaptar deliberadamente as regras às circunstâncias em mutação, quer através da eliminação das regras antigas ou da introdução de regras novas",[50] para o que se exigiria um tipo diferente de regras, que não as regras primárias;

iii) a ineficácia da pressão social difusa pela qual se mantêm as regras apresenta-se como o terceiro defeito desta simples forma de vida social. Carece essa sociedade de uma instância especialmente dotada de poder e autoridade para determinar terminantemente o fato da violação. Outro ponto fraco a se distinguir, é o de que não há um monopólio oficial das sanções, sendo estas aplicadas pelos próprios indivíduos ofendidos ou pelo grupo em geral.[51]

Para remediar cada uma das três deficiências principais diagnosticadas nesta forma mais simples de estrutura social, unicamente formada por normas primárias, Herbert Hart propõe a introdução de uma trilogia de regras secundárias, que em conjunto com aquelas, formam o que se conhece como ordenamentos jurídicos modernos.[52] Para Hart, a correção destes três defeitos

> [...] poderia em si ser considerada um passo na passagem do mundo pré-jurídico para o jurídico, uma vez que cada um desses remédios traz consigo muitos elementos que vão permear o direito: os três remédios em conjunto são sem dúvida o bastante para converter o regime de regras primárias naquilo que é indiscutivelmente um sistema jurídico.[53]

Tais regras secundárias não se vinculam a tratar diretamente do que os indivíduos devem ou não fazer, outrossim, tem como objeto as próprias regras primárias.[54] Dividem-se em: i) regras de reconhecimento, as que estabelecem critérios para se identificar quais normas formam parte de

[50] *Ibid.*

[51] *Ibid.*, p. 103.

[52] BELTRÁN, Jordi Ferrer, **Las Normas de Competencia: un aspecto de la dinámica jurídica**, Madrid: Centro de Estudios Políticos y Constitucionales, 2000, p. 76.

[53] HART, **O Conceito de Direito**, p. 103.

[54] É o que leciona Jordi Ferrer Beltrán ao transcrever definição proposta por Hart: "*... las reglas del segundo tipo (secundarias) establecen que los seres humanos pueden, haciendo o diciendo ciertas cosas, introducir nuevas reglas del tipo primário, extinguir o modificar reglas anteriores, o determinar de diversas maneras el efecto de ellas, o controlar su actuación. Las reglas del primer tipo (primarias) imponen*

um sistema jurídico; ii) regras de alteração, as que indicam procedimentos para que as regras primárias mudem no sistema, conferindo poderes aos funcionários e aos particulares para criar regras primárias das quais surgem direitos e obrigações; e iii) regras de adjudicação, as que atribuem competência a certos indivíduos para estabelecer se, em uma ocasião concreta, uma regra foi ou não violada.[55]

De todo o exposto o fundamental é reconhecer que as normas jurídicas não são modelos estáticos e isolados, são modelos dinâmicos que se implicam e se correlacionam, sejam elas enunciativas de formas de ação ou comportamento, ou de formas de organização e garantia das ações ou comportamentos. Dispõem-se num sistema no qual umas são subordinantes e outras subordinadas, umas primárias e outras secundárias, umas principais e outras subsidiárias ou complementares, segundo ângulos e perspectivas que se refletem nas diferenças de qualificação verbal.[56]

1.2. As normas de competência na teoria geral do direito

Torben Spaak, frente à ambiguidade semântica de que a palavra competência é portadora, esforça-se em desvendar que sentido de competência deverá o leitor ter em mente ao enfrentar o tema "normas de competência". Explica o autor que "competência" pode significar proficiência ou autorização, i.e., uma pessoa que toma decisões boas e corretas pode ser considerado um tomador de decisões competente, mas também poderá ser signatário de tal atributo aquele que tem autoridade para tomar certos tipos de decisões. Ao final, esclarece o autor que a competência a que o tema se propõe a enfrentar é a competência no senso de autorização, a qual constitui-se de um conceito normativo no sentido de que uma pessoa tem competência em virtude de uma norma e que o exercício dessa competência muda a posição normativa de uma situação.[57]

Embora seja unânime o reconhecimento, pelos teóricos do Direito, da importância das normas de competência para a adequada reconstrução

deberes; las del segundo tipo (secundarias) confierem facultades, públicas o privadas.". *Apud* BELTRÁN, **Las Normas de Competencia: un aspecto de la dinámica jurídica**, p. 79.

[55] HART, **O Conceito de Direito**, p. 104–106; NINO, **Introducción al Análisis del Derecho**, p. 92.

[56] REALE, **Lições Preliminares de Direito**, p. 81.

[57] SPAAK, Torben, The Concept of Legal Competence, **The IVR Encyclopeadia of Jurisprudence, Legal Theory and Philosophy of Law**, 2005, p. 1.

dos sistemas jurídicos, ainda não se conseguiu avançar em uma construção conceitual suficientemente compartida. Não há consenso, sobretudo, acerca de qual a forma lógica mais adequada para relacionar a outorga de competência e as condicionantes ao seu exercício com a ideia de validade normativa.[58]

Guilherme Broto Follador vê a possibilidade de se dividir as propostas teóricas que tentam dar conta da natureza e da estrutura lógica das normas de competência em dois grandes grupos: o das propostas "unitaristas", por conceberem uma forma única para as normas de competência, e o segundo, o que ele designa por "não-unitaristas", que consideram não ser possível atribuir uma estrutura lógica unitária para as normas que tratam do tema da competência, reputando serem elas de muitos tipos diversos.[59]

As propostas do primeiro grupo, "unitaristas", são subdivididas em a) teorias que consideram as normas de competência como normas ou partes de normas prescritivas (normas de conduta); e em b) teorias que as consideram não como normas prescritivas, daí o nome de "concepção não prescritiva", mas como regras técnicas, como regras conceituais (definições jurídicas) ou como regras constitutivas, estas últimas, quer no sentido institucional, quer no sentido performativo. Maurício Dalri Timm do Valle apresenta outra concepção ao lecionar que Jordi Ferrer Beltrán, seguido por Lagier, por sua vez, identifica três teses clássicas sobre as normas de competência: i) a de que as normas de competência são normas que estabelecem obrigações indiretas; ii) aquelas que sustentam serem normas que concedem permissões às autoridades para a realização de ações normativas; e iii) a chamada "tese não reducionista", que se caracteriza por rechaçar qualquer tentativa de atribuição de caráter prescritivo às normas de competência, atribuindo-lhes caráter definitório.[60]

Valendo-nos da divisão proposta por Guilherme Follador, passa-se a analisar o pensamento dos principais teóricos da Teoria do Direito quanto a natureza e a estrutura lógica das normas de competência.

[58] FOLLADOR, Guilherme Broto, **As Normas de Competência Tributária**, São Paulo: Almedina, 2021, p. 107.

[59] *Ibid.*, p. 111.

[60] VALLE, Maurício Dalri Timm do, **Princípios Constitucionais e Regras-Matrizes de Incidência do Imposto Sobre Produtos Industrializados – IPI**, Curitiba: Noeses, 2016, p. 359.

Seguindo a estratégia de Maurício Dalri Timm do Valle,[61] restringe--se o tratamento da tese "não unitarista" à opinião de Ricardo Guastini, o qual, elencando os diversos entendimentos existentes acerca do tema,

> *1) Según algunos, las normas que confieren poderes no son más que normas permissivas [...]*
> *2) Según otros, las normas que confieren poderes son mandatos (encubiertos o indirectamente formulados) [...]*
> *3) Otros, sostienen que las normas que confieren poderes son definiciones [...]*
> *4) Otros, finalmente, sostienen que las normas que confieren poderes son normas que establecen condiciones [...].*[62]

conclui afirmando que não considera esta discussão satisfatória por ao menos quatro razões. i) A primeira seria a falta de distinções conceituais, já que a classe das normas secundárias sobre a produção jurídica é composta de distintas subclasses, o que para o autor, não convém tratar unitariamente; ii) A segunda razão seria a inadequação da terminologia, para o autor a expressão "normas que conferem poderes" apenas seria apropriada para fazer referência a uma das subclasses que compõem o conjunto, não para denotar toda a classe de normas sobre a produção jurídica; iii) A terceira seria a falta de clareza ao tratar do próprio problema; iv) Finalizando, o autor afirma não estar seguro de que as quatro teorias mencionadas sejam verdadeiramente incompatíveis entre si, acreditando em sua coexistência.[63]

O autor, após citar que há ao menos cinco subclasses de normas sobre a produção jurídica, elencando-as,

> *1) Normas que confieren poderes (em sentido estricto) [...];*
> *2) Normas procedimentales [...];*
> *3) Normas que circunscriben el ámbito del poder conferido [...];*
> *4) Normas que reservan una determinada materia a cierta fuente [...];*
> *5) Normas relativas al propio contenido de la regulación futura [...],*[64]

[61] *Ibid.*, p. 360.
[62] GUASTINI, Ricardo, **Distinguiendo: estudios de teoría y metateoría del derecho**, Barcelona: Gedisa, 1999, p. 308.
[63] *Ibid.*, p. 309.
[64] *Ibid.*

finaliza afirmando que, seja qual for o estatuto lógico das normas que conferem poderes (em sentido estrito), não acredita que se possa aplicar a mesma análise lógica a todos os tipos de normas mencionadas.[65]

Conclusa a proposta quanto à abordagem das normas de competência sob a perspectiva "não unitarista", adentra-se doravante a um campo um pouco mais complexo em diversidade, qual seja, a abordagem "unitarista", a qual se divide em dois grandes grupos: i) O das teorias que reduzem as normas jurídicas de competência a normas prescritivas ou a partes destas, diga-se, normas de conduta, imperativas ou permissivas; ii) o das que não veem as normas de competência como prescritivas, mas como: ii.a) regras técnicas; ii.b) regras conceituais; e ii.c) regras constitutivas, as quais podem ser: ii.c.1) institucionais ou ii.c.2) performativas.

1.2.1. Normas de competência como normas de conduta

1.2.1.1. Normas de competência como obrigações indiretas

Antes de se iniciar o desenvolvimento do tema deste tópico, convém um breve esclarecimento. Quanto à identificação dos autores que classificam as normas de competência como normas de obrigações indiretas, percebe-se uma variedade de conclusões quanto ao pensamento de Alf Ross, tudo em virtude de ele ter citado em seu "Direito e Justiça" (1958) que as normas de competência são normas de conduta expressas indiretamente,[66] e dez anos após, em novo livro, passar a adotar uma nova concepção, sendo que alguns concluem que o autor mudou de opinião, deixando de considerar as normas de competência como normas de conduta.

Fato é que vários são os entendimentos encontrados na literatura quanto ao posicionamento de Alf Ross acerca deste tema, uns inserem-no dentre os que concebem as normas de competência como estabelecedoras de obrigações indiretas, outros, que ele não mudou de posicionamento em sua obra "*Directive and Norms*", outros ainda sustentam que, sim, o autor teria mudado de posição passando a ver as normas de competência como normas constitutivas, assim como há os que afirmam que ambas as visões

[65] *Ibid.*, p. 310.

[66] "*[...] el derecho consiste no solo em normas de conducta, sino también em normas de competencia. Estas últimas establecen un conjunto de autoridades públicas para aprobar normas de conducta y ejercer la fuerza de conformidade com ellas.*" Ross, Alf, **Sobre el Derecho y la Justicia**, Buenos Aires: Editorial Universitária de Buenos Aires, 1963, p. 58.

de Alf Ross são compatíveis entre si e que ele não mudou de opinião em relação a elas.[67]

Pois bem, retomando a linha de raciocínio quanto às normas de competência como normas de obrigações indiretas, não há como iniciar esta explanação por outro autor que não Hans Kelsen, considerado o maior representante desta corrente.

Follador disserta que Kelsen, em sua primeira versão de Teoria Pura, conceituou as normas de competência como meros fragmentos das normas que estabelecem deveres respaldados pela ameaça de sanções,[68] e que a partir da segunda versão passou a falar em normas "independentes" – as que regulam condutas mediante a imposição de sanção – e em normas "dependentes" – as que dependem de normas sancionadoras para efetivamente regularem condutas –, nas quais qualificou as normas de competência.[69] Conclui o autor que, na perspectiva kelseniana a ligação das normas de competência com a sanção é apenas indireta, motivo pelo qual são consideradas normas incompletas.

Guilherme Broto Follador passa então a enumerar o que para Hans Kelsen são atributos das normas de competência: i) estabelecem obrigações indiretas; ii) autorizam a criação de novas normas e prescrevem obediência às que sejam criadas; iii) por não vincularem sanção, dependem das normas completas para serem consideradas jurídicas; iv) de sua inobservância deverá redundar a invalidade da norma produzida; e v) a prática de um ato nulo pode ou não ser proibida.[70]

Maurício Dalri Timm do Valle, adotando um enfoque por outra perspectiva, leciona que Hans Kelsen se insurge contra a prática de se atribuir o termo "capacidade" ao se referir à "capacidade negocial de um indivíduo" e se atribuir o termo "competência" ao se referir à "capacidade de certos indivíduos de fazer leis", pois para o autor, o conteúdo da função de ambos é o mesmo: produzir normas jurídicas.[71] Para Kelsen essa "capacidade de exercício" trata-se de um poder conferido pela ordem jurídica a habilitar

[67] Guilherme Broto Follador as elenca com esmero, para maiores detalhes verifique sua nota de pé de página de nº 221. FOLLADOR, **As Normas de Competência Tributária**, p. 111.

[68] "As únicas que ele reputa serem normas 'genuínas' e 'completas'". *Ibid.*, p. 113.

[69] *Ibid.*

[70] *Ibid.*, p. 116.

[71] VALLE, **Princípios Constitucionais e Regras-Matrizes de Incidência do Imposto Sobre Produtos Industrializados – IPI**, p. 365.

alguém a interferir na produção de uma norma jurídica individual, resultando em conseguinte em uma "autorização" ou uma "atribuição de competência". Timm do Valle continua sua análise de Kelsen justificando que o autor austríaco se vale de um negócio jurídico para explicar a questão, com a justificativa de que normas jurídicas também são criadas por negócios jurídicos. Adverte, porém, o autor, que tais normas jurídicas, resultantes dos negócios jurídicos em questão, um contrato, por exemplo, não são verdadeiras normas jurídicas, quando muito, normas não autônomas. Timm do Valle ilustra sua afirmação com citação de Kelsen na qual este afirma que é devido ao fato de a ordem jurídica ligar à conduta anticontratual uma sanção que o contrato cria deveres para as partes contratantes.[72] Finaliza o autor concluindo que, para Kelsen, as normas de competência não são verdadeiras normas jurídicas, mas fragmentos de normas, dependentes de outra norma estabelecedora de sanção.[73]

Depois de Hans Kelsen, vários autores têm sustentado a tese segundo a qual as normas de competência são, ou podem ser, reconstruídas como normas que impõem obrigações indiretas. Carlos Santiago Nino é um dos que com maior clareza tem defendido esta tese.[74] Nino, porém, diverge de Kelsen no sentido de não ver a sanção como condição de existência das normas jurídicas, mas tão somente como condição de eficácia.[75] Para Nino o direito pode estabelecer uma conduta obrigatória ou proibida sem a necessidade de cominar qualquer sanção para o caso de seu descumprimento.[76]

Outro ponto que Nino também diverge de Kelsen é quanto a este tratar a nulidade como sanção, justificando que a nulidade de uma norma editada fora da competência deve entender-se tão somente como uma exceção à obrigação dos órgãos respectivos de fazer cumprir este tipo de norma através do aparato coativo.[77]

[72] *Ibid.*, p. 366.

[73] *Ibid.*, p. 367.

[74] BELTRÁN, **Las Normas de Competencia: un aspecto de la dinámica jurídica**, p. 34.

[75] *"Kelsen sostiene que una de las características distintivas de las normas jurídicas es su utilización de técnicas de motivación indirecta, esto es, que motivan la realización de la conducta considerada deseable mediante la atribución de una consecuencia desagradable al comportamiento contrario. Nino se muestra en desacuerdo con esta tesis y afirma que el derecho también recurre a técnicas de motivación directa, esto es, al establecimiento de la conducta obligatoria o prohibida sin la necesidad de instituir expresamente ninguna sanción para el supuesto de incumplimiento. Este sería el caso de las normas de competencia". Ibid.*, p. 35.

[76] FOLLADOR, **As Normas de Competência Tributária**, p. 117.

[77] BELTRÁN, **Las Normas de Competencia: un aspecto de la dinámica jurídica**, p. 35.

1.2.1.2. Normas de competência como permissões

A despeito do exposto na tese do tópico anterior, onde a conduta via-se regulada "indiretamente" por meio das normas de competência, aqui, essa regulação é "direta" e tais normas são autônomas e independentes, apesar de sua eficácia sujeitar-se à aplicação das normas de conduta que tenham sido criadas sob seu amparo.[78]

Ao lidar com o tema, Maurício Dalri Timm do Valle chama ao debate von Wright, alçando-se ao capítulo X de seu "*Norm and action*", intitulado "Normas de ordem superior", onde todo o enredo permeia a possibilidade de normas serem conteúdos de outras normas.[79] Para abrir o capítulo, o autor lança logo um questionamento cuja resposta é o cerne do tema ora investigado, "*¿Pueden las normas ser a su vez contenidos de normas? ¿Puede, por ejemplo, una prohibición ser ella misma mandada o permitida o prohibida?*".[80] Já de início o autor leciona que as normas de ordem superior são as espécies de normas cujos conteúdos normativos são "atos normativos", ou seja, são normas que versam sobre prescrições, e completa, "*pueden ser ellas mismas prescripciones, pero no necesitan serlo*".[81]

Ao asseverar que as normas de ordem superior não se restringem às prescrições, mas há também as normas de natureza moral, von Wright adverte que "*aquí sólo nos ocuparemos de normas de orden superior que sean prescripciones (positivas)*",[82] as quais considera como "normas de segunda ordem". Quanto às normas de "primeira ordem" o autor considera as que trazem "atos não normativos" como conteúdos normativos.[83, 84]

Enquanto às normas de primeira ordem cabe estabelecer obrigações e proibições, às normas de ordem superior incube permitir, uma vez que seu

[78] FOLLADOR, **As Normas de Competência Tributária**, p. 118.

[79] VALLE, **Princípios Constitucionais e Regras-Matrizes de Incidência do Imposto Sobre Produtos Industrializados – IPI**, p. 361.

[80] VON WRIGHT, G. Henrik, **Norma y Acción: una investigación lógica**, Madrid: Tecnos, 1970, p. 195.

[81] *Ibid.*, p. 196.

[82] *Ibid.*

[83] "*Una norma de orden superior es una norma de segundo orden si el acto normativo que es su contenido es el acto de dar o cancelar determinadas normas (prescripciones) de primer orden. Una norma es de tercer orden si el acto normativo que es su contenido es el acto de dar o cancelar determinadas normas (prescripciones) de segundo orden. De manera análoga definimos las normas de cuarto, quinto..., enésimo orden.*". *Ibid.*, p. 197.

[84] VALLE, **Princípios Constitucionais e Regras-Matrizes de Incidência do Imposto Sobre Produtos Industrializados – IPI**, p. 361.

escopo é o de fazer com que o sujeito normativo possa prescrever normas com determinados conteúdos normativos. São, no entender de von Wright, normas permissivas.[85] É precisamente às chamadas normas permissivas de ordem superior que von Wright reserva a designação "norma de competência".[86] Ao ato de se emitir uma norma de competência, ou seja, uma norma permissiva de ordem superior, pode-se dizer que a autoridade de ordem superior delega poder (competência) a uma sub-autoridade,[87] de ordem inferior.[88]

Adentrando ao terreno da validade da norma, von Wright adverte desde logo que a noção de validade que está a discutir é uma noção relativa. Para o autor uma norma é válida quando o é com relação a outra norma que permite sua promulgação ou sua existência.[89] Afirmando que a noção de validez corresponde a uma noção de invalidez, conclui o autor que uma norma é inválida se a promulgação dessa norma está proibida à autoridade que a promulgou em virtude de alguma norma superior.[90]

A existência de uma cadeia de subordinação que termine em uma norma inválida pressupõe a existência de alguma norma que proíbe a autoridade da norma inválida promulgada. Estando a norma superior em vigor e sendo a autoridade da norma inválida seu sujeito, implica que a autoridade da norma superior intente fazer a autoridade da norma inferior abster-se de tais atos ilegais. Se a autoridade superior obtiver êxito, a norma ilegal e suas possíveis repercussões deixam de existir. Se ao contrário, o usurpador da competência prospera, as relações normativas por ele estabelecidas se mantém e adquirem relativa permanência. Neste caso, a norma superior com relação à qual o ato do usurpador era inválido deixa de existir e a norma do usurpador deixa de ser inválida, na verdade, converte-se em uma norma soberana.[91]

[85] *Ibid.*, p. 366.

[86] *"Un permiso de orden superior se da para que una determinada autoridad pueda dar normas de un determinado contenido. Es, podríamos decir, una norma que concierne a la competencia de una determinada autoridad de normas. Llamaré a las normas permisivas de orden superior, normas de competencia."*. VON WRIGHT, **Norma y Acción: una investigación lógica**, p. 198.

[87] *"Los sujetos de normas de orden superior, es decir, los agentes a quienes esas normas van dirigidas, son, a su vez, autoridades de normas de orden inferior"*. *Ibid.*, p. 197.

[88] *Ibid.*, p. 198.

[89] *Ibid.*, p. 201.

[90] *Ibid.*, p. 202.

[91] *Ibid.*, p. 205.

Com o propósito de refinar o conceito de validade von Wright aborda o tema sobre o conflito de normas. Ensina o autor que é possível um conflito de vontades mandantes dentro de um sistema, a depender de como se entenda a permissão pela qual as autoridades superiores no sistema delegam o poder às autoridades inferiores. Seria o caso de permissões que se equivaleriam a meras promessas daquelas autoridades de tolerar[92] determinadas ações normativas por parte destas. Mas tais conflitos serão logicamente impossíveis dentro do sistema no caso de as permissões de delegação de poder equivalerem a direitos[93] de editar certas normas, ou seja, a autoridade superior intenciona proteger as ações normativas das autoridades subordinadas, proibindo outros agentes de interferir em tais ações.[94] Em que pese em um sistema de normas haver várias autoridades, em um sistema que seja logicamente imune ao conflito, detentor, pois,

[92] *"Al permitir un acto la autoridad puede estar meramente declarando que va a tolerarlo. A la autoridad 'no le interesa' si el sujeto hace el acto o no. La autoridad está determinada a no interferir la conducta del sujeto em lo que a este acto se refiere, pero no se compromete a proteger al sujeto de posibles interferencias de su conducta por parte de otros agentes."*. *Ibid.*, p. 103.4. "von Wright sinaliza que 'parece possível distinguir entre várias espécies de permissões fortes', que – ordenadas da menor à maior força – seriam a 'permissão como tolerância', a 'permissão como direito' e a 'permissão como habilitação', livre tradução de *"von Wright señala que 'parece posible distinguir entre varias espécies de permiso fuerte', que – ordenadas de menor a mayor fuerza – serían el 'permisso como tolerância', el 'permisso como derecho' y el 'permisso como habilitación'"*. ATIENZA, Manuel; MANERO, Juan Ruiz, **Las Piezas Del Derecho: teoría de los enunciados jurídicos**, Barcelona: Ariel, 2004, p. 98.

[93] *"Todo permiso (fuerte) es, como mínimo, un tolerar, pero puede ser más que esto. Si un permiso de hacer algo se combina con una prohibición de obstaculizar o impedir al titular del permiso de hacer dicha cosa, entonces diremos que el sujeto de la norma permisiva tiene un derecho en relación con los sujetos de la prohibición."* VON WRIGHT, **Norma y Acción: una investigación lógica**, p. 103. Quanto às modalidades de permissões fortes de vonWright, Atienza e Manero são didáticos em explaná-las: "Uma 'permissão como direito' é uma 'permissão como tolerância' mais uma proibição de obstaculizar ou impedir a realização do ato permitido; uma 'permissão como habilitação' é uma 'permissão como direito' mais um comando de possibilitar a realização do ato permitido. O que adicionam as 'permissões como direitos' e as 'permissões como habilitações' às 'permissões como tolerâncias' são, respectivamente, proibições e obrigações relativas à conduta de terceiros." No idioma original: *"Un «permiso como derecho» es un «permiso como tolerância» más una prohibición de obstaculizar o impedir la realización del acto permitido; un «permiso como habilitación» es un «permiso como derecho» más un mandato de posibilitar la realización del acto permitido. Lo que añaden los «permisos como derechos» y los «permisos como habilitaciones» a los «permisos como tolerancias» son, respectivamente prohibiciones y obligaciones relativas a la conducta de terceiros"*. ATIENZA; MANERO, **Las Piezas Del Derecho: teoría de los enunciados jurídicos**, p. 98.

[94] VON WRIGHT, **Norma y Acción: una investigación lógica**, p. 210.

do atributo de coerência e unidade de um *corpus*[95], as sub-autoridades não podem contradizer a vontade do soberano, mas somente transmiti-la, do que se conclui que dentro de tal sistema impera a vontade daquele.[96] Ao final conclui o autor que uma norma é válida quando uma autoridade que a emite tem uma permissão equivalente a um direito de emiti-la. Tais noções de competência e validade daria à noção de sistema normativo a coerência de um *corpus.*

Ao finalizar este tópico, com apoio em Guilherme Follador, citam-se alguns outros autores que também tratam as normas de competência como permissões. O autor inicia citando Alchourrón e Bulygin, que defenderam, "num primeiro momento", que as normas de competência não seriam mais que uma subclasse das normas permissivas, constituindo, pois, normas de conduta que permitem criar outras normas, em seguida cita Kanger e Lindahl, para ao final mencionar que parece que Bobbio também segue por essa vereda.[97]

1.2.2. Normas de competência como normas técnicas

Na linha de autores que consideram as normas de competência como normas técnicas, certamente Torben Spaak é referência. É o que se depreende da análise do tópico que trata do tema ora abordado, tanto no trabalho de Guilherme Follador[98] quanto no de Timm do Valle[99]. Follador, desde logo expõe que Spaak guarda uma estreita relação com a visão de Kelsen quanto a enxergar as normas de competência como fragmentos das normas que impõem deveres, e isso, devido ao fato de ele adotar um conceito restritivo de norma jurídica, para o qual somente serão normas completas as que impõem deveres, as que dão razões para a ação.[100]

Guilherme Follador, ao advertir da existência de subsídios suficientes na obra de Torben Spaak a induzir o leitor a caracterizá-lo como adepto da tese "permissivista", cuida logo de afastar qualquer possibilidade desta

[95] *"Un corpus es una clase de normas que tienen la misma autoridade". Ibid.*

[96] *Ibid.*

[97] FOLLADOR, **As Normas de Competência Tributária**, p. 120.

[98] FOLLADOR, **As Normas de Competência Tributária.**

[99] VALLE, **Princípios Constitucionais e Regras-Matrizes de Incidência do Imposto Sobre Produtos Industrializados – IPI.**

[100] FOLLADOR, **As Normas de Competência Tributária**, p. 121; SPAAK, The Concept of Legal Competence, p. 4.

interpretação equivocada transcrevendo passagem de sua obra na qual o autor afirma ver as normas de competência como normas de estrutura lógica não prescritiva, semelhante à das regras técnicas, as quais, por não guiarem o comportamento humano, não devem ser consideradas normas genuínas, exercem sim, a mesma função prática que as assim chamadas "normas técnicas", o que significa que elas têm o mesmo tipo de força normativa que estas.[101]

Torben Spaak expressamente refuta a possibilidade lógica de se conceber uma norma de competência como uma norma permissiva:

> Conceber a competência como um caso especial de permissão é simplesmente um erro. Os escritores que sustentam que a competência deve ser analisada em termos de permissão parecem estar dizendo ou (a) que competência é uma permissão ou (b) que competência pressupõe permissão. A primeira alternativa é difícil até de entender, e a segunda alternativa não é compatível com os fatos. Todos nós sabemos que um ladrão pode vender bens roubados a um comprador de boa-fé sem ter permissão para fazê-lo, e uma pessoa que está autorizada a agir em nome de outra pode – mas não deve – agir contrariamente às suas instruções.[102]

Follador enumera as três justificativas apresentadas por Spaak a fundamentar sua teoria. Na primeira delas o autor afirma que as normas de competência, assim como as normas técnicas, indicam o meio necessário para se alcançar determinado fim. Assim como uma norma técnica informa que "se o sujeito x quer vencer uma partida de xadrez, deve procurar dominar o centro do tabuleiro", uma norma de competência estabelece que "se o sujeito x quer criar uma norma válida, deve proceder do modo y". Como segunda justificativa, Spaak afirma que as normas de competência e as normas técnicas preenchem idêntica função na razão prática na medida em que, fazendo uso das orientações indicadas na norma, o agente opta

[101] FOLLADOR, **As Normas de Competência Tributária**, p. 121.

[102] Tradução livre de: "*To conceive of competence as a special case of permission is simply a mistake. Writers who maintain that competence should be analyzed in terms of permission seem to be saying either (a) that competence is a permission, or (b) that competence pressupposes permission. The first alternative is difficult even to understand, and the second alternative does not comport with the facts. For we all know that a thief can sell stolen goods to a bona fide purchaser without being permitted to do so, and a person who is authorized to act on behalf of another can – but may not – act contrary to his instructions*". SPAAK, The Concept of Legal Competence, p. 2..

livremente por buscar um determinado fim. Por fim, ainda segundo Spaak, nem as normas de competência, nem as normas técnicas dão razões completas para agir, de modo que não podem ser consideradas normas, mas apenas fragmentos das "verdadeiras" normas, as de conduta.[103]

Ainda assim, Spaak vê algumas diferenças entre as normas de competência e as normas técnicas. A primeira seria o fato de as normas de competência conferirem um poder e regularem seu exercício, ao passo que as normas técnicas apenas indicam os meios para determinado fim. A outra diferença é que enquanto o conceito de competência está intimamente ligado ao conceito de validade, tal relação não se verifica quanto às regras técnicas.[104]

Spaak chama a atenção para o fato de que ter competência não equivale a ter um direito:

> Um juiz pode ter a competência para julgar certos tipos de casos, estando sob a obrigação de exercer essa competência quando um caso do tipo relevante é apresentado a ele, e vimos que um ladrão tem competência para vender bens roubados a um comprador genuíno, mesmo que ele não esteja autorizado a fazê-lo.[105]

Em nenhum dos casos, continua o autor, "a pessoa competente tem direito", o que é o suficiente para mostrar que ter competência não implica ter um direito.

1.2.3. Normas de competência como normas conceituais

Guilherme Follador leciona que as "normas conceituais" ou "determinativas"[106] fazem referência a regras que definem conceitos, estabelecendo que "A tem o valor de B no contexto X". Como principais repre-

[103] FOLLADOR, **As Normas de Competência Tributária**, p. 122.

[104] *Ibid.*

[105] Tradução livre de: "*A judge may have the competence to try certain types of case while being under an obligation to exercise this competence when a case of the relevant type is brought before him, and we have seen that a thief has the competence to sell stolen goods to a bona fide purchaser even though he is not permitted to do so. In neither case does the competent person have a right. This is enough to show that having competence does not entail having a right*". SPAAK, The Concept of Legal Competence, p. 3.

[106] Normas conceituais (Bulygin); Normas determinativas (von Wright). FOLLADOR, **As Normas de Competência Tributária**, p. 71.

sentantes da corrente que trata as normas de competência como definições encontram-se Herbert L. A. Hart, Alf Ross e Alchourrón e Bulygin.[107]

1.2.3.1. Herbert L. A. Hart

Jordi Ferrer Beltrán assevera que "*las normas de competencia están encuadradas em la teoría de Hart entre las reglas secundarias de cambio y adjudicación*".[108]

No modelo proposto por Herbert Hart, as normas de competência[109] conferem poderes para: i) atos privados, onde as normas não têm por função impor obrigações, mas propiciar aos particulares facilidades para a realização de seus desejos, concedendo-lhes poderes para criar direitos e obrigações dentro de uma estrutura coercitiva, como é o caso das normas jurídicas que definem a forma de se celebrar contratos, casamentos, testamentos, etc. e para ii) atos praticados pelos poderes públicos, que seria o caso das normas que atribuem competência ao legislador para aprovar leis, ao juiz para proferir sentenças,[110] dentre outros.[111]

Jordi Ferrer Beltrán defende que "*cabe encuadrar a Hart entre los autores que postulan una reconstrucción de las normas de competencia como definiciones*",[112] entendimento que é compartilhado por Eugenio Bulygin, para o qual, tratar as normas de competência "*como definiciones tiene ventajas destacables al reconstruir un sistema jurídico, puesto que se evita una importante cantidad de contradicciones [...]*".[113]

Fundamentado em Alchourrón e Bulygin, Beltrán[114] discorre que apesar de não se encontrar no trabalho de Hart qualquer citação em que haja expresso que o autor entende as normas de competência como definições,

[107] *Ibid.*, p. 123.

[108] Beltrán, **Las Normas de Competencia: un aspecto de la dinámica jurídica**, p. 82.

[109] "[...] e é em termos de tal regra, e não em termos de ordens baseadas em ameaças, que as ideias de acto legislativo e de revogação devem ser compreendidas [...] e as regras podem, além de especificar quais as pessoas que devem legislar, definir em termos mais ou menos rígidos o processo a seguir-se na legislação". Hart, **O Conceito de Direito**, p. 105.

[110] Também as regras que se destinam a remediar a ineficácia da pressão social difusa verificada no regime simples das regras primárias, as regras de adjudicação, atribuem competência à medida que "dão o poder aos indivíduos para proferir determinações dotadas de autoridade respeitantes à questão sobre se, numa ocasião concreta, foi violada uma regra primária". *Ibid.*, p. 106.

[111] Nino, **Introducción al Análisis del Derecho**, p. 89.

[112] Beltrán, **Las Normas de Competencia: un aspecto de la dinámica jurídica**, p. 71.

[113] *Ibid.*, p. 85.

[114] *Ibid.*, p. 83.

são abundantes as citações em que o autor afirma que as regras secundárias, em caso concreto as normas de competência, "definem" determinadas normas como válidas, bem como "definem" o próprio órgão a que se atribui a competência. Esta é uma interpretação que vem a estabelecer uma coerência entre a noção de regra secundária com as nulidades, a distinção entre o público e o privado, a impossibilidade de se obedecer ou desobedecer as regras secundárias, etc.

Ora, se não se seguirem as regras para a elaboração de um testamento, não restará violada qualquer obrigação, mas tão somente não se haverá concretizado o propósito de se fazer um testamento que tenha por efeito dar origem a direitos e obrigações. Outrossim, uma sanção é um recurso que se destina a desencorajar condutas que se reputam indesejáveis, o que, obviamente, não seria o caso das condutas de se fazer testamentos sem testemunhas, ou fazer uma venda sem escritura. O direito não se destina a desencorajar tais condutas, simplesmente não reconhecerá seus efeitos jurídicos, operando-se sua nulidade.[115]

A distinção entre o ato público e o privado é o segundo traço característico, segundo Herbert Hart,[116] a distinguir as normas de conduta das normas de competência. Ao se atribuir a alguém o poder de realizar um determinado ato, a norma de competência estaria a definir o sujeito competente, sem o que, seus atos não passariam de práticas do mundo privado, sem qualquer força coercitiva. Somente com os poderes inerentes ao seu cargo, conferidos pela norma que lhe atribui competência, ver-se-á um juiz investido do poder para sentenciar.[117]

Devido ao fato de, ao contrário das regras primárias, as normas de competência não atribuírem deveres,[118] vê-se impossível, logicamente, a possibilidade de sua obediência ou desobediência.[119] Para exemplificar este ponto, Herbert Hart conta com a regra que regula a decisão da maioria

[115] NINO, **Introducción al Análisis del Derecho**, p. 90.

[116] É o que Beltrán ensina, valendo-se de citação de Hart: *"[...] las normas de competencia son constitutivas del propio órgano al que otorgan facultades: son constitutivas de la faceta pública del individuo al que otorgan la facultad y es mediante ellas que podemos distinguir dicha faceta de los actos puramente privados del mismo individuo"*. BELTRÁN, **Las Normas de Competencia: un aspecto de la dinámica jurídica**, p. 84.

[117] FOLLADOR, **As Normas de Competência Tributária**, p. 127.

[118] Pressuposto da obediência ou da desobediência.

[119] BELTRÁN, **Las Normas de Competencia: un aspecto de la dinámica jurídica**, p. 84.

no processo legislativo: "nem quem vota a favor da aprovação de uma lei, nem quem vota contra, seja o projeto finalmente aprovado ou não, eles nem obedecem nem desobedecem à regra da maioria, eles apenas a usam".[120]

Miguel Reale ao tempo em que assevera restar cristalino, mediante tais distinções elaboradas por Herbert Hart, o equívoco daqueles que, influenciados por Hans Kelsen, timbram em ver a regra de direito apenas sob o seu aspecto sancionatório, ou penal, ressalta, a seu ver, não representarem as três espécies de normas por ele apontadas, senão modalidades das normas de organização".[121, 122]

1.2.3.2. Alf Ross

Ao se iniciar as considerações acerca do pensamento de Alf Ross quanto às normas de competência, convém se recordar que em seu "*On Law and Justice*" (1958) Ross classificara as normas de competência como normas de obrigações indiretas, e que dez anos após, em "*Directives and Norms*" (1968), apesar de o autor afirmar que as normas de competência são redutíveis a normas de conduta, é enfático em conferir às normas de competência o caráter de normas conceituais.[123] Jordi Ferrer Beltrán, porém, opondo-se à habitual postura doutrinária de se assumir esta evolução do pensamento

[120] *"Si una medida obtiene en un cuerpo legislativo la mayoría de votos necesaria, y es así debidamente aprobada, los que votaron en favor de ella no han "obedecido" la regla que requiere que las decisiones sean tomadas por aquella mayoría, ni los que votaron en contra han obedecido o desobedecido esa regla; lo mismo puede decirse si la medida no llega a obtener la mayoría necesaria y por lo tanto no se aprueba norma alguna."* HART, Herbert L. A., **El Concepto de Derecho**, 3. ed. Buenos Aires: AbeledoPerrot, 2009, p. 40.

[121] Para Reale, as regras de organização não se restringem às funções de reconhecimento e legitimação das normas primárias, ou de determinação dos processos de sua revisão e aplicação, como pretende Hart, mas apresentam também outros traços, de ordem funcional ou estrutural, como é o caso das normas interpretativas, que ao invés de se dar a apurar a validade, ou a modificar a regra interpretada, apenas tem a função de esclarecer seu significado. Para exemplificar o aspecto estrutural, o autor cita as normas que constituem os órgãos da Administração pública e lhes conferem atribuições, ressaltando não ser possível separar a estrutura do órgão e as atividades que lhe cumpre realizar. As normas de organização não vêm depois das normas que fixam as atividades administrativas, mas surgem concomitantemente com estas, não se lhe revelando relevantes os qualificativos "normas primárias" e "normas secundárias". REALE, **Lições Preliminares de Direito**, p. 81.

[122] *Ibid.*

[123] VALLE, **Princípios Constitucionais e Regras-Matrizes de Incidência do Imposto Sobre Produtos Industrializados – IPI**, p. 369.

de Alf Ross, assevera que esta interpretação evolucionista não se sustenta suficientemente nos textos do professor dinamarquês,[124] sendo abundantes, em ambas as obras, referências às duas formas de se entender o caráter das normas de competência.[125]

Diante da dubiedade verificada, Beltrán, na tentativa de afastar a incoerência das ideias de Alf Ross neste ponto, apresenta uma reconstrução diversa do pensamento deste. Sugere que há ao menos duas reconstruções possíveis dos modelos de normas de competência apresentados. A primeira seria a de rechaçar que as categorias de regra constitutiva e regulativa seriam excludentes entre si, mas Ross parece desenvolver o conceito de regra constitutiva em oposição ao de regra regulativa. A segunda, seria a de reconsiderar a expressão segundo a qual "*una norma de competencia es una 'norma de conduta indirectamente expressada*'".[126]

Ora, se para Alf Ross todas as normas têm como destinatários os juízes e tribunais, mas estes não podem aplicar diretamente as normas de competência, resta o entendimento de que somente de um modo indireto tais normas poderiam regular a conduta,[127] às normas de competência caberia identificar as regras de conduta que diretamente estabelecem as obrigações e podem ou devem ser aplicadas pelos tribunais.[128] Assim, diante dos pressupostos apresentados e considerando que as normas de competência não prescrevem comportamentos aos juízes e tribunais, somente de modo indireto poder-se-ia predicar a estes o uso das aludidas normas.

Para Beltrán, uma vez rechaçada as interpretações habituais que atribuem ao autor dinamarquês uma mudança de posição entre suas obras de 1958 e 1968, oferece-se uma versão da tese de Ross que atribui às normas de competência o status de normas de condutas indiretamente expressadas, a qual se faz coerente com a teoria das normas de competência

[124] BELTRÁN, **Las Normas de Competencia: un aspecto de la dinámica jurídica**, p. 86.

[125] "*De acuerdo con esta tesis evolucionista, Ross asumiria en Sobre el derecho y la justicia una teoría prescriptivista de las normas de competencia (como obligaciones indirectas), mientras que en Lógica de las normas el autor danés defendería una teoría de las normas de competencia como reglas constitutivas. En mi opinión, en cambio, no puede sostenerse esta tesis evolucionista del pensamiento de Ross respecto de las normas de competencia. Como se ha podido observar, son abundantes las referencias expresas que se hacen tanto en Sobre el derecho y la justicia como en Lógica de las normas a ambas formas de entender el carácter de las normas de competencia.*". *Ibid.*, p. 94.

[126] *Ibid.*, p. 95.

[127] FOLLADOR, **As Normas de Competência Tributária**, p. 130.

[128] BELTRÁN, **Las Normas de Competencia: un aspecto de la dinámica jurídica**, p. 95.

como regras constitutivas. Finaliza, Beltran, sugerindo que Ross deveria ser excluído do elenco de teóricos que postularam uma reconstrução prescritivista das normas de competência como obrigações indiretas, ao contrário, sob a interpretação proposta, as normas de competência cumpririam a função de identificar as regras de conduta que diretamente estabelecem obrigações.[129]

Vencida a controvérsia quanto à classificação das normas de competência na teoria de Ross, avancemos.

Para Alf Ross, competência é um caso especial de poder, uma capacidade juridicamente estabelecida para se criar normas jurídicas que se manifesta quando uma pessoa é capaz de produzir, por meio de seus atos, os efeitos jurídicos desejados,[130] o que se dá por meio das normas de competência. Para o autor, um ato jurídico é como um movimento de xadrez, um ato humano que ninguém pode realizar como exercício de suas faculdades naturais. Finaliza afirmando que as normas de competência, como as regras dos jogos, são constitutivas.[131]

O poder de competência de uma pessoa deve ser distinguido da liberdade de se exercer seus poderes como queira do dever de exercê-los segundo certas diretivas. Se há um dever, há uma norma de conduta a traçar a maneira que a pessoa competente deverá exercer seu poder. Uma importante distinção entre a norma de competência e a norma de conduta é a de que embora exceder a norma de competência produza invalidez, infringir a norma de conduta não afetará a validade do ato jurídico, mas tão somente acarretará uma responsabilidade, como qualquer outra violação de uma obrigação.[132]

Alf Ross vê o Direito como um conjunto de normas concernentes ao exercício da força física que integram um sistema, as quais podem ser divididas em dois grupos, de acordo com seu conteúdo imediato: i) normas de conduta: que são diretivas dirigidas aos tribunais que indicam como devem exercer sua autoridade e, só de modo derivado, se pode dizer que prescrevem condutas aos particulares; e ii) normas de competência: como citado acima, pode-se identificar duas concepções distintas na obra de Ross, as de obrigações indiretas e as regras constitutivas.

[129] *Ibid.*, p. 97.

[130] Ross, Alf, **Lógica de Las Normas**, Madrid: Tecnos, 1971, p. 123.

[131] *Ibid.*

[132] *Ibid.*

Quanto à concepção que vê as normas de competência como obrigações indiretas, pode-se dizer que as normas de competência são diretivas que dispõem que as normas criadas em conformidade com um modo estabelecido de procedimento serão consideradas normas de conduta.[133]

Quanto à concepção das normas de competência como regras constitutivas, Ross afirma que a produção de normas jurídicas legisladas pressupõe a existência de normas de competência que indicam as condições sob as quais é possível tal produção, as quais se dividiriam em i) condições formais: que definem o procedimento para a sanção da norma e ii) as condições materiais: que definem o objeto ou conteúdo da norma que pode ser sancionada mediante o procedimento indicado. Se tais condições não são satisfeitas, diz-se que o resultado é inválido ou nulo.[134]

Um outro sentido em que Alf Ross qualifica as normas de competência como regras constitutivas é quanto à diversidade de autoridades que operam o direito, as quais são constituídas mediante normas de competência e, em geral, podem editar novas normas de competência que constituam outras autoridades. Adverte o autor, porém, que, tendo a autoridade superior competência para criar uma autoridade inferior e assim sucessivamente, criar-se-ia uma cadeia de autoridades que tenderia a um regresso ao infinito. Para contornar tal anomalia, tal qual Kelsen com sua norma fundamental, Ross afirma que as normas de competência que criam a primeira autoridade não pode ser sancionada, mas pressuposta.[135]

Sendo as normas de competência aquelas que estabelecem a capacidade de se criar normas jurídicas, Alf Ross as distingue em dois tipos: i) as normas que instauram a capacidade, as normas de competência propriamente ditas, e ii) as que regulam o exercício da competência, as normas de conduta.[136] Quanto aos efeitos de sua inobservância há uma diferença substancial, enquanto que o efeito da inobservância do determinado pela norma que confere a competência é a nulidade do editado, o efeito do não cumprimento dos deveres acerca do exercício da competência é a responsabilização do órgão atuante, sem que isso afete a validade do editado.[137]

[133] BELTRÁN, **Las Normas de Competencia: un aspecto de la dinámica jurídica**, p. 87.
[134] *Ibid.*, p. 90.
[135] *Ibid.*, p. 91.
[136] *Ibid.*, p. 92.
[137] *Ibid.*, p. 93.

1.2.3.3. Carlos E. Alchourrón e Eugenio Bulygin

Alchourrón e Bulygin divergem do entendimento de Hebert Hart de que o sistema jurídico seria composto exclusivamente por normas, uma vez que, segundo eles, as proposições jurídicas que integram um sistema jurídico positivo desempenham funções distintas e inconfundíveis. Optam, pois, os autores, a considerar o sistema jurídico composto tanto por proposições normativas, quanto por definições legais.[138] Às proposições normativas, pesariam a função de regular condutas proibidas, permitidas ou obrigatórias. Ora, sendo tais proposições expressas por meio de textos, conjuntos de signos, as quais prescrevem direitos e deveres a determinados sujeitos, preocupam-se os autores quanto ao fato de como a leitura deste texto se projetará na subjetividade de seus destinatários, uma vez que o sentido da norma está intimamente vinculado a fatores relativos ao contexto de sua interpretação. Concluindo pela ineficiência de se buscar o sentido das normas com base na simples verificação das palavras que compõem a mensagem normativa, e partindo-se do pressuposto de que não há como regular condutas sem que se compreenda a mensagem do texto, asseveram os autores que às definições legais incumbem especificar o sentido de uma série de termos contidos nas normas e assim orientar a sua aplicação em cada circunstância concreta.[139]

Carlos E. Alchourrón e Eugenio Bulygin ao chamarem de *"sistema del juez"* ao conjunto de normas que regulam a conduta dos juízes, enquanto juízes, as divide em dois grupos, i) o das normas que estabelecem em que condições os juízes podem julgar e que questões podem resolver as normas de competência e ii) as que lhes estabelecem obrigações e proibições.[140]

Segundo os autores, as normas de competência são, para os juízes, tanto normas de conduta, à medida que aquelas estabelecem a permissão para se realizar certos atos em certas circunstâncias, quanto constitutivas da autoridade judicial, vez que não se teria juiz se não em virtude de uma norma de competência e na medida e com o alcance que esta norma determine.[141]

[138] GAMA, Tácio Lacerda, **Competência Tributária: fundamentos para uma teoria da nulidade**, 3. ed. São Paulo: Noeses, 2020, p. 65.

[139] *Ibid.*, p. 66.

[140] ALCHOURRÓN, Carlos E.; BULYGIN, Eugenio, **Introducción a la Metodología de las Ciencias Jurídicas y Sociales**, Buenos Aires: Astrea, 1998, p. 208.

[141] *"Lás normas de competencia son normas de conducta para los jueces, si se las concibe como normas pemisivas que establecen la permisión de realizar ciertos actos en ciertas circunstancias. Al mismo tiempo,*

Resta pois, o entendimento de que, para os autores, a competência seria um tipo de definição a delimitar o sentido e as circunstâncias de aplicação das normas. Não se dariam a regular a conduta dos agentes sociais, não prescreveriam propriamente deveres aos juízes, o que caberia às normas de obrigação.[142]

Eugenio Bulygin adverte que a diferença entre competência e capacidade não parece ser tão grande como se supõe tradicionalmente. Para reforçar sua assertiva, chama Kelsen ao diálogo, afirmando que este autor foi o primeiro a chamar a atenção sobre a semelhança entre os conceitos de competência e capacidade,[143] além de outros filósofos que seguiram seus passos, como Alf Ross e Herbert Hart.[144] Bulygin, porém, apoiando-se em Alf Ross, apresenta algumas peculiaridades distintivas de tais conceitos: A competência de uma autoridade pública é qualificada, somente podendo ser exercida por pessoas qualificadas por meio de uma designação; é heterônoma, pois tem a capacidade de criar normas que obrigam a outros; É exercida no interesse público e não é transferível. Quanto à autonomia privada, todo indivíduo adulto e normal a tem, é autônoma no sentido de que é usada para obrigar a mesma pessoa competente, é discricionária e transferível a um sucessor.[145]

Outro ponto relevante a se considerar na teoria dos citados autores é a ideia de que não se pode equiparar sanção a nulidade. São conceitos que se diferenciam tanto pelo modo de operação, quanto pelo efeito que projetam. Falar-se-á em sanção tão somente quando do descumprimento de normas que estabelecem direitos e deveres, se não há dever, não há que se falar em sanção. Outrossim, somente do não atendimento às condições

son constitutivas de la autoridad judicial; nadie es juez sino em virtud de una norma de competencia y em la medida y com el alcance que esa norma determine". Ibid.

142 GAMA, **Competência Tributária: fundamentos para uma teoria da nulidade**, p. 68.

143 Enfatiza Bulygin que o conceito de competência é reservado ao âmbito do direito público enquanto que o de capacidade, ao do direito privado. Para clarear o entendimento, apresenta-nos os conceitos Kelsenianos de: "*1) Competencia (Zuständigkeit) que es el poder para crear normas jurídicas. Los casos típicos son los de un tribunal, el parlamento o el poder ejecutivo. [...] 3) Capacidad (Handlungsfähigkeit) es la competencia para crear normas jurídicas que obligan a las personas que las crean o para producir ciertas consecuencias o efectos jurídicos mediante determinados actos. Típicos para esta categoría son los contratos, testamentos, etc*". ALCHOURRÓN, Carlos E.; BULYGIN, Eugenio, **Analisis logico y Derecho**, Madrid: Centro de Estudios Constitucionales, 1991, p. 486.

144 *Ibid.*, p. 485.

145 *Ibid.*, p. 486.

exigidas pela definição falar-se-á em nulidade. Ora, sendo a definição uma norma que prescreve uma faculdade, ou seja, autoriza tanto o fazer quanto o não fazer, não há, destarte, como violá-la.[146]

1.2.4. Normas de competência como normas constitutivas

É lição de Guilherme Broto Follador que alguns autores da Teoria do Direito veem muita semelhança entre as normas conceituais e as normas constitutivas. Relata, por exemplo, que Bulygin ao tratar as normas de competência como "definições" argumenta que elas também seriam constitutivas no sentido de que assim como as regras gramaticais, da lógica, da matemática e dos jogos, definem conceitos que não existiriam sem elas. Segundo o autor, Mendonca, em seu *Las Claves del Derecho,* diz só conseguir enxergar "diferenças de matizes entre uma e outra.[147]

Porém, Atienza e Ruiz Manero, ainda segundo análise de Follador, conseguem traçar uma distinção entre as "normas meramente constitutivas", mais identificadas com as definições, e as "normas constitutivas que conferem poderes normativos", para tal, valendo-se de dois enunciados, i) "para os efeitos desta lei, serão considerados imóveis rurais os que apresentarem as seguintes características" e ii) "para outorgar validamente um testamento, é necessária a presença de duas testemunhas", buscam demonstrar que ambos diferem-se no sentido de que o primeiro enunciado apenas serve para identificar o conteúdo das normas em que o conceito "imóveis rurais" estiver presente, já no segundo, além de se identificar testamentos, podem-se "fazer" testamentos. Concluem os autores que na medida em que as normas do último gênero estabelecem as condições necessárias ou suficientes de um dado resultado institucional, tais regras acabam operando como regras técnicas, indicando como produzir determinado resultado.[148]

1.2.5. Normas de competência como normas constitutivo-performativas

A despeito do tipo de norma tratada no item anterior, Guilherme Broto Follador adverte da existência de outra norma de competência relacionada à noção constitutiva, a performativa. Assevera o autor que seu efeito é o de,

[146] GAMA, **Competência Tributária: fundamentos para uma teoria da nulidade**, p. 69.

[147] FOLLADOR, **As Normas de Competência Tributária**, p. 132, 133.

[148] *Ibid.*, p. 133.

mediante o enunciado que veicula uma norma de competência, realizar imediatamente o estado de coisas de que se trate. Tratando-se de um enunciado próprio do uso operativo da linguagem, atua como que ungindo alguém, imediatamente, com a capacidade de produzir um determinado resultado.[149]

Nessa concepção, as normas de competência são vistas como regras constitutivas da propriedade disposicional institucional "ser competente", o que implica que o simples pronunciar da frase "a autoridade A é competente para executar o ato X" investe alguém da capacidade, atribuída por regras de um determinado sistema jurídico S, de produzir atos jurídicos válidos de acordo com esse mesmo sistema S.[150]

Apoiando-se em Jordi Ferrer Beltrán, o autor disserta que, não obstante, uma mesma "disposição de competência", isto é, um mesmo enunciado textual do discurso das fontes sobre a competência, pode, além de conferir a competência, expressar uma permissão do exercício da competência. Para ilustrar, o autor, citando um enunciado que estabelece que "O juiz é competente para proferir sentenças", afirma que tal enunciado pode tanto se limitar a atribuir ao juiz a capacidade de proferir sentenças, como também obrigá-lo a decidir os casos que lhe venham a ser submetidos. Conclui o autor, ainda se sustentando em Ferrer Beltrán, que não se trata de admitir que uma mesma norma possa ser ao mesmo tempo reguladora e constitutiva, mas sim, de admitir que o mesmo ato linguístico pode ter os efeitos ilocucionários de implicar a emissão de mais de uma norma, e os efeitos perlocucionários de ser recebido por seus destinatários como mais de uma norma.[151]

Ademais, ao findar deste tópico extrai-se revelar o estudo das normas de competência campo fértil a divergências. Já no estudo do termo "norma jurídica", a Teoria do Direito revelou-se riquíssima em embates teóricos, com destaque para Hans Kelsen e Herbert Hart. Avançando-se para o tema "normas de competência", o embate se acirra, não há consenso entre os principais autores quanto à sua formulação lógica. Não compartilhando de conclusões uníssonas, uns as veem como obrigações indiretas, outros como permissões, outros como normas técnicas, alguns como normas concei-

[149] *Ibid.*, p. 134.
[150] *Ibid.*, p. 135.
[151] *Ibid.*, p. 136.

tuais, normas constitutivas, além dos que consideram ser impossível falar em apenas um tipo de norma de competência, os ditos não-unitaristas.

Outrossim, vencido o desafio de se apresentar ao leitor o pensamento dos principais autores da Teoria do Direito que se debruçaram sobre o tema normas de competência, parte-se doravante ao seu estudo no ordenamento jurídico brasileiro, antes, porém, abordar-se-á um tema de imprescindível relevância à sua compreensão, qual seja, o "Princípio Federativo", haja vista nele encontrar-se a motivação preponderante da exaustiva discriminação das normas de competências na Constituição Federal do Brasil,[152] cerne deste capítulo.

1.3. O princípio federativo

A concepção de Federalismo é inerente ao Estado Moderno e tem sua origem teórica nas ideias de Montesquieu, ainda que sem uma formulação empírica. O gérmen do Federalismo, porém, é encontrado em Platão, em A República.[153]

No final do Século XVIII, com a independência das treze colônias norte-americanas, surge o Estado Federal. Constituía-se de uma forma intermediária entre a Confederação[154] e o Estado Unitário, que eram as modalidades conhecidas.

Desde sua formação cada Estado, então colônias inglesas, ativamente assumiu sua parcela de responsabilidade na busca do fim almejado por cada uma daquelas treze colônias, a conquista de sua independência da Inglaterra.[155]

Declarando-se independentes em 1776, as treze colônias britânicas da América passam a constituir, cada uma delas, um Estado. Com o fim precípuo da preservação da independência, em 1º de março de 1781, cele-

[152] "A repartição de competências entre a União e os Estados-membros constitui o fulcro do Estado Federal, e dá origem a uma estrutura estatal complexa que apresenta, a um tempo, aspectos unitário e federativo". SILVA, José Afonso da, **Curso de Direito Constitucional Positivo**, 37. ed. São Paulo: Malheiros, 2014, p. 103.

[153] RIBEIRO, Ricardo Lodi, **Temas de Direito Constitucional Tributário**, Rio de Janeiro: Lumen Juris, 2009, p. 250.

[154] "As confederações são conhecidas desde a Antiguidade, com a Confederação das Tribos de Israel, no séc. XIII antes de Cristo, e com as ligas helênicas, na Grécia Antiga, passando pela Idade Média, com a Confederação Helvética, no Séc. XIII, e a dos Países Baixos, no Séc. XVI, até pela Idade Moderna, com a Confederação Germânica (1815 – 1871)". *Ibid.*

[155] KFOURI JR, Anis, **Curso de Direito Tributário**, 4. ed. São Paulo: Saraiva, 2018, p. 49.

bram entre si um tratado[156] que as elevam à condição de Confederação[157], conhecido como Artigos da Confederação.[158]

Os laços estabelecidos pela confederação revelaram-se, na prática, demasiado frágeis e a união dela oriunda, pouco eficaz. Apesar do sentimento de solidariedade generalizado, havia conflitos de interesses que comprometiam a ação conjunta. Para corrigir tais falhas e lacunas, representantes dos Estados reuniram-se em convenção na cidade de Filadélfia, em 1787. De um lado estavam os que pretendiam, tão-só, a revisão das cláusulas do Tratado, e de outro, uma corrente que pretendia ir muito além, propondo a aprovação de uma Constituição comum a todos os Estados, com a consequente formação de um governo ao qual todos se submetessem. Propunham que a confederação se convertesse em federação, constituindo-se um Estado Federal.[159]

Com a constituição dos Estados Unidos da América de 1787 nasce o Estado Federal, seguem-se a Suíça, em 1848, e a Alemanha, em 1871, a aderir a tal modelo. Saliente-se que tais modelos se caracterizaram por um federalismo por agregação, a chamada Federação por força centrípeta, no qual estados antes soberanos se unem por um Pacto Federativo. Em oposição, a exemplo da que se verificou no Brasil, encontra-se o que se denomina Federação por força centrífuga ou por desagregação, que surge de um estado unitário, que, por decisão constitucional sua, confere autonomia às províncias, tornando-se uma Federação.[160]

1.3.1. O Estado Federal

Um Estado surge no momento em que uma coletividade territorial conquista sua capacidade de autodeterminação, com a independência em

[156] "Obviamente, sendo um tratado o instrumento jurídico da aliança, e preservando cada signatário sua soberania, liberdade e independência, qualquer dos signatários que o desejasse poderia desligar-se da confederação, mediante simples denúncia do tratado". DALLARI, Dalmo de Abreu, **Elementos de Teoria Geral do Estado**, 33. ed. São Paulo: Saraiva, 2016, p. 251.

[157] A despeito da federação, estabelecida por um Pacto Federativo Constitucional, em que a soberania se restringe ao Estado Federal, na confederação, com sua criação mediante tratado internacional, a soberania é inerente a todos os seus integrantes. RIBEIRO, **Temas de Direito Constitucional Tributário**, p. 253, 254.

[158] KFOURI JR, **Curso de Direito Tributário**, p. 49.

[159] DALLARI, **Elementos de Teoria Geral do Estado**, p. 252.

[160] RIBEIRO, **Temas de Direito Constitucional Tributário**, p. 250.

relação a outro Estado. Constitui-se de um poder soberano que objetiva a regulamentação das relações sociais entre os indivíduos de uma população sobre determinado território[161]. Seus elementos constitutivos, povo, território, poder e afins são organizados por um conjunto de normas, a Constituição, sua base jurídica.[162] A Federação, pois, consiste na reunião de Estados-Membros que abdicam parcela de sua soberania em prol daquela, mantendo, entretanto, autonomia em relação a certos aspectos.[163, 164]

Em contraposição ao que ocorre no Estado unitário, que se caracteriza por ser um centro de poder que se irradia por todo o território e sua população, o cerne do conceito de Estado Federal repousa na repartição regional de poderes autônomos, na multiplicidade de organizações governamentais.[165]

José Joaquim Gomes Canotilho leciona que nos Estados unitários, constituídos de um único centro "soberano", há apenas uma organização política e jurídica, exclusiva detentora da integralidade das competências. Por conseguinte, conclui-se que nos Estados federados ocorre alguma espécie de descentralização, não meramente a descentralização administrativa, mas a descentralização política, a qual se alcança com a repartição constitucional de competências, coexistindo, pois, duas ou mais ordens

[161] José Afonso da Silva leciona que "território é o limite espacial dentro do qual o Estado exerce de modo efetivo e exclusivo o poder de império sobre pessoas e bens." Se existe uma unidade deste poder, tem-se Estado unitário, se o poder se reparte no espaço territorial, tem-se agora um Estado composto, denominado Estado federal, ou Federação de Estados. SILVA, **Curso de Direito Constitucional Positivo**, p. 100.

[162] *Ibid.*

[163] KFOURI JR, **Curso de Direito Tributário**, p. 48.

[164] Autores clássicos defendiam que para ser um sujeito internacional considerado soberano, deveria este ser portador de alguns requisitos essenciais: *Ius tractum* – faculdade de celebrar convenções internacionais; *Ius legationes* – faculdade de enviar e de receber representantes diplomáticos; *Ius belli* – faculdade de fazer a guerra e assinar a paz. Destarte, vê-se claramente o delinear do Estado soberano e o Estado não soberano. Ao primeiro, poder político supremo e pleno, ao segundo, algumas limitações. Exemplos de Estados não soberanos: Estados federados (os 50 Estados da federação norte-americana), que abdicam de sua soberania em favor do Estado Federal; Os Estados protegidos (Mônaco em relação à França e a República de São Marino relativamente à Itália), que conservam parte da sua soberania; os Estados vassalos (Andorra), que se encontram em uma posição de subordinação, perdendo grande parte de sua soberania. FONTES, José, **Teoria Geral do Estado e do Direito**, 3. ed. Coimbra: Coimbra, 2010, p. 24.

[165] SILVA, **Curso de Direito Constitucional Positivo**, p. 101.

de governos. Numa Federação as "vontades parciais" devem participar na "vontade geral"[166].[167]

Neste sentido, oportuna a abordagem de Fabrício Augusto de Oliveira e Rosa Ângela Chieza ao pontuarem que o federalismo foi pensado como um sistema de organização política de um território marcado por condições heterogêneas das regiões que o integram, e também de sua população, como forma de acomodar as diferenças existentes entre os seus membros para preservar a unidade nacional. Ausentes tais heterogeneidades a colocar em risco a unidade nacional, asseveram os autores, "não há lugar para o federalismo", podendo o Estado nacional se organizar politicamente de forma unitária.[168]

Modernamente alguns autores sustentam a existência de uma terceira espécie de Estado, o Estado Regional, menos centralizado do que o unitário, mas sem chegar aos extremos de descentralização do federalismo. Para a maioria dos autores é uma forma unitária um pouco descentralizada, pois não elimina a completa superioridade política e jurídica do poder central. Dalmo de Abreu Dallari menciona Juan Ferrando Badía a identificar a Espanha e a Itália como Estados Regionais.[169]

Ressalte-se não existir, na federação, direito de secessão. Uma vez integrante dela, o Estado não mais pode se retirar por meios legais.[170] Há tal previsão expressa em algumas Constituições, mas, ainda que não haja, ela é implícita.[171]

No sistema federalista há duas leis capitais: a da participação e a da autonomia. Na lei da participação, os Estados-membros são partes tanto na criação como no exercício da "substância mesma da soberania". Integram o processo de elaboração da vontade política válida para toda a organização

[166] No Brasil, a adoção do sistema bicameral se encarrega desta função, onde a "vontade geral" é formada pelas vontades parciais do povo e dos Estados, representados pelos Deputados e Senadores, respectivamente.

[167] Valle, **Princípios Constitucionais e Regras-Matrizes de Incidência do Imposto Sobre Produtos Industrializados – IPI**, p. 405.

[168] De Oliveira, Fabrício Augusto; Chieza, Rosa Angela, Auge e Declínio da Federação Brasileira: 1988-2017, *in*: Fagnani, Eduardo (Org.), **A Reforma Tributária Necessária: diagnósticos e premissas**, Brasília: ANFIP, 2018, p. 559.

[169] Dallari, **Elementos de Teoria Geral do Estado**, p. 250.

[170] A Constituição da União Soviética é uma exceção a essa regra, pois embora se trate de um Estado Federal, o artigo 17 da Constituição diz que "a cada República federada é conservado o direito de sair livremente da União das Repúblicas Socialistas Soviéticas". *Ibid.*, p. 254.

[171] *Ibid.*, p. 253.

federal, posicionam-se com voz ativa nas deliberações de conjunto. Participam ativamente na formação das peças do aparelho institucional da Federação. Na lei da autonomia as unidades federadas veem-se livres, desde que na estrita observância dos princípios básicos da Constituição Federal, para estatuir sua própria ordem constitucional, estabelecer a competência dos três poderes (executivo, legislativo e judiciário) e exercer todos os poderes que decorrem da natureza do sistema federativo.[172, 173]

Neste sentido, leciona Humberto Ávila ser o princípio federativo a conjugação de dois ideais, autonomia e uniformidade[174], não podendo, porém, nenhum deles estar presente na sua totalidade. Se houver autonomia absoluta dos entes federados, não há que se falar em federação, mas em estados independentes; se houver uniformidade absoluta, novamente ver-se-á afastada aludida forma de Estado, e o estado único será o vigente. Destarte, conclui o autor, "federação só haverá quando os dois ideais estiverem presentes, em maior ou menor medida, mas sem que nenhum deles anule o outro".[175]

Ademais, no Estado federal não se confundem soberania e autonomia. O Estado Federal, pessoa reconhecida pelo Direito Internacional, é o único titular da soberania, poder supremo na capacidade de autodeterminação. Enquanto que os Estados federados detêm tão somente a titularidade da autonomia, um governo próprio delimitado pelas competências definidas pela Constituição Federal.[176]

[172] A autonomia dos Estados e Municípios se caracteriza pelo poder de: Auto-organização, poder para elaborar sua própria constituição e legislação a fim de exercer a competência que lhe foi definida pela Constituição; Autogoverno, possibilidade de escolha de seus próprios governantes; Auto-administração: o livre exercício das competências administrativas e legais deferidas pela Constituição Federal. Ribeiro, **Temas de Direito Constitucional Tributário**, p. 253.

[173] *Ibid.*

[174] Leciona Humberto Ávila que, a uniformidade federativa consiste na necessidade de que os entes federados se vejam submetidos a regras gerais comuns a promover estabilidade e previsibilidade na relação entre os entes federados e entre estes e os contribuintes. Outrossim, continua o autor, caso veja-se o poder de os entes regularem de modo específico e diferenciado questões locais e de seu interesse anulado pelas referidas regras gerais, bem como suprimido seu poder para decidir se instituem ou não determinados tributos, ver-se-á olvidada a uniformidade. Ávila, Humberto, IVA, Uma Proposta Inconstitucional: a proposta de introduzir o Imposto Sobre o Valor Agregado, que consta no programa de Fernando Haddad, pode alterar a estrutura federativa, **Exame**, 2018.

[175] *Ibid.*

[176] Silva, **Curso de Direito Constitucional Positivo**, p. 102.

Quanto à distribuição das competências a regra é a de que não haja hierarquia, tratando-se de assuntos de competência de uma unidade federada, esta é que pode legislar sobre o assunto, não a União, ou vice-versa.[177] Tal repartição, cabendo à própria Constituição Federal, deve garantir a possibilidade de os Estados participarem da formação da ordem jurídica central e a existência de órgão judiciário de cúpula capaz de assegurar o primado do Pacto Federativo.[178]

Dessa forma, vê-se o poder político compartilhado pela União e pelas unidades federadas. Os governos estaduais, dotados de autonomia política, podem fixar sua própria orientação nos assuntos de seu interesse, desde que não contrariem a Constituição Federal. O Poder Legislativo bicameral assegura a participação dos Estados no Governo Federal, sendo o Senado, onde cada estado se faz representar por três senadores, seu órgão de representação. Na outra Casa, a Câmara dos Deputados, é o povo quem se faz representar.[179]

De fundamental importância, a cada esfera de competência se atribui renda própria. Dar-se competência é o mesmo que atribuir encargos, indispensável pois que aos seus destinatários sejam também oferecidas fontes de rendas próprias, sob o risco de se ver a autonomia política apenas figurativa, já que quem não dispõem de recursos próprios não pode agir com independência.[180]

Ao findar deste tópico, relevante o registro da percepção de Dalmo Dallari de que, modernamente, considerado a expressão mais avançada de descentralização política e tendo como principal ponto positivo sua capacidade de dificultar a acumulação de poder num só órgão, por conseguinte, dificultando a formação de governos totalitários, o Estado Federal passou a ser visto como sendo mais favorável à defesa das liberdades do que o Estado centralizado, em virtude do que, inúmeros Estados unitários refundiram sua Constituição adotando a organização federativa, como se de fato resultassem de uma união de Estados.[181]

Ademais, ao se abordar o tema Princípio Federativo, "no Brasil", imprescindível dispensarem-se alguns parágrafos consoantes ao Princípio da Autonomia Municipal, do que se encarregará o próximo subtópico.

[177] DALLARI, **Elementos de Teoria Geral do Estado**, p. 254.

[178] RIBEIRO, **Temas de Direito Constitucional Tributário**, p. 252.

[179] DALLARI, **Elementos de Teoria Geral do Estado**, p. 255.

[180] *Ibid.*, p. 254.

[181] *Ibid.*, p. 255.

1.3.2. Princípio da autonomia municipal, a jabuticaba federativa

Afirmam os professores Valcir Gassen e Marcos Aurélio Pereira Valadão que a competência tributária é o exercício da soberania do Estado no que tange ao poder de tributar. Ressaltam os autores que no federalismo brasileiro, em relação à perspectiva clássica de federação, verifica-se uma particularidade ímpar, um traço de originalidade, qual seja, a competência tributária privativa aos municípios, o que não se verifica em nenhuma outra federação. Há no Brasil, pois, uma tríplice discriminação de competências. Da perspectiva federalista dual passou-se a uma peculiar perspectiva tríplice de federação.[182]

Ensinamento que também é compartilhado por Ricardo Lodi Ribeiro na medida em que assevera termos no Brasil "uma original experiência de federalismo tridimensional, onde o Município também é membro da Federação, recebendo sua competência diretamente da Constituição Federal".[183]

Mas tal inovação encontra reprovação nas palavras de José Afonso da Silva:

> Foi equívoco do constituinte incluir os Municípios como componente da federação. Município é divisão política do Estado-membro. E agora temos uma federação de Municípios e Estados, ou uma federação de Estados? Faltam outros elementos para a caracterização de federação de Municípios. A solução é: o Município é um componente da federação, mas não entidade federativa.[184]

Maurício Dalri Timm do Valle, sob o argumento de o tema transbordar os limites de sua obra, limita-se a apenas mencioná-lo afirmando que se inclina por admitir que os Municípios, por não participarem da formação da vontade total[185], não fazem parte da Federação.[186]

[182] GASSEN, Valcir; VALADÃO, Marcos Aurélio Pereira, **Tributação nos Estados Unidos e no Brasil: estudo comparativo da matriz tributária**, São Paulo: Almedina, 2020, p. 82.

[183] RIBEIRO, **Temas de Direito Constitucional Tributário**, p. 253.

[184] SILVA, **Curso de Direito Constitucional Positivo**, p. 103.

[185] Na pág. 405, em seu penúltimo parágrafo o autor faz menção ao termo "vontade geral" ao dissertar que no Brasil há o sistema bicameral no qual a vontade geral é formada pelas vontades parciais do povo e dos Estados, representados pelos Deputados e Senadores, respectivamente. Entendemos que ambas expressões desempenham a mesma função semântica. VALLE, **Princípios Constitucionais e Regras-Matrizes de Incidência do Imposto Sobre Produtos Industrializados – IPI**, p. 405.

[186] *Ibid.*, p. 407.

Quanto ao princípio da autonomia[187] municipal, ínsito nos arts. 29 e 30 da Constituição Federal, não se o verá, por qualquer lei, poder ou autoridade, direta ou indiretamente, mediante ação ou omissão, derrogado ou diminuído, tamanha é sua expressividade.[188]

A Constituição situou o Município dentro das esferas político-administrativas da República conferindo-lhe efetiva autonomia política, financeira e administrativa. O Município manifesta sua autonomia política ao eleger seus Prefeitos e Vereadores; mediante a autonomia administrativa auto-organiza todo o seu sistema burocrático; pela efetiva participação nas receitas tributárias de outras pessoas políticas, e pela competência que detém de arrecadar seus próprios tributos, manifesta sua autonomia financeira.[189]

As competências municipais, tão originárias quanto as estaduais ou federais, não são delegadas pelos Estados ou União, mas outorgadas diretamente pela Constituição Federal. Dessa forma, nem à União, nem aos Estados será lícito tolher ou mesmo disciplinar o exercício das atribuições dos Municípios.[190, 191]

Tem-se então que no Brasil o Município é entidade autônoma, pessoa política detentora de capacidade legislativa. Somente sua Câmara estando apta a ocupar-se de assuntos de interesse local. Mediante a competência que lhe fora atribuída pela Carta Maior, institui e arrecada livremente seus tributos, reafirmando sua autonomia em relação às demais pessoas políticas.[192]

187 "A autonomia consiste, tecnicamente, na maior ou menor capacidade que tem uma entidade para resolver, sem interferência de terceiros, problemas que lhe são peculiares". REALE, **Lições Preliminares de Direito**, p. 87.

188 CARRAZZA, Roque Antônio, **Curso de Direito Constitucional Tributário**, 29. ed. São Paulo: Malheiros, 2013, p. 185.

189 *Ibid.*, p. 204.

190 *Ibid.*

191 Roque Antônio Carraza, em obra sua datada do ano de 2013, chega a afirmar que nem mesmo tratados internacionais possuíam o condão de obrigar os municípios a abrir mão de parte de seus tributos, ainda que referendados pelo Congresso, visto ser-lhe defeso a usurpação de prerrogativas consignadas aos Municípios pela Carta Maior. *Ibid.*, p. 205. No entanto, em obra de Luís Eduardo Schoueri em que se discorria acerca da constitucionalidade do art. 98 do CTN, encontramos menção a que aquele autor que outrora aliava-se ao entendimento dos que condenavam tal dispositivo legal à inconstitucionalidade, abandonara-o em obra sua mais moderna, de 2017. SCHOUERI, Luís Eduardo, **Direito Tributário**, 9. ed. São Paulo: Saraiva jur, 2019, p. 115.

192 CARRAZZA, **Curso de Direito Constitucional Tributário**, p. 205.

Ante o exposto, encerra-se este tópico com análise de Humberto Ávila quanto às propostas de se instituir o Imposto sobre o Valor Agregado (IVA) em substituição aos impostos ditos incidentes sobre o consumo (IPI, ICMS, ISS, COFINS e PIS) em tramitação no Congresso Nacional, as quais, por óbvio, propõem a alteração de um dos elementos essenciais da Constituição de 1988, sua estrutura federativa.[193]

Ocorre que, referindo-se à uniformidade federativa[194], conclui o autor que, se referidas regras anularem o poder de os entes regularem de modo específico e diferenciado questões locais e de seu interesse, bem como suprimirem o seu poder para decidir se instituem ou não determinados tributos, precisamente os pressupostos desconsiderados pelo novo imposto, restará violado o Princípio Federativo.

E a realçar aludida violação, afirma o autor que "tirante a experiência de que os senadores representam os seus eleitores e não os Estados, governados por um governador e por deputados estaduais eleitos pelo povo [...]", os municípios certamente não estão representados no Congresso Nacional e nem mesmo indiretamente poderão conformar a tributação de acordo com os seus interesses, finaliza Humberto Ávila,

1.3.3. Competência tributária e federalismo fiscal

O Brasil, com a proclamação da República em 1889, assume a forma de Estado Federal ao conceder aos Estados unitários poder e autonomia, por isso dizer-se ter se dado tal construção de forma centrífuga. Por conseguinte, a Constituição de 1988 recebeu-a da evolução histórica do ordenamento jurídico e a manteve mediante a declaração constante do art. 1º a configurar o Brasil como uma República Federativa.[195]

Maurício Dalri Timm do Valle, com o fito de demonstrar a relevância para o Estado Brasileiro de sua forma de governo adotada, menciona que o termo "Federação" é citado logo no art. 1º de seu Texto Constitucional, complementando que este modelo fora copiado, já em 1891, do sistema

[193] Ávila, IVA, Uma Proposta Inconstitucional: a proposta de introduzir o Imposto Sobre o Valor Agregado, que consta no programa de Fernando Haddad, pode alterar a estrutura federativa.

[194] Como exposto há algumas páginas, disserta Humberto Ávila ser o princípio federativo a conjugação de dois ideais: a autonomia e a uniformidade.

[195] Gassen; Valadão, **Tributação nos Estados Unidos e no Brasil: estudo comparativo da matriz tributária**, p. 83; Silva, **Curso de Direito Constitucional Positivo**, p. 101.

constitucional estadunidense. O autor finaliza o parágrafo enfatizando a importância que a Constituição relegou à forma do Estado brasileiro, ao destacar o art. 60, §4º, I, que elenca as cláusulas pétreas, donde se lê: "Não será objeto de deliberação a proposta de emenda tendente a abolir: [...] a forma federativa de Estado".[196]

Mesma percepção a de Humberto Ávila ao asseverar ter sido o princípio federativo erigido pela Constituição Federal como um dos seus princípios fundamentais, digno de ser incluído no seu artigo primeiro e de figurar na lista dos elementos que sequer por Emenda Constitucional podem ser modificados. "Tratando-se, como se vê, de um de seus fundamentos, tal como os entendia Aristóteles: o leme, para o barco; o pilar, para o prédio; o poder, para o Estado; o pai, para o filho".[197]

Do exposto, de se concluir que, sendo o Brasil um Estado Federal em que a União e os Estados-membros ocupam juridicamente o mesmo plano hierárquico, devem estes receber tratamento jurídico-formal isonômico.[198]

Neste diapasão, no Federalismo, ainda que seus entes periféricos abdiquem de parcela de suas soberanias, preservam sua autonomia, a qual pressupõe sua autoadministração, o livre exercício das competências conferidas pela Constituição, o que demanda recursos financeiros. Para garantir a possibilidade de cumprimento de tais objetivos constitucionais é preciso que haja uma adequação dos recursos repartidos a essas atividades administrativas que lhe foram confiadas.[199]

No âmbito do federalismo cooperativo de viés democrático consagrado pela Constituição de 1988, o simples repasse do produto da arrecadação federal para os Estados não basta à autoadministração. Autonomia remete à capacidade de um Estado definir as próprias prioridades, independente das políticas definidas pela União, sem o que a Federação perde sentido. Somente o exercício de sua competência tributária garantirá ao Estado o cumprimento de suas prioridades, preservando sua autonomia em relação à União. É essa competência tributária própria que vai diferenciar a repar-

[196] VALLE, **Princípios Constitucionais e Regras-Matrizes de Incidência do Imposto Sobre Produtos Industrializados – IPI**, p. 404.

[197] ÁVILA, IVA, Uma Proposta Inconstitucional: a proposta de introduzir o Imposto Sobre o Valor Agregado, que consta no programa de Fernando Haddad, pode alterar a estrutura federativa.

[198] CARRAZZA, **Curso de Direito Constitucional Tributário**, p. 163.

[199] RIBEIRO, **Temas de Direito Constitucional Tributário**, p. 244.

tição das receitas tributárias ocorridas na Federação, das verificadas nos estados unitários descentralizados.[200]

André Horta, ao tempo em que adverte serem as dissensões que emergem na esfera federativa constituintes de sua própria natureza conformativa de viés coordenador de múltiplas determinações, não podendo ser tomadas como disfuncionalidades do modelo, senão como o *modus procedendi* do sistema,[201] disserta afligirem os Estados e Municípios particularmente o segmento fiscal dessa discussão, aquele que pastora a harmonização entre os recursos disponíveis para as responsabilidades eleitas.[202]

Contrariando a tendência mundial, a Federação brasileira vem experimentando a partir das últimas décadas um movimento de centralização de recursos em favor da União que não é acompanhada de alteração nas atribuições materiais, o que, naturalmente impõe aos Estados e Municípios uma maior sobrecarga fiscal.[203] Tais medidas ferem o Princípio da Conduta

[200] *Ibid.*, p. 245.

[201] Horta, André, Os Estados na Crise do Federalismo Fiscal Brasileiro: perspectivas, assimetrias e tempestividade, *in*: Fagnani, Eduardo (Org.), **A Reforma Tributária Necessária: diagnósticos e premissas**, Brasília: ANFIP, 2018, p. 601.

[202] *Ibid.*, p. 602.

[203] Neste sentido replica-se rol ilustrativo apresentado pelo autor a evidenciar aludido movimento de centralização. Advirta-se, no entanto, quanto à alínea "d" desta enumeração, nossa discordância quanto a tratar-se, a isenção operada pela Lei Kandir quanto ao ICMS nas operações de exportação, de isenção heterônoma, abolida pela Constituição de 1988, tema a ser enfrentado no próximo tópico: "a) o Fundo Social de Emergência, aprovado pela ECR nº 1/94, e o Fundo de Estabilização Fiscal, aprovado pelas ECs nºs 10/96 e 17/97, que desvincularam parcelas significativas das transferências constitucionais de impostos federais para Estados e Municípios, causando grave sangria nas receitas desses entes; b) a opção da União, no incremento da arrecadação, pela via das contribuições da seguridade social, em detrimento do IR, IPI, e dos impostos residuais. Nos últimos dez anos conheceu-se um aumento expressivo da arrecadação de tributos federais, sempre pela via das contribuições da seguridade social, cuja arrecadação pertence exclusivamente à União. Tal opção se deu em detrimento dos impostos onde a arrecadação é dividida com Estados e Municípios, por meio dos Fundos de Participação, acarretando perda na arrecadação dos entes periféricos; c) a invasão das competências constitucionais de Estados e Municípios pela instituição de contribuições parafiscais com o mesmo fato gerador ou base de cálculo dos impostos destes, como ocorreu na contribuição previdenciária dos autônomos, que possui a mesma base de cálculo do ISS, e do Adicional ao Frete para a Renovação da Marinha Mercante (AFRMM), com a mesma base de cálculo do ICMS de transporte interestadual e intermunicipal; d) a concessão de isenções heterônomas de ICMS na exportação, pela Lei Complementar nº 86/97 (Lei Kandir), causando prejuízo à arrecadação dos Estados, a fim de atender às prioridades do Governo Central; e) a estipulação detalhada sobre a gestão financeira pela Lei Complementar

Amistosa Federativa, que se traduz na fidelidade para com a Federação, não só dos Estados em relação ao todo e a cada um deles, mas da União em relação aos Estados.[204]

Percepção que é reforçada por Fabrício Augusto de Oliveira e Rosa Angela Chieza ao dissertarem ter sido o modelo de Federalismo Fiscal brotado a partir da Constituição de 1988 gradativamente desmontado com as políticas econômicas implementadas pelo Governo Federal sob a influência dos compromissos assumidos com as políticas de austeridade fiscal, o que culminou com a perda progressiva de autonomia das esferas subnacionais,[205] comprometendo-se, pois, tanto quanto aos objetivos de crescimento econômico e de redução das desigualdades sociais, quanto ao aumento da oferta de serviços essenciais para as camadas mais necessitadas da população.[206]

Para Pedro Lopes de Araújo Neto o Federalismo Fiscal brasileiro foi afetado por fatores políticos que influenciam na repartição de receitas entre os entes federados. Durante a ditadura militar, a forte concentração de recursos na União; no período da redemocratização, consolidada na Constituição de 1988, o fortalecimento das finanças dos municípios e dos estados; na década de 1990, a criação e aumento de alíquotas das contribuições sociais (CSLL, Cofins e Pis) não repartidas com os estados e municípios.[207]

Centralização que é bem demonstrada no Gráfico 1 quanto à distribuição do bolo tributário aos entes federativos nos anos compreendidos entre 2010 e 2019.

nº101/2000 (Lei de Responsabilidade Fiscal), que extrapolando a disciplinadas normas gerais de direito financeiro, adota as prioridades do Governo Central, como norma obrigatória para Estados e Municípios; f) a proposta de emenda constitucional do sistema tributário nacional, retirando o ICMS da competência legislativa dos Estados, e passando o tributo para a competência da União.". RIBEIRO, **Temas de Direito Constitucional Tributário**, p. 246.

204 *Ibid.*

205 DE OLIVEIRA; CHIEZA, Auge e Declínio da Federação Brasileira: 1988-2017, p. 559.

206 *Ibid.*, p. 561.

207 ARAÚJO NETO, Pedro Lopes de, Impactos das Políticas Tributárias da União no Federalismo Fiscal Brasileiro, *in*: FAGNANI, Eduardo (Org.), **A Reforma Tributária Necessária: diagnósticos e premissas**, Brasília: ANFIP, 2018, p. 588.

Gráfico 1 – Carga Tributária Bruta Anual por esfera de governo (% PIB) – 2010 a 2019

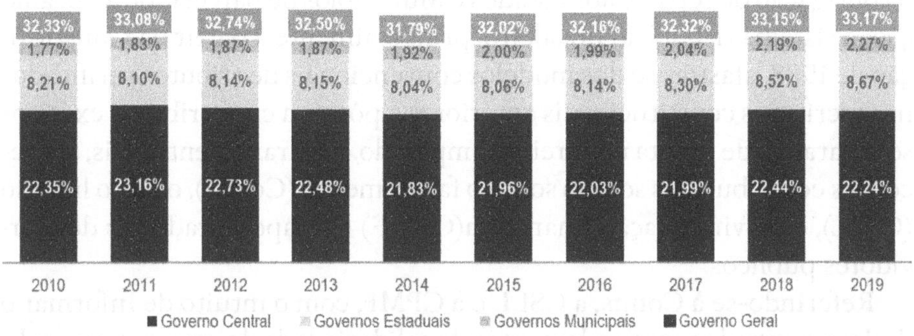

Fonte: Secretaria do Tesouro Nacional – Ministério da Fazenda[208]

No intuito de se diagnosticar os desequilíbrios na repartição de recursos na federação, é lição de Fernando Rezende que a necessidade de a União recuperar-se da semiestagnação da economia e de financiar novos direitos sociais ampliados pela Constituição Cidadã, desencadeou, logo em seguida à promulgação da Carta Constitucional de 1988, um processo de recuperação da receita federal assentado na expansão das contribuições sociais, acompanhado da reversão dos ganhos inicialmente obtidos pelos governos estaduais,[209] processo que se viu fortalecido quando da estabilização da moeda na segunda fase do Plano Real, a qual passou a depender da geração de superávits primários nas contas fiscais, momento em que novos e maiores aumentos nas contribuições sociais fizeram-se necessários.[210]

[208] BRASIL, **Estimativa da Carga Tributária Bruta no Brasil – 2019**, Brasília-DF: Secretaria do Tesouro Nacional – Ministério da Fazenda, 2019, p. 1.

[209] Pressões de estados e municípios por recuperação de parte dos recursos que haviam perdido em decorrência da centralização de receitas promovida pelo regime militar, resultaram, na transição para a democracia, em um processo gradual de aumento da base dos fundos constitucionais. Emendas constitucionais promulgadas ainda nos últimos anos do governo militar aumentaram gradativamente as percentagens da receita do imposto sobre produtos industrializados (IPI) e do imposto sobre a renda (IR) transferidas ao FPE e ao FPM, que atingiram 14% e 16%, respectivamente, em 1985. Com incremento gradual nos anos seguintes à entrada em vigor da Carta de 1988, tais índices percentuais foram alçados a 21,5% para o FPE e 22,5% para o FPM. REZENDE, Fernando, **A Reforma Tributária e a Federação**, Rio de Janeiro: FGV, 2009, p. 17..

[210] *Ibid.*, p. 17, 18.

Na mesma linha é lição de Ricardo Lobo Torres ao asseverar que, com objetivos principais de camuflar as novas incidências e de aliviar a União da obrigação de repasse aos Estados e Municípios de parcelas de arrecadação, o sistema tributário brasileiro, principalmente a partir da Constituição de 1988, afastou-se dos modelos convencionais de tributos verificados nas escrituras constitucionais anteriores e pôs-se a criar tributos exóticos sem paralelo de monta no direito comparado. Figurando entre tais, aparecem as contribuições sociais sobre o faturamento (Cofins), o lucro líquido (CSLL), a movimentação financeira(CPMF) e as aposentadorias dos servidores públicos.[211]

Referindo-se à Cofins, a CSLL e à CPMF, com o intuito de informar o deslocamento de seus fundamentos da solidariedade do grupo, para a solidariedade que informa a capacidade contributiva, Lobo Torres adverte não haver nelas qualquer contraprestação estatal em favor do contribuinte,[212] o que desenganadamente as transforma em impostos com destinação especial incidentes sobre a renda, as vendas ou as transações bancárias.

Por evidente que se se transformaram em impostos com destinação especial, passam a exigir a mesma justificativa dos impostos: a capacidade contributiva fundada na solidariedade. Perdem, portanto, a referibilidade que deve haver entre o sujeito passivo da contribuição para a seguridade social e a própria atividade a cujo custeio o produto da contribuição é destinado. O próprio Supremo Tribunal Federal reconheceu que se generalizara para toda a sociedade a obrigação tributária com referência a tais contribuições.[213]

Fabrício Augusto de Oliveira e Rosa Angela Chieza também oferecem bons argumentos quanto às circunstâncias motivadoras do aludido cenário de predatorismo tributário promovido pela União.

[211] TORRES, Ricardo Lobo, Existe um Princípio Estrutural da Solidariedade?, *in*: GRECO, Marco Aurélio; DE GODOI, Marciano Seabra (Orgs.), **Solidariedade Social e Tributação**, São Paulo: Dialética, 2005, p. 202.

[212] Para Aires Barreto, disserta Geraldo Ataliba, é no somatório de "atuação estatal" e "circunstância intermediária", que é dado de conexão com o obrigado, que se identificará a hipótese de incidência das contribuições, não se cogitando, pois, de hipótese de incidência de contribuição se ausente estiver uma ou outra (circunstância ou atuação estatal). Ambas coexistem, mas uma não subsiste sem a outra; é que, isolada, a circunstância, em si mesma, é (formalmente) hipótese de incidência de imposto; a atuação estatal, em si mesma, hipótese de incidência de taxa. ATALIBA, Geraldo, **Hipótese de Incidência Tributária**, 6. ed. São Paulo: Malheiros, 2006, p. 151.

[213] TORRES, Existe um Princípio Estrutural da Solidariedade?, p. 204.

Realçando o fato de a Constituição de 1988, com vistas a propiciar maior autonomia fiscal , financeira e técnica aos entes subnacionais, ter contemplado o aumento dos impostos de seu campo de competência e a ampliação de seus poderes de administrar seus impostos, ressaltam os autores que foi na ampliação das transferências de impostos realizadas pela União para essas esferas que as referidas mudanças lhes garantiram ganhos financeiros mais expressivos.[214]

As transferências do IR e do IPI realizadas pela União para os estados e municípios aumentaram de 33% para 47%, no caso do IR; e de 33% para 57% no do IPI. Um ganho considerável para essas esferas, mas uma perda significativa de recursos para a União, uma das principais pernas do tripé que sustenta o equilíbrio federativo.[215]

Ocorre que, concomitante à redução das receitas da União e de sua participação relativa no bolo tributário, a nova Constituição, ao introduzir mudanças no campo dos direitos sociais, indicam inexorável ampliação de seus gastos, especialmente diante da ausência de um projeto de descentralização dos encargos para as esferas subnacionais e das resistências por essas colocadas de assumir obrigações adicionais.[216]

Fato é que, tendo ganhado inicialmente do ponto de vista de descentralização das receitas, os governos subnacionais, ao resistirem à negociação do projeto de descentralização dos encargos começaram a perder poder de decisão sobre essas políticas à medida que o Governo Federal teve de buscar alternativas para financiá-las, tornando-se o agente responsável pelo estabelecimento de suas diretrizes, formulação e implementação.[217]

Como resposta ao enfrentamento deste desequilíbrio o Governo Federal, em 1989, procurou transferir para as esferas subnacionais projetos financiados com os tributos que perdera com a reforma, o restabelecimento de restrições creditícias para essas esferas e criação de tributos e elevação de alíquotas não sujeitas à partilha com as demais esferas governamentais.[218]

A exploração de receitas não compartilhadas com estados e municípios provenientes das contribuições sociais previstas para o financiamento da

214 De Oliveira; Chieza, Auge e Declínio da Federação Brasileira: 1988-2017, p. 562.

215 *Ibid.*, p. 564.

216 *Ibid.*, p. 565.

217 *Ibid.*

218 *Ibid.*

Seguridade Social[219] as transformam no instrumento de ajuste preferencial do Governo Federal, para prejuízo da qualidade do sistema de impostos no Brasil e para a própria Federação.

O Governo Federal, já em 1993, consegue praticamente recuperar sua participação relativa no bolo tributário, ao tempo em que os estados veem sua participação praticamente retornar à do ano de 1988, o que se deveu, além da redução das transferências do FPE com a perda de importância relativa do IR e do IPI, à arrecadação do ICMS prejudicada pela recessão e a extinção neste ano do IR-estadual.[220]

Destarte, responsável pelas políticas de âmbito nacional, o Estado Federal, com a centralização do poder, tem uniformizado as regras para essas políticas em um país marcado pela diversidade e heterogeneidade de seus membros, com perdas significativas para a maior eficiência do gasto, e transformado as esferas subnacionais em meros auxiliares do Poder Central.[221]

Ademais, leciona Sacha Calmon Navarro Coêlho que, extrapolando as participações originalmente previstas no Texto Magno, o aumento expressivo de tributos denominados contribuições, mas com alma de impostos, levou os Estados a reivindicarem a participação também em seus montantes. Foi o que ocorreu com a CIDE-Combustíveis, do art. 177, § 4º da CF/88, que por força do art. 159, III viu-se a União obrigada a entregar 29% do produto de sua arrecadação aos Estados e ao Distrito Federal; aos Estados, por sua vez, cabe repassar 25% do valor que receberem aos seus Municípios (§ 3º).[222]

Outrossim, há que se ressaltar a insurgência de alguns juristas alemães a apontar injustiça, e não raro, inconstitucionalidade na cobrança de contribuições sociais que perdem a sua natureza causal, transformando-se em autênticos "impostos com destinação especial", nos quais a responsabilidade tributária recai sobre quem não aufere benefícios da ação estatal

[219] A CF/88, em seu art. 195, oportunizara, para o atendimento de necessidades adicionais de recursos para o financiamento da Seguridade Social, a criação de contribuições sociais específicas para essa finalidade, cuja competência seria exclusiva da União, e com as vantagens de não precisar obedecer às regras e princípios previstos para os impostos tradicionais, como os da anualidade, da não cumulatividade e, principalmente, sem que o produto de sua arrecadação tivesse de ser dividido com as demais esferas governamentais. *Ibid.*

[220] *Ibid.*, p. 566.

[221] *Ibid.*, p. 584.

[222] Coêlho, Sacha Calmon Navarro, **Curso de Direito Tributário Brasileiro**, 17. ed. Rio de Janeiro: Forense, 2020, p. 444.

nem participa do grupo protegido[223].[224] No Brasil, tal discussão perdeu interesse por ter sido tal anomalia criada pela própria Constituição, conforme se depreende da norma contida em seu art. 195.[225]

Os estados poderiam tentar recuperar a posição que desfrutavam no início dos anos 1990, mas a ocupação do espaço tributário gerado pela produção e circulação de mercadorias pelo governo federal decorrente do aumento das contribuições sociais e da exploração da base de serviços pelos municípios tornou isso muito difícil, dado o tamanho da carga tributária vigente.[226]

Ademais, na ausência de flexibilidade para redefinir os espaços tributários de cada um e na falta de entendimento a respeito, toda a responsabilidade pela promoção do ajuste vertical deveria recair sobre o sistema de transferências,[227] todavia, a maneira como as transferências foram sendo conduzidas ao longo das últimas décadas não só fez com que ele não preenchesse essa função, como também concorreu para que elas fossem fruto de novas distorções.[228]

1.3.4. A preponderância dos interesses do Estado brasileiro frente às ordens jurídicas parciais

Uma questão que tem gerado muitas divergências e levado os doutrinadores brasileiros a posicionamentos díspares – notadamente em virtude

[223] É que, enquanto a hipótese de incidência para a taxa é o estado prestar um serviço que se liga a alguém posto na posição de sujeito passivo pela lei; nas contribuições, não basta a atuação, a ocorrência de um termo intermediário entre a atuação estatal e o obrigado faz-se necessária, o qual estabelecerá a referibilidade entre a própria atuação e o obrigado. É esta referibilidade que proporcionará que o custeio da atividade estatal referente a determinado grupo seja por seus integrantes arcado. Não pressupõe benefício ao contribuinte, mas que a ele se relacione a atividade enquanto integrante de determinado grupo. PAULSEN, Leandro, **Curso de Direito Tributário Completo**, 11. ed. São Paulo: Saraiva Educação, 2020, p. 81.

[224] TORRES, Existe um Princípio Estrutural da Solidariedade?, p. 204.

[225] *Ibid.*, p. 205.

[226] REZENDE, **A Reforma Tributária e a Federação**, p. 65.

[227] O sistema de repartição dos impostos e o sistema de repartição dos produtos quebraram o centralismo fiscal da União Federal, promovendo uma melhor distribuição de recursos entre as pessoas políticas da Federação e obrigando, de sobredobro, o Executivo Federal a diminuir a sua ingerência no organismo federativo que se agigantara durante os 21 anos de ditadura militar (1964 a 1985). COÊLHO, **Curso de Direito Tributário Brasileiro**, p. 446.

[228] BRASIL, Presidência da República, **Indicadores de Equidade do Sistema Tributário Nacional**, Brasília: Observatório da Equidade, 2009, p. 35; REZENDE, **A Reforma Tributária e a Federação**, p. 65.

da limitação imposta pela vedação da instituição de isenções heterônomas pela Constituição de 1988 – é quanto à possibilidade de a União poder ou não proceder à desoneração de tributos de competência dos Estados-membros, Distrito Federal e Municípios por meio de tratados internacionais.[229] Ocorre que, em virtude do princípio do federalismo fiscal brasileiro, as isenções nacionais impelem a sensação de que competências privativas de determinada entidade jurídica parcial estejam sendo usurpadas.

Tal sensação se verifica em decorrência de que, na vigência da Constituição centralista de 1967, à União era conferida a faculdade de, mediante lei complementar e atendendo a relevante interesse social ou econômico nacional, isentar impostos federais, estaduais e municipais (art. 20, §2º). Permitia-se à União, pois, a concessão de isenções de tributos que não se encontravam sob sua competência tributária, faculdade que foi mantida pela Emenda nº 1/69 (art. 19, §2º). Em conseguinte, via-se o princípio federativo afetado pelas isenções heterônomas, o que persistiu até o advento da Constituição de 1988, que em seu art. 151, III[230] tratou de extirpar do mundo jurídico a referida faculdade.[231]

Ressalta Kyioshi Harada que a vedação contida no citado art. 151, III da CF/88, no sentido de se restringir a concessão de isenções de impostos estaduais e municipais pela União, só pode ter o sentido de derrogação daquelas isenções heterônomas outorgadas pela União no período de anomalia jurídica, por incompatíveis com o princípio da isonomia das entidades políticas integrantes do Estado Federal Brasileiro.[232]

[229] CHIESA, Clélio, **A Competência Tributária do Estado Brasileiro: desonerações nacionais e imunidades condicionadas**, São Paulo: Max Limonad, 2002, p. 65.

[230] Hugo de Brito Machado, manifestando certo desconforto quanto à técnica legislativa que se adotara no sentido de se positivar no Texto Magno a proibição às isenções heterônomas – vez que na verdade a tal propósito bastante se revelaria o silêncio constitucional, posto que, como já mencionado, competente para isentar é o titular da competência para tributar –, ressalta ter a aludida regra apenas o mérito de se eliminar controvérsias, à medida que afasta qualquer possibilidade de se argumentar com a sobrevivência daquela norma centralizadora de poder. MACHADO, Hugo de Brito, **Curso de Direito Constitucional Tributário**, 2. ed. São Paulo: Malheiros, 2015, p. 303. Destarte, fez-se valer, durante o funcionamento da Assembleia constituinte no final dos anos 80 a pressão de prefeitos e governadores no sentido da desconcentração do poder político. *Ibid.*, p. 304.

[231] CHIESA, **A Competência Tributária do Estado Brasileiro: desonerações nacionais e imunidades condicionadas**, p. 64; HARADA, Kiyoshi, **Direito Financeiro e Tributário**, 19. ed. São Paulo: Atlas, 2010, p. 381.

[232] HARADA, **Direito Financeiro e Tributário**, p. 465.

Ademais, continua o autor, a despeito da existência do princípio constitucional implícito de que só pode conceder isenção de determinado imposto quem tiver o poder de instituí-lo,[233] revelando-se a isenção corolário da tributação, tal dispositivo direciona-se à União enquanto pessoa jurídica de direito público interno, não enquanto órgão de representação do Estado Federal Brasileiro (art. 21, I, CF/88), pessoa jurídica de direito público internacional.[234]

A competência outorgada à União no art. 21, I da CF/88 é na qualidade de "República Federativa do Brasil", caracterizando-a diferentemente daquele atribuído aos praticados na qualidade de ordem jurídica interna.[235] A distinção entre o resultado laboral do Congresso Nacional como órgão legislativo da União e do Estado brasileiro é importante na medida em que o efeito vinculante dos diplomas normativos produzidos são diferentes, com as leis nacionais obrigando a todos, União, Estados, Distrito Federal e Municípios, enquanto que as leis federais obrigam somente a União e seus subordinados.[236]

Ante o exposto, apura-se o entendimento pela impossibilidade de se pretender restringir o alcance das leis nacionais mediante a invocação do princípio federativo e da autonomia dos municípios, haja vista tal normatização não se dar pela União, ordem jurídica parcial, mas pelo Congresso Nacional, na qualidade de órgão legislativo do Estado brasileiro.[237]

É de se ressaltar, portanto, que o princípio da autonomia legislativa das pessoas de direito público interno não se sobrepõe ao da supremacia da vontade nacional representada pela atuação do Estado brasileiro,[238] revelando não possuírem, as ordens jurídicas parciais, autonomia absoluta.

233 Clélio Chiesa, relembrando José Souto Maior Borges, para o qual, no poder de tributar se contém o poder de eximir, como o verso e reverso de uma medalha, conclui ser o poder de isentar o próprio poder de tributar visto ao inverso, vez que, a Constituição Federal, ao outorgar competência para tributar, não apenas permite, mas às vezes programa, ela própria, a abstenção do exercício dessa competência pela via da isenção, em determinadas situações excepcionais. O poder de isentar é o próprio poder de tributar visto ao inverso. CHIESA, **A Competência Tributária do Estado Brasileiro: desonerações nacionais e imunidades condicionadas**, p. 64.

234 HARADA, **Direito Financeiro e Tributário**, p. 466.

235 CHIESA, **A Competência Tributária do Estado Brasileiro: desonerações nacionais e imunidades condicionadas**, p. 65.

236 *Ibid.*, p. 66.

237 *Ibid.*

238 *Ibid.*, p. 71.

Antes, estas hão de ser contrapostas aos interesses nacionais, de modo que, em se revelando conflitantes, o interesse nacional há de lhes sobrepor. Neste diapasão, os tratados internacionais, que ao desonerarem tributos que estão no âmbito da competência dos Estados-membros, Distrito Federal e Municípios, não acutilam o pacto federativo.[239, 240]

Não se pode, portanto, alegar que o princípio federativo e o da autonomia dos Municípios é violado quando a União, enquanto órgão representativo da República Federativa do Brasil, celebra tratado internacional desonerando os contribuintes do pagamento de tributos de competência dos Estados, Distrito Federal e Municípios, haja vista tratar-se de uma competência excepcional outorgada ao Estado brasileiro com vistas a atender interesses supraregionais.[241]

Outrossim, haja vista a competência do Estado brasileiro para firmar tratados, é de se concluir pela impossibilidade de os Estados-membros, Distrito Federal e Municípios furtarem-se ao cumprimento de regra que lhes imponha desoneração de tributos sob o argumento de invasão de competência, salvo comprovada ausência de interesse nacional.[242] Nem mesmo violação ao princípio da autonomia financeira há que se alegar, visto que tal diretriz, voltada para o âmbito interno, visa a garantia da não intervenção de uma unidade na outra, o que não pode ser invocado contra as manifestações do Estado brasileiro.[243]

Ora, sendo os tratados instrumentos a viabilizar a compatibilização dos interesses do Estado brasileiro com os interesses dos Estados interve-

[239] Em nota de pé de página de número 42 o autor explicita discordância de Roque Antônio Carrazza, o qual entende que a União, ainda que na qualidade de Estado brasileiro, não pode conceder isenções de tributos cuja competência é dos Estados-membros, Distrito Federal e Municípios para institui-los. *Ibid.* Posicionamento que encontra suporte também em Estevão Horvath e Nelson Ferreira de Carvalho, conforme exposto pelo autor em nota de número 39. *Ibid.*, p. 67. Em oposição a tal ideia, porém, em nota imediatamente anterior, a de número 41, salienta Luciano Amaro não ver nos preceitos constitucionais, enfatizando o art. 151, III, sustentação à aludida inconstitucionalidade, na matéria em causa, de tratados internacionais, que só a União tem autoridade para firmar, em nome do Estado brasileiro. *Ibid.*, p. 70.

[240] CHIESA, **A Competência Tributária do Estado Brasileiro: desonerações nacionais e imunidades condicionadas**, p. 70.

[241] *Ibid.*, p. 67.

[242] *Ibid.*, p. 68.

[243] *Ibid.*, p. 70.

nientes no plano internacional,[244] não pode a atuação do Estado brasileiro ver-se condicionada ao atendimento dos interesses das ordens jurídicas parciais,[245] o que, em matéria tributária praticamente inviabilizaria sua atuação.[246] Por conseguinte, quanto às isenções nacionais, as quais relacionam-se intrinsecamente com os tratados e convenções internacionais, nada há que se inferir quanto a eventual invasão de competência.[247]

Por derradeiro, a despeito de já exaustivamente explorado o tema, por sua relevância, expõe-se a tese defendida por Luís Eduardo Schoueri.

Com o propósito de enfrentar a alegação de que a vedação das isenções heterônomas pela Carta Cidadã vedaria igualmente que a União, por meio de tratados internacionais, retirasse dos Estados, do Distrito Federal ou dos municípios seu direito de tributar determinada matéria, é sob o argumento de limitação do alcance da jurisdição imposta pelos tratados que vai o autor fundamentar sua teoria.[248]

Nesse passo, leciona Schoueri configurarem os tratados internacionais um limite à soberania externa dos Estados contratantes, um muro de contenção referente ao poder-dever dos legisladores internos de disciplinar questões que constem de tais tratados, normas de Direito Internacional que fixam os limites das jurisdições dos Estados contratantes.[249]

Justifica o autor que atuando os tratados internacionais em momento (lógico) anterior, nada isentam, mas tão somente restringem a própria jurisdição brasileira. Celebrado um tratado internacional, o País reconhece que determinada matéria está além de sua jurisdição.

[244] Oportuna é a lição de Kyioshi Harada ao tempo em que, reportando-se aos incisos I e IX do art. 4º da CF/88 como fundamento dos tratados e convenções internacionais, por cuidarem estes, respectivamente, da independência nacional e da cooperação entre os povos para o progresso da humanidade (GATT-OMC), menciona seu §4º (cremos que o autor pode ter se equivocado ao se referir ao §4º, haja vista tal dispositivo apenas conter o parágrafo único, o qual reporta o conteúdo descrito) como portador do princípio a direcionar nosso País no sentido da integração econômica, política, social e cultural dos povos da América Latina, visando à formação de uma comunidade latino-americana de nações (Mercosul). Harada, **Direito Financeiro e Tributário**, p. 465.

[245] As ordens internas não possuem representação internacional, não desfrutam do atributo soberania. Chiesa, **A Competência Tributária do Estado Brasileiro: desonerações nacionais e imunidades condicionadas**, p. 68.

[246] *Ibid.*, p. 69.

[247] Harada, **Direito Financeiro e Tributário**, p. 382.

[248] Schoueri, **Direito Tributário**, p. 121.

[249] *Ibid.*, p. 104.

Ora, se a matéria está fora do alcance do poder de tributar brasileiro, não surge sequer a competência para qualquer daquelas pessoas jurídicas de Direito Público, possibilitando, pois, que países abram mão de tributos de competência de Estados e Municípios por meio de tratados internacionais. A Constituição, por certo, distribui competências entre aquelas pessoas, entretanto, não pode distribuir competência que ultrapassa a jurisdição.[250]

A realçar sua tese o autor disserta que o tema foi enfrentado pelo Supremo Tribunal Federal no RE nº 229.096-RS, que viu nos tratados internacionais ato do Estado brasileiro, não sendo, pois, celebrado pela União enquanto pessoa jurídica de direito público interno, mas pela República Federativa do Brasil, com o Presidente da República atuando como Chefe de Estado ao assinar o Tratado. Destarte, resta, pois, descaracterizada a existência de isenção heterônoma, vedada pela Carta Cidadã. Ademais, tal decisão, ainda segundo o autor, teve o mérito de reafirmar a constitucionalidade do art. 98 do CTN, além de reconhecer-lhe o papel de caráter nacional.[251]

Em conseguinte, é de se concluir que, com o advento da Constituição de 1988, somente isenções autônomas, as concedidas pela pessoa política titular da competência para criar o tributo atingido pela isenção,[252] e também as isenções a serem concedidas pelo Estado brasileiro em situações excepcionais, as isenções nacionais, passam a ser permitidas.[253] Trata-se, pois, do Estado brasileiro intervindo na ação de tributar com o objetivo de atender a determinado interesse nacional.[254]

1.3.4.1. Sistema de integração adotado quanto aos tratados

Objeto de divergência doutrinária, a forma e o momento de integração dos tratados internacionais ao sistema jurídico positivo dos países pactuantes tem dividido os estudiosos. Para alguns, os tratados internacionais ingressariam na ordem jurídica interna no exato instante em que são firmados e adquirem publicidade; para outros, no entanto, somente a partir

[250] *Ibid.*, p. 121.

[251] *Ibid.*

[252] Sabido e ressabido que o poder de isentar é corolário do poder de tributar, só pode isentar quem tem o poder de tributar. HARADA, **Direito Financeiro e Tributário**, p. 381.

[253] CHIESA, **A Competência Tributária do Estado Brasileiro: desonerações nacionais e imunidades condicionadas**, p. 64.

[254] *Ibid.*, p. 66.

da edição de ato normativo interno a referendar o conteúdo dos tratados, verificar-se-ia aludida integração. Desta divergência erigem-se as teorias monista e dualista.[255]

A adoção do monismo, o qual pressupõe admitir a recepção automática das normas de direito internacional pelo direito interno, teria o efeito de suspender a eficácia das normas internas incompatíveis com o teor do tratado.[256] Na teoria dualistas, porém, a ideia de que o direito internacional vigeria na ordem interna é veementemente refutada, não constituindo os tratados internacionais mais que meros instrumentos para a formalização de acordos de vontade entre Estados, somente se vendo norma jurídica após sua reprodução por uma das fontes legislativas internas.[257]

Clélio Chiesa, a sustentar sua aliança ao entendimento de que o sistema brasileiro não adota a cláusula geral de recepção automática plena dos tratados internacionais, observa que, a despeito do que preconiza as normas introduzidas pelo art. 5º, §2º,[258] CF/88 e os arts. 96[259] e 98[260] do Código Tributário Nacional, tais normas não podem ser interpretadas isoladamente,[261] a partir do que passa a elencar dispositivos constitucionais a corroborar seu entendimento: i) não se veem os tratados contemplados no art. 59 como um dos instrumentos introdutórios de normas no sistema brasileiro; ii) o estabelecimento pelo art. 49, I de competência ao Congresso Nacional para resolver, de modo definitivo, os tratados, acordos e atos internacionais; e ii) art. 84, VIII, os tratados firmados pelo Presidente da República estarem sujeitos a referendo do Congresso Nacional.[262]

Em conclusão, assevera o autor que as normas constantes dos tratados somente passam a integrar a ordem interna após receberem a chancela

255 *Ibid.*, p. 52, 53.

256 *Ibid.*, p. 53.

257 *Ibid.*, p. 54.

258 "Os direitos e garantias expressos nesta Constituição não excluem outros decorrentes do regime e dos princípios por ela adotados, ou dos tratados internacionais em que a República Federativa do Brasil seja parte".

259 "A expressão 'legislação tributária' compreende as leis, os tratados e as convenções internacionais, os decretos e as normas complementares que versem, no todo ou em parte, sobre tributos e relações jurídicas a eles pertinentes".

260 "Os tratados e as convenções internacionais revogam ou modificam a legislação tributária interna, e serão observados pela que lhes sobrevenha".

261 CHIESA, **A Competência Tributária do Estado Brasileiro: desonerações nacionais e imunidades condicionadas**, p. 57.

262 *Ibid.*, p. 58.

do Congresso Nacional e serem promulgadas pelo Presidente da República por meio de decreto, não gerando, antes disso, qualquer efeito para o direito interno.[263]

E é invocando a autoridade do constitucionalista Alexandre de Moraes que o autor arremata seu raciocínio asseverando apresentar, o procedimento de inserção de um ato ou tratado internacional na ordem jurídica interna, três fases: 1ª fase: Celebração pelo Presidente da República (art. 84, VII, CF/88); 2ª fase: Resolução definitiva pelo Congresso Nacional (art. 49, I, CF/88); 3ª fase: Promulgação, pelo Presidente da República, do ato ou tratado internacional devidamente ratificado pelo Congresso Nacional. Somente a partir do que as normas contidas no ato ou tratado internacional adquirem executoriedade na ordem interna e podem, inclusive, ser objeto de ação direta de inconstitucionalidade.[264]

Ademais, com o intuito de fugir da superficialidade, não poderia este trabalho prescindir dos ensinamentos de Rosaldo Trevisan, considerado por muitos, um dos grandes estudiosos da tributação na seara aduaneira do Estado Brasileiro, o qual, adiantamos, cerra fileiras com Clélio Chiesa quanto à imprescindibilidade do rito legislativo pátrio a legitimar, no ordenamento nacional, os efeitos de um Tratado Internacional.

Em seu primeiro esforço no enfrentamento do tema, qual seja, a apresentação do berço das teorias em estudo, o seu nascedouro, objetivando realçar, inicialmente, a teoria dualista, o autor invoca Carl Heinrich Triepel que, em 1899, ao realizar o primeiro estudo sistemático sobre as relações entre o Direito Internacional e o Direito interno, estabeleceu três diferenças entre as duas ordens jurídicas: i) uma de relações sociais, na medida em que na ordem internacional, o Estado revela-se o único sujeito de direito, enquanto que na ordem interna o homem também o é; ii) outra, a referir-se à fonte das ordens jurídicas, vez que, no Direito interno, elas são fruto da vontade do Estado, enquanto que na ordem internacional, resultado da vontade coletiva; e iii) a terceira, de cunho estrutural, a indicar que a ordem interna é baseada em um sistema de subordinação, e a internacional, em um sistema de coordenação. Tal concepção demandava, para a aplicação de uma norma internacional no âmbito do Estado, que citada norma fosse por este transformada em direito interno, o que se denominou teoria da

[263] *Ibid.*, p. 59.
[264] *Ibid.*

incorporação, afastando qualquer possibilidade de conflito entre a ordem interna e a internacional, haja vista a independência verificada entre elas.[265]

Em continuação, o autor discorre que Dionisio Anzilotti levou a teoria de Triepel para a Itália, adotando-a, em 1905, em obra sua, e que a denominação "dualista" foi dada por Alfred Verdross, em 1914, e aceita por Triepel em 1923. Verdross, no entanto, reconheceu a deficiência desse termo, vez que ao lado do direito internacional existem vários direitos internos, de forma que, mais correta, mostrar-se-ia a utilização do termo "pluralista".[266]

Quanto à teoria monista, a existência de apenas um ordenamento é considerada, que pode ser: i) o internacional, monismo internacional; ou ii) o nacional, monismo nacionalista.

Como primado do Direito nacional, a teoria monista, também conhecida como "monismo tradicional", teve sua formulação com Georg Jellinek,[267] que defendeu ser o Direito Internacional um direito interno que os Estados aplicam em sua vida internacional. Ademais, conclui Rosaldo Trevisan, a teoria monista tradicional acaba por negar a existência do Direito Internacional, reduzindo-o a uma parte do Direito nacional, e, ante a existência de centenas de ordenamentos jurídicos nacionais, é pseudomonista.[268]

Como primado do Direito internacional, o monismo foi desenvolvido principalmente pela Escola de Viena, por autores como Kelsen, Verdross e Kunz, e defendido também pela escola realista francesa, de Duguit e Politis. Ao asseverar ser a posição monista internacionalista a mais presente nas obras de Direito Internacional, é em Celso D. de Albuquerque Mello que o autor vai se apoiar, ao expor duas hipóteses dele a demonstrar tal posição: (a) uma lei nacional contrária ao Direito Internacional dá ao Estado prejudicado o Direito de iniciar um "processo" de responsabilidade internacional; e (b) uma norma internacional contrária à lei interna não dá ao Estado direito análogo ao da hipótese anterior. Do exposto, a existência lógica do Direito Internacional condiciona-se à sua superioridade perante aos estados, vez que, soberanos absolutos, os estados não estariam subordinados a qualquer ordem jurídica que lhes fosse superior.[269]

[265] TREVISAN, Rosaldo, **O Imposto de Importação e o Direito Aduaneiro Internacional**, São Paulo: LEX, 2018, p. 149.

[266] *Ibid.*

[267] A tese foi seguida por Wenzel, Zorn, Decencière-Ferrandière e Verdross, inicialmente, e sustentada por juristas soviéticos, como Korovin e Vychinski.

[268] TREVISAN, **O Imposto de Importação e o Direito Aduaneiro Internacional**, p. 149.

[269] *Ibid.*, p. 150.

E a consolidar a primazia do Direito Internacional, Rosaldo Trevizan destaca o fato de a jurisprudência internacional vir sendo enfática em reconhecê-la, tendo sido consagrado no art. 27 da Convenção de Viena sobre o Direito dos Tratados entre Estados (CVDT), vigente em mais de uma centena de países, inclusive no Brasil, que "uma parte não pode invocar as disposições de seu direito interno para justifica o inadimplemento de um tratado".[270]

Adentrando ao estudo das expressões de consentimento, que podem depender da vontade conjugada de mais de um Poder/Órgão, i.e., Poder Executivo e Poder Legislativo, haja vista os Estados encararem de diferentes formas a incorporação dos tratados internacionais ao ordenamento nacional, justifica o autor ser justamente por isso que a CVDT busca esclarecer que a expressão do consentimento depende substancialmente do texto do próprio tratado e dos poderes que os representantes de cada parte possuem.[271]

Dessa forma, ainda que a CVDT revele flagrantemente a primazia do Direito Internacional, e estabeleça as regras a nortear os tratados internacionais, ainda resta a cada Estado delinear procedimentalmente a forma pela qual seus representantes estarão autorizados a expressar o consentimento, e se haverá, ou não, efetivamente um ato de incorporação do tratado ao ordenamento jurídico nacional.[272]

Rosaldo Trevisan, ressaltando não estar o rito de incorporação de tratados internacionais ao ordenamento jurídico brasileiro detalhadamente normatizado, afirma ser possível, a partir do texto constitucional atual, dos que o antecederam, das discussões travadas no processo legislativo da Assembleia Nacional Constituinte e da própria processualística internacional, concluir que passa, em regra, após a assinatura, expressão precária de consentimento,[273] pelas fases do assentimento parlamentar, da ratificação, na ordem externa, expressão definitiva do consentimento, e da promulgação, na ordem interna.[274]

[270] *Ibid.*, p. 152.

[271] *Ibid.*, p. 154.

[272] *Ibid.*, p. 155.

[273] Ressalte-se que, ainda que *ad referendum*, tanto na ordem interna, quanto no plano internacional, os efeitos da assinatura são inegáveis, tendo o Estado a obrigação de não frustrar o objeto e a finalidade do tratado antes de sua entrada em vigor. É o que se depreende do art. 18 da CVDT. *Ibid.*, p. 161.

[274] *Ibid.*, p. 155.

Neste sentido, disserta o autor que, apesar de em nossas Constituições republicanas a forma de incorporação dos tratados terem sofrido sensíveis modificações, sempre envolveu dois poderes, o Executivo e o Legislativo;[275] que sempre competiu ao Presidente da República celebrar tratados, desde que os submetesse ao parlamento; e, ao parlamento, "resolver definitivamente" a questão, "aprovando ou não" o tratado celebrado pelo presidente.[276] É o que se verifica na Constituição Federal de 1988 em seus arts. 84, VIII e 49, I.[277]

Neste ponto, necessário esclarecer que o termo "resolver definitivamente", segundo o consultor jurídico do Itamaraty que elaborou detalhado estudo sobre as discussões que levaram à redação dos arts. 49, I e 84, VII da Constituição de 1988, Cachapuz de Medeiros, representa, em verdade, "aprovar ou não".[278] Adverte Rosaldo Trevisan que o Congresso Nacional somente "resolve definitivamente" a respeito de um tratado na hipótese de rejeitá-lo, haja vista ver-se o Presidente da República brasileiro proibido de ratificar, na ordem internacional, tratado para o qual não tenha logrado assentimento parlamentar.[279]

A afastar qualquer dúvida quanto à legitimidade do Poder Executivo para a referida ratificação, o autor vale-se da redação do art. 1º, "b" da CVDT que define a ratificação como "[...] o ato internacional assim denomi-

[275] Para exaustiva enumeração de sua ocorrência nas constituições pretéritas vale consulta à nota de pé de página de nº 47. *Ibid.*, p. 156.

[276] "No Congresso, a Mensagem do Presidente da República é recebida, seguindo-se, em regra, a análise (a) na Câmara dos Deputados, na qual o texto passa pela Comissão Permanente de Relações Exteriores e de Defesa Nacional (conforme art. 32, XV, "c", do Regimento Interno da Câmara, aprovado pela Resolução nº 17, de 21/09/1989, com a redação dada pela Resolução n° 20, de 17/03/2004), pela Comissão Permanente de Constituição e Justiça e de Redação (art. 53, III, do Regimento Interno da Câmara, também com a redação dada pela Resolução n° 20/2004) e pelas comissões temáticas relativas à matéria do tratado; (b) no Senado Federal, onde o presidente da casa poderá, ouvidas as lideranças, conferir às comissões competência para apreciar terminativamente os tratados internacionais (art. 91, § 1º, I, do Regimento Interno do Senado, aprovado pela Resolução nº 93, de 27/11/1970); e (c) encerradas as votações e aprovado o texto do tratado internacional, o presidente do Senado Federal promulga o Decreto Legislativo referente à aprovação e o encaminha para publicação (art. 48, XXVIII, do Regimento Interno do Senado). Rejeitado o texto, cabe apenas a comunicação, mediante mensagem, ao presidente da República.". *Ibid.*, p. 161.

[277] *Ibid.*, p. 156.

[278] Síntese do aludido estudo encontra-se na nota de pé de página nº 49.

[279] TREVISAN, **O Imposto de Importação e o Direito Aduaneiro Internacional**, p. 158.

nado pelo qual um Estado estabelece no plano internacional o seu consentimento em obrigar-se por um tratado". O que exclui o Congresso Nacional, incompetente para prática de ato de caráter internacional.[280] Ademais, de ressaltar sua discricionariedade, a qual, ligada à conveniência, oportuniza sua recusa; ligada à oportunidade, indetermina o prazo para ratificação.[281]

Após a ratificação a promulgação tratará de dar publicidade no País à versão em língua portuguesa do tratado internacional tal qual ele deverá ser cumprido por aqui, o que terá o efeito de atestar internamente o que já havia o Poder Executivo feito internacionalmente com a ratificação, tornando o tratado executório no plano interno e atestando a regularidade do processo legislativo.[282]

Destarte, mediante o procedimento denominado de promulgação – que consiste na publicação de decreto presidencial no Diário Oficial da União –, a existência do tratado, já aperfeiçoado – aprovado e ratificado – é tornada pública. Ressalta o autor que apesar de a promulgação não constituir reclamo constitucional, a publicidade o constitui, de forma que quando se refere a tratados, pode aquela ver-se materializada no momento da publicação.[283]

Outrossim, assevera Trevisan, a distinção entre publicidade e promulgação só é feita pelo internacionalista porque os chamados "acordos executivos", ou "acordos em forma simplificada", são apenas publicados, inexistindo a promulgação, justamente pela ausência de assentimento par-

[280] *Ibid.*

[281] Como justificativa o autor discorre que "não é difícil imaginar que um compromisso internacional possa ser relevante no momento em que o Presidente da República o assina e envia ao Congresso Nacional para aprovação, e, às vezes, anos depois, quando o Congresso o aprova, já não o seja, ainda mais se a aprovação for condicional. Pode, ao final das contas, entender o Presidente da República, seja por não estar alinhado à diretriz adotada por seus antecessores, ou mesmo porque interpreta que as ressalvas efetuadas no Congresso desnaturaram a essência do tratado, que não é mais conveniente ao País obrigar-se por aquele tratado. Ou pode entender que as ressalvas foram pertinentes, e ratificar o acordo com reserva aos dispositivos ressalvados pelo Congresso.". E logo no parágrafo seguinte, apresenta um caso concreto referindo-se à própria CVDT, a qual, enviada ao Congresso Nacional para aprovação em 1992, só o foi em 2009, 17 anos depois, e ainda, com ressalvas aos arts. 25 e 26, mas que diante da importância do tema o chefe do Poder Executivo optou por acolher as ressalvas do parlamento e apresentar, no instrumento de ratificação, reservas aos aludidos artigos. *Ibid.*, p. 158, 159.

[282] *Ibid.*, p. 159.

[283] *Ibid.*, p. 169.

lamentar; que apesar da polêmica que ainda envolve a questão, há posicionamento dominante, hoje, doutrinário e jurisprudencial, no sentido de que o decreto de promulgação é que torna o tratado vigente e aplicável na ordem interna,[284] inclusive já tendo o STF se manifestado especificamente sobre o tema na apreciação da ADIn nº 1.480/DF.[285]

Ademais, oferecida ao leitor, quanto às normas de competências, a visão dos principais autores da Teoria do Direito e apresentados alguns parágrafos a familiarizá-lo quanto ao "Princípio Federativo", encarregar-se-á o tópico a seguir de analisar, na Constituição Brasileira, o termo genérico "norma de competência" e temas correlatos, para então, adentrar-se ao estudo de sua espécie, a "norma de competência tributária".

1.4. A norma de competência

Inicia-se esta sessão com lição de Roque Antônio Carrazza, para o qual, valendo-se de citação de Aureliano Leal, quer significar, o termo "competência", direito próprio, exclusivo, essencial.[286]

A Constituição atribui ao Poder Legislativo, nos limites por ela desenhados, a edição das leis. Ao Executivo, comete o poder-dever de sua aplicação, ao passo que reserva ao Judiciário a resolução das controvérsias advindas de sua aplicação. Não seria prudente concentrar os poderes de criar, de impor e ainda de decidir sobre a legalidade de seu ato a um único ente político. Destarte, em prol de uma eficaz proteção ao cidadão, impõe-se a estrutura de freios e contrapesos implícita no sistema de divisão de Poderes e funções do Estado.[287]

Embora creditem-se o aparecimento das primeiras limitações ao poder estatal às revoluções burguesas havidas entre o final da idade média e o

[284] *Ibid.*

[285] "[...] e a do Presidente da República, que, além de poder celebrar esses atos de direito internacional (CF/88, art. 84, VIII), também dispõe – enquanto Chefe de Estado que é – da competência para promulgá-los mediante decreto. O iter procedimental de incorporação dos tratados internacionais – superadas as fases prévias da celebração da convenção internacional, de sua aprovação congressional e da ratificação pelo Chefe de Estado – conclui-se com a expedição, pelo Presidente da República, de decreto, de cuja edição derivam três efeitos básicos que lhe são inerentes: (a) a promulgação do tratado internacional; (b) a publicação oficial de seu texto; e (c) a executoriedade do ato internacional, que passa, então, e somente então, a vincular e a obrigar no plano do direito positivo interno. [...]". *Ibid.*, p. 170.

[286] CARRAZZA, **Curso de Direito Constitucional Tributário**, p. 594.

[287] COÊLHO, Sacha Calmon Navarro, **Curso de Direito Tributário Brasileiro**, 16. ed. Rio de Janeiro: Forense, 2018, p. 33.

início da idade moderna,[288] e antes um pouco, à Magna Carta do Rei João Sem Terra de 1215, eventos históricos conhecidos por terem propiciado o surgimento das primeiras Constituições, já no Direito Romano muitas dessas instituições estiveram presentes, sendo possível identificá-las mesmo em civilizações ainda mais antigas, na China e na Mesopotâmia. Porém, a inovação dos modernos foi a organização dessas instituições, propiciando uma limitação mais eficaz do poder político, que antes eram seguidas apenas quando o governante queria ou quando, circunstancialmente enfraquecido, era a tanto forçado por fatores não jurídicos.[289]

Ricardo Guastini leciona que na literatura teórico-jurídica contemporânea, as normas habitualmente denominadas "normas de competência" e "normas que conferem poderes" são as normas relacionadas à produção jurídica.[290]

Para que uma regra jurídica se torne obrigatória perante seus sujeitos, indispensável se faz que esta norma satisfaça determinados requisitos de validade, a qual pode ser vista sob três aspectos: o da validade formal ou técnico-jurídica (*vigência*), o da validade social (*eficácia ou efetividade*) e o da validade ética (*fundamento*).[291]

Em primeiro lugar, a norma jurídica deve ser estabelecida por um órgão competente,[292] e é na Constituição Federal que se encontra a distribuição originária da competência dos elementos institucionais do Estado, fixando as atribuições conferidas à União, aos Estados-membros da Federação e aos Municípios.[293, 294] Tem-se pois, de acordo com o Direito Constitucional

[288] Revolução Gloriosa, na Inglaterra; Revolução Francesa e Revolução Americana.

[289] MACHADO SEGUNDO, Hugo de Brito, **Manual de Direito Tributário**, 11. ed. Rio de Janeiro: Atlas, 2019, p. 16.

[290] GUASTINI, **Distinguiendo: estudios de teoría y metateoría del derecho**, p. 308.

[291] REALE, **Lições Preliminares de Direito**, p. 87.

[292] O que equivale a dizer que somente o Poder Legislativo poderá elaborar a norma legal (a lei), a qual sofrerá a sanção do Chefe do Executivo.

[293] E é com detalhes e esmero que a Constituição Federal enumera os poderes atribuídos a cada ente político seu, encontrando-se nos arts. 21 e 22 as competências das quais será titular a União; no art. 30, as reservadas aos municípios; sendo que, quanto aos estados, no §1º de seu art. 25, lhes reserva as competências que não lhes sejam vedadas por Ela, Constituição. À enumeração das competências comuns a todos os entes políticos reserva-se o art. 23, e ao seu seguinte, o art. 24, as competências concorrentes da União, Estados e Distrito Federal, vendo-se os municípios preteridos quanto a este poder.

[294] REALE, **Lições Preliminares de Direito**, p. 87.

Brasileiro em vigor, três círculos originários, cada qual representando uma esfera privativa de ação.[295]

Quanto à distribuição das competências pelo legislador constituinte, à União cabe o que se considerou relativo à comunidade brasileira como um todo, por exemplo, caberá somente a este ente legislar sobre Direito Civil, Direito Comercial, Direito Processual e Financeiro. Será sua atribuição exclusiva legislar sobre as forças armadas, correios e telégrafos, comércio externo, navegação de cabotagem etc. Também traz a Carta Maior que é privativo da União cobrar impostos de exportação, sobre a renda etc.[296]

A Carta Magna define também os "espaços de poder" que se reservarão respectivamente aos Estados, Distrito Federal, Territórios e Municípios.[297] São discriminadas as atribuições de cada Estado, bem como os tributos que lhes competem, de maneira privativa, ou em concurso com a União e os Municípios. Dentro dos limites traçados pela Constituição Federal, o Estado goza de autonomia bem mais ampla que os Municípios que o integram, pois lhe é conferido o poder de elaborar sua própria Constituição.[298]

Destarte, na construção do Estado Brasileiro o legislador constituinte concebe três círculos distintos de ação que se completam e se integram, resultando na República Federativa do Brasil, segundo os princípios do federalismo cooperativo, ou integrado. Isto posto, verifica-se que a ordem jurídica brasileira pode ser concebida como três círculos secantes, com uma parte comum e três partes distintas.[299]

Haja vista que, dentro da esfera de atribuição que lhe é reconhecida pela Constituição, cada pessoa de Direito Público Interno pode declarar o Direito próprio, resta demonstrado que a primeira condição de vigência da lei é, pois, a de este ser declarado pelo poder competente como tal reconhecido por uma norma constitucional de "reconhecimento"[300].[301]

É o que disserta Miguel Reale:

> Podemos, por conseguinte, afirmar que sem órgão competente e legítimo não existe regra jurídica válida, capaz de obrigar compulsoriamente os cida-

[295] *Ibid.*
[296] *Ibid.*
[297] *Ibid.*, p. 88.
[298] *Ibid.*
[299] *Ibid.*
[300] Empregando a terminologia de Herbert Hart.
[301] Reale, **Lições Preliminares de Direito**, p. 88.

dãos de um país. Ao lado da competência subjetiva, que se relaciona com o órgão, temos a competência que diz respeito à própria matéria legislada.[302]

Ademais, ressalte-se a previsão da competência concorrente (art. 24 da CF/88), a qual, limitando-se à prescrição de normas gerais (art. 24, §1º) – a qual se dará por lei complementar, haja vista tratarem-se de leis nacionais –, fica reservada num primeiro momento à União. Porém, se a União deixa de editar as normas gerais, os Estados[303] podem legislar suplementarmente (art. 24, §2º) sobre o assunto no âmbito dos tributos de sua competência. No entanto, os Estados apenas complementam os espaços não regulados pela lei geral, por isso mesmo, chamada competência não cumulativa. Existem normas gerais e a legislação estadual simplesmente as suplementa em temos de regulamentação.[304]

Outrossim, não havendo qualquer norma geral versando sobre o assunto, i.e., havendo uma lacuna legislativa, verificar-se-á a competência concorrente cumulativa, já que o Estado exerce uma competência plena. Não é dizer que eles baixarão normas gerais como as da lei complementar, mas apenas que suas normas não encontrarão barreiras em normas de hierarquia superior. Somente poderá ser exercida na medida necessária para que eles, Estados, possam exercer sua competência própria de legislador sobre normas particulares.[305] Sobrevindo, posteriormente, lei complementar, então esta prevalece, suspendendo-se as leis estaduais com ela incompatíveis.[306]

Identificados na Constituição Federal os traços peculiares à distribuição das competências aos entes que compõem a Federação do Brasil, parte-se doravante ao estudo da distribuição das competências tributárias.

1.5. A norma de competência tributária

Leciona Sacha Calmon Navarro Coêlho que em Estados politicamente organizados em repúblicas federativas, a Constituição, além de instituir o poder de tributar, o repartirá entre as pessoas políticas que lhes são parte.

[302] *Ibid.*, p. 89.

[303] Tal possibilidade também se estende aos municípios conforme se depreende do art. 30, II da CF/88).

[304] Schoueri, **Direito Tributário**, p. 84.

[305] *Ibid.*, p. 85.

[306] *Ibid.*, p. 86.

Repartem-se as competências tributárias e também, sob uma outra ótica, as fontes de receitas tributárias.[307]

Lição que encontra ressonância em Hugo de Brito Machado Segundo ao tempo que este define competência tributária como o poder de tributar, quando reconhecido, delimitado e, eventualmente, dividido em seu exercício por normas constitucionais, no âmbito de um Estado de Direito. Acrescenta o autor que, em Estados que adotam a estrutura federal, onde se verifica uma divisão vertical no exercício do poder entre um ente central e entes periféricos, a competência tributária decorre não apenas da apontada limitação, mas também da divisão do exercício do poder de criar tributos entre os entes federativos.[308]

Neste ponto, pertinente o ensinamento que se extrai de lição de José Souto Maior Borges, segundo José Roberto Vieira, de que os conceitos de poder tributário e competência tributária não se revelam coincidentes, o primeiro, incontrastável, absoluto, constitui manifestação do *jus imperium* do estado, a segunda, regrada, disciplinada, corresponde à manifestação da autonomia da pessoa política. Porém, ao tempo em que enfatiza não ser a expressão "poder de tributar" das mais felizes, ressalta Vieira poder-se partir dela para concluir que, segundo ensina Regina Helena Costa, a competência tributária corresponderia ao poder tributário juridicamente delimitado.[309]

A robustecer sua tese José Roberto Vieira vale-se da autoridade de Roque Antônio Carrazza: "Em boa técnica, não se deve dizer que as pessoas políticas têm, no Brasil, poder tributário. Poder Tributário tinha a Assembleia Nacional Constituinte, que era soberana". Geraldo Ataliba, também citado por Vieira, na mesma linha, entende que poder tributário só o poder constituinte, só o Estado brasileiro como um todo, tem, não o recebendo as pessoas políticas criadas pela Constituição, mas meras competências, simples parcelas de poder.[310]

Neste contexto é assertiva de Maurício Dalri Timm do Valle de que, dotada de poder estava a Assembleia Nacional Constituinte, a qual, por

[307] Coêlho, **Curso de Direito Tributário Brasileiro**, p. 29.

[308] Machado Segundo, **Manual de Direito Tributário**, p. 41.

[309] Vieira, José Roberto, E, Afinal, A Constituição Cria Tributos!, *in*: Tôrres, Heleno Taveira (Org.), **Teoria Geral da Obrigação Tributária: estudos em homenagem ao professor José Souto Maior Borges**, São Paulo: Malheiros, 2005, p. 619.

[310] *Ibid.*, p. 620.

lançar a pedra fundamental do sistema jurídico brasileiro, gozava de ampla liberdade para estabelecer as prescrições primeiras do sistema jurídico, não as pessoas políticas União, Estados, Distrito Federal e Municípios.[311] "Esgotado o exercício do mencionado poder, o que restou foram suas parcelas. Às parcelas desse 'poder tributário', distribuída entre as pessoas políticas, dá-se o nome de 'competência tributária'".[312]

Em qualquer segmento da conduta social, regulada pelo direito, é a lei (art. 5º, II, CF/88) o instrumento introdutor dos preceitos jurídicos que criam direitos e deveres correlatos. Dir-se-ão detentoras de competência legislativa, as pessoas políticas dotadas de aptidão para inovar no ordenamento jurídico, mediante a expedição de regras jurídicas. A possibilidade de legislar para a produção de normas jurídicas sobre tributos é uma das parcelas entre as prerrogativas legiferantes de que são portadoras as pessoas políticas, detentoras pois de competência tributária.[313]

Desde o surgimento das primeiras civilizações humanas, há dezenas de séculos, o poder de cobrar tributos é inerente a todo grupo social em que se verifica o exercício do poder político. Todavia, nem sempre esse poder foi legitimado por normas jurídicas pré-estabelecidas que afirmavam em que circunstâncias e até que ponto ele poderia ser exercitado, limitando-o.[314]

Somente após uma longa evolução social a humanidade veio a conscientizar-se de que não bastava ao Estado elaborar e tornar efetivas as normas jurídicas, mas também submeter-se a elas. Ora, sendo o Estado composto e representado por pessoas tão falíveis quanto quaisquer outras, mister se

[311] A corroborar tal entendimento é lição de Hugo de Brito Machado a diferençar poder tributário de competência tributária. Enunciando ser a competência tributária o poder de tributar juridicamente delimitado – nos Estados descentralizados, repartido entre as diversas pessoas jurídicas que o integram –, assevera o autor que, quanto ao poder de tributar, revela-se este um poder originário e cujo limite é apenas aquele ditado pelo próprio povo que o concedeu. É no Estado de Direito Democrático o poder exercido pelo constituinte, que o delimita e, sendo o caso de federação ou confederação, o reparte. Arremata sua lição, o autor, enfatizando sua preferência em utilizar a palavra "poder" para designar a aptidão que não é atribuída nem delimitada pelo Direito, e a palavra "competência" para designar a aptidão que é a alguém atribuída pelo Direito. MACHADO, **Curso de Direito Constitucional Tributário**, p. 30.

[312] VALLE, **Princípios Constitucionais e Regras-Matrizes de Incidência do Imposto Sobre Produtos Industrializados – IPI**, p. 358.

[313] CARVALHO, Paulo de Barros, **Curso de Direito Tributário**, 30. ed. São Paulo: Saraiva jur, 2019, p. 279.

[314] MACHADO SEGUNDO, **Manual de Direito Tributário**, p. 15.

fazia a limitação da atuação daquelas enquanto encarregadas do exercício do poder.[315] Desta forma, encontra-se desenhado o berço da competência tributária, o poder de tributar, reconhecido, delimitado e, eventualmente dividido em seu exercício por normas constitucionais, no âmbito de um Estado de Direito.[316] Ressaltem-se as peculiaridades de Estados que adotam a estrutura federal, que é o caso do Brasil, em que há uma divisão vertical no exercício do poder entre um ente central e entes periféricos. Aqui, a competência tributária não se restringirá apenas à apontada limitação, mas também ao poder de criar tributos entre os entes federativos.[317]

No Brasil, em decorrência do Princípio Federativo, coexistem harmonicamente a ordem jurídica global (o Estado Brasileiro), ordens jurídicas parciais central (a União) e periféricas (os Estados-membros). A harmonia entre as múltiplas incidências, com campos de ação autônomos e exclusivos, somente se faz possível devido à estrita discriminação de competências atribuídas a cada ente pela Constituição da República.[318]

Ora, se a cada ente federativo deve ser assegurada autonomia perante os demais entes, não submetendo um ao poder financeiro do outro, o que violaria o próprio pacto federativo, imprescindível que lhe sejam oferecidas fontes de recursos financeiros. Vê-se aí um importante fator no estabelecimento das competências para a instituição de tributos.[319]

Quanto a esta competência muito bem sintetiza Paulo de Barros Carvalho ao dissertar que "a competência tributária, em síntese, é uma das parcelas entre as prerrogativas legiferantes de que são portadoras as pessoas políticas, consubstanciada na possibilidade de legislar para a produção de normas jurídicas sobre tributos".[320]

O sistema tributário pátrio desvela a nítida opção do legislador constitucional em delinear a cada uma das pessoas jurídicas do direito público que integram a federação um campo próprio para a instituição de seus tributos, atribuindo-lhes suas respectivas competências tributárias.[321] Ao conferir idêntico status constitucional à União e aos Estados-membros,

[315] *Ibid.*, p. 16.

[316] *Ibid.*

[317] *Ibid.*

[318] CARRAZZA, **Curso de Direito Constitucional Tributário**, p. 162.

[319] KFOURI JR, **Curso de Direito Tributário**, p. 47.

[320] CARVALHO, **Curso de Direito Tributário**, p. 280.

[321] SCHOUERI, **Direito Tributário**, p. 257.

por conseguinte, situa-os juridicamente no mesmo plano hierárquico, o que acarreta em vedação de imposição de conduta uns aos outros.

Desta forma, ao atribuir competência para a instituição de um imposto a Constituição define a situação de fato que o legislador da entidade pública tributante poderá utilizar na definição da respectiva hipótese de incidência, de forma que um mesmo fato não pode servir de base para a cobrança de mais de um imposto por mais de uma das pessoas jurídicas, salvo nas situações autorizadas pelo próprio Texto Maior, de fácil verificação quanto ao imposto de importação, da União, e o ICMS, dos Estados.[322]

1.5.1. Competência tributária e capacidade tributária

Com vistas a uma melhor consolidação do conhecimento que se pretende oferecer adiante, dedicam-se alguns parágrafos concernentes à diferenciação entre "Competência Tributária" e "Capacidade Tributária".

No Brasil, somente as pessoas políticas, a União, os Estados, os Municípios e o Distrito Federal, detém competência tributária. Tal restrição justifica-se ante o fato de somente estas pessoas possuírem Legislativo com representação própria. Ora, sendo a competência tributária uma autorização constitucional para se instituir tributos, mediante lei, é o Poder Legislativo, e apenas ele que, no ordenamento jurídico, está credenciado a tal. É justamente por não serem dotados de poder legislativo próprio que os Territórios Federais no Brasil não gozam de competência tributária.[323]

O estudo da competência tributária, situando-se no plano constitucional, não extrapola a esfera do Poder Legislativo, precede o momento da própria existência do tributo, esgota-se na lei. Uma vez exercitada, mediante edição de lei veiculadora da norma jurídica tributária, cede passo à capacidade tributária ativa, tema a ser considerado no ensejo do desempenho das competências, quando o legislador elege as pessoas componentes do vínculo abstrato, que se instala no instante em que acontece, no mundo físico, o fato previsto na hipótese normativa.[324]

Conforme critérios de repartição de competências tributárias constitucionalmente estabelecidos, é cediço que somente pode ser expedida a lei que contém a hipótese de incidência de determinado tributo pela pessoa político-constitucional competente, diga-se, União, Estados, Distrito

[322] MACHADO, **Curso de Direito Constitucional Tributário**, p. 74.

[323] CARRAZZA, **Curso de Direito Constitucional Tributário**, p. 582.

[324] *Ibid.*, p. 579; CARVALHO, **Curso de Direito Tributário**, p. 281.

Federal ou Municípios.[325] Outrossim, há que se ter em mente que competência para legislar não se confunde com capacidade para ser sujeito ativo da obrigação tributária[326], a qual, embora atribuída à própria pessoa pública de que é expressão, poderá ser delegada.[327]

No primeiro caso, sua determinação é implícita, o sujeito ativo é a própria pessoa política instituidora da lei que cria a hipótese de incidência (União Federal, Estados Federados, Distrito Federal e Municípios).[328] Entretanto, sobrevindo a necessidade de se atribuir a titularidade da exigibilidade de um tributo a pessoa diversa daquela competente para sua instituição, tal delegação deverá ser expressamente determinada na lei.[329]

Na mesma esteira é lição de Paulo de Barros Carvalho que, ao dissertar que na competência tributária quem recebeu poderes para legislar não se vê compelido a fazê-lo,[330] porém, vê-se impedido de transferi-los a qualquer outra pessoa pelo princípio da indelegabilidade da competência tributária, assevera ser a capacidade tributária ativa transferível, sendo perfeitamente possível que a pessoa habilitada para legislar sobre tributos nomeie, mediante lei, outra entidade para compor o liame[331] na condição de sujeito titular de direitos subjetivos.[332]

[325] Ataliba, **Hipótese de Incidência Tributária**, p. 83.

[326] E é o art. 119 da lei 5.172/66 (também o seu art. 7º) que se encarrega de definir que sujeito ativo da obrigação é a pessoa jurídica de direito público, titular da competência para exigir o seu cumprimento.

[327] Ataliba, **Hipótese de Incidência Tributária**, p. 83. Nas palavras de Paulo de Barros Carvalho: "Uma coisa é poder legislar, desenhando o perfil jurídico de um gravame ou regulando os expedientes necessários à sua funcionalidade; outra é reunir credenciais para integrar a relação jurídica, no tópico de sujeito ativo". Carvalho, **Curso de Direito Tributário**, p. 281.

[328] A despeito da faculdade que tem a lei instituidora de um tributo de explicitamente designar seu sujeito ativo, no caso dos tributos não vinculados, os impostos, em seu silêncio, presumir-se-á detentor da capacidade ativa tributária a pessoa competente para instituí-lo. No caso dos vinculados, presume-se sujeito ativo a pessoa exercente da atuação posta no núcleo da hipótese de incidência. Ataliba, **Hipótese de Incidência Tributária**, p. 84.

[329] *Ibid.*

[330] Com exceção do ICMS, que há de ser instituído e mantido, obrigatoriamente, pelas pessoas políticas competentes (Estados-membros e Distrito Federal).

[331] A título de exemplificação, referindo-se ao Imposto de Renda e ao IPI, Ataliba afirma que se procurará em suas respectivas leis instituidoras expressa menção ao sujeito ativo, em a lei nada dispondo expressamente em contrário, implicitamente caracterizada como sujeito ativo da exação restará a pessoa política à qual a Constituição atribuíra a competência para sua criação, a União. Se em contrapartida, fosse vontade do legislador federal outorgar capacidade

O art. 7º do CTN, entretanto, determina que a faculdade da delegação da capacidade tributária (funções de arrecadar ou fiscalizar tributos), quando exercida, deverá restringir-se às pessoas jurídicas de direito público,[333] de forma que, além dos entes políticos, poderão ser sujeitos ativos da exação tributária as autarquias, agências executivas, fundações instituídas e mantidas pelo poder público, como seria o caso do INSS, Anatel, Fundação Nacional de Saúde, OAB, etc.[334]

Em lição de Marcelo Alexandrino e Vicente de Paulo encontram-se argumentos a sedimentar tais ensinamentos na medida em que, "de forma simplificada", ao definirem competência tributária como a atribuição ou o poder diretamente haurido da Constituição Federal para editar leis que abstratamente instituem tributos, sendo detentores de tais competências somente as pessoas que possuem capacidade para legislar, ressaltam a possibilidade de delegação, por outorga legal da pessoa política titular da competência tributária, de atribuições relativas à arrecadação e à fiscalização de tributos, bem como atos normativos em matéria tributária e prerrogativas processuais. Adquirem, pois, aptidão a integrar relações jurídicas obrigacionais tributárias no polo ativo, como sujeito ativo da relação, com capacidade jurídica para exigir o tributo.[335]

Na mesma linha posiciona-se Roque Antônio Carrazza, para o qual a capacidade tributária ativa – aptidão para arrecadar o tributo – pode ser delegável por lei, ao contrário da competência tributária, que é indelegável, vislumbrando-se, pois, a arrecadação de tributo por pessoa diversa daquela que o criou, desde que autorizada por lei.[336]

para exigir os aludidos tributos à pessoa diversa, expressamente deveria tê-la manifestado, que foi o que se verificou quando da criação da contribuição previdenciária federal, momento em que a lei expressamente determinou como sujeito ativo da referida exação a autarquia previdenciária federal. Caso se silenciasse, restaria à União, como instituidora da aludida contribuição, tal atributo. Ataliba, **Hipótese de Incidência Tributária**, p. 84.

[332] Carvalho, **Curso de Direito Tributário**, p. 281.

[333] No §3º do mesmo art. 7º ressalva o CTN que a função de arrecadação, ou seja, a função de receber o tributo, poderá ser delegada a pessoa jurídica de direito privado, o que hoje é realizado pela rede bancária.

[334] Gassen; Valadão, **Tributação nos Estados Unidos e no Brasil: estudo comparativo da matriz tributária**, p. 85; Ribeiro, **Temas de Direito Constitucional Tributário**, p. 236.

[335] Alexandrino, Marcelo; Paulo, Vicente, **Direito Tributário na Constituição e no STF**, 17. ed. São Paulo: Método, 2014, p. 3, 4.

[336] Carrazza, **Curso de Direito Constitucional Tributário**, p. 264.

Em síntese, a qualidade de ser sujeito ativo da obrigação tributária não se restringe às pessoas de direito público, alcança também as de direito privado, o que se verifica, por exemplo, quanto ao SESC, SENAC, SENAI, etc.,[337] instituições que são expressamente indicadas pela lei tributária como titulares de certos tributos lançados e cobrados por si ou por outras pessoas.[338]

337 Edvaldo Nilo de Almeida e Charles Kickens, ao tempo em que lecionam somente ser permitido aos serviços sociais autônomos a arrecadação e o recolhimento direto de contribuições mediante previsão legal, e somente existirem atualmente três serviços sociais autônomos a deterem aludida previsão (Sest e Senat – §1º do artigo 7º, da Lei n° 8.706/93 –, e Senar, para o qual há previsão legal expressa de que a arrecadação da contribuição social tributária será feita juntamente com a Previdência Social, isto é, permite-se que a Secretaria da Receita Federal (SRF), o Senar, ou os dois, possam cobrar o tributo – art. 3º, §3º, da Lei nº 8.315/1991 –, possuindo, portanto, o direito de figurar como sujeito ativo da relação jurídica tributária), chamam a atenção para a popularização equivocada promovida pela doutrina de que a lei estabeleceu outros serviços autônomos como sujeito ativo. De Almeida, Edvaldo Nilo; Dickens, Charles, Reforma Tributária e Temas Relacionados aos Serviços Sociais Autônomos: financiamento, sujeição ativa, poder de isenção e imunidade, *in*: Rocha, Wesley (Org.), **Reforma Tributária em Pauta**, São Paulo: Almedina, 2021, p. 194, 198. A justificar predita irresignação, referindo-se aos casos do Senai, Sesi, Senac e Sesc, asseveram os autores que em suas Leis instituidoras, Decreto-Lei nº 4.048/1942, Decreto-Lei nº 9.043/1946, Decreto-Lei nº 8.621/1946, Decreto-Lei nº 9.043/1946, previram o recolhimento direto destas contribuições pelo Instituto de aposentadoria e Pensões dos Industriários (IAPs) ou, eventualmente pelo Banco do Brasil. Destarte, com a extinção daquele instituto (IAPs), e de outros que lhe sucederam (INPS, INSS), suas atribuições foram transmitidas à SRF, não restando, pois, competência legal ao Senai, Sesi, Senac e Sesc para arrecadar diretamente as contribuições tributárias que financiam a sua instituição. *Ibid.*, p. 195. Na prática, nos casos do Senac e do Sesc, a SRF vem arrecadando as contribuições tributárias normalmente, porém, nas hipóteses do Senai e do Sesi, as próprias instituições vêm fazendo a cobrança e a arrecadação direta dos industriários e mais de 50% da arrecadação está nessa situação (Disponível em: https://economia.estadao.com.br/noticias/geral,cobranca-direta-outra-distorcao-do-sistema-s,70002721912. Acesso em: 29/12/2021) com o reconhecimento chapadamente inconstitucional por parte do TCU, o qual, juntamente com a SRF, reconhece expressamente patente violação à Constituição Federal, mas surpreendentemente, compreende que houve convalidação da situação pelo tempo e que determinar a centralização, na SRF, da arrecadação das contribuições devidas ao Sesi e ao Senai, implicaria desvantagens do ponto de vista do interesse público e considerável ônus aos agentes envolvidos. Compreensão, que, aos olhos dos autores, revela-se insustentável juridicamente, haja vista residir o interesse público no interesse da observância da Constituição e das leis, não se reservando a qualquer órgão público a prerrogativa de se furtar ao cumprimento da legalidade e da tipicidade tributária estabelecida no art. 151, I da CF/88 sob o suposto pretexto do ônus aos aplicadores envolvidos com a interpretação da norma jurídica constitucional. *Ibid.*, p. 197.

338 Ataliba, **Hipótese de Incidência Tributária**, p. 85.

São exemplos as autarquias dotadas de capacidade tributária ativa (INSS, DNER, OAB, CONFEA, CEF), ou as entidades paraestatais, pessoas de direito privado chamadas pela lei a colaborar com a administração pública.[339]

Destarte, surge o fenômeno da parafiscalidade, a atribuição, pela lei, da titularidade de tributos a pessoas diversas do estado,[340] que os arrecadarão em benefício de suas próprias finalidades. Consiste, pois, no emprego da finança pública com objetivos não tributários, sendo os tributos parafiscais instituídos não para obtenção de receita, mas para regular ou modificar a distribuição da riqueza nacional, para equilibrar os níveis de preços de utilidades ou de salários, e para outras finalidades econômicas ou sociais semelhantes.[341]

Ao finalizar este tópico, pertinente é a advertência de Geraldo Ataliba contra o simplismo consistente em associar a palavra parafiscalidade ao termo "contribuição" com o propósito de escamotear confusão de conceitos financeiros e jurídicos. Irresignado, o autor não poupa críticas aos "práticos" e apressados operadores do direito que, em se deparando com uma figura tributária de difícil definição, não hesitam em atribuir-lhe a designação de contribuição parafiscal, ainda que o sujeito ativo do tributo não seja pessoa diversa do estado,[342] transformando-se, destarte, a palavra contribuição, numa espécie de limbo onde se descarregam inúmeros equívocos, frutos de perplexidade e resultado de preconceitos.[343] É também lição do autor que tanto o legislador quanto o fisco tem se valido da invocação da palavra parafiscalidade com o pretexto de desobedecerem a Constituição,[344] atropelando os direitos individuais e subvertendo a ordem jurídica.[345]

339 *Ibid.*

340 Ressalte-se que a circunstância de o sujeito ativo não ser a própria entidade estatal, mas outra pessoa designada pela lei, que arrecada o tributo em proveito das próprias finalidades, em nada altera o regime tributário, o qual deverá persistir sendo observado. *Ibid.*, p. 87.

341 De Sousa, Rubens Gomes, **Compêndio de Legislação Tributária**, Edição Póstuma. São Paulo: Resenha Tributária, 1975, p. 174.

342 Ressalte-se que "desde que se trate de tributo de que seja titular pessoa não política (União, Estados e Municípios), o tributo se chama parafiscal". Ataliba, **Hipótese de Incidência Tributária**, p. 189.

343 *Ibid.*, p. 187.

344 São palavras de Ataliba: "'Contribuição parafiscal' parece ser fórmula mágica, como que um 'abre-te-Sézamo', que derroga os princípios constitucionais, arreda os direitos fundamentais, paralisa o regime tributário e exclui qualquer consideração jurídica. Quem a invoca, como num 'passe' de prestidigitação, substitui ao senso jurídico, o bom senso, que, em ciência, vale tanto quanto o palpite ou a hipótese não demonstrada.". *Ibid.*, p. 188.

1.5.2. A norma de competência tributária brasileira e a proteção ao cidadão contribuinte

O estudo do sistema tributário brasileiro revela que o constituinte optou por conferir a cada uma das pessoas jurídicas de direito público um campo próprio para instituir seus tributos.[346] A chave para a compreensão da sistemática desta repartição de competências está na diferenciação dos tributos segundo sejam estes vinculados ou não.

Se o tributo se justifica e é devido em virtude de uma atuação estatal que pode ser imputada a um contribuinte, ou a um grupo de contribuintes, a competência tributária não pode ser desvinculada da atribuição constitucional para a atuação que justificou a tributação.

Entretanto, no caso dos tributos não vinculados, aqueles voltados a satisfazer as necessidades gerais da sociedade, não há uma relação imediata entre a hipótese tributária e os encargos públicos.[347] Neste caso, sua justificação vincula-se à solidariedade, que se reflete no princípio da capacidade contributiva.[348]

Se é certo que os fenômenos econômicos sujeitos à tributação revelam capacidade contributiva, ou ao menos deveriam revelar, não menos correto é afirmar que, se várias pessoas jurídicas de direito público vislumbrarem alcançar um mesmo fenômeno, ver-se-á o risco de a acumulação de incidências acabar por ultrapassar a capacidade contributiva ali manifestada. Estaria aí, segundo Schoueri, a chave para a compreensão da discriminação de competências no caso de tributos não vinculados, proteger-se o contribuinte contra o exagero de tributação.[349]

345 *Ibid.*, p. 187.

346 SCHOUERI, **Direito Tributário**, p. 257.

347 *Ibid.*, p. 259.

348 Mesmo é o ensinamento de Ricardo Lodi Ribeiro, para o qual a partilha da competência tributária em um sistema tributário nacional rígido, como é o caso do Brasil, é atribuição conferida à Constituição Federal, a qual se norteará por critérios distintos, conforme a natureza do tributo e sua vinculação com uma atuação estatal. No caso de tributos que não se vinculam a qualquer atividade estatal relativa ao contribuinte, como é o caso do imposto, por exemplo, adotar-se-á a previsão constitucional dos fatos geradores como critério de partilha. RIBEIRO, **Temas de Direito Constitucional Tributário**, p. 239. Já nos tributos vinculados a uma atuação estatal relativa à pessoa do contribuinte, as competências materiais para desempenhar a atividade estatal é que servirão de critério para a Constituição Federal na repartição da competência. *Ibid.*, p. 240.

349 SCHOUERI, **Direito Tributário**, p. 260.

Entendimento com o qual coaduna Roque Antônio Carrazza, ao discorrer que as normas constitucionais que discriminam as competências tributárias encerram duplo comando: À medida que habilitam determinada pessoa política a criar um dado tributo, proíbem as demais de virem a instituí-lo. Tal providência revela-se de grande valia na proteção do contribuinte, o qual não poderá se ver tributado por determinado fato imponível, senão pela pessoa política competente.[350] Destarte, a falta de competência da pessoa política que, ignorando a Constituição, "cria" tributos alheios, acarreta a nulidade do ato por ofensa a princípio básico da ordem jurídica.[351]

Arrematando sua lição, Carrazza ensina que quem pode tributar pode, do mesmo modo, aumentar o tributo, minorá-lo, parcelar seu pagamento, isentá-lo, no todo ou em parte, remi-lo, anistiar as infrações fiscais ou, até, não tributar, observadas sempre, é claro, as diretrizes constitucionais. Tudo vai depender de uma decisão política, a ser tomada pela própria entidade tributante.[352]

Na mesma esteira posiciona-se Clélio Chiesa ao enaltecer na Constituição de 1988 a previsão de um conjunto de direitos e garantias assegurados ao contribuinte. Chamado de estatuto do contribuinte pela doutrina, esta proteção exerce um importante papel na operacionalidade e efetividade do sistema, evitando-se abusos do legislador ordinário tendentes ao aviltamento de valores fundamentais prestigiados pela ordem jurídica constitucional, como a liberdade e a propriedade. Daí o autor qualificar o sistema constitucional tributário brasileiro como um sistema rígido, minucioso e exaustivo quanto ao delineamento do campo impositivo de cada ente tributante, preservando os valores liberdade e propriedade dos contribuintes ao lhes assegurar um conjunto de direitos e garantias que implicam limitação à atuação impositiva do legislador ordinário.[353]

Ademais, relevante trazer à luz norma do art. 147 da Constituição Federal, a qual expressa a ideia segundo a qual ninguém escapa a nenhum dos impostos integrantes do sistema tributário, ainda que sediado em local onde não tenha jurisdição uma das pessoas jurídicas integrantes da Federação, os impostos que a ela pertencem serão instituídos e cobrados.

[350] CARRAZZA, **Curso de Direito Constitucional Tributário**, p. 592.

[351] *Ibid.*, p. 595.

[352] *Ibid.*, p. 578.

[353] CHIESA, **A Competência Tributária do Estado Brasileiro: desonerações nacionais e imunidades condicionadas**, p. 94.

Destarte, atribui-se competência à União, em Território Federal, quanto aos impostos estaduais, e, se o Território não for dividido em municípios, também quanto aos impostos municipais; ao Distrito Federal cabem os impostos municipais. Atualmente trata-se de previsão de parcial utilidade, haja vista a inexistência de Territórios Federais no País.[354]

1.5.3. A competência tributária no Brasil

Leciona Rubens Gomes de Sousa que o Brasil só veio a ter um sistema tributário propriamente a partir do Império. De 1500 a 1808, período da Colônia, Portugal, país pobre e de população reduzida, em virtude de não estar em condições de organizar a administração de suas possessões na Ásia, na África ou na América em bases suscetíveis de lhes assegurar o desenvolvimento econômico, contenta-se em explorá-las, tendo em vista o maior proveito possível com o mínimo de investimento. Em consequência, um país sem comércio ou indústria próprios, não se poderia desenvolver um sistema tributário, restringindo-se a tributação aos quintos e aos dízimos[355], impostos de 20% e 10%, respectivamente, sobre os produtos das indústrias extrativistas.[356]

Em 1808, com a vinda da família real devido à invasão de Portugal por Napoleão, o Brasil se vê elevado à categoria de Reino Unido, e seus portos são abertos ao comércio "das nações amigas". Surge então a Alfândega, porém cobrada na base única de 24% para todos os produtos de quaisquer origens, exceto os de Portugal, que pagavam 16% e os da Inglaterra que pagavam 15%, de forma que, assevera Rubens Gomes de Sousa, uma tarifa aduaneira nessas condições não podia contribuir para o desenvolvimento econômico do país.[357]

354 MACHADO, **Curso de Direito Constitucional Tributário**, p. 153.

355 De justificação ideológica especialmente religiosa, Amed e Negreiros enfatizam a significação especial do dízimo por reverter-se este tributo para os custos da Igreja Católica. Em função da profunda religiosidade popular, sempre vinculada a um terror exercido pela própria Igreja Católica, que tinha nas mãos o Tribunal da Santa Inquisição, pagar ou não essa obrigação fiscal trazia à tona outras questões, como a do pecado, castigos divinos da esterilidade das terras e destemperança dos tempos, e a pena religiosa da excomunhão, além da multa de cinquenta cruzados a quem impedisse ou dificultasse sua cobrança. AMED, Fernando José; NEGREIRO, Plínio José Labriora de Campos, **História dos Tributos no Brasil**, São Paulo: SINAFRESP, 2012, p. 113.

356 DE SOUSA, **Compêndio de Legislação Tributária**, p. 177.

357 *Ibid.*, p. 178.

Proclamada a independência em 1822, o novo império do Brasil foi dividido em Províncias, as quais, correspondendo a simples subdivisões administrativas, não detinham autonomia política. O regime político do Império não era, portanto, federal, mas unitário, não detendo as províncias renda própria. No entanto, em virtude do movimento de opinião em favor da concessão de autonomia política às Províncias, logo em 1834, a Constituição imperial de 1824 houve de ser reformada, o que se deu mediante o chamado Ato Adicional.[358]

Em decorrência da autonomia política conquistada, às Províncias foi preciso também conceder-lhes autonomia financeira, momento em que surge, pela primeira vez no Brasil, o problema tributário típico dos países federais, o da discriminação de rendas, isto é, o problema de definir as fontes de receitas próprias de cada uma das unidades políticas em que passará a ser dividido o país: governo central, Províncias e Municípios. Do que se encarregou a Lei nº 99 de 31/10/1835, reservando certos tributos privativamente ao governo central, permitindo às Províncias criar quaisquer outros e, também definir os tributos que pertenceriam aos seus respectivos Municípios.[359]

De um sistema primário e flexível, verificado no Sistema Constitucional Tributário do Império, no qual o legislador ordinário tinha ampla liberdade para legislar sobre matéria tributária, instituindo tributos como melhor lhe aprouvesse, com o advento da implantação do regime republicano, em 1889, com as províncias sendo transformadas em Estados, a ordem jurídica sofre uma profunda transformação em sua estrutura, surgindo, em matéria tributária, um novo sistema tributário, com bases revolucionárias, dentre elas, o postulado da autonomia financeira dos novos Estados, aos quais eram outorgadas competências para legislar, criando determinados impostos e taxas.[360]

A primeira Constituição Republicana, a Carta de 1891, em atenção ao modelo de Estado Federal que se inaugurava, tratou de, cristalinamente, discriminar as competências tributárias da União (art. 7º) e dos Estados (art. 9º), silenciando-se quanto aos tributos de competência dos Municí-

[358] *Ibid.*

[359] *Ibid.*, p. 179.

[360] Chiesa, **A Competência Tributária do Estado Brasileiro: desonerações nacionais e imunidades condicionadas**, p. 85; De Sousa, **Compêndio de Legislação Tributária**, p. 179.

pios, cabendo aos estados a tarefa de regular tal matéria.[361, 362] Em verdade, ocupa-se tal Carta, em seu art. 68 de determinar que "Os Estados organizar-se-ão de forma que fique assegurada a autonomia dos Municípios em tudo quanto respeite ao seu peculiar interesse".[363]

Nas palavras de Rubens Gomes de Sousa:

> A constituição de 1891 não melhorou o sistema de discriminação de rendas instituído pela Lei nº 99 de 1835. Seus principais defeitos eram: (a) permitir que tributos iguais fossem criados simultaneamente pela União, pelos Estados e pelos Municípios (sic), e (b) deixar os tributos dos Municípios inteiramente a critério dos respectivos Estados.[364]

A Carta de 1934, a despeito de sua antecessora, passa a discriminar os tributos que poderiam ser instituídos pelos Municípios[365] (art. 13, §2º), conforme o fez com respeito à União (art. 6º) e aos Estados (art. 8º). Outra relevante inovação foi a previsão da criação de impostos residuais (art. 10, VII) e da cobrança de contribuição de melhoria, pela União, Estados ou Municípios (art. 124).[366] É também nesta Constituição que são eliminados

[361] LEONETTI, CARLOS ARAÚJO, **Imposto Sobre a Renda como Instrumento de Justiça Social no Brasil**, Barueri – SP: Manole, 2003, p. 15.

[362] Ressalte-se que até 1930, em virtude das fortes disparidades econômicas e tributárias entre os seus estados-membros, por falta de mecanismos próprios a reduzi-las, o sistema federativo não conseguiu muito sucesso, colocando o comando do poder praticamente nas mãos de dois estados, Minas Gerais e São Paulo, o que acarretou em rivalidades e conflitos dentro da federação que veio a desembocar na crise que levaria ao desmonte do Estado oligárquico, tendo como os grandes beneficiários do novo arranjo tributário, com a Constituição de 1934, os municípios, aos quais foram atribuídos campos de competência própria na cobrança de impostos. DE OLIVEIRA; CHIEZA, Auge e Declínio da Federação Brasileira: 1988-2017, p. 561.

[363] CHIESA, **A Competência Tributária do Estado Brasileiro: desonerações nacionais e imunidades condicionadas**, p. 86.

[364] DE SOUSA, **Compêndio de Legislação Tributária**, p. 179.

[365] Prevalecendo na Constituinte de 1934 o movimento municipalista, saem os municípios fortalecidos ao se consagrar no Texto Magno o reconhecimento da entidade política municipal, atribuindo-se-lhe campo próprio de atuação em matéria de tributos. Passa o município a fazer parte da discriminação de rendas pela fonte, podendo instituir seus próprios impostos e taxas. CHIESA, **A Competência Tributária do Estado Brasileiro: desonerações nacionais e imunidades condicionadas**, p. 87.

[366] LEONETTI, **Imposto Sobre a Renda como Instrumento de Justiça Social no Brasil**, p. 15.

os inconvenientes ocorridos no sistema anterior com o exercício da competência concorrente da União e dos Estados.[367] Nas palavras de Rubens Gomes de Sousa, a Constituição de 1934 corrigiu os dois problemas por ele apontados na Carta anterior "definindo os tributos próprios do Município e instituindo o conceito de bitributação (§ 55) (sic), a fim de evitar a duplicidade de impostos idênticos da União e dos Estados".[368] É o que se depreende de seu art. 11.

> Art 11 – É vedada a bitributação, prevalecendo o imposto decretado pela União quando a competência for concorrente. Sem prejuízo do recurso judicial que couber, incumbe ao Senado Federal, *ex officio* ou mediante provocação de qualquer contribuinte, declarar a existência da bitributação e determinar a qual dos dois tributos cabe a prevalência.[369]

Invocando a autoridade de Geraldo Ataliba, leciona Clélio Chiesa que foi na Carta de 1934 que se construiu pela primeira vez em todo o mundo um sistema constitucional tributário rígido e inflexível que ao legislador ordinário não deixava margem alguma de discrição ou liberdade, restando tanto ao legislativo nacional quanto aos estaduais e municipais, taxativas e específicas faixas a serem exploradas dentro de limites estritos e circunstanciados. Sagrava-se a inauguração da característica típica do Brasil, da absoluta e inarredável rigidez de seu sistema constitucional, mantida até hoje.[370]

O Constituinte de 1937, não obstante às pequenas reformulações e acréscimos ao sistema constitucional tributário de 1934, manteve os princípios basilares previstos no sistema anterior, estruturando a nova Carta sob a mesma sistemática, revelando-se um sistema rígido, exaustivo, minucioso, casuístico e abrangente.[371]

Na mesma linha, segue a Constituição de 1946, porém, adotando uma discriminação de competências dotada de maior rigidez. Utiliza-se de uma

[367] CHIESA, **A Competência Tributária do Estado Brasileiro: desonerações nacionais e imunidades condicionadas**, p. 88.

[368] DE SOUSA, **Compêndio de Legislação Tributária**, p. 179.

[369] BRASIL, Constituição da República Federativa do Brasil.

[370] CHIESA, **A Competência Tributária do Estado Brasileiro: desonerações nacionais e imunidades condicionadas**, p. 88.

[371] *Ibid.*; DE SOUSA, **Compêndio de Legislação Tributária**, p. 179.

terminologia mais precisa, inclusive em relação aos *nomen juris*[372] dos tributos elencados.[373] Ademais, previu regras para se evitar a bitributação e assegurou aos contribuintes a intangibilidade de certos direitos por meio da ação de tributar.[374]

Consoante à importância da Constituição de 1946 para a restauração das bases do federalismo no campo político, no campo tributário, ainda que os estados tenham recuperado maior autonomia, os municípios foram os mais beneficiados com a transferência de receitas de impostos federais e estaduais para o seu financiamento. Pela primeira vez são criados mecanismos para redistribuição das receitas com vistas à redução das desigualdades regionais de renda.[375]

A Emenda Constitucional nº 18, de 1º de dezembro de 1965 promoveu uma autêntica reforma tributária.[376] Passa-se a discriminar os impostos com referência às suas bases econômicas, o que vem a facilitar sua operacionalização. Estima-se que sua maior virtude tenha sido a de se criar condições a que o princípio federativo pudesse ser efetivamente implementado.[377]

A Constituição de 1967,[378] não traz alterações marcantes em relação ao sistema preconizado pela Emenda 18/65.[379] Reproduz a maioria dos prin-

372 Neste sentido, pertinente o registro de José Roberto Vieira ao asseverar que Amílcar de Araújo Falcão há muito já rejeitava a possibilidade de que o rol constitucional dos tributos fosse apenas nominalista, sustentando que a Constituição, muito além de tão somente inferir o *nomen juris* da maioria dos tributos, nele inclui implicitamente a indicação de sua hipótese de incidência. Na mesma linha, Geraldo Ataliba, que, ainda segundo Vieira, já na década de sessenta do século passado, pontificava que "a menção que lhes faz a Lei Magna é bastante para identificação rigorosa dos impostos, de tal forma que o legislador ordinário possa saber quais os fatos geradores de que pode dispor". Com Roque Carrazza, Vieira finaliza seu parágrafo, o qual, na esteira de Amílcar e de Ataliba, quanto ao rol constitucional dos tributos afirma: "(...) longe de ser apenas nominal, é conceitual (...)". VIEIRA, E, Afinal, A Constituição Cria Tributos!, p. 620.

373 LEONETTI, **Imposto Sobre a Renda como Instrumento de Justiça Social no Brasil**, p. 15.

374 CHIESA, **A Competência Tributária do Estado Brasileiro: desonerações nacionais e imunidades condicionadas**, p. 89; DE SOUSA, **Compêndio de Legislação Tributária**, p. 179.

375 DE OLIVEIRA; CHIEZA, Auge e Declínio da Federação Brasileira: 1988-2017, p. 562.

376 O efeito do golpe militar de 1964, com a consequente instalação de um regime autoritário no país, operou no campo fiscal uma ampla reforma do sistema tributário, concentrando os impostos na órbita federal e criando um sistema de transferências de recursos entre as esferas governamentais, com o governo federal tendo pleno controle sobre decisões tanto no campo tributário, incluindo os impostos dos governos subnacionais, como no de gastos. *Ibid.*

377 LEONETTI, **Imposto Sobre a Renda como Instrumento de Justiça Social no Brasil**, p. 15.

378 Inclusive quanto às alterações trazidas pela EC 1/69.

379 LEONETTI, **Imposto Sobre a Renda como Instrumento de Justiça Social no Brasil**, p. 15.

cípios existentes na Carta de 1946, e, ao revogar a Emenda Constitucional nº 18, restaura alguns dos princípios que haviam por ela sido eliminados. A Emenda Constitucional nº 1/69, por sua vez, praticamente manteve as bases da Constituição de 1967.[380]

A exemplo das que lhe antecederam, a Constituição de 1988 optou por elencar rigidamente as competências para cada ente tributante, pouco inovando na temática da discriminação de competências tributárias. Preservando as mesmas fontes de capacidade contributiva de onde extrair sua participação, apenas redistribuiu impostos preexistentes, fundindo alguns e eliminando outros.[381]

Neste sentido aponta o relatório produzido por grupo de trabalho do Senado Federal no ano de 2017 no qual, em tópico sob o título "Deterioração da Tributação Indireta", critica-se veementemente a longevidade de um sistema tão falho: complexo, regressivo, anticompetitivo, antiemprego, responsável por desequilíbrios federativos e, principalmente obsoleto; que montado em 1965, perdura até os vigentes dias, fazendo uso dos alicerces de uma economia de mais de 50 anos atrás, de industrialização tardia e ainda fechada. Trata-se de continuar com o referencial de uma época onde a indústria de transformação era cerca de um terço do PIB brasileiro, enquanto que hoje ela corresponde a menos de 12%, conclui o texto.[382]

Outrossim, não decorreu a discriminação das competências tributárias na Constituição de 1988 de uma análise lógico-racional da realidade econômica contemporânea, senão de uma mera repartição de impostos a partir de aspectos históricos e políticos. Sobrepõe-se, na distribuição dos impostos entre as pessoas jurídicas de direito público, uma realidade preexistente, a qual é refletida dos impostos que tradicionalmente foram sendo introduzidos no sistema tributário.[383]

Por fim, ainda em relação à Constituição de 1988, Clélio Chiesa manifesta certo desconforto quanto à técnica adotada na elaboração de seu art. 146 na medida em que a norma que se extrai deste dispositivo parece desmentir a assertiva de que, em matéria tributária, quase tudo foi delineado

380 Chiesa, **A Competência Tributária do Estado Brasileiro: desonerações nacionais e imunidades condicionadas**, p. 90.

381 Schoueri, **Direito Tributário**, p. 268.

382 BRASIL, **Funcionalidade do Sistema Tributário e Desempenho das Administrações Tributárias**, Brasília-DF: Senado Federal, 2017, p. 11.

383 Schoueri, **Direito Tributário**, p. 269.

no próprio texto constitucional. Para o autor, a forma como foi redigido este dispositivo faz parecer que, em matéria tributária, o sistema é flexível e tudo pode ser construído pelo legislador ordinário, desde que o faça por meio de lei complementar, o que, em sua opinião, não é verdade.[384]

1.5.4. A Constituição se apodera do Sistema Tributário Nacional

Ao discriminar as competências tributárias a Constituição cuida desde logo de traçar a norma-padrão (regra matriz) de incidência de cada exação. Definem-se a hipótese de incidência possível, o sujeito ativo possível, o sujeito passivo possível, a base de cálculo possível e a alíquota possível de cada tributo previsto. Vê-se, pois, o legislador ordinário, ao criar o tributo, vinculado a este arquétipo constitucional, dele não podendo se arredar.[385]

É o que leciona Ricardo Lobo Torres ao dissertar que

> os sistemas tributários no Brasil radicam quase que por inteiro na Constituição. No próprio texto fundamental aparecem exaustivamente organizados e sistematizados os tributos, de tal forma que ao legislador infraconstitucional compete dar-lhes normatividade ou atualização através das normas de nível ordinário. Não há paralelo de monta no direito comparado, salvo o da Alemanha, cuja Constituição também sistematiza os tributos, embora não chegue a adotar o critério de nominá-los.[386]

Para Maurício Dalri Timm do Valle o sistema tributário brasileiro é eminentemente constitucional na medida em que o constituinte abarcou quase que a plenitude das questões relacionadas à tributação. O autor realça seu entendimento citando Geraldo Ataliba, para o qual, em matéria tributária, o constituinte se encarregou de entregar ao legislador ordinário um sistema integralmente pronto e acabado, cabendo-lhe obedecê-lo.[387, 388]

384 Chiesa, **A Competência Tributária do Estado Brasileiro: desonerações nacionais e imunidades condicionadas**, p. 94.

385 Carrazza, **Curso de Direito Constitucional Tributário**, p. 587; Chiesa, **A Competência Tributária do Estado Brasileiro: desonerações nacionais e imunidades condicionadas**, p. 95.

386 Lobo Torres, Ricardo, **Tratado de Direito Constitucional Financeiro e Tributário: os tributos na Constituição**, Rio de Janeiro: Renovar, 2007, p. 2.

387 Valle, **Princípios Constitucionais e Regras-Matrizes de Incidência do Imposto Sobre Produtos Industrializados – IPI**, p. 355.

388 Também, apoiando-se em lição de Geraldo Ataliba, assevera Clélio Chiesa que a inauguração da característica típica do Brasil de absoluta e inarredável rigidez de seu sistema

O autor, valendo-se de citação de José Roberto Vieira, justifica que a razão para tanta preocupação do Legislador Constitucional com o sistema tributário residiria no fato de a ação de tributar implicar em tensão entre a competência do Estado e dois direitos humanos fundamentais: a liberdade e a propriedade, constitucionalmente amparados, o que respalda o entendimento de que seja apropriado que a disciplina da tributação seja eminentemente constitucional.[389]

Preocupação semelhante é explicitada pelos autores Valcir Gassen e Marcos Aurélio Pereira Valadão:

> A competência em matéria de tributação está sujeita a inúmeras tensões entre os entes partícipes de uma federação, seus Estados-membros. A competência tributária é algo sensível pois envolve questões econômicas, sociais e políticas.[390]

Sacha Calmon Navarro Coêlho também vê no poder de tributar, modernamente, campo predileto de labor constituinte, para quem, ao tempo em que o poder de tributar apresenta-se vital ao Estado, tanto na captação de receitas necessárias à concepção de seus objetivos, quanto para a utilização do tributo quanto instrumento extrafiscal, também sua disciplinação e contenção revelam-se imprescindíveis. Tamanho poder deve encontrar limites em prol da segurança dos cidadãos.[391]

Roque Antônio Carrazza, alinhando-se ao entendimento de que a competência tributária no Brasil é um tema exclusivamente constitucional, discorre que nada de substancialmente novo lhe podem agregar ou subtrair as normas infraconstitucionais, quando muito, explicitam o que, porventura, encontra-se implícito na Constituição. Conclui o autor asseverando que "para as pessoas políticas a Constituição é a 'Carta das Competências',

constitucional tributário se deu com o advento da Carta de 1934, saindo o Sistema Tributário já acabado e pronto das mãos do constituinte, não relegando à lei nenhuma oportunidade de colaborar na tarefa de plasmar o sistema tributário. Ao legislador ordinário, restava-lhe obedecer estrita e rigorosamente à Lei Máxima. CHIESA, **A Competência Tributária do Estado Brasileiro: desonerações nacionais e imunidades condicionadas**, p. 88.

389 VALLE, **Princípios Constitucionais e Regras-Matrizes de Incidência do Imposto Sobre Produtos Industrializados – IPI**, p. 356.

390 GASSEN; VALADÃO, **Tributação nos Estados Unidos e no Brasil: estudo comparativo da matriz tributária**, p. 86.

391 COÊLHO, **Curso de Direito Tributário Brasileiro**, p. 29.

ela indica o que podem, o que não podem e o que devem fazer, inclusive e principalmente em matéria tributária".[392]

Para Hugo de Brito Machado, em função de sua posição mais elevada na hierarquia do sistema jurídico, impondo-se sobre as demais regras de tributação, a Constituição Federal, ao ordenar ela própria muitas das regras concernentes à tributação, torna mais efetivas as limitações ao poder de tributar e promove uma maior segurança jurídica na tributação.[393]

1.5.4.1. A titularidade da criação do tributo

Ademais, ainda com relação ao que se estudou na sessão anterior, valorosa se revela a abordagem de um tema de raras aparições na doutrina, mas que certamente permeia o consciente de estudiosos do direito mais atentos. Trata-se da identificação de "quem" efetivamente cria tributo: i) os entes políticos, aos quais são atribuídas as competências tributárias, no momento da edição de leis instituidoras dos tributos, como quer a doutrina majoritária; ou ii) o Constituinte, já com a promulgação do Texto Magno?

Por a doutrina majoritária aliar-se ao entendimento de não ser o tributo criado na Constituição, e sim nas leis infraconstitucionais,[394] inestimáveis revelam-se, contemporaneamente, as corajosas e solitárias palavras de José Roberto Vieira a contrapor tal entendimento. Ao enumerar mais de uma dezena de autores a sustentar ser a criação do tributo um ato infraconstitucional, José Roberto Vieira, lastreado por Souto Maior Borges, inicia sua lição relacionando a consolidação desta tese a uma tendência ao comodismo[395] e ao que ele nomeia instinto de rebanho[396, 397].

[392] CARRAZZA, **Curso de Direito Constitucional Tributário**, p. 582.

[393] MACHADO, **Curso de Direito Constitucional Tributário**, p. 155.

[394] Assevera o autor que é em virtude de o legislador constitucional não ter tomado a providência de criar um tributo clara e explicitamente, que os estudiosos negam quase que em uníssono sua possibilidade. VIEIRA, José Roberto, Uma Cruzada de Souto Contra o Instinto de Rebanho: a Constituição brasileira como berço dos tributos, *in*: BERNARDES, Flávio Couto; DA MATA, Juselder Cordeiro; LOBATO, Valter de Souza (Orgs.), **ABRADT: Estudos em Homenagem ao Professor José Souto Maior Borges**, Belo Horizonte: Arraes Editores, 2022, p. 497.

[395] *Apud* "'Nada exige menos esforço de quem se contenta com superficialidades e/ou repetições de teorias preestabelecidas'; 'Nada mais cômodo... que a adesão ao pensamento uniforme generalizado, ainda que em equívoco'". *Ibid.*, p. 495.

[396] *Ibid.*, p. 496.

[397] Neste sentido, após a transcrição daquelas mais de uma dezena de vozes da doutrina tributária nacional primando pela monótona repetição, conclui José Roberto Vieira, assumir-se

Reconhecendo-se, José Roberto Vieira, em obra sua lançada em agosto de 1993, adepto à tese doutrinária corrente e decorrente de que a "Constituição não cria tributos, restringindo-se a outorgar competências", o autor envia exemplar desta ao "mestre" Souto Maior, o qual, após tê-la avaliado, tece-lhe elogiosas considerações em uma primeira carta datada de 24.09.1993. Dois meses após, uma segunda "missiva" é recebida por Vieira. Iniciada com palavras elogiosas, a extensa carta de três páginas e meia começa a mudar de direção conforme a leitura progride: "[...] Há um ponto, porém, em relação ao qual não posso furtar-me ao dever de ponderar... Não há dúvida de que sou, como você acertadamente reconhece, uma voz solitária no sentido de que a criação do tributo começa na constituição Federal [...]".[398]

Ressalta José Roberto Viera ter demorado muitos meses para responder esta carta, mas que quando o fez, foi para se curvar diante da rica e bem posta argumentação do "mestre". Contudo, o autor sentia a necessidade de que sua retratação e o recuo de seu posicionamento científico inicial fossem igualmente tornados públicos, do que cuidou, embora com o atraso de uma longa dúzia de anos, trabalho seu datado de 2005,[399] o qual integrou, também, obra em honra ao mestre.[400]

Vieira, ressaltando ainda hoje, apesar de tantos anos decorridos daquele preito de reverência a Souto, o cenário da Ciência do Direito Tributário, no particular, lamentavelmente continuar o mesmo, diante do fato lastimável de já não se contar com a vigorosa advocacia do argumentador sem par que foi Souto Maior, assume-se comprometido com sua tese, a qual afirma ser hoje dele também.

Ademais, adverte o autor que em momento algum da advocacia de sua tese, Souto Maior declarara plenamente instituído o tributo no Código Maior, mas teve sempre a cautela e a sutileza próprias da precisão científica para dizer "iniciado" o processo com a promulgação constitucional, para afirmar "iniciada" a criação do tributo com a outorga de competência.

o risco de raiar pelo insosso, que por vezes, sem perceber, os pensadores do Direito Tributário abdicam do seu pensar, por convencerem-se, talvez, de que pela obviedade que se apresenta, tal tarefa seja inócua e prescindível. *Ibid.*, p. 500.

398 *Ibid.*, p. 502.

399 VIEIRA, E, Afinal, A Constituição Cria Tributos!

400 VIEIRA, Uma Cruzada de Souto Contra o Instinto de Rebanho: a Constituição brasileira como berço dos tributos, p. 503.

Algo insuficiente, admite, mas que já é "algo"; pois insuficiente não equivale a inexistente.[401]

Tese que é sustentada pelo autor em contra argumentação a uma das asserções que compõem a rica argumentação de Paulo de Barros. Esta, conforme Vieira, fundamental na sua, objeção à ocorrência efetiva do nascimento do tributo na região da Lei Suprema: "... a sentença judicial só será válida se mantiver consonância com um ou mais dos supernos mandamentos inscritos na Constituição. Isso não justificaria asseverar que é o legislador constitucional que cria a sentença. De modo idêntico... o ato jurídico-administrativo...".[402]

O desfecho de Vieira a contrapor Paulo de Barros, é incisivo. Aliando-se ao entendimento de que tanto a sentença judicial quanto o ato administrativo são portadores de muito mais do que se encerra nos breves e sintéticos dispositivos constitucionais, Vieira aponta para o fato de que, para serem ditos em harmonia com a Carta Magna, sentença e ato administrativo inexoravelmente devem portar um miolo de significação já contido nos superiores ditames que habitam o ápice normativo, "donde resulta que a sentença e o ato, na sua integralidade adulta, não viram a luz num berço constitucional; mas donde resulta ainda, com igual nitidez, que sentença e ato, na sua essencialidade infantil, já encontravam abrigo no regaço da Lei Mãe".[403] Em conclusão, assevera o autor, "como entidades jurídicas acabadas, sentença e ato não foram criados na constituição; como mínimo essencial daquelas entidades jurídicas, sentença e ato começaram a ser criados na Constituição sim".

Destarte, continua o autor, diante da atribuição constitucional de competência tributária já se dispõe de norma que desenha o perfil mínimo de um tributo, outorgando-lhe, no menor grau possível, uma identidade. Ora, se tributo é norma, perante tal norma constitucional é inevitável concluir que a Constituição criou tributo.[404]

Ante a revisão e retificação de sua posição anteriormente assumida em estudo de 2005, e neste trabalho confirmadas, inclusive para admitir o estudo científico-jurídico de um tributo na esfera exclusivamente constitucional, José Roberto Vieira assevera não mais pensar ser um despropósito

401 *Ibid.*, p. 510.

402 *Apud Ibid.*, p. 509.

403 *Ibid.*, p. 510.

404 *Ibid.*, p. 511.

ou um disparate o exame do Imposto sobre Grandes Fortunas, mesmo não o tendo contemplado ainda o legislador infraconstitucional competente.[405]

Ademais, ressaltando já haver cogitado, em face de um estudo só constitucional de um tributo, do exame de um tributo possível, não real, hoje, convencido de que a promulgação da norma constitucional de competência tributária outorga cidadania jurídica ao tributo, confere-lhe a existência mínima, produz-lhe a essência, o autor julga mais adequado asseverar que a Lei Maior indica "o tributo mínimo".[406]

Dessa forma, o estudo mais acurado de um gravame qualquer – constitucional e infraconstitucional – conduz ao conhecimento do "tributo inteiro", enquanto sua investigação só constitucional, conquanto não suficiente, já revela "o tributo mínimo", que, em sua substancialidade nuclear, foi objeto de criação no seio da própria Lei Magna.[407]

A sustentar a tese "Soutiana" disserta o autor que, em última análise, basta a formulação de uma única pergunta e a tentativa honesta de enfrentá-la: "as características constitucionais do 'tributo mínimo' deverão ser observadas quando da elaboração da norma de incidência?". Não se vendo qualquer possibilidade de algum tributarista responder tal questionamento negativamente, claríssima resta a demonstração da já existência de algo do tributo na norma constitucional, algo bem aquém do tudo, é verdade, mas existe. De forma que, se já existe algo, o processo criativo do tributo, por óbvio, já teve início. "Eis que razão seja dada a José Souto Maior Borges: A Constituição cria tributos mesmo!".[408]

Por fim, como que em ato de reconhecimento à originalidade, José Roberto Vieira ressalta não ser o primeiro discípulo a abraçar a tese pioneira de Souto Maior Borges, mas que há três décadas e meia, corajosamente, já o fizera Aires Fernandino Barreto. Merecedor de palavras de reconhecimento de Vieira também se apresenta o professor da UCB, Maurício Dalri Timm do Valle, por sua aliança à tese em 2016.[409]

[405] *Ibid.*, p. 512.

[406] *Ibid.*

[407] *Ibid.*

[408] *Ibid.*, p. 513.

[409] *Ibid.*

1.5.5. Competência tributária e "seus" conflitos

Ao tempo em que se verifica na técnica da atribuição de competências tributárias a vantagem de se conferir poder político aos Estados e aos Municípios, a desvantagem de ensejar conflitos intermináveis entre essas entidades é irrefutável.[410] Por conseguinte, a Constituição de 1988, em seu art. 146, I, incumbe à lei complementar da União a função de solucionar ou possibilitar a resolução de conflitos de competência entre os entes federados em matéria tributária.[411] São exemplos, a Lei 5.172/66[412] (CTN), a Lei Complementar 87/1996 (Lei Kandir) e a Lei Complementar 116/2003, sendo que as duas últimas contêm dispositivos visando a se evitar conflitos de competência entre o ICMS[413] (estadual) e o ISS[414] (municipal).[415]

Luís Eduardo Schoueri, partindo da premissa de que o constituinte de 1988 ao redistribuir os impostos entre as pessoas jurídicas de direito público tinha diante de si uma realidade preexistente, notadamente a existência dos impostos que tradicionalmente foram sendo introduzidos no sistema tributário pátrio, e considerando as lições que se extraem da dou-

[410] Seja no ICMS pela malsinada técnica da não cumulatividade, ensejando uma total deformação desse imposto, hoje, com certeza o mais complicado do sistema tributário brasileiro; seja quanto ao ISS quando mais de um Município se considera seu credor; seja, inclusive, entre Estados e Municípios, como ocorrido quanto ao caso de programas de computador (sendo pacificado pelo STF nas ADIs 1945 e 5659 como fato geradores do ISS), ditos de prateleira, que não são fabricados por encomenda, mas expostos à venda em lojas especializadas. MACHADO, **Curso de Direito Constitucional Tributário**, p. 376.

[411] Em decorrência de no sistema jurídico brasileiro as competências tributárias serem privativas, a menos que se trate dos casos previstos pela própria Constituição, a pretensão de mais de uma das pessoas jurídicas de direito público de cobrar tributo sobre um mesmo fato bastará à instauração do conflito de competência. E é justamente por somente um imposto poder incidir sobre o mesmo fato que o CTN coloca, entre as hipóteses nas quais a importância do crédito tributário pode ser consignada judicialmente pelo sujeito passivo, a "de exigência, por mais de uma pessoa jurídica de direito público, de tributo idêntico sobre o mesmo fato gerador" (art. 164, III, Lei 5.172/66). *Ibid.*, p. 143.

[412] Embora instituída à época como lei ordinária, foi recepcionada pela nova Constituição com status de lei complementar nas matérias para as quais tal espécie normativa é exigida.

[413] Imposto dos Estados e do Distrito Federal sobre operações relativas à circulação de mercadorias e sobre prestações de serviços de transporte interestadual e intermunicipal e de comunicação.

[414] Imposto Sobre Serviços de Qualquer Natureza, de competência dos Municípios e do Distrito Federal.

[415] ALEXANDRINO; PAULO, **Direito Tributário na Constituição e no STF**, p. 62.

trina dos tipos[416], que apresentam como pedra de toque destes sua fluidez e unanimidade de pensamento, e, quanto aos conceitos, limites expressos, o autor questiona se o constituinte, ao contemplar o seu objeto, teve presente um tipo ou um conceito.[417]

Sua conclusão é a de que o constituinte de 1988 não tinha a ilusão de que aquele elenco apresentasse limites rígidos, sabia ele que se tratava de expressões fluidas que por vezes implicariam interpenetração, possibilitando, até mesmo, o nascimento de conflitos de competência.[418] E foi com o propósito de não deixar que a fluidez natural dos tipos implicasse conflitos entre as três esferas políticas, impondo-se limites rígidos à atuação do legislador ordinário, que se fez necessário que aquela realidade expressa no texto constitucional por meio de tipos passasse a ter uma expressão conceitual.

Encontra-se, pois, o papel da lei complementar: "a solução dos conflitos de competência e a definição das hipóteses tributárias e bases de cálculo implicam a criação, pelo legislador complementar, de definições das realidades contempladas pelo constituinte".[419]

Enquanto o constituinte contemplou a realidade econômica do ponto de vista tipológico, com a fluidez a ele inerente, impôs ao legislador complementar a tarefa de expressar a mesma realidade através de conceitos, seja por meio de definições de hipóteses tributárias, bases de cálculo e contribuintes, seja através da imposição de limites em casos de conflitos,[420] de forma que, a despeito de caber à Constituição a repartição de competências em matéria de impostos, à lei complementar é reservado o papel de definir os limites daquelas competências, afastando os conflitos.[421]

Um exemplo prático da aplicabilidade da lei complementar no afastamento de um conflito de competência é o já clássico conflito entre o ISS, de competência municipal, e o ICMS, instituído pelos estados. Tratando-se de dois tipos, o constituinte tinha em mente um conjunto de características para cada um dos impostos que lhe permitia divisar duas realidades econômicas que, enquanto tipos, não se confundiam. A prática do imposto revelaria, no entanto, que grande parte das operações relativas à prestação

[416] SCHOUERI, **Direito Tributário**, p. 272.
[417] *Ibid.*, p. 276.
[418] *Ibid.*
[419] *Ibid.*, p. 277.
[420] *Ibid.*
[421] *Ibid.*, p. 278.

de serviço envolveria uma operação de circulação de mercadorias. O constituinte optou por não definir (impor limites) a questão, deixando tal papel à lei complementar, o que se deu por meio da Lei Complementar 116, a qual define os serviços sujeitos ao tributo municipal, ISS.[422]

Outrossim, entendem Marcelo Alexandrino e Marcelo de Paulo que a Constituição, ao delinear com rigor o âmbito de competência de cada ente tributante da Federação, inviabiliza a ocorrência de conflitos verdadeiros destas prerrogativas no plano lógico. A correta interpretação das regras e princípios do próprio texto constitucional será suficiente para afastar qualquer aparente conflito de competência que venha a ocorrer entre as pessoas políticas. À lei complementar, quanto ao conflito de competência, caberá tornar cristalino o sentido de alguns destes princípios e normas, nunca se arredando do respeito ao Princípio Federativo.[423]

Nesta linha, José Roberto Vieira, referindo-se às "zonas gris onde se tocam e às vezes se chocam as esferas limítrofes do IPI e do ISS", assevera encontrarmo-nos perante alguns dos mais intensos e cadentes "conflitos de competência" tributária.[424] Porém, o autor ressalva, "conflitos, [...] existem, sem dúvida. Mas, definitivamente, não são de competência".[425]

Identificando competência tributária como a aptidão constitucional para que as pessoas políticas legislem sobre a norma de incidência dos seus tributos, assevera o autor impor-se o reconhecimento de que, entre nós, as competências tributárias foram delineadas de maneira precisa e estreita, de forma extensa e minuciosa, de modo rígido e quase exaustivo, e que é exatamente este grau de justeza e severidade na partilha das competências tributárias que levou nossa melhor doutrina a concluir que os seus conflitos já encontravam resolução no próprio texto constitucional, que em rigor, afasta-os e arreda-os, inapelavelmente.[426]

[422] *Ibid.*

[423] ALEXANDRINO; PAULO, **Direito Tributário na Constituição e no STF**, p. 60.

[424] José Roberto Vieira relata que – em palestras, debates e bancas acadêmicas, país afora – quando menciona a incumbência da Lei Complementar que institui a Lista de Serviços do ISS, na determinação dos limites e confins desse imposto com o IPI, costuma ouvir manifestações de espanto, incredulidade e desconfiança, haja vista a percepção limitada de essa lei só versar os conflitos do ISS com o ICMS. VIEIRA, José Roberto, O Papel da Lei Complementar no Estabelecimento das Fronteiras IPI x ISS: óculos para macacos, **IBET Instituto Brasileiro de Estudos Tributários**, 2013, p. 3.

[425] *Ibid.*, p. 4.

[426] *Ibid.*

Dessa premissa José Roberto Vieira atribui o consenso estabelecido há muito na boa doutrina, desde Geraldo Ataliba e Cléber Giardnio até Tácio Lacerda Gama, quanto à impossibilidade lógica dos conflitos de competência, todos a avaliar a denominação como inadequada, identificando-os como conflitos tão-somente supostos ou postiços.[427]

A justificar o fato de – apesar de os aludidos conflitos revelarem-se apenas exteriores e superficiais, um mero jogo de aparências, uma vez que inexistentes – o legislador constitucional lhes fazer referência expressa, há que se tomar em conta o caráter laico de sua linguagem, a do legislador, que, embora lance mão, aqui e acolá, de palavras e expressões de cunho científico, não passa de linguagem predominantemente natural e juridicamente descomprometida.[428]

E é a partir desse ponto, disserta Vieira, que Ataliba começa a aproximar-se da verdade, no tema, ao concluir que quando a Constituição faz referência a conflito deve-se entender aquilo que o direito internacional já qualificou de conflitos de leis. Ora, se é conflito de competência tributária, e a competência tributária só se manifesta pela lei, há conflito de leis. Sintetiza o autor, numa primeira aproximação, que os conflitos, que não são de competência, mas de leis infraconstitucionais de mais de uma esfera de governo, implicam, necessariamente, invasões ou usurpações de competência da parte de uma delas.[429]

Alegando restar ainda identificar a natureza constitucional dos conflitos, mais uma vez é em Geraldo Ataliba que Vieira vai encontrar a solução. Para Ataliba, por a Constituição ter exaurido a repartição de competências, o que pode haver é dúvida do intérprete, sendo o único modo de interpretar a expressão "conflito", na Constituição, o de entender que "conflito há naqueles casos em que não se sabe bem o que fazer, mas não porque a Constituição é imperfeita, imperfeito é o intérprete.[430]

Conclui, Josér Roberto Vieira, que, conquanto a doutrina majoritária faça menção repetidamente aos "conflitos de competência", eles não passam de mera ilusão e de pura aparência, porque, afinal, nada mais são do que conflitos legais gerados por conflitos interpretativos.[431]

[427] *Ibid.*, p. 5.
[428] *Ibid.*
[429] *Ibid.*
[430] *Ibid.*, p. 6.
[431] *Ibid.*

1.5.6. Classificação das competências tributárias

A considerar-se a divisão interna da soberania no aspecto fiscal da federação brasileira como critério da classificação dos tributos, pode-se falar em competência tributária federal, estadual, distrital e municipal (ou dos governos locais).[432]

O sistema tributário introduzido pela Constituição de 1988 revela-se avesso a bitributações e competências constitucionais concorrentes, sendo nítida sua preferência pelas competências exclusivas.[433] Mesmo nas competências comuns, devido ao fato de o exercício se vincular às atribuições materiais de cada um, a competência tributária somente terá a titularidade de um único ente político.[434]

A Constituição Federal distribui explicitamente em seus artigos 145, 153, 155 e 156 a competência de instituir tributos. São distribuídos aos entes tributantes, União, Estados e Municípios, a competência privativa, a residual, a extraordinária e a comum. A partir da reforma de 1965, a competência concorrente, que autorizava a União e os Estados a decretar simultaneamente os mesmos impostos, deixa de figurar nos textos constitucionais.[435]

Obedecido o critério de repartição de competências para exigir impostos estabelecido pelo texto constitucional (arts. 153, 155 e 156), presume-se, em princípio, atendido o requisito do respeito à capacidade econômica ou contributiva.[436]

1.5.6.1. Competência exclusiva

Muito referenciada pela doutrina como competência privativa, a competência exclusiva é a atribuída pela Constituição Federal com exclusividade a determinado ente político. Na outorga da competência exclusiva, a Constituição Federal reparte a competência legislativa aos entes políticos

432 Gassen; Valadão, **Tributação nos Estados Unidos e no Brasil: estudo comparativo da matriz tributária**, p. 86.

433 Hugo de Brito leciona que, apesar da possibilidade da atribuição da competência concorrente no Brasil em virtude de sua organização federativa, não foi esse o modelo adotado pela Constituição vigente, mas a competência "privativa" [o autor prefere o termo "privativa"]. Machado, **Curso de Direito Constitucional Tributário**, p. 82.

434 Ribeiro, **Temas de Direito Constitucional Tributário**, p. 241.

435 Lobo Torres, **Tratado de Direito Constitucional Financeiro e Tributário: os tributos na Constituição**, p. 6.

436 Ataliba, **Hipótese de Incidência Tributária**, p. 138.

que, mediante lei ordinária, a exercita instituindo o tributo sobre determinados fatos geradores, fixando-lhe a base de cálculo, determinando-lhe a alíquota e regulando-lhe os demais elementos sujeitos aos princípios da reserva da lei.[437]

À União, cabe-lhe exclusividade para instituir os impostos previstos no art. 153,[438] os empréstimos compulsórios (art. 148) e as contribuições parafiscais (art. 149).[439] A exclusividade dos Estados para o exercício desta competência se extrai do art. 155.[440] Aos Municípios são reservados os impostos do art. 156[441] e a contribuição de Iluminação Pública (art. 149-A). O Distrito Federal, detentor das competências legislativas reservadas aos Estados e Municípios,[442] cumula as competências para instituir os impostos atribuídos a estes entes políticos. Nos territórios, a instituição de impostos federais e estaduais, caberá à União. Quanto aos impostos municipais, há uma condicionante, sendo o Território divido em municípios, a estes caberá a competência para a instituição de impostos, do contrário também restará à União tal atribuição (art. 147).[443]

De se ressaltar, ainda que não exercida pelo titular do poder de legislar, a competência privativa impede que qualquer outro ente público o faça, o que caracterizaria invasão de competência.[444]

1.5.6.2. Competência comum

Vinculada a exigência do tributo às atividades estatais compreendidas na competência material de cada ente federativo, a competência comum é a atribuída pela Constituição Federal à União, aos Estados, ao Distrito Federal e aos Municípios, de acordo com suas respectivas atribuições. Aplica-se a tributos vinculados a uma atividade estatal específica em relação à pessoa

[437] LOBO TORRES, **Tratado de Direito Constitucional Financeiro e Tributário: os tributos na Constituição**, p. 7.

[438] II, IE, IR, IPI, IOF, ITR e IGF.

[439] Excetuam-se as contribuições previdenciárias dos servidores públicos, que são de competência comum (art. 149, CF/88), e as contribuições de iluminação pública, de competência municipal (art. 149-A).

[440] ITD, ICMS e IPVA.

[441] IPTU, ITBI e ISS.

[442] Art. 32, § 1º, CF/88.

[443] RIBEIRO, **Temas de Direito Constitucional Tributário**, p. 237.

[444] LOBO TORRES, **Tratado de Direito Constitucional Financeiro e Tributário: os tributos na Constituição**, p. 7.

do contribuinte, restringindo-se, pois, aos tributos contraprestacionais,[445] sendo devido ao ente que entregar a contraprestação. Verifica-se sua ocorrência nos arts. 145, II e III, 149, parágrafo único e 149-A.[446]

Mas tal entendimento, o de deterem os tributos contraprestacionais o atributo de competência comum, não é uníssono na doutrina pátria. Para Hugo de Brito Machado, por exemplo, a competência para a instituição da taxa é "privativa" da entidade pública que realiza a atividade estatal que constitui o correspondente fato gerador.[447, 448] Assim como também o é, por óbvio, a competência para a instituição da contribuição de melhorias.[449]

O autor introduz a discussão citando Celso Ribeiro Bastos o qual, tendo em um primeiro momento asseverado tratar-se, quanto à taxa, de competência comum outorgada pela constituição a todas as pessoas políticas, dá-se conta de que admitir tratar-se de competência comum poderia parecer admitir a possibilidade de taxas sobrepostas instituídas por duas ou mais entidades tributantes, tendo como hipótese de incidência o mesmo

[445] Taxas, contribuições de melhoria, contribuições previdenciárias dos servidores públicos e contribuição de iluminação pública.

[446] Lobo Torres, **Tratado de Direito Constitucional Financeiro e Tributário: os tributos na Constituição**, p. 8; Ribeiro, **Temas de Direito Constitucional Tributário**, p. 237.

[447] Vale-se o autor do RE 100.033 RS, rel. Min. Francisco Rezek, RTJ 107/1.295-1.298 para asseverar que o STF tem entendido que a competência para a instituição e cobrança de taxa depende de ter a entidade estatal competência para exercer a atividade que constitua o respectivo fato gerador. Machado, **Curso de Direito Constitucional Tributário**, p. 84.

[448] *Ibid.*

[449] Machado, em crítica aos que afirmam ser a contribuição de melhoria um tributo de competência comum, atribui a equivocada percepção ao fato da desatenção na importância de se ter em mente, na cogitação da competência para a instituição de um tributo, a distinção entre o tributo cujo fato gerador independe de atividade estatal relativamente ao contribuinte (imposto) e o tributo cujo fato gerador é ou se liga necessariamente a uma atividade estatal específica relativa ao contribuinte (taxas e contribuições de melhorias). Ocorre que em relação a estes últimos a questão da competência diz respeito diretamente à atividade administrativa que constitui ou se liga necessariamente ao fato gerador do tributo, apresentando-se como uma questão de direito constitucional, ou de direito administrativo, antes de ser uma questão de direito tributário. Ao direito tributário, continua o autor, o que importa é a competência para instituir a contribuição de melhoria, e esta, inegavelmente, é privativa do ente que realiza a obra pública. O que pode ser comum, ou não, é a competência para a realização da atividade à qual necessariamente se liga o fato gerador da contribuição de melhoria, a realização da obra, portanto. *Ibid.*, p. 91.

fato.[450, 451] O autor conclui, por conseguinte, não ser a suposta sobreposição passível de verificação, haja vista a Constituição distribuir as competências para o exercício do poder de polícia, assim como para a prestação de serviços públicos, de forma que somente é regulável juridicamente a taxa cobrada com fundamento no poder de polícia próprio de quem a institui.[452]

1.5.6.3. Competência residual

Consiste a competência residual na atribuição à União, pela Constituição Federal, de competência para instituir impostos (Art. 154, I, CF/88) e contribuições da seguridade social (Art. 195, §4º, CF/88) não previstos na Carta Magna.[453] Do produto da arrecadação dos impostos instituídos no exercício da citada competência residual, 20% pertencem aos Estados (art. 157, II, CF/88).

A competência residual, que se dará mediante lei complementar[454] (Art. 154, I, CF/88), é a outorgada exclusivamente à União para instituir impostos não previstos no rol dos que lhe foram reservados privativamente no art. 153 da CF/88. Condiciona-se a que tais impostos sejam não cumulativos e não tenham fato gerador e base de cálculo próprios dos impostos dos Estados e Municípios.[455] A competência residual alcança também as contribuições sociais que venham a ser instituídas pela União[456] para garantir a manutenção ou expansão da seguridade social com base no art. 195, §4º, o que não alcança o FINSOCIAL e a contribuição social sobre o lucro, como já decidiu o STF.[457, 458]

450 A despeito do que ocorrera na Carta de 1946 (art. 30) sob a qual entendeu-se que as taxas podiam ser cobradas simultaneamente por mais de uma pessoa política, não havendo sobre elas a aplicação do princípio da bitributação. *Ibid.*, p. 83.5.

451 Machado Segundo, **Manual de Direito Tributário**, p. 82.

452 Machado, **Curso de Direito Constitucional Tributário**, p. 82.

453 Ribeiro, **Temas de Direito Constitucional Tributário**, p. 238.

454 Em relação à ordem constitucional anterior, o exercício da competência tributária residual da União sofreu uma restrição maior na medida em que se passa a exigir como requisito de sua instituição lei complementar e a não cumulatividade do imposto a ser decretado.

455 Art. 155 e 156, CF/88.

456 Não incidindo sobre a folha de salários, o faturamento nem o lucro (art. 195, I, CF/88).

457 RE 138.284-8, STF.

458 Lobo Torres, **Tratado de Direito Constitucional Financeiro e Tributário: os tributos na Constituição**, p. 7.

Ademais, importante ressaltar que a competência residual se encontra adstrita aos impostos e às contribuições da seguridade social, haja vista somente nestas modalidades tributárias se verificar discriminação constitucional dos respectivos fatos geradores. Não se concebendo, pois, competência para instituir exações não previstas.[459]

1.5.6.4. Competência extraordinária

De pertinente relação com o tema abordado neste tópico é a diferenciação que faz Hugo de Brito Machado quanto aos impostos ordinários e extraordinários, a considerar a permanência ou eventualidade da correspondente existência. Não se considera para esse fim a ocorrência do fato gerador, mas a própria existência do imposto, de forma que ordinário é o imposto de existência permanente, característica dos impostos em geral. Já o imposto extraordinário, comporta o atributo de ter existência eventual.[460]

A competência extraordinária reserva à União, pelo art. 154, II, na iminência ou no caso de guerra externa, a possibilidade de instituição de impostos extraordinários, compreendidos ou não em sua competência tributária,[461] sendo que, cessadas as causas de sua criação, tais impostos serão gradativamente suprimidos.[462]

Experimenta-se aqui uma bitributação admitida pelo Texto Maior, vez que em seu art. 154, II expressamente se permite que o Imposto Extraordinário tenha fatos geradores e bases de cálculo de outros tributos, sendo único requisito o de que deva ser gradativamente suprimido quando cessadas as causas de sua criação, para o que não se estabelece um prazo.[463]

1.5.7. Características das competências tributárias

A enumeração das características que conferem identidade à competência tributária não é unânime na doutrina brasileira. Roque Antônio Carrazza identifica seis delas: I – privatividade; II – indelegabilidade; III – incaducabilidade; IV – inalterabilidade; V – irrenunciabilidade; e VI – facultati-

[459] Ribeiro, **Temas de Direito Constitucional Tributário**, p. 238.

[460] Machado, **Curso de Direito Constitucional Tributário**, p. 73.

[461] Não se aplica o princípio da anterioridade, conforme art. 150, §1º.

[462] Lobo Torres, **Tratado de Direito Constitucional Financeiro e Tributário: os tributos na Constituição**, p. 8.

[463] Ribeiro, **Temas de Direito Constitucional Tributário**, p. 239.

vidade do exercício.[464] Para Paulo de Barros Carvalho no entanto, da lista de características proposta pelo professor Carrazza, apenas três resistiriam a uma crítica mais rigorosa: a indelegabilidade, a irrenunciabilidade e a incaducabilidade.[465]

Fundamentação bastante ao reconhecimento da indelegabilidade e da irrenunciabilidade como prerrogativas inarredáveis do exercício competencial no sistema brasileiro pode ser extraído do entendimento de que, sob a vigência de uma Constituição rígida, o constituinte repartiu, incisivamente, as possibilidades legiferantes a cada ente político. A simples possibilidade de delegação de uma pessoa a outra das habilitações recebidas do Constituinte descaracterizaria toda esta discriminação rigorosa de competências. Quanto à incaducabilidade, pressupondo-se que a Constituição existe para durar no tempo, não há razoabilidade em se entender que eventuais jogos de interesses e problemas sazonais de determinada sociedade possam comprometer a perenidade das competências.[466]

Quanto às outras três características, Paulo de Barros Carvalho divorcia-se do ensinado por Roque Antônio. Para contrapor-se à sustentabilidade da privatividade da competência tributária, o autor cita a previsão constitucional que confere à União poder de legislar, na iminência ou no caso de guerra externa, sobre impostos "extraordinários", "compreendidos ou não em sua competência tributária",[467] o que bastaria para reduzir a privatividade à faixa de competência do Poder Público Federal.[468]

Para rebater o atributo de "inalterabilidade" atribuído à competência tributária, o autor discorre que a alterabilidade é inerente às prerrogativas conferidas ao constituinte reformador, que lhe aprouvendo promover modificações no esquema discriminativo das competências, somente outros limites constitucionais poder-lhe-ão ser opostos, e ainda assim, desde que correlacionados com os termos "federação" e "autonomia dos municípios". E, como lastro de seu pensamento, cita as Emendas Constitucionais nº 33 e 75.[469]

Por fim, quanto à "facultatividade" do exercício da competência para a instituição do tributo ser a regra geral, leciona o autor que o imposto sobre

464 CARRAZZA, **Curso de Direito Constitucional Tributário**, p. 590.

465 CARVALHO, **Curso de Direito Tributário**, p. 283.

466 *Ibid.*, p. 284.

467 Art. 154, II, CF/88.

468 CARVALHO, **Curso de Direito Tributário**, p. 285.

469 *Ibid.*

grandes fortunas,[470] previsto na Constituição Federal de 1988 e ainda não instituído, trata de afastar qualquer nebulosidade. O mesmo se verifica em alguns municípios que, gozando de aptidão legislativa, não produziram a legislação do imposto sobre serviços de qualquer natureza. Ademais, adverte o autor que o caráter de universalidade desta proposição encontra exceção no ICMS, com sua instituição regulada com o modal deôntico 'O' (obrigatório), ao contrário do que sucede com os demais tributos. Não é dado a qualquer Estado ou ao Distrito Federal deixar de legislar sobre este imposto.[471] Bastaria que uma só unidade da federação não o instituísse para o sistema do ICMS perder sua consistência.[472]

Maurício Dalri Timm do Valle, quanto ao item controverso da obrigatoriedade ou não da instituição do ICMS, alia-se ao entendimento adotado por Roque Antônio Carrazza, segundo o qual os Estados somente poderiam deixar de exercer a competência tributária, não instituindo o ICMS, caso seus Poderes Executivos celebrassem deliberações e fossem estas ratificadas pelos seus Poderes Legislativos. Mas, citando o princípio da Tripartição das Funções, Carrazza leciona que, ainda assim, não há como o Poder Judiciário determinar a um Estado da federação que não tenha instituído o ICMS, que o faça. No máximo caberia postulação de ressarcimento por eventuais prejuízos daquela omissão decorrentes.

A concluir seu entendimento, Timm do Valle arremata sua análise manifestando que, em sua ótica, apenas se arredariam daquelas seis características da competência tributária os atributos de privatividade e inalterabilidade.[473]

Ademais, José Roberto Vieira avalia as conclusões de Roque Antônio Carrazza – para o autor não tendo havido outro na doutrina pátria a tratar do tema tanto e tão bem –, e Paulo de Barros Carvalho, quanto às características da competência tributária.

Inicia o autor manifestando acatar, tal como Paulo de Barros, sem quaisquer disceptações, a indelegabilidade e a irrenunciabilidade. Quanto à

[470] Art. 153, VII, CF/88.

[471] "Os titulares da competência para instituir o ICMS não podem deixar de fazê-lo e, além disso, terão que seguir os termos estritos que as leis complementares e as resoluções do Senado prescrevem, por virtude de mandamentos constitucionais". CARVALHO, **Curso de Direito Tributário**, p. 288.

[472] *Ibid.*, p. 286.

[473] VALLE, **Princípios Constitucionais e Regras-Matrizes de Incidência do Imposto Sobre Produtos Industrializados – IPI**, p. 393, 395.

incaducabilidade, mesmo considerando a existência de tributos com prazo de vida constitucionalmente prefixado – IPMF e CPMF –, entende o autor que a competência tributária originalmente estabelecida preservar-se-á duradouramente incaducável sob pena de se fustigar a autonomia da União, dos estados ou dos municípios, acutilando o Princípio da Federação, ou golpeando o da Autonomia Municipal.[474]

Quanto à inalterabilidade, o autor tende a pacificar desacordo teórico experimentado por Carrazza e Paulo de Barros, na medida em que manifesta também parecer-lhe possível sua manutenção, desde que grifando sua relatividade, uma vez que inalterável do ponto de vista da pessoa política destinatária, mas não do ângulo do exercício da competência reformadora constitucional.[475]

Quanto à privatividade, Vieira reconhece como irrepreensível a lógica de Paulo de Barros ao concluir por sua insustentabilidade em face da competência extraordinária (art. 154, II, CF/88), a qual admite a incursão federal no recinto das competências tributárias estaduais, distritais e municipais. Ressalta o autor aduzir ainda a cumulatividade de competências possibilitada pelo art. 147 como uma segunda válvula no sentido de restringir a privatividade apenas à competência tributária federal.[476]

Rememorando argumento de Paulo de Barros a apontar o ICMS como única exceção à faculdade, haja vista sua evidente vocação nacional, apesar da competência estadual e distrital; e sua oposição por Roque Carrazza, que diante de sua não instituição por algum estado, aos demais tão somente restaria brigar judicialmente para o ressarcimento dos prejuízos, nunca se cogitando caber ao Judiciário legislar ou determinar ao estado omisso que impusesse ao estado omisso sua instituição, posiciona-se, José Roberto Vieira, em persistir encarando a competência tributária como facultativa, inclusive quanto ao ICMS.[477]

1.5.8. A repartição das competências tributárias na Constituição de 1988

Como já mencionado neste trabalho a Constituição Federal de 1988, optando por elencar rigidamente as competências para cada ente tribu-

[474] VIEIRA, E, Afinal, A Constituição Cria Tributos!, p. 622, 623.
[475] *Ibid.*, p. 523.
[476] *Ibid.*, p. 624.
[477] *Ibid.*

tante, pouco inovou na temática da discriminação de competências tributárias em relação às Cartas que lhe antecederam, desenho que se apresenta adiante.

Tabela 1 – Atual distribuição dos impostos na Constituição Federal.

União Art. 153	Estados e DF Art. 155	Municípios e DF Art. 156
II	ITCMD	IPTU
IE	ICMS	ITBI
IR	IPVA	ISS
IPI		
IOF		
ITR		
IGF		

Fonte: Constituição Federal de 1988

Tabela 2 – Competência Tributária por Base de incidência e nível de governo (Brasil 2017)

NÍVEL DE GOVERNO	RENDA	CONSUMO	PROPRIEDADE	PREVIDÊNCIA	REGULATÓRIOS
União	IR	IPI	ITR	Empresas	II
	CSLL	PIS		Empregados	IE
		Cofins			
		Cide			
Estados		ICMS	ITCMD	Empregados	
			IPVA		
Municípios		ISS	ITBI	Empregados	
			IPTU		

Fonte: João Marcos de Souza.[478]

1.5.8.1. Impostos da União

O art. 153 da Constituição Federal estabelece em seus incisos de I a VII os impostos que se submetem à competência da União quanto ao poder de sua instituição ou majoração.[479]

[478] De Souza, João Marcos, Tributos Sobre Consumo: novo modelo para um Brasil mais justo, *in*: Fagnani, Eduardo (Org.), **A Reforma Tributária Necessária: diagnósticos e premissas**, Brasília: ANFIP, 2018, p. 508.

[479] Machado Segundo, **Manual de Direito Tributário**, p. 43.

II e IE – Tributos de função marcadamente extrafiscal, os Impostos de Importação e o de exportação tem fundamental importância no controle do comércio exterior. Livres das amarras da legalidade estrita quanto à alteração de alíquotas (Art. 153, § 1º, CF/88) e dos princípios da anterioridade e noventena, suas majorações geram efeitos imediatos. Note-se que para que ocorra o fato gerador do II bastará a entrada de mercadoria estrangeira no território aduaneiro. Importar, portanto, não é comprar mercadoria estrangeira, mas fazê-la entrar no território nacional.[480] O núcleo de hipótese de incidência do Imposto de Importação é importar, tendo este termo o sentido de "portar para dentro" ou "trazer para dentro", conforme o art. 19 da Lei nº 5.172/66 (CTN), no qual se lê: "o imposto, de competência da União, sobre a importação de produtos estrangeiros tem como fato gerador a entrada destes no território nacional".[481] Já o IE tem como fato gerador o ato de "exportar", sendo o contribuinte claramente explicitado na prescrição trazida pelo art. 27 do CTN: "Contribuinte do imposto é o exportador ou quem a lei a ele equiparar".[482]

O Imposto de Renda, com finalidade marcadamente fiscal, é o tributo de maior arrecadação entre os impostos federais. O enunciado do inciso III do art. 153 da Constituição Federal, atribui à União a competência para sua instituição enquanto que o art. 43 do CTN encarrega-se de estabelecer que seu fato gerador é a aquisição da disponibilidade econômica ou jurídica de renda ou de proventos de qualquer natureza. Em seguida o *caput* do art. 45 da citada lei trata de definir que "[...] o titular da disponibilidade a que se refere o art. 43, sem prejuízo de atribuir a lei essa condição ao possuidor, a qualquer título, dos bens produtores de renda ou dos proventos tributáveis", ocupará o polo passivo da obrigação tributária, definindo, pois, o contribuinte do Imposto de Renda.[483]

O IPI, de incidência sobre produtos industrializados, foi durante muito tempo tido como um tributo de finalidade precipuamente extrafiscal, na linha do que ocorria com o II, o IE e o IOF, diante do que tal tributo não se encontrava vinculado à obediência ao princípio da anterioridade para

[480] ALEXANDRE, Ricardo, **Direito Tributário Esquematizado**, São Paulo: Forense, 2016, p. 498.

[481] VALLE, **Princípios Constitucionais e Regras-Matrizes de Incidência do Imposto Sobre Produtos Industrializados – IPI**, p. 678.

[482] *Ibid.*, p. 279.

[483] *Ibid.*, p. 279, 280.

sua cobrança em caso de majoração. Fato é que o IPI representa a segunda maior arrecadação entre os impostos federais, demonstrando ter ganhado grande relevância de sua finalidade fiscal, o que justificou a extensão ao tributo de proteção contra elevação repentina da carga, o que ocorreu com a EC 42/2003 (Art. 150, §1º, CF/88).[484] Traz o Código Tributário Nacional em seu art. 46 que o IPI terá como fato gerador: "I – o seu desembaraço aduaneiro, quando de procedência estrangeira; II – a sua saída dos estabelecimentos de seus contribuintes (§Único do art. 51); III – a sua arrematação, quando apreendido ou abandonado e levado a leilão". O CTN estabelece como contribuinte do imposto, em seu art. 51: "I – o importador ou quem a lei a ele equiparar; II – o industrial ou quem a lei a ele equiparar; III – o comerciante de produtos sujeitos ao imposto, que os forneça aos contribuintes definidos no inciso anterior; IV – o arrematante de produtos apreendidos ou abandonados, levados a leilão. Parágrafo único. Para os efeitos deste imposto, considera-se contribuinte autônomo qualquer estabelecimento de importador, industrial, comerciante ou arrematante".

O IOF, imposto que a Constituição Federal também atribui competência para sua instituição à União, em seu art. 153, V, possui uma nítida finalidade extrafiscal, uma vez que possibilita à União intervir no mercado financeiro com agilidade, já que a alteração de suas alíquotas não se sujeita ao princípio da legalidade, e excluem-se também a obrigatoriedade do respeito aos princípios da anterioridade e da noventena.

O Imposto Territorial Rural, com finalidade marcantemente extrafiscal (art. 153, §4º, I, CF/88), prescrito pelo art. 153, inciso VI da Constituição Federal é referenciado no Código Tributário Nacional em seu art. 29, no qual é disposto que terá como fato gerador a propriedade, o domínio útil ou a posse de imóvel por natureza, como definido na lei civil, localizado fora da zona urbana do município. Em seu art. 30 define como base de cálculo do imposto o valor fundiário e em seu artigo seguinte, define como contribuinte o proprietário do imóvel, o titular de seu domínio útil, ou o seu possuidor a qualquer título. Foi incluída pela EC nº 42/2003 a faculdade da transferência da capacidade tributária deste tributo aos Municípios que assim optarem, na forma da lei, desde que não implique redução do imposto ou qualquer outra forma de renúncia fiscal (Art. 153, §4º, III, CF/88).

O art. 153, VII da CF/88 atribui à União a competência para instituir o imposto sobre grandes fortunas, nos termos de lei complementar, porém,

[484] ALEXANDRE, **Direito Tributário Esquematizado**, p. 525.

até agora simplesmente não foi instituído, ainda que a União possa fazê-lo a qualquer momento. O art. 154 atribui à União competência para a instituição do imposto extraordinário de guerra e dos impostos residuais.[485]

1.5.8.2. Impostos dos estados e do Distrito Federal

O art. 155 da Constituição Federal estabelece em seus incisos de I a III os impostos que se submetem à competência dos Estados e do Distrito Federal quanto ao poder de sua instituição ou majoração.[486]

O ITCMD, imposto de natureza eminentemente arrecadatória, prescrito pelo inciso I do art. 155 da Constituição Federal, com competência para sua instituição atribuída aos Estados e Distrito Federal, tem como fato gerador a "...transmissão *causa mortis* e a doação de bens ou direitos". Considerar-se-á contribuinte o "herdeiro" ou "legatário", nas transmissões "*causa mortis*" e o adquirente, nas transmissões por doação.[487]

O ICMS – Imposto sobre operações relativas a circulação de mercadorias e sobre prestações de serviços de transporte interestadual e intermunicipal e de comunicação, tributo de maior arrecadação no Brasil, não cumulativo, é um tributo de finalidade fiscal, ainda que a constituição lhe permita a seletividade em função da essencialidade das mercadorias e dos serviços.[488] Sua instituição, ao contrário do que sucede com as demais figuras de tributos, não é faculdade dos Estados e do Distrito Federal, mas procedimento regulado com o modal 'O' (obrigatório).[489]

O IPVA – Imposto sobre a propriedade de veículos automotores, previsto no art. 155, III, da Constituição Federal, traz em seu enunciado como conduta ensejadora da tributação a "propriedade de veículo automotor", sendo o contribuinte a "pessoa natural ou jurídica que detenha a propriedade de veículo automotor". Fato relevante a se comentar é o de este tributo, tendo sido instituído em substituição à antiga TRU (Taxa rodoviária única), não constar do Código Tributário Nacional, ou seja, a União não editou suas normas gerais, sendo que os Estados, na ausência de

[485] MACHADO SEGUNDO, **Manual de Direito Tributário**, p. 43.

[486] *Ibid.*

[487] VALLE, **Princípios Constitucionais e Regras-Matrizes de Incidência do Imposto Sobre Produtos Industrializados – IPI**, p. 281.

[488] Art. 155, § 2º, III, CF/88. Observe-se que, a despeito do IPI, no qual a seletividade é obrigatória, quanto ao ICMS a Constituição usa o modal "permitido".

[489] CARVALHO, **Curso de Direito Tributário**, p. 287.

norma geral da União, usaram de sua competência suplementar para sua instituição.

1.5.8.3. Impostos dos municípios

O art. 156 da Constituição Federal estabelece em seus incisos de I a III os impostos que se submetem à competência dos municípios quanto ao poder de sua instituição ou majoração.[490]

O IPTU Imposto sobre a propriedade predial e territorial urbana, previsto no art. 156, inciso I da Constituição Federal, atribui aos municípios a competência para instituir impostos sobre a "...propriedade predial e territorial urbana". O art. 32 do Código Tributário Nacional especifica como seu fato gerador a propriedade, o domínio útil ou a posse de bem imóvel por natureza ou por acessão física, como definido na lei civil, localizado na zona urbana do Município. Em seu art. 33 delineia como sua base de cálculo o valor venal do imóvel, sendo em seu art. 34 atribuída a qualificação de contribuinte ao proprietário do imóvel, o titular do seu domínio útil, ou o seu possuidor a qualquer título.[491]

O ITBI (Imposto sobre a transmissão "*inter vivos*", a qualquer título, por ato oneroso, de bens imóveis, por natureza ou acessão física, e de direitos reais sobre imóveis, exceto os de garantia, bem como cessão de direitos a sua aquisição) está previsto no inciso II do art. 156 da Constituição Federal. Timm do Valle leciona que do texto que descreve o ITBI, à primeira vista, facilmente se depreende três ações deflagradoras da incidência deste tributo: (i) a transmissão "*inter vivos*", a qualquer título, por ato oneroso, de bens imóveis, por natureza ou acessão física; (ii) a transmissão de direitos reais sobre imóveis, exceto os de garantia; e (iii) a cessão de direitos à aquisição de bens imóveis. Porém, finaliza revelando-se convencido por Alberto Oliveira Macedo de que o "único verbo possível de estar presente no critério material da regra matriz do ITBI é o adquirir".[492]

Já quanto ao ISS, Imposto sobre serviços de qualquer natureza, previsto no art. 156 do inciso III da Constituição Federal, terá seu fato gerador verificado quando houver uma "prestação" de serviço, sendo por óbvio que somente o prestador de serviço poderá ser considerado contribuinte do ISS.

[490] MACHADO SEGUNDO, **Manual de Direito Tributário**, p. 43.

[491] VALLE, **Princípios Constitucionais e Regras-Matrizes de Incidência do Imposto Sobre Produtos Industrializados – IPI**, p. 283.

[492] *Ibid.*, p. 284.

Ressalte-se que, embora inexista no Distrito Federal as figuras de prefeito e vereadores, os serviços municipais são de competência e responsabilidade de seu Governo (GDF), o que enseja a necessidade de se arrecadar recursos financeiros para se fazer face aos custos gerados no atendimento de tais demandas, motivo pelo qual a Carta Maior, em seu art. 147, outorga-lhe competência para a instituição dos tributos de competência municipal.[493]

Neste ponto conclui-se a abordagem do estudo das normas de competência, providência constitucional a contribuir na efetivação do princípio da capacidade contributiva, estudo do qual passa a se ocupar o capítulo seguinte.

[493] Kfouri Jr, **Curso de Direito Tributário**, p. 132.

CAPÍTULO 2
O PRINCÍPIO DA CAPACIDADE CONTRIBUTIVA

Registra-se que já no antigo Egito concebia-se a ideia de que os tributos deveriam guardar relação com a riqueza daqueles que os deveriam pagar. A noção de capacidade contributiva, fincada na ideia de justiça fiscal, remonta sua origem ao próprio surgimento do tributo.[494]

Na mesma esteira, disserta José Maurício Conti encontrarem-se referências a este princípio até mesmo na antiguidade clássica, existindo registro, em Atenas, de um imposto direto exigido nos tempos de Sólon, o qual previa a existência de quatro categorias, conforme a fortuna do contribuinte. Também Roma conheceu uma forma de tributação que tomava por base a fortuna de cada contribuinte, a qual era denominada Soberbo.[495]

Lecionam Fernando José Amed e Plínio José Labriora de Campos Negreiros, relembrando lição de Silvia Cintra Franco, ter cabido ao Senado, na cobrança do *tributum*[496] – principal imposto pago pelos cidadãos roma-

[494] Costa, Regina Helena, **Princípio da Capacidade Contributiva**, São Paulo: Malheiros, 1993, p. 15; Zilveti, Fernando Aurélio, **Princípios de Direito Tributário e a Capacidade Contributiva**, São Paulo: Quartier Latin, 2004, p. 142.

[495] Conti, José Maurício, **Princípios Tributários da Capacidade Contributiva e da Progressividade**, São Paulo: Dialética, 1996, p. 37.

[496] Sobrelevando a grande evidência de Roma entre os povos e impérios poderosos que dominaram espaços enormes durante séculos, destacam os autores a importância da questão tributária nesta civilização, atribuindo-lhe, inclusive, a origem do termo "tributo", o qual, originando-se do latim *tributum*, -i, cujo verbo tributo, -ere significa dar, conceder, fazer elogios, presentear, designava primitivamente as exigências em bens ou serviços que as tribos vencedoras faziam às tribos vencidas. Exigências que posteriormente passaram a ser feitas à própria sociedade. Ademais, acrescenta-se que, muito ligado ao termo tributo, que hoje tem

nos, que durante a República era cobrado em ocasiões de guerra –, votar a parte que o cidadão, "de acordo com suas posses", deveria contribuir. O *tributum* era considerado um empréstimo, reembolsando-se o cidadão assim que a presa de guerra ou as contribuições do vencido o permitissem.[497]

Na idade média, é a partir de Santo Tomás de Aquino que surge uma orientação no sentido de que cada um deveria pagar os tributos *secundum facultatem* ou *secundum equalitatem proportionis*. Para Santo Tomás, os impostos somente seriam justos se obedecessem a tal critério.[498]

Com Montesquieu e depois com Bentham, por volta do século XVII, desenvolveu-se a ideia de que o imposto deve poupar os recursos dos indivíduos de restrita capacidade econômica.[499]

Adam Smith, em sua obra datada de 1776, afirma que, em proporção a suas respectivas capacidades, os súditos de cada Estado devem contribuir o máximo possível para a manutenção do Governo, condicionando à observância dessa máxima a igualdade na tributação.[500]

Equivalente é lição de Francesco Moschetti ao correlacionar capacidade contributiva à solidariedade,[501] na medida em que, dissertando compreen-

seu significado ampliado a todas as obrigações fiscais que uma população paga ao Estado, o termo "fisco" vai encontrar suas raízes também no Império Romano. Deriva de fiscus, -i, que era o cesto de junco ou de vime em que o coletor de impostos romano ia colocando o dinheiro público que recolhia. Amed; Negreiro, **História dos Tributos no Brasil**, p. 17.

497 A despeito de arrecadar seus impostos principalmente dos povos submetidos ao seu poder, mediante uma prática expansionista organizada a partir do saque de outras regiões, com a escravização dos vencidos e a cobrança de tributos, Roma notabilizou-se pela cobrança de impostos dos seus cidadãos. *Ibid.*

498 Conti, **Princípios Tributários da Capacidade Contributiva e da Progressividade**, p. 37.

499 *Ibid.*

500 *Appud Ibid.*; MILL, John Stuart, **Princípios de Economia Política**, [s.l.]: LeBooks, [s.d.], p. 859.

501 Leciona Francesco Moschetti não se referir esta solidariedade à socialização, mas uma solidariedade entre cidadãos que pressupõe a permanência de uma organização econômica privada junto à organização pública e uma distribuição distinta das riquezas no interior da economia privada. Moschetti, Francesco, **El Principio de Capacidad Contributiva**, Madrid: Instituto de Estudios Fiscales, 1980, p. 298. Neste sentido encontra-se em sua obra referência a i) deveres negativos de solidariedade, dentre os quais lhe parece caber (todos expressamente dirigidos a objetivos de interesse ou utilidade geral) os diversos casos de expropriação, seja de propriedade privada ou de empresas, os vínculos da propriedade da terra e os limites à iniciativa econômica e ao direito de propriedade; e ii) como direitos positivos de solidariedade, o de desenvolver uma atividade ou uma função que contribua ao progresso material ou espiritual da sociedade e os deveres impostos pelo art. 44 com a finalidade de

der-se o espírito de solidariedade na Constituição como uma contribuição comum para o bem material e espiritual da sociedade, com o intuito de oferecer-lhe maior precisão, assevera o autor pensar tratar-se a solidariedade de uma colaboração absolutamente particular levada até o ponto de se sacrificar um interesse próprio prescindido-se de qualquer contrapartida direta.[502]

Em continuidade, ao tempo em que realça as peculiaridades que o Código civil[503] e a Constituição[504] atribuem à solidariedade, conclui o autor parecer-lhe que a noção implicitamente acolhida em tais normas é precisamente a de cooperação altruísta para fins de interesse coletivo, sendo, pois, elementos constitutivos do dever de solidariedade *"a) el sacrifício de un interés individual; b) la ausencia (o la accidentalidad) de una contraprestación diretcta; c) el fin de interés colectivo"*.[505]

Neste sentido, em sessão de texto seu, a qual é intitulada "O Estado Fiscal, o Dever Solidário de contribuir e a Capacidade Contributiva", Marciano Seabra de Godoi, ao tempo em que caracteriza o tributo, notadamente o imposto, como uma instituição central do Estado contemporâneo, propõe-se a demonstrar a íntima e direta relação entre Estado contemporâneo, tributo e solidariedade.[506]

Defende o autor que a tendência de sublinhar as relações do tributo com a solidariedade social e de afirmar o dever fundamental de contribuir com os gastos públicos mediante o princípio da capacidade econômica veio para afastar a noção autoritária do Direito Tributário como direito de império, o que dava um caráter formal e instrumental ao dever de recolher impostos.[507]

conseguir a utilização racional da terra e de estabelecer relações sociais equitativas. Neste ponto, assevera o autor estar em condições de considerar o dever de prestação tributária. *Ibid.*, p. 122.

502 MOSCHETTI, **El Principio de Capacidad Contributiva**, p. 115.

503 *"El deber de actuar de modo que no se lesione el interés de otro, salvo en los limites de la tutela legitima del interés propio"*. *Ibid.*, p. 116.

504 *"En la Constitución no constituye un critério de legitimidad el interés individual del agente (la economicidad o la funcionalidad del acto), sino el interés ajeno (la socialidad del acto)"*. *Ibid.*

505 *Ibid.*, p. 117.

506 DE GODOI, Marciano Seabra, Tributo e Solidariedade Social, *in*: DE GODOI, Marciano Seabra; GRECO, Marco Aurélio (Orgs.), **Solidariedade Social e Tributação**, São Paulo: Dialética, 2005, p. 152.

507 *Ibid.*, p. 159.

Autores que manifestam adesão à solidariedade social como fundamento da capacidade econômica e do dever fundamental de contribuir criticam a elaboração dogmática do Direito Financeiro que situava o tributo no poder de império do Estado e reduzia drasticamente a possibilidade de o contribuinte proteger-se da tributação com base em princípios materiais de justiça.

Ocorre que, com a formação dos Estados Modernos, as receitas espontâneas arrecadadas da nobreza e os recursos eventuais obtidos em pilhagens e assaltos já não se mostravam suficientes para o custeio da expansão territorial dos domínios dos monarcas, do que passa a se demandar a instituição de prestações constantes e obrigatórias a serem exigidas dos cidadãos.

Contudo, o tributo, na filosofia política antiga e medieval, era sinônimo de sujeição e espoliação de um povo por outro, e as imunidades e os privilégios fiscais dos homens livres, principalmente dos componentes da nobreza e da Igreja, eram parte fundamental da mais ampla liberdade estamental, a forma de liberdade presente no Estado Patrimonial.[508]

Diante deste impasse, com os homens livres e detentores de renda e riqueza negando-se a entregar ao Estado parte de seu sagrado patrimônio, e de outro lado, os escravos, servos e outros subjugados não mais manifestando capacidade de contribuir, desenvolve-se a noção de representatividade, de livre consentimento da tributação, que se dá mediante a universalidade do princípio da legalidade tributária.[509]

Neste sentido, registram José Roberto Vieira e Maurício Dalri Timm do Valle ter a tributação seu encontro oficial com a legalidade já entrando no século XIII, precisamente em 15 de junho de 1215, em Runnymede, na Inglaterra, às margens do Tâmisa, quando da promulgação, pelo rei João Sem Terra, embora a contragosto, da "*Magna Charta Libertatum*", até então, pura manifestação de poder do senhor em relação aos súditos, que poupava somente os nobres e o clero.[510]

[508] *Ibid.*, p. 152.

[509] *Ibid.*, p. 153. Conforme Ricardo Lobo Torres, o imposto, em sua feição moderna é uma típica invenção da burguesia, que incide sobre a renda e a riqueza obtida pelo exercício de livre-iniciativa econômica, "nos limites do consentimento do cidadão".

[510] VIEIRA, José Roberto; VALLE, Maurício Dalri Timm do, Incentivos Tributários ao Turismo no Brasil: excelências e excrescências da extrafiscalidade, *in*: DOMINGOS, Francisco Nicolau; PISCITELLI, Tathiane (Orgs.), **Direito Tributário do Turismo: um desafio do século XXI**, [s.l.]: Marcial Pons, 2021, p. 392.

Porém, uma advertência é anotada pelos autores. Ao tempo em que enaltecem a incorporação das leis em definitivo à história da tributação, trazendo-lhe "a brisa fresca e saudável da representatividade popular", não mais se cogitando de uma imposição tributária razoavelmente civilizada que delas se apartasse; de outro modo, abriam-se as portas aos tributos motivados somente pelos interesses e veleidades pessoais do governante, "acolhendo-se então os ventos tempestuosos e maléficos do arbítrio".[511]

Para mais, contemporâneo às revoluções liberais do final do século XVIII, do surgimento de Estado Fiscal três mudanças econômicas e políticas radicais são visíveis: a liquidação do patrimônio do Estado e da Igreja; uma nova estrutura do sistema de produção, com a terra perdendo relevância neste sentido; e a afirmação do tributo como dever fundamental de cidadania no contexto de uma nova dimensão do princípio da igualdade de todos perante a lei, o que põe fim aos privilégios odiosos das imunidades fiscais do patrimonialismo pretérito.[512]

Neste diapasão, sendo a legalidade tributária garantia do livre consentimento em relação ao imposto pelo voto da maioria e não pela vontade de cada um dos contribuintes, figurando este, o imposto, como o tributo por excelência – vez que as taxas e outros tributos "causais" ou "contraprestacionais" constituem uma parcela muito pequena das receitas públicas do Estado Fiscal –, cuja receita é aplicada livremente pelo Estado nos limites da lei orçamentária, o funcionamento regular do Estado Fiscal depende de que os tributos sejam exigidos em conformidade com princípios materiais tais como o da igualdade, o da capacidade econômica e o da vedação do efeito confiscatório.[513]

Ao tempo em que relaciona a imprescindibilidade do tributo para o funcionamento regular do Estado Fiscal ao dever fundamental de todos pagarem impostos, Marciano Seabra de Godoi destaca que, a despeito de José Casalta Nabais não fundamentar explicitamente o "dever fundamental de pagar impostos" no princípio da solidariedade social, o faz a maioria da doutrina italiana e espanhola, exemplo do que, cita-se Francesco Moschetti.[514]

[511] *Ibid.*

[512] De Godoi, Tributo e Solidariedade Social, p. 153.

[513] *Ibid.*, p. 154.

[514] *Ibid.*, p. 157.

O autor ressalta, porém, não se restringir à doutrina e jurisprudências constitucionais o relacionamento do tributo com a solidariedade, destacando que também os filósofos contemporâneos que propõem e fundamentam teorias de justiça reservam um papel qualificado aos tributos, os quais por sua vez demonstram ligações intensas com o valor da solidariedade.

A ilustrar sua assertiva, disserta Marciano Seabra, que os conceitos essenciais de John Rawls de "valor equitativo das liberdades políticas" e de "igualdade equitativa de oportunidades" dependem em geral da tributação progressiva sobre heranças e doações e, em alguns casos, da tributação progressiva sobre a renda, de forma que, de maneira implícita, Rawls deixa entrever a correspondência entre a progressividade dos impostos sobre a herança e a renda e o princípio da capacidade econômica fundamentada na solidariedade, não no sacrifício igual dos indivíduos.[515]

Volvendo nossa lupa doravante para a doutrina contemporânea, disserta José Souto Maior Borges que com a evolução do Direito Tributário processou-se uma diminuição gradativa da importância atribuída às prestações tributárias de conteúdo não pecuniário, tornando-se o pagamento em dinheiro o modo usual de extinção da obrigação tributária.[516, 517]

Ocorre que, o Estado hodiernamente pagando em dinheiro os bens e trabalhos necessários à execução dos serviços públicos, tendo caráter excepcional a requisição de coisas e serviços de particulares, ou a sua colaboração gratuita em funções de governo (júri, serviço militar, composição de mesas eleitorais, etc.), a maior parcela deste dinheiro necessário ao desempenho das funções estatais é obtida pela tributação, coativamente subtraído do patrimônio das pessoas físicas e jurídicas, ao lado das receitas provenientes da exploração do patrimônio público.[518]

Em consequência, a considerar-se que a tributação interfere no patrimônio dos cidadãos, subtraindo-lhes parcelas deste, é lhes inadmissível a imposição de ônus insuportáveis, ainda que se vise à arrecadação de

515 *Ibid.*

516 Souto Maior Borges, relembrando Rubens Gomes de Sousa, leciona que, a despeito de ser atualmente o pagamento em dinheiro a forma comum, no direito antigo era corrente o pagamento de tributos *in natura*, i.e., a entrega ao fisco de uma parte dos próprios bens sujeitos ao tributo (tantos quilos de trigo por tonelada colhida, os 20% do ouro produzido), ao tempo do Brasil colônia, que era entregue diretamente ao fisco português. BORGES, José Souto Maior, **Introdução ao direito Financeiro**, São Paulo: Max Limonad, 1998, p. 26.

517 *Ibid.*

518 *Ibid.*, p. 24, 35.

recursos para fins específicos, como ocorre com a contribuição destinada ao custeio da seguridade social, por exemplo.[519]

A formulação jurídica da capacidade contributiva, além da eficácia da lei de incidência, busca também preservar o contribuinte. No primeiro caso, não se quer que a lei de incidência caia no vazio por falta de riqueza que suporte o imposto, "onde não houver riqueza é inútil instituir imposto, do mesmo modo que em terra seca não adianta abrir poço à busca de água".[520] Na preservação do contribuinte, o que se almeja é evitar-se que a tributação excessiva lhe comprometa os meios de subsistência, ou o livre exercício de sua profissão, ou a livre exploração de sua empresa, ou o exercício de outros direitos fundamentais, vez que tendentes a relativizar sua capacidade econômica.

Nesta trilha, leciona Luís Eduardo Schoueri que, na definição de uma hipótese para a exigência de impostos, elementar se revela que o legislador eleja circunstâncias que possibilitem a distinção entre aquele contribuinte com capacidade para suportar os gastos públicos, daquele que não detenha tal habilidade, de forma que a hipótese tributária ("fato gerador") dos impostos deve ser uma manifestação de capacidade contributiva. Não faz sentido, pois, imaginar um imposto sobre cabelos longos ou sobre o uso de barba, vez que tal hipótese não possui conteúdo econômico.[521]

Na mesma esteira é lição de Paulo de Barros Carvalho para quem, ao se considerar que no Brasil toda elaboração legislativa se vê condicionada ao princípio da igualdade, em termos de tributação, revela-se a consideração da capacidade contributiva de quem vai arcar com o gravame fiscal condição necessária ao seu atendimento. O político, ao eleger os fatos a dar causa ao nascimento da obrigação tributária, ater-se-á àqueles que vierem a demonstrar signos de riqueza, aqueles que venham a possibilitar a distribuição da carga tributária de modo uniforme e com satisfatória atinência ao aludido princípio.[522]

Ademais, relevante se apresenta advertência de Schoueri de que o que norteia o legislador na eleição dos fatos desencadeadores do nascimento da obrigação tributária é tão somente a busca por uma manifestação obje-

[519] CARVALHO, Paulo de Barros, **Direito Tributário: linguagem e método**, 7. ed. São Paulo: Noeses, 2018, p. 339.

[520] AMARO, Luciano, **Direito Tributário Brasileiro**, 16. ed. São Paulo: Saraiva, 2010, p. 162.

[521] SCHOUERI, **Direito Tributário**, p. 163.

[522] CARVALHO, **Direito Tributário: linguagem e método**, p. 341.

tiva de capacidade econômica, irrelevante se o indivíduo que adquira um bem o faça nos limites de sua real possibilidade econômica, ou se, extrapolando sua capacidade financeira, valha-se para tal de financiamento que lhe gere dívida de valor equivalente, por exemplo. Linhas gerais, manifestada capacidade contributiva, objetivamente ostentada, verificar-se-á a ocorrência do fato gerador e a consequente obrigação de se pagar o correspondente imposto.[523]

Regina Helena Costa, ao se propor a oferecer um conceito de capacidade contributiva, desde logo adverte que na doutrina se encontram plúrimos entendimentos sobre o tema. Para a autora, tamanha dificuldade para se construir tal conceito deve-se ao fato de a expressão "capacidade contributiva" apresentar um alto grau de generalidade e vaguidade, peculiar à linguagem do direito positivo.[524]

Com o intuito de ilustrar o grau de dificuldade da apreensão do verdadeiro significado da ideia, a autora transcreve citação de Luigi Einaudi:

> Capacidade contributiva [...]. Este par de palavras se me escapa por entre os dedos, se esconde imperceptivelmente e volta a aparecer a cada momento, inesperado e persecutório [...], com esse par de palavras se explica tudo.[525]

Neste sentido, José Roberto Veira, no que tange ao conteúdo do princípio em estudo, rejeita certa doutrina que já o tentou caracterizar como uma "caixa vazia" ou um "conceito vazio". Ressalta o autor que, a despeito de reconhecida internacionalmente a sua inerente indeterminabilidade, há que se sublinhar que o seu conteúdo "é indeterminado, mas não indeterminável", que a dificuldade para delimitar o alcance do princípio não implica na negação de sua eficácia.[526]

[523] SCHOUERI, **Direito Tributário**, p. 215. Alguém que se veja agraciado em sorteio com bem de vultoso valor, um veículo de luxo, por exemplo, muito bem demonstra o exposto, à medida em que, a despeito de não possuir o felizardo ganhador capacidade financeira suficiente a fazer frente aos encargos tributários que a propriedade do novo bem lhe imporá, não há como aquele se furtar à demonstração objetiva de capacidade contributiva. Por conseguinte, outra opção não caberá ao premiado senão a de se desfazer de sua premiação, quitar suas obrigações tributárias e usufruir do saldo remanescente.

[524] COSTA, **Princípio da Capacidade Contributiva**, p. 22.

[525] *Apud Ibid.*, p. 21.

[526] Ressaltando ver excessos dos dois lados da polêmica conceitual que envolve aludido princípio, de uma parte, o exagero clássico de Luigi Einaudi (citado alguns parágrafos acima, por Regina Helena), de outro, alguma demasia recente daqueles que asseveram "ter alcançado

Regina Helena segue apresentando as variadas conceituações oferecidas pela doutrina:[527] para Griziotti, o princípio indica a "potencialidade que possuem os submetidos à soberania fiscal para contribuir para os gastos públicos". Rubens Gomes de Sousa a definiu como a "soma de riqueza disponível depois de satisfeitas as necessidades elementares de existência, riqueza essa que pode ser absorvida pelo Estado sem reduzir o padrão de vida do contribuinte e sem prejudicar as suas atividades econômicas". Emilio Giardina a entende como a "possibilidade econômica de pagar o tributo". Moschetti a vê como a "força econômica do contribuinte". Regina finaliza sua enumeração, afirmando que para Geraldo Ataliba e Cléber Giardino o princípio "traduz-se na exigência de que a tributação seja modulada de modo a adaptar-se à riqueza dos contribuintes".[528]

A autora arrisca-se em definir o conceito de capacidade contributiva como "a aptidão, da pessoa colocada na posição de destinatário legal tributário, para suportar a carga tributária, numa obrigação cujo objeto é o pagamento de imposto, sem o perecimento da riqueza lastreadora desta tributação".[529]

Subordinado à ideia de justiça distributiva, o princípio da capacidade contributiva preconiza que a carga tributária deve ser suportada por cada qual de acordo com sua riqueza. Embora haja igualdade no tributar cada qual conforme sua capacidade de pagar, esta tributação produz resultados desiguais, uma vez que se desigualam as capacidades contributivas individuais.[530]

José Casalta Nabais vê na exigência da tributação em conformidade com a capacidade contributiva uma expressão específica do princípio da

na atualidade sólido conteúdo (Alexandre Barros Castro), é na observação já cinquentenária de Emilio Giardina que o autor assevera não verificar nenhum descomedimento, na medida em que o jurista italiano afirma não ser difícil mostrar qualquer hipótese de imposição em evidente contraste com o princípio. No original italiano: "*non è difficile prospettare qualche ipotesi di imposizione in evidente contrasto col principio*". *Apud* VIEIRA, José Roberto, A Extrafiscalidade da Lei 12.715/2012 e a Capacidade Contributiva: a convivência do lobo e do cordeiro?, *in*: **Revista de Direito Tributário**, 118. ed. São Paulo: Malheiros, 2013, p. 24.

[527] COSTA, **Princípio da Capacidade Contributiva**, p. 21.

[528] *Ibid.*

[529] COSTA, Regina Helena, **Curso de Direito tributário: Constituição e Código Tributário Nacional**, 9. ed. São Paulo: Saraiva Jur, 2019, p. 113.

[530] LOBO TORRES, Ricardo, **Curso de Direito Financeiro e Tributário**, 18. ed. Rio de Janeiro: Renovar, 2011, p. 93.

igualdade no domínio dos impostos. Em suas palavras, dizer que uma pessoa é tributada conforme sua capacidade contributiva, quer significar que somente serão alcançados pela incidência de determinado imposto quem revelar capacidade para suportar tal exação, os contribuintes com a mesma capacidade pagando os mesmos impostos (igualdade horizontal), e os contribuintes com diferentes capacidades pagando diferentes impostos, seja em termos qualitativos, seja em termos quantitativos, neste caso, ocorrendo a igualdade vertical.[531]

Richard A. Musgrave, mencionando a escola de pensamento à qual se refere como abordagem da capacidade de pagar, leciona que esta nega a possibilidade de se imputar quotas de benefício aos indivíduos, afirma erigir-se daí a necessidade de um princípio que substitua a solução *quid pro quod*. O autor enumera três tipos de abordagem da capacidade de pagar, a seguir.[532]

O primeiro ponto de vista ocupa-se somente da distribuição dos pagamentos de tributos. O lado das despesas, no orçamento, é tido como dado ou determinado, de acordo com princípios que nada têm a ver com as participações tributárias.[533]

Idealizado a partir da perspectiva da equidade, um segundo ponto de vista considera a distribuição dos lançamentos tributários como questão de economia de bem-estar e não de justiça. Os tributos devem ser distribuídos de modo a minimizar o sacrifício total que envolvem. Ressalte-se que o menor sacrifício agregado decorre de tratamento igual somente se a igualdade for definida como igual sacrifício marginal.[534]

Finalmente, um terceiro ponto de vista manteve a abordagem do bem-estar à determinação das quotas tributárias, porém expandiu o argumento para o lado das despesas no orçamento. Assim, o orçamento passou a ser considerado como um plano mais ou menos geral da maximização do bem-estar. Essa formulação, da maneira exposta por Pigou e Dalton, fechou o círculo.[535]

531 Nabais, José Casalta, **O Dever Fundamental de Pagar Impostos: contributo para a compreensão constitucional do estado fiscal contemporâneo**, Coimbra: Almedina, 2012, p. 443.

532 Musgrave, Richard A, **Teoria das Finanças Públicas: um estudo de economia governamental**, São Paulo: Atlas, 1976, p. 123.

533 *Ibid.*

534 *Ibid.*, p. 123, 124.

535 *Ibid.*, p. 124.

Adam Smith, em 1776, em sua obra A Riqueza das Nações, condiciona o atendimento da justiça da imposição fiscal a que todos deveriam contribuir para as despesas públicas na razão de seus haveres, condicionando-se a "igualdade ou desigualdade da tributação" ao atendimento ou não desta máxima.[536] Vinculando a obrigação de o cidadão contribuir para o sustento do Governo ao gozo da proteção que deste recebe, Fernando Zilveti, porém, assevera que tal dispêndio deve se dar na devida proporção de seus recursos.[537]

Válido tanto no estado liberal como o é no estado social,[538] o conceito de capacidade contributiva encontra na noção de igualdade, sua essência, dela não podendo dissociar-se. É desta, segundo Regina Helena Costa, um subprincípio, uma derivação,[539] irradiador de efeitos em todos os setores do Direito.[540]

Princípio constitucional aberto e indeterminado, a capacidade contributiva serve de orientação para o ulterior processo de concretização normativa. Pode estar literalmente expresso no texto constitucional, o que ocorre na Carta atual, a de 1988, ou ver-se implícito nele, o que se verificou na Carta de 1967/1969.[541]

536 Costa, **Princípio da Capacidade Contributiva**, p. 15.

537 Zilveti, **Princípios de Direito Tributário e a Capacidade Contributiva**, p. 143.

538 José Casalta Nabais esforça-se em clarificar que não se vê no estado social o fundamento do princípio da capacidade contributiva, "já que é sobejamente sabido que o princípio da capacidade contributiva foi tão válido no estado liberal como o é no estado social". Justifica o autor que, se neste parece ter adquirido maior significado, isso se deve tão só ao fato de ele ter passado a operar autonomamente – e não apenas por força de lei – e a sustentar uma fiscalidade dotada duma efetiva ubiquidade e de forte intensidade no quadro duma estadualidade amplamente reforçada. Nabais, **O Dever Fundamental de Pagar Impostos: contributo para a compreensão constitucional do estado fiscal contemporâneo**, p. 447.

539 José Roberto Vieira, valendo-se de citação de Humberto Ávila, é incisivo em sustentar valer a igualdade, enquanto princípio constitucional, mais que os outros princípios. Leciona Ávila, segundo Vieira, que ao ser colocada em primeiro lugar nas garantias fundamentais, a Constituição atribuiu uma superioridade abstrata à igualdade. A solidificar sua lição, Vieira reporta "o antigo e grande constitucionalista pátrio", Francisco Campos, o qual, na metade do século passado, chegara a idêntica conclusão ao observar que essa precedência cronológica do primeiro princípio, no texto, não foi por acaso ou arbitrariamente, mas quis significar expressivamente que o princípio da igualdade rege todos os direitos em seguida a ele enumerados. Vieira, A Extrafiscalidade da Lei 12.715/2012 e a Capacidade Contributiva: a convivência do lobo e do cordeiro?, p. 22.

540 Costa, **Curso de Direito tributário: Constituição e Código Tributário Nacional**, p. 113.

541 Lobo Torres, **Curso de Direito Financeiro e Tributário**, p. 94.

José Casalta Nabais não vê necessidade de um preceito constitucional específico e direto a autorizar a vigência do princípio da capacidade contributiva, reconduzindo-se o fundamento jurídico deste princípio ao sentido e alcance geral da igualdade, "decorrente das diversas concretizações constantes do texto constitucional e da sua adequada articulação com os preceitos e princípios constitucionais relativos aos impostos ou mesmo aos direitos fundamentais".[542] A corroborar a lição do mestre lusitano, Paulo de Barros Carvalho assevera que mesmo se a atual Constituição nada previsse expressamente sobre o princípio da capacidade contributiva, a exemplo do ocorrido na Carta de 1967, "este persistiria no direito brasileiro como formulação implícita nas dobras do primado da igualdade".[543]

Mesma trilha segue José Roberto Vieira ao dispor que o princípio da capacidade contributiva, explicitado no diploma constitucional vigente (art. 145, §1º), poderia continuar implícito entre nós, tal qual estava no sistema constitucional imediatamente anterior, assim como também em outras plagas (como ratifica a doutrina lusitana, a doutrina alemã, além da jurisprudência germânica), sem prejuízo da sua efetividade, uma vez que inegável corolário do Princípio da Igualdade em matéria tributária.[544]

No art. 3º da Constituição Federal, na discriminação dos objetivos fundamentais da República, vê-se orientação inarredável para o legislador quando da escolha daqueles que suportarão as despesas gerais do Estado. Ora, figurando entre tais objetivos i) o de se construir uma sociedade livre, justa e solidária;[545] e ii) o de se buscar erradicar a pobreza e a marginalização e reduzir as desigualdades sociais e regionais, resta por óbvio que o legislador nesta escolha zelará por não aumentar tais desigualdades.[546]

Neste sentido, com a reaproximação entre ética e direito,[547] procura-se hoje justificar a capacidade contributiva pelas ideias de solidariedade

[542] NABAIS, **O Dever Fundamental de Pagar Impostos: contributo para a compreensão constitucional do estado fiscal contemporâneo.**

[543] CARVALHO, **Direito Tributário: linguagem e método**, p. 340.

[544] VIEIRA, A Extrafiscalidade da Lei 12.715/2012 e a Capacidade Contributiva: a convivência do lobo e do cordeiro?, p. 23.

[545] Revela-se tal dispositivo decorrente de influência da Constituição portuguesa de 1976, na medida em que em seu art. 1º declara o empenho da República em construir uma "sociedade livre, justa e solidária". DE GODOI, Tributo e Solidariedade Social, p. 142.

[546] SCHOUERI, **Direito Tributário**, p. 214.

[547] Dissertando se tornar a solidariedade mais importante no campo da capacidade contributiva, a despeito de aparecer com muito vigor na temática dos impostos, inclusive,

ou fraternidade de forma que a carga tributária recaia sobre os mais ricos, aliviando-se a incidência sobre os mais pobres e dela dispensando os que estão abaixo do nível mínimo de sobrevivência.

Desta forma, vê-se manifestada a solidariedade no momento em que todos, independentemente de suas grandezas financeiras e econômicas, contribuem para os custos da existência social na justa medida de suas possibilidades. A busca de uma sociedade justa e solidária, por conseguinte, permite visualizar a imposição tributária do ponto de vista dos sujeitos passivos como dever de todos de concorrerem para o financiamento das despesas públicas na medida de suas capacidades contributivas.[548]

Daí a importância de o legislador, no momento da definição de uma hipótese (fato gerador) para a exigência de impostos, eleger circunstâncias que possibilitem distinguir aqueles contribuintes que podem suportar os gastos públicos daqueles que não possuem tal habilidade. Motivo pelo qual se fundamenta a rejeição à ideia de uma hipótese tributária aplicável a um imposto que não possua conteúdo econômico.[549] Por conseguinte, o próprio constituinte trata de arrolar, nos arts. 153, 155 e 156, fenômenos econômicos que, em sua opinião, servem como índices de capacidade contributiva.

O zelo do constituinte ao realizar tal distribuição se deve ao fato de, sendo o imposto um tributo sem vinculação a qualquer atividade imputada a um ente federal, poder-se-ia ocorrer de mais de um ente político pleitear a instituição de determinado tributo, o que atacaria flagrantemente o princípio ora estudado mediante um eventual excesso de exação. Ademais, sendo certo, os artigos 153, 155 e 156 da CF/88 não esgotarem todas as hipóteses passíveis de revelar capacidade contributiva, o constituinte, em seu art. 154, admite que a União venha a instituir outros impostos por ele não previstos.[550]

na França, tendo o imposto sobre grandes fortunas sido rebatizado como "imposto de solidariedade", e em diversos cantões da Suíça ter o princípio da solidariedade ganhado expressão constitucional com referência aos impostos, assevera Ricardo Lobo Torres ser o grande problema da capacidade contributiva o da sua fundamentação ou justificativa. As explicações positivistas fundavam-se em ideias economicistas como a da igualdade de sacrifício. Abandona a fundamentação ética também o causalismo sociológico das décadas de 30 e 40. Torres, Existe um Princípio Estrutural da Solidariedade?, p. 200.

548 Schoueri, **Direito Tributário**, p. 214.

549 Cobra-se imposto sobre a propriedade de veículos automotores porque quem tem um automóvel, supostamente tem condições financeiras melhores que as de quem não o tem. *Ibid.*

550 *Ibid.*, p. 215.

2.1. A capacidade contributiva no Brasil

O acolhimento do princípio da capacidade contributiva em grande parte das constituições do mundo foi influenciado pela Constituição Francesa. O conceito iluminista, que considerava os tributos uma contrapartida para os benefícios promovidos pelo Estado, viu-se desenvolvido na proteção da pessoa e de sua propriedade.[551]

Não obstante a Constituição Francesa de 1791 poder ser tida como uma das primeiras constituições a positivar a capacidade contributiva,[552] a primeira manifestação deste princípio como norma constitucional se verifica no século XVII, nas colônias americanas, como a de New Plymouth, que tributavam seus cidadãos conforme seu estado e faculdades, ou seja, de acordo com seus bens, terras, faculdades particulares e habilidades pessoais.[553] A Constituição de Weimar, de 1919, foi a primeira no velho continente a seguir os passos da Constituição Francesa, após um largo período.[554]

Após a 2ª Guerra Mundial, no restabelecimento de sua ordem constitucional, a França volta a tratar do princípio da capacidade contributiva trazendo a progressividade e algo de mínimo existencial. Na sequência, outras constituições passam a prever o mesmo princípio, tais como Albânia, Argentina, Brasil, Bulgária, Burundi, Chile, Equador, Grécia, Holanda, Itália, Iugoslávia, Liechtenstein, Síria, entre outros.[555]

Schoueri já na primeira página do primeiro capítulo de obra sua, citando a Revolução Francesa, a Independência dos Estados Unidos e, a Inconfidência Mineira, questiona o que se encontra em comum entre tão díspares movimentos. E a resposta vem em seguida, afirmando o autor que a luta de um povo por sua liberdade foi o fato determinante daqueles levantes.

> Sejam os ultrajantes tributos impostos por Luís XVI, sejam os tributos ingleses que levaram à *Boston Tea Party*, animada pelo jargão *no taxation without representation*, seja a derrama, que provocou a revolta contra o "Quinto dos Infernos", o que se encontra, invariavelmente, é a luta pela liberdade.[556]

551 ZILVETI, **Princípios de Direito Tributário e a Capacidade Contributiva**, p. 144.
552 *Ibid.*, p. 153.
553 *Ibid.*
554 *Ibid.*, p. 145.
555 *Ibid.*, p. 155.
556 SCHOUERI, **Direito Tributário**, p. 17.

Mesma trilha é encampada por José Roberto Vieira e Maurício Dalri Timm do Valle que, em alusão aos eventos históricos enumerados por Schoueri, asseveram terem, sempre, as demasias tributárias praticadas pelos governantes-opressores contra as colônias-oprimidas,[557] motivado discussões, disputas, movimentos de revolta e mesmo o recurso às armas, ao longo da história.[558]

Regina Helena Costa, também mencionando os aludidos eventos, justifica que tais movimentos se deveram à já tão arraigada ideia de capacidade contributiva na consciência dos povos civilizados. Como consequência desta consciência, continua a autora, a "*Declaration des droits*", de 1789, reiterada pela "*Déclaration de l'homme et de les citoyens*" (1791), estabeleciam que os impostos deveriam ser suportados em proporção às possibilidades econômicas de cada um. A repercussão de tais documentos foi tamanha que todas as Constituições editadas posteriormente adotaram a nova regra, inclusive a Constituição Imperial brasileira, de 1824.[559]

A corroborar tal assertiva, disserta Ricardo Lobo Torres que a ideia de capacidade contributiva ingressou no Brasil com a Constituição do nosso Estado Fiscal no início do século passado, cabendo a Visconde de Cairu, valendo-se da obra de Adam Smith, a captação de seus princípios. Após longa hibernação, devido a nossa vocação para o positivismo, ressurge na Constituição de 1946, merecendo considerações judiciosas por parte da

[557] Os autores, com o fito de proporcionar ao leitor um mínimo de sensação do que foram aquelas realidades, passam a descrever a Conjuração Mineira, que entre nós se dera em virtude do peso dos tributos. Ocorre que, desde o Alvará de 1557, vigorava em Minas Gerais o regime dos Quintos, no que consistia que a quinta parte de todo metal extraído das minas seria destinada ao rei, sendo, pela Carta Régia de 3 de dezembro de 1750, fixada a arrecadação mínima de cem arrobas de ouro anuais, o que equivalia a 1.500 kg; quando esse piso mínimo não era atingido, uma cobrança periódica era realizada dos moradores da parcela faltante, não raro com violência e humilhação, foi o que se denominou "Derrama". Em 1789, em virtude do atraso com a Fazenda Real de 596 arrobas, ou 8.940 kg de ouro, e os boatos da "sangria feroz", deflaga-se a conjuração. VIEIRA; VALLE, Incentivos Tributários ao Turismo no Brasil: excelências e excrescências da extrafiscalidade, p. 394. Destarte, dissertam Fernando José Amed e Plínio José Labriora de Campos Negreiro não ter sido mera coincidência os primeiros movimentos que buscavam a libertação colonial terem surgido em Minas Gerais e entre os setores da elite, que sentiam o peso das dívidas para com o fisco português. AMED; NEGREIRO, **História dos Tributos no Brasil**, p. 101.

[558] VIEIRA; VALLE, Incentivos Tributários ao Turismo no Brasil: excelências e excrescências da extrafiscalidade, p. 393.

[559] COSTA, **Princípio da Capacidade Contributiva**, p. 16.

doutrina liberal. Desaparece das Cartas outorgadas pelo regime autoritário (1967/69), para só reaparecer no texto do art. 145, § 1º, da CF/88.[560]

Assertiva que é confirmada por Maurício Conti ao tempo em que assevera ver-se a primeira menção que se pode encontrar no direito brasileiro a respeito do princípio da capacidade contributiva esculpida no art. 179, parágrafo 15, da Carta de 1824, no qual se lê: "ninguém será isento de contribuir para as despesas do Estado em proporção de seus haveres",[561] o que encontra suporte também nas palavras de Fernando Aurélio Zilvete, o qual transcreve o referido dispositivo constitucional:

> Art. 179 – A inviolabilidade dos Direitos Civis, e Políticos dos cidadãos Brazileiros, que tem por base a liberdade, a segurança individual, e a propriedade, é garantida pela Constituição do Império, pela maneira seguinte:
>
> ...
>
> XV. Ninguém será exempto de contribuir para as despesas do Estado em proporção de seus haveres.[562]

Após a Constituição Imperial brasileira, porém, o que se verificou foram tímidas ou omissas Constituições no que se refere a algum dispositivo que expressamente prestigiasse o postulado da capacidade contributiva, citem-se as Cartas de 1891, 1934 e 1937. Somente com o advento da democrática Carta de 1946 tal princípio foi positivado, conquistando destaque em seu art. 202: "Art. 202 – Os tributos terão caráter pessoal sempre que isso for possível, e serão graduados conforme a capacidade econômica do contribuinte".[563] Porém, com o advento da Emenda Constitucional nº 18, de 1º de dezembro de 1965, viu-se aquele dispositivo extirpado do texto constitucional, permanecendo silentes a respeito a Carta de 1967[564] e a

[560] Lobo Torres, **Curso de Direito Financeiro e Tributário**, p. 93.

[561] Conti, **Princípios Tributários da Capacidade Contributiva e da Progressividade**, p. 38.

[562] Zilveti, **Princípios de Direito Tributário e a Capacidade Contributiva**, p. 159.

[563] Alguns autores entendem que esta regra constitucional se dirigia, além de ao legislador, também ao juiz, de modo que o intérprete da norma deveria aferir o seu respeito não apenas por parte do legislador, mas também da administração. *Ibid.*, p. 160.

[564] Ressalte-se que, para alguns autores, como Aliomar Baleeiro e Paulo de Barros Carvalho, o princípio da capacidade contributiva poderia ser extraído do referido texto constitucional em seu art. 150, §35: "Art. 150 – A Constituição assegura aos brasileiros e aos estrangeiros residentes no País a inviolabilidade de direitos concernentes à vida, à liberdade e à propriedade, nos termos seguintes: [...] §35. A especificação dos direitos e garantias expressos nesta Constituição não exclui outros direitos decorrentes do regime e dos princípios que ela adota".

Emenda Constitucional de nº 1, de 1969. Somente com a Constituição da República de 1988, em consonância com o que se verificava no direito constitucional comparado, embora com modificação de redação, é restituído constitucionalmente o preceito contido no artigo 202 do Texto Fundamental de 1946.[565]

A volta da capacidade contributiva à condição de princípio constitucional na Constituição Cidadã teve um significado particularmente importante, já que pode ser vista como uma reação do constituinte à pressão do contribuinte após um período de restrições de direitos, em especial, no direito tributário.[566]

E foi no art. 145, §1º que se viu acolhido o princípio segundo o qual o cidadão tem a garantia de não sofrer uma exação fiscal acima de sua capacidade contributiva.[567] A despeito da Carta de 1946, na qual o princípio da capacidade contributiva tinha mero caráter programático,[568] na Constituição de 1988 este princípio passa a ter caráter vinculante e a ser autoaplicável.[569]

Indispensável neste ponto lição de José Roberto Vieira e Maurício Dalri Timm do Valle, que, apoiados em Humberto Ávila, e partindo do pressuposto de que o fundamento da capacidade contributiva se encontra no Princípio da Igualdade, passam a identificar na Constituição de 1988 evidências a assegurar que a igualdade, enquanto princípio constitucional, vale mais que os outros princípios; que a Constituição, ao posicionar-lhe

Para estes autores, o princípio da capacidade contributiva como uma garantia individual que é, via-se respaldada pelo referido artigo constitucional. *Ibid.*, p. 161. Na mesma esteira disserta José Maurício Conti que, para muitos, o fato de o princípio da capacidade contributiva deixar de constar expressamente na aludida Carta, não significou que o princípio não mais precisava ser observado, vez que, bastante revelava-se para se concluir a continuidade de sua existência, a interpretação sistemática da Carta. CONTI, **Princípios Tributários da Capacidade Contributiva e da Progressividade**, p. 39.

565 CHIESA, **A Competência Tributária do Estado Brasileiro: desonerações nacionais e imunidades condicionadas**, p. 89; COSTA, **Princípio da Capacidade Contributiva**, p. 18, 19.

566 A despeito da crítica tecida ao aludido período, adverte Fernando Zilveti que nos últimos 13 anos produziu-se mais abusos em matéria fiscal que em todo o período do regime militar. ZILVETI, **Princípios de Direito Tributário e a Capacidade Contributiva**, p. 161.

567 *Ibid.*

568 Com o fim de se evitar gravar desproporcionalmente a renda do contribuinte, determinava-se que se adotassem métodos para possibilitar a valoração de sua capacidade contributiva.

569 ZILVETI, **Princípios de Direito Tributário e a Capacidade Contributiva**, p. 162.

em primeiro lugar nas garantias fundamentais, atribuiu-lhe uma superioridade abstrata.[570, 571]

Ademais, por sua relevância ao estudo do princípio da capacidade contributiva, certamente um dos fatos motivadores de sua existência, alguns parágrafos serão dedicados adiante em relação aos privilégios que certos indivíduos detiveram, ao longo da história, de não verem suas riquezas alcançadas pela potestade estatal no intuito da satisfação de suas despesas.

2.2. Os privilégios odiosos

Com o advento do Estado Fiscal, o privilégio de se pagar tributo menor que o previsto para os demais, ou de não o pagar, em virtude de considerações pessoais, como o caso de ser membro do clero, da nobreza, ou de outros estamentos, passou a ser considerado odioso. Em consequência, tais privilégios despertaram a atenção dos legisladores que se debruçaram na elaboração das Carta de 1824 em um esforço no sentido de que tais apanágios fossem excluídos do ordenamento pátrio.

Porém, no regime de 1967/69, tais vantagens voltam a ser concedidas, notadamente quanto às isenções do Imposto de Renda para militares, magistrados, deputados e senadores, o que motivou a retomada na atual Carta de uma antiga preocupação liberal, proibindo-se qualquer *discrímen* que leve à diminuição ou à exclusão da carga tributária que signifique desigualdade entre contribuintes.[572]

Na mesma linha, disserta Sacha Calmon Navarro Coêlho que ao se proibir tratamento desigual entre contribuintes que se encontrem em situação equivalente, vedada qualquer distinção em razão de ocupação profissional ou função por eles exercidas, esteve o constituinte de 1988 a pensar nos lucros bursáteis, nos militares, nos legisladores, nos juízes, nos fazendeiros, nas sociedades de profissionais liberais e outros beneficiados pela

[570] Vieira; Valle, Incentivos Tributários ao Turismo no Brasil: excelências e excrescências da extrafiscalidade, p. 395.

[571] Neste sentido apontam que a Igualdade: i) é apresentada no Preâmbulo da Constituição brasileira como um dos valores supremos de uma sociedade fraterna; ii) figura já nos começos constitucionais, na abertura do Título II, no art. 5º, como o termo inaugural e inicial do vasto rol dos Direitos e Garantias Fundamentais; iii) se faz representar logo no primeiro momento do capítulo tributário do Título VI, no art. 145, §1º, por intermédio da Capacidade Contributiva, como um dos princípios gerais desse sistema; e pouco depois, no mesmo capítulo iv) no art. 150, *caput* e inciso II, como uma das garantias asseguradas ao contribuinte.

[572] Lobo Torres, **Curso de Direito Financeiro e Tributário**, p. 79.

não incidência do Imposto de Renda,[573] o que é corroborado por Hugo de Brito Machado.[574]

Ocorre que, a carta de 1967, por obra do Dr. Delfim Neto, o "todo-poderoso" de então, excluía do imposto de renda e proventos as ajudas de custo e as diárias pagas pelos cofres públicos. Para se evitar aumentos nominais de vencimentos, os governos instituíram e toleraram pagas a militares, administradores, parlamentares e juízes que se caracterizavam como ajudas de custo. Na mesma esteira, o setor primário da economia, juntamente com o *lobby* dos grandes investidores, especialmente as bolsas de valores, induziram o governo a uma tributação privilegiante também a estes setores.[575]

Por conseguinte, os constituintes de 1988, desejosos em submeter segmentos privilegiados a uma tributação geral pelo Imposto de Renda, pesaram a mão ao redigir o princípio da igualdade da tributação, atingindo o próprio Poder Legislativo.

A vedação constitucional verificada no art. 150, II, da CF/88, de se

> instituir tratamento desigual entre contribuintes que se encontrem em situação equivalente, proibida qualquer distinção em razão de ocupação profissional ou função por eles exercida, independentemente da denominação jurídica dos rendimentos, títulos ou direitos[576]

reflete, sob a ótica fiscal, o contraponto do princípio proclamado afirmativamente no *caput* do art. 5º, que preconiza que "todos são iguais[577] perante a lei, sem distinção de qualquer natureza, garantindo-se aos brasileiros e aos estrangeiros residentes no País a inviolabilidade do direito à vida, à liberdade, à igualdade, à segurança e à propriedade".[578]

Outrossim, sendo a igualdade um princípio que recebe seu conteúdo de outros valores, como a justiça, a utilidade e a liberdade, a desigualdade vedada pelo art. 150, II da CF/88 só será proibida na apreciação da capacidade contributiva – do cidadão ou na necessidade do desenvolvimento

573 Coêlho, **Curso de Direito Tributário Brasileiro**, p. 288.

574 Machado, **Curso de Direito Constitucional Tributário**, p. 218.

575 Coêlho, **Curso de Direito Tributário Brasileiro**, p. 289.

576 BRASIL, Constituição da República Federativa do Brasil.

577 Que na definição de Rui Barbosa, "A regra da igualdade não consiste senão em quinhoar desigualmente aos desiguais, na medida em que se desigualam". Lobo Torres, **Curso de Direito Financeiro e Tributário**, p. 78.

578 BRASIL, Constituição da República Federativa do Brasil.

econômico – se não tiver fundamento na justiça ou na utilidade social, o que acarretaria prejuízo à liberdade alheia.[579]

O que é sustentado por Hugo de Brigo Machado ao lecionar que, em face de uma exigência do desenvolvimento econômico conforme as normas e princípios da Constituição, determinada fonte patrimonial não devesse ser gravada em determinada região durante certo período.[580]

Em harmonia com o discorrido leciona Ricardo Lobo Torres que, sendo o direito tributário essencialmente discriminatório, já que deve introduzir distinções de tratamento aos contribuintes com base na capacidade econômica de cada qual, o que se rotula por discriminação fiscal odiosa é tão somente a discriminação infundada, aquela que prejudica a liberdade do contribuinte.[581]

Neste sentido pertinente a lição de Hugo de Brito Machado que, justificando a norma do art. 150, II da CF/88 no afastamento da isenção do Imposto de Renda que no passado favorecia titulares de certos cargos, como o de juiz, assevera não se apresentar contrária ao princípio da isonomia tributária a lei que concede isenção do Imposto de Renda sobre proventos da aposentadoria de portadores de doenças graves. O mesmo a se observar quanto ao art. 151, I que, ao tempo em que veda à União a instituição de tributo que não seja uniforme em todo o território nacional, ressalva-lhe a concessão de incentivos fiscais que visem a redução das desigualdades regionais.[582]

Outrossim, a proibição constitucional de discriminação em estudo abrange qualquer instrumento fiscal, tanto na vertente das renúncias de receita (isenção, redução de alíquota ou base de cálculo, deduções, etc.), quanto na dos gastos públicos (subsídios, subvenções ou restituições de tributos),[583] o que é sustentado por Casalta Nabais sob a justificativa de que ao se atribuir ao aspecto da generalidade ou universalidade[584] dos impostos

[579] "O que, segundo o autor, corresponde a que as desigualdades só serão inconstitucionais se não conduzirem ao crescimento econômico do País e à redistribuição da renda nacional ou se discriminarem em razão de raça, cor, religião, ocupação profissional, função, etc., entre pessoas com igual capacidade contributiva, tudo que implicará em ofensa à liberdade de outrem". LOBO TORRES, **Curso de Direito Financeiro e Tributário**, p. 78.

[580] MACHADO, **Curso de Direito Constitucional Tributário**, p. 107.

[581] LOBO TORRES, **Curso de Direito Financeiro e Tributário**, p. 82.

[582] MACHADO, **Curso de Direito Constitucional Tributário**, p. 218, 219, 220.

[583] LOBO TORRES, **Curso de Direito Financeiro e Tributário**, p. 78.

[584] Universalidade esta a implicar, i) em sentido estrito, que ninguém seja excluído desse dever, ii) em sentido amplo, o autor se vale do termo princípio da totalidade, que todos os

o princípio da igualdade fiscal, veem-se excluídas quaisquer possibilidades de distinção de classe, de ordem, ou de casta. Todos quanto se encontrem em condições de tributabilidade ou imponibilidade devem ser destinatários da incidência dos impostos.

Verifica-se no art. 151, I da Constituição manifestação da proibição de privilégio ao se determinar que o tributo deve ser geograficamente uniforme, devendo incidir em todo o território nacional pelas mesmas alíquotas e bases de cálculo, e sobre os mesmos fatos geradores. Por ser justa, a concessão de incentivos para as regiões pobres não prejudica o princípio da igualdade.[585]

No art. 151, II, tal proteção ataca a possibilidade de a União vislumbrar a tributação da dívida pública dos Estados, do Distrito Federal e dos Municípios em níveis superiores aos que fixar para as suas obrigações.[586]

Vê-se também resguardada a discriminação contra os entes públicos menores na incidência do Imposto de Renda, sendo vedado à União estabelecer privilégio odioso para as suas obrigações. A Constituição atual, em seu art. 151, III, modifica sua orientação anterior ao vedar à União a competência para a instituição de isenções de tributos das demais unidades federadas, o que até então conduzira a muitos abusos e à concessão indiscriminada de privilégios odiosos quanto a tributos estaduais e municipais.[587]

Já no art. 152,[588] extrai-se o mesmo princípio da uniformidade tributária, que vincula também a União (art. 151, I). Visa à proibição de *discrímen* contra os bens e serviços produzidos fora dos limites territoriais da entidade titular da competência impositiva. Em seu art. 173, § 2º, a Constituição Federal explicitamente proíbe a concessão de privilégios em favor das empresas públicas e as sociedades de economia mista, que não sejam também extensíveis às empresas privadas.[589]

cidadãos paguem impostos por todas as manifestações da capacidade contributiva, sejam qualitativas, sejam quantitativas. NABAIS, **O Dever Fundamental de Pagar Impostos: contributo para a compreensão constitucional do estado fiscal contemporâneo**, p. 438.

585 LOBO TORRES, **Curso de Direito Financeiro e Tributário**, p. 80.

586 *Ibid.*

587 *Ibid.*

588 "É vedado aos Estados, ao Distrito Federal e aos Municípios estabelecer diferença tributária entre bens e serviços, de qualquer natureza, em razão de sua procedência ou destino". BRASIL, Constituição da República Federativa do Brasil.

589 LOBO TORRES, **Curso de Direito Financeiro e Tributário**, p. 81.

A proibição de privilégios fiscais odiosos é uma das garantias da liberdade. Apesar de atuar contra as desigualdades na consideração da capacidade contributiva, do custo/benefício, ou do desenvolvimento econômico, o que corresponde à defesa dos princípios vinculados às ideias de justiça e utilidade, a proibição dos privilégios odiosos visa a proteger sobretudo os iguais direitos da liberdade, vez que, pelo *privilegium odiosum* e pela desigual repartição da carga tributária, seriam tais direitos alcançados.[590]

Ademais, antes de se prosseguir, a considerar que é a discriminação da capacidade de pagamento dos contribuintes que propicia o alcance da justiça fiscal,[591] imperativo se revela uma aproximação aos ensinamentos de Celso Antônio Bandeira de Melo quanto ao manuseio do fator de *discrímen* como instrumento a fazer valer na legislação infraconstitucional o respeito ao princípio da capacidade contributiva.

Sabido que o princípio da igualdade interdita tratamento desuniforme às pessoas, sabido também que o próprio da lei, sua função precípua, reside exata e precisamente em dispensar tratamentos desiguais, discriminar situações, à moda que as pessoas compreendidas em umas ou em outras vêm a ser colhidas por regimes diferentes, donde a algumas são deferidos determinados direitos e obrigações que não assistem a outras, por abrigadas em diversa categoria, regulada por diferente plexo de obrigações e direitos.[592]

No entanto, tais discriminações são recebidas como compatíveis com a cláusula igualitária apenas e tão somente quando existe um vínculo de correlação lógica entre a peculiaridade diferencial acolhida por residente no objeto, e a desigualdade de tratamento em função dela conferida, desde que tal correlação não seja incompatível com interesses prestigiados na Constituição.[593] Nesse sentido, o art. 5º, *caput*, da CF/88, ao recolher na realidade social elementos que reputou possíveis fontes de desequiparações

590 *Ibid.*, p. 79.

591 Neste sentido, por exemplo, a legislação do Imposto de Renda que, mediante tabela progressiva de alíquotas, impõe maior carga tributária aos contribuintes de maiores rendas, enquanto que aos que não atingem o menor valor de referência daquela tabela veem-se isentos de concorrer para a satisfação das despesas da buracracia estatal. Mesmo raciocínio é o que se depreende da seletividade de alíquotas prevista para a tributação sobre o consumo, vez que, na medida em que se pesa a mão na tributação sobre produtos luxuosos e surpéfluos, somente se alcançam indivíduos que notadamente detém maior capacidade de pagamento.

592 De Mello, Celso Antônio Bandeira, **O Conteúdo Jurídico do Princípio da Igualdade**, 3. ed. São Paulo: Malheiros, 2001, p. 12.

593 *Ibid.*, p. 17.

odiosas, embargando, por conseguinte, a desequiparação por motivo de raça, sexo, trabalho, credo religioso e convicções políticas, pretendeu encarecê-las como insuscetíveis de gerarem, só por só, uma discriminação.[594]

Dois requisitos são apresentados pelo autor na perseguição da isonomia: i) que a lei não possa erigir em critério diferencial um traço tão específico que singularize no presente e definitivamente de modo absoluto um sujeito a ser colhido pelo regime peculiar; e ii) que o traço diferencial adotado necessariamente resida na pessoa, coisa ou situação a ser discriminada.

Por conseguinte, revela-se a igualdade princípio que visa duplo objetivo: de um lado propiciar garantia individual contra perseguições; de outro, tolher favoritismos, o que corresponderia ao afastamento da possibilidade de a lei impor um gravame incidente sobre um só indivíduo ou à atribuição de um benefício a uma única pessoa sem ensanchar sujeição ou oportunidade aos demais.[595]

Então, se a norma é enunciada em termos que prefiguram situação atual única, logicamente insuscetível de se reproduzir, ou materialmente inviável, singularizando, pois, agora e para sempre, o destinatário, incorre-se no vício indigitado, ante a verificação de sua função individualizadora. Trata-se pois, de saber se a regra questionada deixa portas abertas à eventual incidência futura sobre outros destinatários inexistentes à época de sua edição.[596]

2.3. A capacidade contributiva e o respeito aos direitos individuais

O art. 145, §1º da CF/88 faculta à administração tributária[597] identificar o patrimônio, os rendimentos e as atividades econômicas do contribuinte, porém, respeitados os direitos individuais.[598]

Ao determinar, o legislador originário, que a capacidade contributiva não prejudicará os direitos individuais, sua mensagem é no sentido de que a igualdade ínsita neste princípio de justiça não pode ofender a igualdade consubstanciada nos direitos de liberdade (garantias constitucionais da

594 *Ibid.*, p. 18.

595 *Ibid.*, p. 23, 24.

596 *Ibid.*, p. 24, 25.

597 Ressalte-se que tal comando não se restringe ao Poder Executivo, alcança também o Poder Legislativo, pois a CF/88 estrema a capacidade contributiva, enquanto princípio de justiça fiscal, dos direitos da liberdade. LOBO TORRES, **Curso de Direito Financeiro e Tributário**, p. 95.

598 *Ibid.*

imunidade e dos privilégios) e nos princípios da segurança jurídica (legalidade, irretroatividade, anterioridade, etc.).[599]

Neste sentido leciona Hugo de Brito Machado bastar uma simples leitura do art. 5º e seus incisos, da CF/88, para que não se tenha dúvida de que as garantias constitucionais neles enumerados destinam-se à proteção do cidadão, especialmente contra o Estado. Caracterizado o Direito como um sistema de limites ao poder, não se exagera ao se afirmar que as garantias jurídicas em geral destinam-se aos administrados,[600] de forma que, na disputa entre o sujeito ativo e o sujeito passivo da tributação, é evidente que os princípios constitucionais operam apenas em favor deste.[601]

Em apertada síntese, Luciano Amaro pontua que o que há de se buscar é a harmonização do princípio constitucional do respeito à capacidade econômica com os demais princípios constitucionais, o que deve ser cumprido não a critério da autoridade, mas nos temos da lei.[602]

O legislador não pode, por exemplo, ainda que sob o argumento de fazer justiça fiscal, desrespeitar a imunidade prevista nos arts. 5º e 150 da CF/88, tributando as pessoas por eles alcançadas. Ainda, duas limitações ao poder de tributar do Estado merecem destaque no estudo do princípio da capacidade contributiva, a incidência de tributação sobre o mínimo necessário à vida e sua incidência sobre a totalidade da riqueza. Na primeira limitação vê-se a proteção ao mínimo existencial (art. 5º, itens XXXIV, LXXIV, LXXVI), na segunda, a vedação ao confisco (art. 150, IV, CF/88).[603]

De relevância ao que se estuda é a abordagem de Humberto Ávila quanto à conceituação de renda. Uma vez não expressamente instituído, enfatiza o autor dever ser tal conceito definido em decorrência de uma conexão entre direitos fundamentais, princípios constitucionais fundamentais e gerais e regras de competência, de modo a abranger o resultado líquido entre receitas e despesas em determinado período de tempo. Logo, decorrem dessa conexão duas consequências: i) os gastos indispensáveis para a existência pessoal e da família devem ser desonerados; e ii) os gastos indispensáveis para o livre comércio de atividade econômica ou para a manutenção da fonte produtora de riqueza devem ser desonerados.[604]

[599] *Ibid.*

[600] MACHADO, **Curso de Direito Constitucional Tributário**, p. 237.

[601] *Ibid.*, p. 237, 238.

[602] AMARO, **Direito Tributário Brasileiro**, p. 167.

[603] LOBO TORRES, **Curso de Direito Financeiro e Tributário**, p. 95.

[604] ÁVILA, Humberto, **Sistema Constitucional Tributário**, 5. ed. São Paulo: Saraiva, 2012, p. 441.

Dessa forma, como critério de graduação do imposto que é, vê-se no princípio da capacidade contributiva um importante instituto a impor limites na tributação, seja na proteção àquela quantidade mínima de riqueza a propiciar a si e aos seus uma vida digna, permitindo-lhe a manutenção do mínimo vital, seja obstando que a progressividade tributária atinja níveis de confisco ou de cerceamento de outros direitos constitucionais.[605]

2.3.1. O mínimo existencial

Inerentes à pessoa humana, os direitos fundamentais são inalienáveis, imprescritíveis e preexistentes ao pacto constitucional, porém, ensina Ricardo Lobo Torres que alguns destes direitos se abrem ao poder financeiro do Estado, é o que ocorre, por exemplo, quanto ao livre exercício de qualquer trabalho, ofício ou profissão que produza riqueza (art. 5º, XIII), fato verificável também no direito de propriedade (art. 5º, XXII e XXIII), ambas as situações se veem sujeitas à tributação. Porém tais liberdades são portadoras de uma ambivalência, ao tempo que se abrem à tributação, criam limitações ao exercício do poder financeiro do Estado, que não as poderá sufocar, nem aniquilar.[606]

Regina Helena Costa, entendendo que tais limitações visam a resguardar o mínimo de riqueza para uma pessoa física sustentar a si e a sua família com dignidade, ressalta seu alcance também a pessoas jurídicas no intuito de se desenvolverem suas atividades.[607]

Nessa lógica, disserta Francesco Moschetti que embora a potência econômica deva ser considerada como condição necessária da capacidade contributiva, não é suficiente para caracterizá-la, vez que só descreve capacidade contributiva aquela riqueza que pode ser detraída sem prejudicar a sobrevivência da organização econômica gravada, de forma que "*el legislador tributario no podrá asumir como presupuesto del tributo una riqueza actual que constituya fuente productiva, a la invesa, el incremento futuro de esta riqueza será de suyo susceptible de exacción*".[608]

José Maurício Conti assevera ser inconstitucional a tributação que pretenda alcançar manifestação de capacidade econômica de contribuinte

[605] Costa, **Curso de Direito tributário: Constituição e Código Tributário Nacional**, p. 114.
[606] Lobo Torres, **Curso de Direito Financeiro e Tributário**, p. 63.
[607] Costa, **Curso de Direito tributário: Constituição e Código Tributário Nacional**, p. 345.
[608] Moschetti, **El Principio de Capacidad Contributiva**, p. 74.

que o atinja naqueles recursos que destinaria às suas necessidades básicas imprescindíveis à garantia de sua sobrevivência. Tal manifestação, por revelar apenas uma capacidade econômica mínima, não revelaria capacidade contributiva, não se permitindo que dela sejam extraídos quaisquer valores destinados a compor a arrecadação do Estado.[609]

Foi na Alemanha, ainda no século XIX, que se verificou o reconhecimento pela legislação do Imposto de Renda de que antes que se exija do cidadão o encargo da tributação, seja-lhe respeitada a necessidade de garantir o sustento e educação de seus filhos, de parentes sem recursos, recuperar-se de doenças prolongadas, de dívidas contraídas e de sinistros. "Nascia ali, aquilo que, mais tarde, veio a denominar-se como mínimo existencial".[610]

É lição de Cleucio Santos Nunes que a efetivação jurídica de um valor se dá com a identificação de um ou mais princípios que, em conjunto com aquele, servem de orientação às regras jurídicas a ambos vinculadas. Tal providência tem o condão de intercalar os valores com as regras, fundamental para um sistema de Direito que não fique ao sabor de circunstâncias e casuísmos da política do momento. Arrematando seu ensinamento, o autor apresenta dois princípios do Estado Democrático de Direito que, em seu entendimento, são estruturantes na tributação justa: i) a dignidade da pessoa humana; e ii) a proteção ao mínimo existencial. Ambos, insertos no art. 1º, III, da Constituição Federal, concretizam, no campo normativo, as finalidades da estrutura exógena da matriz tributária.[611]

A preservação do mínimo vital, efeito do princípio da capacidade contributiva, consiste de uma isenção técnica fundada na ausência de capacidade do indivíduo em contribuir para a satisfação das despesas da burocracia estatal, capacidade esta que somente se reputará existente quando verificável alguma riqueza acima daquele limite protegido.[612]

Neste sentido leciona Francesco Moschetti somente verificar-se capacidade contributiva naquela parte da potência econômica da riqueza de um sujeito que supere o mínimo vital, vez que, se "*'capacidad' significa aptitud,*

[609] Conti, **Princípios Tributários da Capacidade Contributiva e da Progressividade**, p. 53.

[610] Zilveti, **Princípios de Direito Tributário e a Capacidade Contributiva**, p. 145.

[611] Nunes, Cleucio Santos, **Justiça tributária**, Belo Horizonte: Fórum, 2019, p. 358. O estudo do termo "Matriz Tributária" abre o Capítulo 3 deste trabalho.

[612] Costa, **Curso de Direito tributário: Constituição e Código Tributário Nacional**, p. 102.

posibilidad concreta y real, no puede existir capacidad de concurrir a los gastos públicos cuando falte o se tenga sólo lo necesario para las exigencias individuales",[613] de forma que, "*la posesión de una renda no superior a lo que es estrictamente necesario para la existencia, o el consumo de un bien de primera necesidad, en lugar de demonstrar capacidad contributiva manifiestan un estado de necesidad"*.[614]

Ademais, com fins a preservar as condições mínimas de existência humana digna, o respeito ao mínimo existencial não se limita a restringir o poder de imposição do Estado, proibindo-lhe de invadir a esfera da liberdade mínima do cidadão, representada pelo direito à subsistência, postula também prestações positivas estatais de natureza assistencial,[615] pois que, sem o mínimo necessário à existência, cessa-se a possibilidade de sobrevivência do homem e desaparecem as condições iniciais da liberdade.

Indefinível, o mínimo existencial se revela sob a forma de cláusulas gerais e de tipos indeterminados.[616] Embora sem dicção normativa específica, encontra-se encrustado em diversos princípios constitucionais, como é o caso do princípio da igualdade, que assegura a proteção contra a pobreza absoluta, consequência da desigualdade social. Também o encontramos em inúmeras classificações constitucionais ligadas aos direitos fundamentais, por exemplo, a proclamação do respeito à dignidade humana, na cláusula do Estado Social de Direito.[617]

A Constituição de 1946, em seu art. 15, §1º, assegurava a imunidade ao mínimo indispensável à habitação, vestuário, alimentação e tratamento médico das pessoas de restrita capacidade econômica, o que não mais se verifica na Constituição de 1988, restando à seletividade do IPI e do ICMS tal proteção.[618] Algumas imunidades no mínimo existencial estão implícitas no texto maior, outras explícitas, como é o caso das previsões, no art. 5º, dos incisos XXXIV, LXXII e LXXIII, LXXIV, LXXVI; art. 150, inciso VI, alínea c; art. 153, § 4º; art. 198; art. 203; art. 206, IV; art. 208, I e finalizando a exemplificação, art. 212, §4º.[619]

613 Moschetti, **El Principio de Capacidad Contributiva**, p. 68.

614 *Ibid.*, p. 267.

615 Lobo Torres, **Curso de Direito Financeiro e Tributário**, p. 69, 70.

616 *Ibid.*, p. 70.

617 *Ibid.*, p. 60.

618 *Ibid.*, p. 70.

619 *Ibid.*, p. 70–72.

Maurício Dalri Timm do Valle, asseverando que somente a renda ou o capital acima do mínimo indispensável estará disponível à tributação, valendo-se de interpretação sistemática do Texto Magno, chega à conclusão de que as necessidades básicas dispostas no inciso IV do art. 7º daquele Texto integram o "mínimo vital", estando, ou ao menos devendo estar, protegidas de tributação. O autor, adverte que, a relação entre o mínimo vital e a capacidade contributiva há de ser observada também quanto às pessoas jurídicas, às quais deverá ver-se preservado o mínimo indispensável para a manutenção de suas atividades.[620]

E, a considerar entendimento de Francesco Moschetti, parece estar com a razão o professor da Universidade Católica de Brasília (UCB) na medida em que aquele entende que a necessidade de se eximir um mínimo vital não resulta apenas do art. 53 da Constituição de seu país, mas também de seu art. 36, segundo o qual *"el trabajador tiene derecho a una retribución proporcionada a la cantidad y a la calidad de su trabajo y en todo caso suficiente para asegurar a si mismo y a su familia una existencia libre y digna"*.[621]

Neste sentido, disserta o autor italiano apresentar-lhe muito estranho que a Constituição de seu país imponha ao empregador retribuição ao trabalhador suficiente às suas exigências e de sua família, mas permita ao fisco estabelecer tributos sem considerar tais necessidades mínimas familiares. *"Si el dador de trabajo no reconoce lo que es 'suficiente' para los familiares actúa ilegítimamente, pero tan ilegítimamente actúa el ente impositor cuando establezca un tributo sin tener en cuenta no ya lo 'suficiente', sino el 'mínimo'"*.[622]

Cleucio Santos Nunes, no entanto, insurge-se quanto à opção de se atrelar a dignidade da pessoa humana ao valor do salário-mínimo, vez que, desde a Constituição vigente, nunca conseguiu satisfazer as necessidades básicas a que alude seu artigo 7°, IV.[623] Neste sentido Nunes enumera qua-

[620] Valle, **Princípios Constitucionais e Regras-Matrizes de Incidência do Imposto Sobre Produtos Industrializados – IPI**, p. 467.

[621] Moschetti, **El Principio de Capacidad Contributiva**, p. 268.

[622] *Ibid.*, p. 269.

[623] E a mais recente análise do Departamento Intersindical de Estatística e Estudos Socioeconômicos (DIEESE) sobre o preço dos itens da cesta básica, divulgada em 06/07/2022, corrobora a irresignação do professor na medida em que identificou ser o salário mínimo atual (R$ 1.212,00) cinco vezes menor do que o necessário para uma família de quatro pessoas dar conta de adquirir alimentos, bem como outros itens e serviços, sendo apontado como valor ideal R$ 6.527,67. Disponível em: https://jornaldebrasilia.com.br/noticias/economia/salario-minimo-ideal-em-junho-deveria-ter-sido-r-6-52767-afirma-

tro direitos sociais básicos que julga serem pressupostos a que se vejam as oportunidades básicas de todos satisfeitas, atribuindo à matriz tributária a responsabilidade de viabilizar os recursos financeiros para tal: i) direito à vida e à saúde; ii) direito à educação de qualidade; iii) direito à segurança alimentar; e iv) direito à intimidade e à moradia.[624]

Em continuidade, ao tempo em que assevera estar o mínimo existencial, na qualidade de objeto de norma imunizante, fundado nos valores da justiça e da dignidade da pessoa humana e também no Estado Democrático de Direito, dirigido ao legislador, do qual é dever, "com base nas argumentações históricas e teóricas a respeito do mínimo existencial, e sua natural interseção com os institutos tributários da imunidade e da capacidade contributiva, dar concreção aos valores da justiça e da dignidade da pessoa humana",[625] conclui o autor que a aludida concreção realizar-se-á mediante a definição do montante de renda imune ao respectivo imposto, de quais bens e quem são os proprietários igualmente imunes à tributação sobre o patrimônio e, por fim, a definição de quais produtos e serviços consumíveis estariam salvaguardados de tributação.

2.3.2. O princípio do não confisco

Francesco Moschetti, dissertando considerar o dever do art. 53 um dever de solidariedade, conclui que o princípio da capacidade contributiva com o qual aquele corresponde não pode deixar de qualificar-se em sentido solidário, de forma que solidariedade não significa destruição, compressão das riquezas, eliminação da economia privada, nem tão pouco conjugação neutra das opostas exigências públicas e privadas, mas redistribuição, utilização da economia privada, que deve subsistir em substância, para a realização dos fins sociais.[626]

Para o autor "*redistribuir la riqueza no significa, en efecto, eliminarla, sino al contrario, conservarla y difundirla en mayor medida. No significa tampoco aplastarla, sino distribuirla más equitativamente*".[627]

dieese/?utm_medium=Social&utm_source=Facebook&fbclid=IwAR3xlRYWASt2-s_YAIr0-EXwdirdmLnj92QCjMHhbZxAo4D_YXfcI57TDTk#Echobox=1657125071. Acesso em: 07/07/2022.

624 Nunes, **Justiça tributária**, p. 367.

625 *Ibid.*, p. 373.

626 Moschetti, **El Principio de Capacidad Contributiva**, p. 277.

627 *Ibid.*, p. 297.

Senso comum, um tributo com efeito de confisco é um tributo exagerado. É um tributo que priva o contribuinte dos meios adequados para sua subsistência com dignidade. Porém, ao se adentrar ao estudo deste princípio convém considerar que, para que tal aferição seja fidedigna, mister se faz o sopesamento entre o que o Estado oferece ao contribuinte em contrapartida ao que dele exige. Nesta troca, vê-se o contribuinte privado de sua dignidade?

Se o contribuinte entrega ao Estado, em tributos, 50% de sua renda, mas tem suas necessidades básicas plenamente satisfeitas pelo Estado (saúde, educação, segurança, etc.), de repente não se tem confisco com essa alíquota enorme. No entanto, em um país como o Brasil, em que a alíquota máxima incidente sobre a renda da pessoa física é de 27,5% e o retorno em prestações de responsabilidade do Estado é relativamente pequeno, talvez pudesse caracterizar confisco, vez que o cidadão teria que ir buscar (pagar novamente) a satisfação de tais obrigações estatais na iniciativa privada, a despeito da alta carga tributária a lhe oprimir.

Hugo de Brito Machado, valendo-se de lição de De Plácido e Silva, para os quais a palavra confisco, derivada do Latim *confiscatio*, de *confiscare*, tem o sentido de ato pelo qual se apreendem e se adjudicam ao Fisco bens pertencentes a outrem, por ato administrativo ou por sentença judiciária, em virtude de punição decorrente da evidência de crimes ou contravenções praticados por uma pessoa, conclui que tributo com efeito de confisco é tributo que, por ser excessivamente oneroso, seja sentido como penalidade.[628]

Com previsão no art. 150, IV da Carta de 1988, o Princípio do Não Confisco, conforme leciona Sacha Calmon Navarro Coêlho, em sua formulação mais vetusta, originou-se do pavor da burguesia nascente em face do poder de tributar dos reis, uma garantia dos indivíduos contra a potestade do Estado.[629]

Nas palavras de Luciano Amaro, confiscar é tomar para o Fisco, desapossar alguém de seus bens em proveito do Estado. A Constituição garante o direito de propriedade (art. 5º, XXII e art. 170, II), e coíbe o confisco, ao impor, nos casos em que a lei autoriza a desapropriação (art. 5º, XXIV; art. 182, §§ 3º e 4º; art. 184), prévia e justa indenização. Como pena acessória,

628 MACHADO, **Curso de Direito Constitucional Tributário**, p. 240.

629 COÊLHO, **Curso de Direito Tributário Brasileiro**, p. 289.

é admitida pela Constituição a perda de bens do condenado, na forma da lei (art. 5º, XLV e XLVI, b), porém, a Carta impede que o Estado, a pretexto de cobrar tributo, se aposse dos bens do indivíduo, i.e., veda a utilização do tributo com o efeito de confisco.[630]

Maurício Dalri Timm do Valle explica que a proibição veiculada pelo art. 150, IV da Constituição Federal, também se aplica quanto aos impostos indiretos. Fundamenta-se o autor no argumento de corrente doutrinária que aceita a possibilidade de tributos indiretos assumirem feição confiscatória, desde que sejam instituídos em níveis desproporcionais, a ponto de desestimular a realização da atividade.[631] Hugo de Brito Machado, na mesma esteira, afirma que a tributação deve ser um instrumento pelo qual o Estado obtém os meios financeiras ao atendimento de seus gastos, nunca, porém, um instrumento de extinção da propriedade privada.[632]

Ademais, para Paulo de Barros Carvalho, pelas peculiaridades da tributação sobre o consumo, notadamente quanto ao fato de o gravame incorporar-se no preço, permite-se cogitar de taxações altíssimas sem que se alvitre sombras de efeitos confiscatórios.[633]

Ao reiterar a indiscutível natureza jurídico-tributária das contribuições, enfatizando que, no âmbito tributário o princípio que veda o confisco encontra aplicação em todas as espécies de tributo, Paulo de Barros ressalta ver-se também nesta modalidade tributária repúdio pelo ordenamento de tributação que, com falta de moderação, viola o direito de propriedade.[634]

Apesar de a Constituição expressamente vedar aos entes federados a utilização de tributo com efeitos de confisco, conforme se depreende do seu art. 150, IV, omite-se o Texto Maior quanto aos contornos dos limites

[630] AMARO, **Direito Tributário Brasileiro**, p. 167.

[631] VALLE, **Princípios Constitucionais e Regras-Matrizes de Incidência do Imposto Sobre Produtos Industrializados – IPI**, p. 470, 472.

[632] MACHADO, **Curso de Direito Constitucional Tributário**, p. 246.

[633] É o caso do IPI e dos impostos que oneram o mercado exterior. Também o ICMS prestar-se-ia a manifestações desse tipo, sem falar nos problemas paralelos que o expediente desencadearia no campo econômico, desdobrados que estão do quadro objetal de nossas especulações. E só para mostrar a complexidade do assunto, não custa lembrar que o ISS, dos Municípios, exibe com facilidade o aparecimento de iniciativas confiscatórias. CARVALHO, **Direito Tributário: linguagem e método**, p. 338, 339.

[634] Consequentemente, exagerada oneração da folha de salários, da receita ou do faturamento, ou do lucro, mediante exigência de contribuições para a seguridade social, não fugirá da coima de inconstitucionalidade, por caracterização de confisco. *Ibid.*, p. 339.

jurídicos ou financeiros a caracterizá-lo. Luciano Amaro contribui com o debate lecionando ser tal princípio um critério informador da atividade do legislador e é, além disso, preceito dirigido ao intérprete e ao julgador, que à vista das características da situação concreta, verificarão se determinado tributo invade ou não o território do confisco.[635]

Destarte, restará tal avaliação em sua eventual materialização, i.e., na análise de caso concreto pelo Poder Judiciário, momento em que se sopesará a capacidade econômico-financeira do contribuinte e a carga que se lhe houver imposta.

Conforme se depreende de seu voto na ADI nº 1.075, o Ministro Celso de Mello joga luz aos aludidos limites ao asseverar que tratar-se-á de vedação ao confisco em matéria tributária

> a interdição, pela Carta Política, de qualquer pretensão governamental que possa conduzir, no campo da fiscalidade, à injusta apropriação estatal, no todo ou em parte, do patrimônio ou dos rendimentos dos contribuintes, comprometendo-lhes, pela insuportabilidade da carga tributária, o exercício do direito a uma existência digna, ou a prática de atividade profissional lícita ou, ainda, a regular satisfação de suas necessidades vitais básicas.[636]

Ressalte-se ser entendimento do STF que na aferição deste sopesamento mister se faz a adoção de uma visão globalizante que considere a totalidade da carga tributária suportada pelo contribuinte. Este foi o caminho que tomou aquela Corte ao deferir a medida cautelar na ADI nº 2.010/DF, suspendendo o aumento das alíquotas das contribuições previdenciárias devidas pelos servidores públicos federais pretendido pela Lei 9.783/99, as quais chegavam a 25%. Ora, adicionando-se tal tributação à exação do IR (muitos sob a alíquota de 27,5%), ver-se-iam os sujeitos tributários compelidos a entregar 52,5% de sua renda bruta à União.[637] Tal foi a manifestação do Ministro Carlos Mário Velloso em seu voto:

> É que a Constituição não tolera a utilização de tributo com efeito de confisco (CF/88, art. 150, IV). Como se chega a essa conclusão? Qual seria o conceito de "tributo com efeito de confisco"? O conceito é indeterminado, caso

[635] Amaro, **Direito Tributário Brasileiro**, p. 168.

[636] BRASIL. SUPREMO TRIBUNAL FEDERAL. ADI 1.075, Julgamento: 17/06/1998, DJ 24/11/2006.

[637] Coêlho, **Curso de Direito Tributário Brasileiro**, p. 290.

em que o juiz laborará em área que chamaríamos de "área cinzenta". Em primeiro lugar, a questão, ao que me parece, deve ser examinada no conjunto de tributos que o servidor pagará, no seu contracheque, dado que se trata de tributo incidente sobre o vencimento, salário ou proventos.[638]

Mesmo entendimento, é o que se depreende da análise de trecho do voto do relator da aludida ADI nº 2010, Ministro Celso de Mello:

> A identificação do efeito confiscatório deve ser feita em função da totalidade da carga tributária, mediante verificação da capacidade de que dispõe o contribuinte – considerado o montante de sua riqueza (renda e capital) – para suportar e sofrer a incidência de todos os tributos que ele deverá pagar, dentro de determinado período, à mesma pessoa política que os houver instituído (a União Federal, no caso), condicionando-se, ainda, a aferição do grau de insuportabilidade econômico-financeira, à observância, pelo legislador, de padrões de razoabilidade destinados a neutralizar excessos de ordem fiscal eventualmente praticados pelo Poder Público.[639]

Ainda com referência ao trecho do voto acima transcrito, Hugo de Brito Machado assevera não lhe parecer que se deva restringir a mencionada aferição apenas às diversas incidências impostas pela mesma pessoa política, haja vista que, somente com a consideração da universalidade dos tributos a serem pagos pelo contribuinte no mesmo período, ver-se-á efetiva a garantia constitucional do não confisco.[640]

Quanto às multas tributárias, o autor vai buscar amparo na jurisprudência do STF para afirmar que também aqui o princípio do não confisco tem se sedimentado em sentido afirmativo. Para sustentar sua afirmação, cita julgado antigo daquela Corte, no qual estatuiu-se que:

> A desproporção entre o desrespeito à norma tributária e sua consequência jurídica, a multa, evidencia o caráter confiscatório desta, atentando contra o

[638] BRASIL. SUPREMO TRIBUNAL FEDERAL. ADI 2010 MC, Relator(a): Min. CELSO DE MELLO, Tribunal Pleno, julgado em 30/09/1999, DJ 12-04-2002 PP-00051 EMENT VOL-02064-01 PP-00086.

[639] BRASIL. SUPREMO TRIBUNAL FEDERAL. ADI 2010 MC, Relator(a): Min. CELSO DE MELLO, Tribunal Pleno, julgado em 30/09/1999, DJ 12-04-2002 PP-00051 EMENT VOL-02064-01 PP-00086.

[640] MACHADO, **Curso de Direito Constitucional Tributário**, p. 248.

patrimônio do contribuinte, em contrariedade ao mencionado dispositivo do texto constitucional federal.[641]

A despeito de restar-se demonstrada, no julgado acima citado, a inconteste preferência da Suprema Corte em considerar a desproporção entre o desrespeito à norma tributária e sua consequência jurídica, a multa, evidência de caráter confiscatório, não se estabelecem parâmetros balizadores do *quantum* a se considerar como confiscatório.[642] Sacha Calmom Navarro Coêlho, no intuito de identificar um limite a partir do qual seriam as multas tributárias consideradas confiscatórias, novamente socorrendo-se nos julgados do STF, faz menção a precedentes da Primeira Turma, que assim determinam:

> [...] o valor da obrigação principal deve funcionar como limitador da norma sancionatória, de modo que a abusividade revela-se nas multas arbitradas acima do montante de 100%. Entendimento que não se aplica às multas moratórias, que devem ficar circunscritas ao valor de 20%.[643, 644]

Em virtude de tal entendimento também vir sendo verificado na Segunda Turma,[645] é entendimento de Coêlho que uma vez reunido o Pleno, seja esta a solução finalmente pacificada pelo E. Tribunal Constitucional.[646]

641 STF, ADI nº 551/RJ, Rel. Min. Ilmar Galvão, DJ 14.02.2003. Ademais, de relevante pertinência ao tema é o art. 22 da constituição do México, o qual, a despeito de também proibir o confisco de bens, prescreve que não será considerada como tal a aplicação total ou parcial dos bens de uma pessoa para o pagamento de imposto ou multas. *Ibid.*, p. 265.

642 Coêlho, **Curso de Direito Tributário Brasileiro**, p. 292.

643 STF, AgR-ARE nº 938.538/ES, Rel. Min. Roberto Barroso, DJe 21.10.2016.

644 Registre-se o alinhamento do Distrito Federal com as referidas decisões do Egrégio Tribunal mediante publicação da Lei nº 6.900, de 14 de julho de 2021, com vigência em 1º de janeiro de 2022, a qual cuidou da readequação das multas tributárias incidentes sobre o ICMS não recolhido (art. 65 da Lei 1.254/1996). De se ressaltar não terem tais reduções se restringido à multa a extrapolar o referencial adotado pela Corte, de 100%, caso da multa de 200%, que passou a 100% (alínea V); reduziu-se também a de 100% para 50% (alíneas IV e VI); e a de 50%, para 25% (alínea III).

645 Entre outros, AgR-RE nº 657.372/RS, Rel. Min. Ricardo Lewandowski,D Je10.06.2013 e AgR-RE nº 748.257/SE, Rel. Min. Ricardo Lewandowski, DJe 20.08.2013.

646 Neste sentido foi decisão verificada quanto ao recurso extraordinário RE 1.335.293 (disponível em: https://portal.stf.jus.br/processos/detalhe.asp?incidente=6212236. Acesso em: 15/06/2022), interposto pelo Estado de São Paulo contra acórdão proferido pelo Tribunal

Hugo de Brito Machado, ao justificar que para a multa alcançar sua finalidade de desestimular as condutas que ensejam sua cobrança deve representar um ônus significativamente pesado, podendo por isso mesmo ser confiscatória, manifesta certo desconforto quanto ao referido posicionamento do STF em invocar o princípio do não-confisco para se limitar o *quantum* das multas tributárias, uma vez que a vedação ao confisco prevista constitucionalmente é claramente dirigida a tributos. É o que se depreende de análise sua à conclusão da Suprema Corte à ADI nº 551/RJ, na qual se aplicou o princípio da vedação ao confisco às multas tributárias. Assim manifestou-se o autor:

> A Conclusão à qual chegou o Supremo é correta. O fundamento, todavia, deve ser outro. A rigor, a vedação ao tributo com efeito confiscatório não se estende às multas tributárias. O que impede a cominação de multas exorbitantes é o princípio constitucional da proporcionalidade, no que alberga a ideia de que deve haver uma proporção, em sentido estrito, entre a gravidade do ilícito e a sanção ao mesmo correspondente.[647]

Em relação à tributação sobre o patrimônio será considerado confiscatório aquele imposto que para sua satisfação não bastar a renda produzida pelo próprio patrimônio objeto da exação, acarretando destarte, ao contribuinte, a alienação de parte de seu patrimônio para se pagar o tributo exigido. Outrossim, na medida em que, respeitado o limite a partir do qual se consideraria o imposto confiscatório, o contribuinte, por inabilidade administrativa ou outro motivo, não aufira renda suficiente para o respectivo pagamento, e tenha, por isto, de se privar de parte de seu patrimônio, não será considerado confiscatório.[648]

Sabido que a teoria do confisco, especialmente a do confisco tributário, vai encontrar fundamentação no direito constitucional à propriedade,

de Justiça, na qual, conforme se verifica em registro no site do STF (18/02/2022), por unanimidade foi reputada constitucional a questão, reconhecendo-se sua repercussão geral. Na lide discutia-se, conforme se depreende do acórdão assinado pelo presidente do Egrégio Tribunal, Min. Luiz Fux, em 17/02/2022, (disponível em: https://portal.stf.jus.br/processos/downloadPeca.asp?id=15349804093&ext=.pdf. Acesso em: 15/06/2022), a limitação da multa punitiva superior a 100% do imposto indevidamente creditado.

[647] Machado, Hugo de Brito, **Curso de Direito Tributário**, 31. ed. São Paulo: Malheiros, 2010, p. 47.

[648] Machado, **Curso de Direito Constitucional Tributário**, p. 241, 242.

há que se ressaltar, por razões extrafiscais e em decorrência do poder de polícia, a admissibilidade da referida exacerbação tributária. A constituição, embora garanta o direito à propriedade, subordina-a ao cumprimento de sua função social, outrossim, torná-la-á insuportável pela tributação extrafiscal,[649] motivo pelo qual a vedação ao confisco há de ser entendida com a cautela de que existe um limite para todas as coisas. Embora de imperiosa serventia na proteção de direitos fundamentais, tal princípio não oferece refúgio contra as políticas tributárias extrafiscais, notadamente quanto às expressamente previstas na Carta Magna, a não ser no caso-limite da absorção do bem ou da renda.[650]

2.4. A extrafiscalidade na capacidade contributiva

A atividade financeira do Estado consistente na criação, obtenção, gestão e dispêndio de dinheiro público para a execução de serviços a ele afetos é considerada por alguns como o exercício de uma função meramente instrumental, ou de natureza adjetiva (atividade-meio), distinta das atividades substantivas do Estado, que visam diretamente a satisfação de certas necessidades sociais, tais como educação, saúde, construção de obras públicas, estradas, etc., (atividades-fins).[651] Ademais, ao lado da função meramente fiscal da atividade financeira, a maioria dos autores estuda também os efeitos da intervenção governamental na sociedade através das finanças públicas, o que se denomina extrafiscalidade.

Geraldo Ataliba ensina que, ainda que inconscientemente, o legislador, ao manejar o instrumento fiscal, age sobre a economia, nela provocando reflexos positivos ou negativos, o que é inerente ao tributo,[652] entretanto, quando se fala em extrafiscalidade, o que se quer aludir é o emprego deliberado do instrumento tributário para finalidades não financeiras, mas regulatórias de comportamentos sociais, em matéria econômica, social e política. "Quando se trata da extrafiscalidade o legislador não só se despreocupa da receita decorrente do tributo, como quer que ela não se realize".[653]

[649] Coêlho, **Curso de Direito Tributário Brasileiro**, p. 290.

[650] *Ibid.*, p. 292.

[651] Borges, **Introdução ao direito Financeiro**, p. 39.

[652] Ataliba, Geraldo, **Sistema Constitucional Tributário Brasileiro**, São Paulo: Revistas dos Tribunais, 1968, p. 150.

[653] *Ibid.*, p. 151.

No mesmo sentido é lição de Augusto Cesar de Carvalho Leal ao asseverar que quando os tributos instituídos com a finalidade de desencorajar atividades cumprem a sua missão, a arrecadação deles derivada deverá ser drasticamente reduzida, ante a rara ocorrência do seu fato gerador.[654]

Neste sentido, as entradas fiscais constituem um instrumento indireto ou mediato para a realização dos fins do Estado, enquanto que as entradas extrafiscais são um instrumento direto ou imediato para a realização dos fins públicos.[655, 656] A função extrafiscal da atividade financeira, portanto, a despeito da simples fiscalidade, não se limita a retirar do patrimônio dos particulares recursos pecuniários para a satisfação de necessidades públicas, possui, pois, função tipicamente intervencionista e redistribuidora.[657]

Destarte, a despeito dos impostos fiscais, ou impostos com função fiscal, os quais destinam-se apenas a propiciar a transferência de recursos financeiros dos particulares para os cofres públicos, os impostos com função extrafiscal almejam precipuamente a interferência no mundo econômico, i.e., a indução de determinado comportamento por parte dos agentes econômicos.[658, 659]

654 LEAL, Augusto Cesar de Carvalho Leal, (In)Justiça Social por Meio dos Tributos: a finalidade redistributiva da tributação e a regressividade da matriz tributária brasileira, *in*: GASSEN, Valcir (Org.), **Equidade e Eficiência da Matriz Tributária Brasileira: diálogos sobre Estado, Constituição e Direito Tributário**, Brasília-DF: Consulex, 2012, p. 153.

655 BORGES, **Introdução ao direito Financeiro**, p. 60.

656 Augusto Cesar de Carvalho Leal, valendo-se de citação de Catalina Vizcaíno, leciona que, por meio da tributação fiscal, somente de forma mediata o Estado persegue seus objetivos, vez que primeiro deve obter os recursos e, somente num segundo momento, destiná-los a alcançar aqueles, pelo fenômeno financeiro do gasto. Já no que se refere à tributação extrafiscal, o Estado procura alcançar seus fins de maneira imediata, onerando sobremaneira atividades que pretende desencorajar, ou desonerando aquelas que considera oportuno encorajar. LEAL, (In) Justiça Social por Meio dos Tributos: a finalidade redistributiva da tributação e a regressividade da matriz tributária brasileira, p. 2.

657 BORGES, **Introdução ao direito Financeiro**, p. 39.

658 MACHADO, **Curso de Direito Constitucional Tributário**, p. 72.

659 Disserta Souto Maior que Dino Jarach, em pronunciamento que proferira em uma série de conferencias na Faculdade de Direito de Montevidéu no ano que se radicou na América Latina, 1941, afirmou que o emprego de instrumentos tributários com finalidades extrafiscais é ilegítimo porque equivale a permitir que o Estado faça indiretamente aquilo que não poderia fazer diretamente. Se o Estado não pode, legalmente, proibir o exercício de determinada indústria, não há razão, e é perigoso para a ordem jurídica, admitir que a proíba virtualmente de funcionar taxando-a em 99,5%. Ressalte-se observação de Rubens Gomes de Sousa de que tal comentário justifica-se ao tempo em que foi exposto como uma reação natural num jurista contra a exacerbação dos poderes dos Estados totalitários em prejuízo das liberdades e garantias individuais. BORGES, **Introdução ao direito Financeiro**, p. 55.

Marciano Seabra de Godoi atribui à solidariedade no campo social estreito relacionamento com o fenômeno da extrafiscalidade, às vezes fundamentando uma minoração tributária, outras, fundamentando um agravamento da exação, sem que, no entanto, seu propósito precípuo seja a grandeza da arrecadação gerada.[660]

Augusto Cesar de Carvalho Leal, ao discorrer que ainda hoje, grande parte dos cidadãos brasileiros, e até mesmo dos políticos, concebem finalidade da tributação puramente como a obtenção de receitas pelo Estado, critica o fato de se ignorarem, e no caso dos agentes políticos, subutilizarem o enorme potencial do tributo como instrumento de realização imediata,[661] e não apenas mediata, por meio da obtenção de recursos financeiros, de inúmeras finalidades estatais fundamentais.[662]

Entendimento que se alinha à lição de Francesco Moschetti ao tempo em que este assevera não residir a distinção entre impostos fiscais e extrafiscais na utilização de seu rendimento, o momento do gasto, mas em sua prevalente finalidade (econômica, social, política, etc) no preciso momento da imposição, que no caso da modalidade extrafiscal é direta.

> *Los primeros tienen como fin la obtención de un ingreso y, por tanto, son instrumentales respecto de una finalidad posterior; los segundos tienen una finalidad directa (tuitiva, demográfica, redistributiva, preventiva, sancionatoria, etc.) que prescinde inmediatamente del ingreso pero que, ciertamente, están lejos de excluirlo [...].*[663]

Restringir a tributação à mera obtenção de recursos, ignorando seu potencial extrafiscal, é ter e não aproveitar tão valoroso instrumento contra, por exemplo, a desigualdade social, a devastação do meio ambiente, a estagnação ou recessão econômica, o desemprego, a inflação, bem como bens e atividades prejudiciais à saúde.[664]

660 De Godoi, Tributo e Solidariedade Social, p. 163.

661 De fácil percepção do efeito do uso do tributo como instrumento de realização imediata dos fins do Estado revelam-se as instituições privadas que praticam atos de filantropia e assistência social, na medida em que, atendendo os requisitos definidos em lei complementar, têm suas atividades plenamente protegidas do dever de contribuir, vez que sua própria atividade atinge de uma maneira direta os resultados visados pela arrecadação de impostos. *Ibid.*, p. 165.

662 Leal, (In)Justiça Social por Meio dos Tributos: a finalidade redistributiva da tributação e a regressividade da matriz tributária brasileira, p. 150.

663 Moschetti, **El Principio de Capacidad Contributiva**, p. 126.

664 Leal, (In)Justiça Social por Meio dos Tributos: a finalidade redistributiva da tributação e a regressividade da matriz tributária brasileira, p. 151.

Ao tratar das divergências doutrinárias quanto ao neutralismo (fiscalismo) e intervencionismo (extrafiscalismo), José Souto Maior Borges realça que os adeptos do individualismo afirmam, em desmerecimento às doutrinas estatizantes, que as atividades do Estado devem se limitar às atribuições fundamentais de segurança externa, proteção interna e administração da justiça. Ademais, fundamentando-se em Fonrouge, explica o autor que a partir do século XIX, os conceitos sobre a missão que cumpre o Estado sofreram variações, afirmando-se, cada vez com maior intensidade, uma política intervencionista nas atividades econômicas e sociais.[665]

Na mesma esteira leciona Augusto Cesar de Carvalho Leal, lastreado por Osvaldo H. Soler, que foi em virtude da predominância do pensamento liberal, cujo postulado fundamental é a liberdade econômica, segundo o qual o Estado não deve intervir na economia, que tradicionalmente até o século XIX, somente se reconhecia aos tributos a missão de gerar receitas para que o Estado satisfizesse as necessidades públicas, prevalecendo o princípio da neutralidade da tributação.[666] Porém, tal cenário veio a mudar a partir da terceira década do século XX, na medida em que o pensamento liberal foi sendo superado.

Foi em decorrência das necessidades financeiras advindas da Primeira Grande Guerra Mundial, assim como da crise econômica dos anos 30, que se possibilitou o reconhecimento de que os objetivos de crescimento econômico, pleno emprego, equilíbrio na balança de pagamentos e estabilidade monetária não poderiam ser alcançados somente com o livre jogo da oferta e da procura, o que culminou com a aparição do Estado intervencionista,[667] com objetivos de regulação das condutas individuais para a consecução de finalidades socioeconômicas.[668]

665 BORGES, **Introdução ao direito Financeiro**, p. 43.

666 LEAL, (In)Justiça Social por Meio dos Tributos: a finalidade redistributiva da tributação e a regressividade da matriz tributária brasileira, p. 153.

667 José Roberto Vieira e Maurício Dalri Timm do Valle, lastreados por Aliomar Baleeiro, lecionam que no Brasil, quando a doutrina nem sequer sonhava com a extrafiscalidade, os governos já a praticavam largamente sob a forma de isenções a indústrias novas ou subsídios à exportação, dentre outras. Que o Dec. Lei 300, de 1938, regulou e consolidou várias dessas isenções da legislação anterior. Ao fim, assentam-se os autores em Pittem Velloso, para asseverar que quase cinco décadas depois, a extrafiscalidade não só é pacificamente admitida, mas que se lhe reconhece uma realidade irreversível nos Estados Sociais de Direito, inclusive no Brasil. VIEIRA; VALLE, Incentivos Tributários ao Turismo no Brasil: excelências e excrescências da extrafiscalidade, p. 402.

668 LEAL, (In)Justiça Social por Meio dos Tributos: a finalidade redistributiva da tributação e a regressividade da matriz tributária brasileira, p. 154.

Em consequência, a intervenção crescente do Estado na vida econômica e social reflete um fenômeno cuja intensificação repercute sobre a concepção do papel a ser exercido pela finança pública na sociedade.[669]

Mesmo em seu esforço em não se interessar pela vida econômica, identifica-se intervenção do Estado na medida em que, dando liberdade de ação, este intervém por omissão. Entendimento que se apresenta cristalino ao considerar-se que frequentemente o Estado representa grupos sociais ou políticos a exercer momentaneamente o poder, transformando o liberalismo em máscara por detrás da qual os interesses econômicos dominantes tiram proveito do poder político.[670]

Ademais, finaliza Souto Maior Borges pontuando que embora seja uma utopia o imposto puramente neutral, haja vista a tributação sempre produzir efeitos econômicos, evidente se torna que se o critério da neutralidade informa um sistema fiscal, a influência dos tributos sobre a realidade econômica preexistente se reduzirá ao mínimo e, por outro lado, os recursos obtidos com a tributação destinar-se-ão exclusivamente a nutrir o orçamento financeiro do Estado, i.e., a sustentar os serviços públicos indispensáveis à vida coletiva.[671]

De equivalente valia é o ensinamento de Hugo de Brito Machado Segundo, conforme o qual, em matéria tributária, não se confundem isonomia e capacidade contributiva. Ocorre que em algumas situações, nas quais se estiver utilizando o tributo para atingir finalidades extrafiscais, outras medidas de desigualdade podem ser consideradas, i.e., tributos mais altos para o cigarro, não por conta da maior capacidade contributiva de quem fuma, mas em face da nocividade desse produto.[672]

Outrossim, Sacha Calmon Navarro Coêlho, adentrando na seara das tributações exacerbadas por razões extrafiscais, ancorado em lição de Fonrouge, leciona que o princípio da capacidade contributiva revela-se incompossível com a tributação extrafiscal, uma vez que "as técnicas inibitórias da extrafiscalidade só são possíveis pela exacerbação dos encargos fiscais, tornando proibitivos certos consumos e hiperonerosas certas situações".[673]

[669] BORGES, **Introdução ao direito Financeiro**, p. 44.

[670] *Ibid.*, p. 45.

[671] *Ibid.*, p. 46.

[672] MACHADO SEGUNDO, Hugo de Brito, **Código Tributário Nacional**, 7. ed. Rio de Janeiro: Atlas, 2018, p. 38.

[673] COÊLHO, **Curso de Direito Tributário Brasileiro**, p. 122.

Leciona o autor que, apesar do princípio da igualdade na tributação impor ao legislador, em atenção à capacidade contributiva, discriminar adequadamente os desiguais, na medida de suas desigualdades, e não discriminar entre os iguais, que devem ser tratados igualmente, em certas situações; é-lhe autorizado tratar desigualmente os iguais, sem que se veja aquele princípio ofendido, o que cristalinamente se aduz do estudo da extrafiscalidade e do poder de polícia.[674]

No caso da extrafiscalidade, continua o autor, sua finalidade precípua não mais é a arrecadação, mas a indução de determinados comportamentos do contribuinte. Seria o caso da tributação exacerbada de certos consumos nocivos, tais como bebidas, fumo, cartas de baralho; ITR progressivo a desestimular o ausentismo ou o latifúndio improdutivo; IPTU progressivo a coibir a especulação imobiliária em detrimento do interesse comum e contra a função social da propriedade; Benefícios fiscais a partejar o desenvolvimento de regiões mais atrasadas e também para incentivar as artes, a educação, a cultura.[675]

Sem a exacerbação da tributação não haveria como praticar a extrafiscalidade, que se caracteriza justamente pelo uso e manejo dos tributos com a finalidade de atingir alvos diferentes da simples arrecadação de dinheiro. Nesses casos, a consideração da capacidade contributiva, que não está em causa, evidentemente, é demasia.[676]

Discorrendo acerca da progressividade do IPTU no tempo, Sacha Calmon Navarro Coêlho assevera que dizer que esta progressividade tem que ser suave, não podendo atingir o exercício da propriedade, é desqualificar o instituto, pois, se a tributação não tender ao insuportável, como técnica extrafiscal que é, ver-se-á a progressividade reduzida a mera figura de retórica.[677]

Já no poder de polícia, visando à prevalência do todo sobre as partes, ao bem comum, investem, o legislador e o administrador, de meios, inclusive meios fiscais, para limitar o direito, interesse ou liberdade em benefício da moral, do bem-estar, da saúde, da higiene etc.[678]

[674] *Ibid.*, p. 287.
[675] *Ibid.*, p. 287.
[676] *Ibid.*, p. 122.
[677] *Ibid.*, p. 425.
[678] *Ibid.*, p. 287.

Regina Helena Costa, no entanto, quanto à única autorização à inobservância da graduação dos impostos consoante ao princípio da capacidade contributiva, adverte que, na tributação extrafiscal, a incidência daquele princípio não se vê totalmente afastada, ressaltando que o legislador, na instituição de tributos progressivos ou regressivos que atendam a este fim, não pode descuidar-se da preservação dos limites por ele impostos, a manutenção do mínimo vital, o não atingimento do confisco, tal como o não-cerceamento de outros direitos constitucionais.[679]

Neste sentido entende Hugo de Brito Machado que ainda que o tributo seja instituído com finalidade extrafiscal, linhas gerais, o princípio de vedação do confisco há de ser respeitado, no entanto, quando a finalidade extrafiscal se propõe à realização de um valor constitucionalmente consagrado, ter-se-á instaurada uma antinomia.

Afirma o autor não lhe parecer suficiente a afastar inteiramente o princípio da vedação do tributo com efeito de confisco o simples fato de ser este instituído com determinada finalidade extrafiscal visando à realização de um valor constitucionalmente consagrado, mas o balanceamento dos princípios, e em especial a aplicação do princípio da proporcionalidade.[680]

A arrematar sua lição – partindo das premissas de que i) os princípios constitucionais tem eficácia normativa e representam os valores que devem nortear toda a criação, interpretação e aplicação do Direito; e de que ii) o conflito entre princípios não se resolve com o completo afastamento de um deles, mas com a atribuição de maior peso àquele que, prevalecendo, cause menores estragos aos demais –, conclui o autor que diante do citado conflito, a aceitação de um tributo confiscatório como instrumento de realização de um valor consagrado por um preceito constitucional há de se submeter ao teste da proporcionalidade e da razoabilidade como forma de controle contra o arbítrio.[681]

Ademais, a despeito de tudo que já se discorreu em relação à extrafiscalidade, notadamente quanto a ser a única autorização à inobservância da graduação dos impostos consoante ao princípio da capacidade contributiva, a aludida permissão não lhe exclui o atributo de também operar em favor de sua persecução, notadamente com a finalidade da consecução de uma matriz tributária mais justa.

679 COSTA, **Princípio da Capacidade Contributiva**, p. 102.

680 MACHADO, **Curso de Direito Constitucional Tributário**, p. 249, 250.

681 *Ibid.*, p. 251.

E é citando alguns objetivos que podem ser colimados pela extrafiscalidade que Souto Maior Borges realça, visando a uma política de nivelamento e redistribuição, os tributos gerais fortemente progressivos sobre as grandes fortunas, réditos e heranças.[682] Griziotti, conforme expõe o autor, inclui entre os escopos da finança extrafiscal os de proteção (econômica, demográfica e social), da distribuição da riqueza (a redistribuição, pela tributação da renda, do patrimônio e das sucessões), da prevenção, da repressão e da sanção.[683]

De fácil percepção do que se leciona revela-se o ímpar e inconteste potencial oferecido pela função extrafiscal da tributação, mediante a progressividade de alíquotas, ou concessão de incentivos fiscais para os mais pobres, no enfrentamento à desigualdade social tão perceptível na sociedade brasileira.[684]

Para mais, José Roberto Vieira e Maurício Dalri Timm do Valle, ao tempo em que sublinham a elevada dignidade da Capacidade Contributiva e da Igualdade em nosso Sistema Constitucional Tributário, advertem quanto aos abusos que podem ser praticados no âmbito da tributação extrafiscal,[685] revelando-se pois, nas palavras dos autores, "penoso e precário, [...] o convívio da Capacidade Contributiva com a Extrafiscalidade",[686] na medida em que reside justamente no campo da extrafiscalidade, mais que em qualquer outro ponto, o maior risco das investidas contra a Capacidade Contributiva e a Igualdade Tributária.[687]

Por conseguinte, asseveram os autores ser inevitável admitir e confessar os problemas e embaraços decorrentes da extrafiscalidade, dos quais o mais importante é exatamente o da sua legitimidade constitucional, na medida em que esses fins, alheios ao quotidiano da fiscalidade, devem encontrar nítida e clara consagração no Texto Magno, sob pena de se ver violada a Capacidade Contributiva e, por via de consequência, a Igualdade.[688]

682 BORGES, **Introdução ao direito Financeiro**, p. 57.

683 *Ibid.*, p. 60, 61.

684 LEAL, (In)Justiça Social por Meio dos Tributos: a finalidade redistributiva da tributação e a regressividade da matriz tributária brasileira, p. 156.

685 VIEIRA; VALLE, Incentivos Tributários ao Turismo no Brasil: excelências e excrescências da extrafiscalidade, p. 395.

686 *Ibid.*, p. 400.

687 *Ibid.*, p. 403.

688 *Ibid.*, p. 402.

Neste ponto ressaltam os autores que tal advertência proveio de Sáinz de Bujanda para quem, de um ponto de vista jurídico positivo, a distribuição equitativa da carga fiscal não pode se sacrificar para o logro de outros fins, por mais elevados e atraentes que estes sejam, que o progresso não é legítimo nem eficaz, se se sacrifica o valor perdurável da justiça,[689] tese que encontrou defesa em outras vozes importantes do século XX, como Carlos M. Giuliani Fonrouge, da Argentina, Luigi Rastello, da Itália, e Ernesto Flores Zavala, do México, entre outros.[690]

Em completa oposição à corrente avessa à extrafiscalidade, continuam os autores, posiciona-se a tese de Francesco Moschetti, na qual o problema da legitimidade dos fins extrafiscais do imposto vê-se resolvido de modo simples e linear na medida em que só se pode cogitar de capacidade contributiva quando a capacidade econômica for qualificada pelo dever de solidariedade social, de forma que, na capacidade contributiva, não se pode considerar a riqueza do indivíduo singular separadamente das exigências coletivas.[691]

No entanto a percepção de Vieira e Timm do Valle é a de que esta tese se apresenta como uma explicação excessivamente simplificadora e adrede destinada a superar contradições, por conseguinte, de muito difícil, e mesmo impossível sustentação, sob pena de notório vilipêndio à Capacidade Contributiva.[692] Alternativamente, propõem uma aplicação mais branda desse princípio, mesmo no âmbito da extrafiscalidade.

Outrossim, a reforçar sua aliança ao entendimento da sujeição da tributação extrafiscal à Capacidade Contributiva, Francesco Moschette, valendo-se do "art. 53" – a indicar que um dever geral baseado na capacidade contributiva só é admissível e exigível quando destinado a gastos aplicados a serviços que efetivamente afetam a generalidade –, assevera terem alguns autores, apoiando-se na conexão entre prestação tributária e gastos públicos, chegado a conclusões indevidas referentes à admissibilidade dos chamados tributos extrafiscais.

689 *Ibid.*, p. 403.

690 *Ibid.*

691 *"Si ésta no es simplemente la capacidad económica, sino la capacidad económica cualificada por un deber de solidaridad, es decir, por un deber orientado y caracterizado por un prevalente interés colectivo, no se puede considerar la riqueza del individuo separadamente de las exigencias colectivas"*. MOSCHETTI, **El Principio de Capacidad Contributiva**, p. 279.

692 VIEIRA; VALLE, Incentivos Tributários ao Turismo no Brasil: excelências e excrescências da extrafiscalidade, p. 404.

> *Se ha afirmado así o que el deber tributario habría de estar normalmente dirigido únicamente a la función fiscal de cobertura de los gastos con exclusión de la función extrafiscal, o bien que los ingresos extrafiscales, aunque no excluidos, no estarían previstos en el artículo 53. En definitiva en los dos supuestos se ha hecho coincidir el concepto de contribución a los gastos con el de impuestos con finalidad sólo fiscal.* [693]

Ao tempo em que rotula a aludida tese de anacrônica, além de atacável do ponto de vista lógico, disserta o autor que, a despeito de não ser função precípua sua, o tributo extrafiscal também produz rendimento, o qual se dá a fazer frente aos gastos do ente público, amoldurando-se, pois, na aludida condição a legitimar a submissão de determinado ingresso ao crivo do princípio da capacidade contributiva.[694]

Valendo-se de lições de Klaus Tipke e de Joachim Lang, para os quais a capacidade contributiva pode ser restrita pelas normas de finalidade social, mas não eliminada; e também de ensinamentos de Ferreiro Lapatza e de Martínez de Pisón, os quais aludem ao consenso quanto à extrafiscalidade, quando respeitadas as exigências básicas ou mínimas do princípio, a conclusão de José Roberto Vieira e Maurício Dalri Timm do Valle é a de que a chave, aqui, estaria no diagnóstico dessas exigências básicas ou mínimas, as quais, a despeito de, para alguns verem-se consubstanciadas na reverência ao Mínimo Existencial, o limite inferior da capacidade contributiva; com outros as identificando na obediência à Vedação do Efeito do Confisco, seu limite superior, para eles, Vieira e Timm do Valle, é somente no atendimento simultâneo e cumulativo de ambos os limites que tais exigências ver-se-ão respeitadas.[695]

Ademais, advertem os autores que, afastada a capacidade contributiva, exceto pela manutenção do exame dos seus limites, a igualdade, ainda que parcialmente, restará atingida. Que, a despeito de necessária, a simples análise da legitimidade constitucional dos fins e dos meios das providências extrafiscais revelar-se-ia insuficiente, redundando inevitavelmente "no manso, pacífico e inocente acolhimento de toda e qualquer desigualdade decorrente da tributação extrafiscal, apequenando, irreme-

693 MOSCHETTI, **El Principio de Capacidad Contributiva**, p. 126.

694 *Ibid.*

695 VIEIRA; VALLE, Incentivos Tributários ao Turismo no Brasil: excelências e excrescências da extrafiscalidade, p. 404, 405.

diavelmente, o Princípio da Igualdade, por natureza, grande como talvez nenhum outro".[696]

Neste sentido, estabelecida a legitimidade constitucional dos fins e dos meios extrafiscais, propõem os autores, com vistas ao controle das desigualdades, recurso à proporcionalidade,[697] especificamente referindo-se ao tríplice exame da proporcionalidade, do que resultaria: i) verificação da adequação das medidas escolhidas à finalidade extrafiscal perseguida; ii) ponderação quanto a serem as medidas adotadas as menos restritivas e prejudiciais à igualdade, dentre as existentes; e iii) se as vantagens derivadas da finalidade extrafiscal almejada são proporcionais às desvantagens oriundas das desigualdades estabelecidas.[698]

Por derradeiro, adentrando-se à seara judiciária, apoiados em juristas como Martha Leão, Ricardo Lodi Ribeiro, Gilson Bomfim e Humberto Ávila, concluem os autores pela carência de fiscalização da extrafiscalidade. Asseveram que o Supremo Tribunal Federal (STF), sob a alegação de que as providências do legislativo ou do executivo são tomadas no exercício das respectivas discricionariedades, revela-se quase que completamente omisso no que tange a esse controle, a despeito de sua pronta atuação em diversos casos de controle de constitucionalidade de leis. Por fim, ao tempo em que parafraseam Humberto Ávila, concluem os autores que lamentavelmente a aludida omissão judicial, como consequência, torna o princípio da igualdade deficitário entre nós.[699]

Com efeito, diante das irrefutáveis evidências do grande potencial redistributivo proporcionado pela tributação extrafiscal, difícil se revela a compreensão da subutilização das potencialidades da tributação que não a mera arrecadação, na medida que se constata que tal aptidão não representa qualquer grande e genial descoberta recente da doutrina tributária,[700]

[696] *Ibid.*, p. 406.

[697] Justificando ser larga e respeitável a doutrina que trilha esse caminho, os autores invocam a autoridade de Luís Eduardo Schoueri a lhes dar sustentação na medida em que é lição sua ser exatamente o Princípio da Proporcionalidade o que permite a compatibilização das normas extrafiscais com o Princípio da Igualdade.

[698] VIEIRA; VALLE, Incentivos Tributários ao Turismo no Brasil: excelências e excrescências da extrafiscalidade, p. 407.

[699] *Ibid.*

[700] Disserta Leal que já no século XIX Adolf Wagner classificava os tributos em tributos financeiros, com finalidades fiscais, e tributos de ordenamento, com escopo de cumprir objetivos de política econômica ou social, a chamada finalidade extrafiscal. LEAL, (In)Justiça

fato que nos conduz a investigar o que tem inibido tal potencial quanto ao combate e supressão da regressividade sistêmica verificada na matriz tributária brasileira, do que se encarregará o Capítulo 3 deste trabalho.

2.5. Os métodos de aferição da capacidade contributiva

José Maurício Conti afirma existirem três critérios possíveis de se mensurar a capacidade contributiva: i) a renda auferida; ii) o consumo (renda despendida); e iii) o patrimônio[701] (riqueza, ou renda acumulada).[702]

Devido ao seu critério abrangente, a renda auferida é considerada a melhor medida de capacidade contributiva. Além de incluir todas as fontes pelas quais o indivíduo a adquire, ou pelas quais ele a utiliza,[703] por se tratar de uma tributação direta, é de mais fácil aplicação prática, principalmente, no que se refere à gradação conforme a capacidade econômica do contribuinte, na medida em que possibilita estabelecerem-se alíquotas diferenciadas conforme for maior ou menor a intenção de se tributar o indivíduo.[704]

Apesar das vantagens da tributação sobre a renda auferida, o autor leciona existir teorias a defender a tributação sobre o consumo como o melhor critério para se aferir a capacidade contributiva. Sua justificativa é a de que os que argumentam ser mais importante analisar os gastos realizados pelo indivíduo balizam suas teorias no fato de entenderem que o consumo, a despeito da poupança e do investimento (benéficos à sociedade, devendo, portanto, ser incentivados), é um ato egoísta e antissocial, e, portanto, apenas ele deve ser penalizado pela tributação.[705] Ressalta-se ainda como ponto favorável à utilização do consumo como medida da capacidade contributiva o fato de que a tributação da renda pode ser considerada como uma bitributação, vez que essa renda será posteriormente utilizada, e assim, sofrerá uma nova tributação.[706]

Social por Meio dos Tributos: a finalidade redistributiva da tributação e a regressividade da matriz tributária brasileira, p. 151.

701 A despeito do fato de às vezes tal percepção revelar-se enganosa, haja vista a possibilidade de o contribuinte, embora detentor de patrimônio considerável, não dispor de renda.

702 Conti, **Princípios Tributários da Capacidade Contributiva e da Progressividade**, p. 41.

703 *Ibid.*, p. 42.

704 *Ibid.*

705 *Ibid.*

706 *Ibid.*, p. 43.

A despeito de os critérios da renda auferida e do consumo utilizarem-se dos fluxos, pode a capacidade contributiva ver-se aferida também pela utilização de estoques, como é o caso da riqueza. O argumento a fundar essa medida repousa na possibilidade que um bem detém de gerar rendimento,[707] caso em que a tributação incidiria sobre a renda presumível que se poderia obter a partir da riqueza estocada.[708]

Ao se referir a Francesco Tesauro, José Maurício Conti afirma haver ainda quem defenda a existência de um quarto critério, a transferência de bens, que é, para aquele autor, considerado um índice indireto de mensuração da capacidade contributiva.[709]

Preocupação de que se ocupou a ciência das finanças durante largo tempo, a aferição da capacidade contributiva inicia-se por ser entendida com base na teoria da equivalência, para só mais tarde ser explicada pelo princípio do sacrifício.[710]

Maurício Dalri Timm do Valle leciona que dois são os princípios a nortear a busca de um sistema tributário ideal do ponto de vista da igualdade, quais sejam, o Princípio da Retribuição e o Princípio da Capacidade Contributiva. No primeiro, vê-se o *quantun* a se contribuir aferido na proporção dos benefícios auferidos pelo contribuinte em decorrência dos gastos realizados pelo Estado.[711] Quanto ao segundo princípio, o autor afirma sê-lo consequência do próprio Princípio da Igualdade,[712] motivo pelo qual vê desnecessária sua explicitação no Texto Constitucional, a despeito de o legislador constituinte o gravar em seu art. 145, §1º.[713]

707 O autor descreve uma situação hipotética na qual, supondo-se um rendimento do capital da ordem de 10%, e um bem de valor 1.000, presumir-se-ia uma renda de 100, sobre a qual incidiria a tributação.

708 CONTI, **Princípios Tributários da Capacidade Contributiva e da Progressividade**, p. 43.

709 *Ibid.*

710 NABAIS, **O Dever Fundamental de Pagar Impostos: contributo para a compreensão constitucional do estado fiscal contemporâneo**, p. 449.

711 VALLE, **Princípios Constitucionais e Regras-Matrizes de Incidência do Imposto Sobre Produtos Industrializados – IPI**, p. 458.

712 O autor justifica ser o Princípio da Igualdade o "fator de *discrímen*", aludido por Celso Antônio Bandeira de Mello, a permitir tratarem-se os desiguais de forma desigual e, assim, alcançar a igualdade material.

713 VALLE, **Princípios Constitucionais e Regras-Matrizes de Incidência do Imposto Sobre Produtos Industrializados – IPI**, p. 458, 459.

2.5.1. A teoria do benefício

Desenvolvida pela "Escola de Pavia", surge em 1930 a teoria na qual a capacidade contributiva seria a causa jurídica da obrigação tributária e o tributo justificar-se-ia pela contraprestação ao Estado da contribuição recebida, daí sua denominação, teoria do benefício, também chamada de utilidade. Ocorre que, a despeito desta teoria partir da presunção de que o consumo médio dos serviços públicos é proporcional à renda de cada cidadão, note-se entretanto, que o consumo médio de serviços públicos deste é inversamente proporcional à sua renda, de forma que, a aplicação da teoria do benefício poderia resultar na tributação regressiva dos mais abastados.[714]

Sob o mesmo argumento, o de que a aplicação da regra do benefício levaria a uma tributação regressiva, uma vez que os pobres têm mais necessidade de proteção, John Stuart Mill rejeita vivamente a abordagem segundo a teoria do benefício.[715] Para o filósofo, somente prevalece a justa distribuição das quotas tributárias quando, ao contribuírem para o bem comum, todos incorrem em igual sacrifício.[716]

Liam Murphy e Thomas Nagel entendem que para se mensurar, ou mesmo entender, qualquer tipo de benefício, mister se faz o questionamento "em relação a quê?", qual o referencial? Em síntese é exposto que o benefício dos serviços governamentais tem de ser compreendido como a diferença entre o nível de bem-estar de alguém num mundo sem governo e o seu bem-estar com a existência do governo. O mundo sem governo é o estado de natureza de Hobbes, o que por ele foi definido como uma guerra de todos contra todos. Arrematam, os autores, asseverando que os mesmos efeitos ocorreriam se não houvesse o governo para criar e proteger os direitos legais à propriedade e o seu valor, e para facilitar as trocas reciprocamente benéficas.[717]

Na mesma linha discorre José Casalta Nabais que o imposto justo, consoante a teoria do benefício, seria uma contraprestação, ou equivalente, da proteção dispensada pelo Estado aos seus cidadãos, atributo de que, à época, somente os proprietários eram merecedores.[718] Entendimento que

[714] ZILVETI, **Princípios de Direito Tributário e a Capacidade Contributiva**, p. 149.

[715] MUSGRAVE, **Teoria das Finanças Públicas: um estudo de economia governamental**, p. 125.

[716] *Ibid.*

[717] MURPHY, Liam; NAGEL, Thomas, **O Mito da Propriedade**, São Paulo: Martins Fontes, 2005, p. 24.

[718] NABAIS, **O Dever Fundamental de Pagar Impostos: contributo para a compreensão constitucional do estado fiscal contemporâneo**, p. 450.

é balizado pela invocação de lição de A. Smith na qual a definição do *quantum* a se contribuir para as despesas necessárias à mantença do Governo guarda relação ao rédito que se usufrui sob a proteção do Estado.

Destarte, no quadro da teoria contratual, era tido como um contrapolo da inalienável liberdade natural dos indivíduos, cuja limitação, decorrente da percepção dos impostos, se justifica pela utilidade ou benefício[719] que os indivíduos obtém da existência e funcionamento do próprio Estado.[720] Alegando sua inépcia em aferir a real capacidade contributiva, vê-se tal teoria fortemente refutada por José Casalta Nabais. Tais são suas palavras:

> Assim e em primeiro lugar, deparamo-nos com uma capacidade contributiva totalmente objectiva, determinada pela mencionada proteção, a qual, mesmo considerada em relação proporcional com o valor do património e rendimento individuais, como foi defendido por parte significativa da doutrina, está longe de revelar a *efectiva* capacidade dos contribuintes.[721]

Outra crítica à teoria do benefício, refere-se à grande confusão que se cria ao se considerar que um dos principais objetivos do governo é o de fornecer uma renda mínima e serviços de saúde àqueles que, de outra forma, seriam indigentes. Ora, a despeito de os pobres obterem menos benefícios do governo do que os ricos, ainda assim, beneficiam-se, principalmente em um país que adote um sistema mínimo de bem-estar social. A aludida confusão se dá na medida em que, segundo o princípio do benefício os pobres teriam de pagar pelo benefício recebido na proporção dele, paradoxalmente se forneceria uma renda mínima e depois se exigiria um pagamento por esse serviço.[722]

Ademais, José Casalta Nabais acrescenta ser tal princípio de todo impraticável. Passando a elencar suas deficiências, tais como i) o fato de haver benefícios oferecidos pelo Estado não possíveis de serem contrabalançados com impostos, como a redistribuição de rendimentos para erradicar a pobreza; ii) a impossibilidade de se conhecer o benefício que

[719] Valores estes a se medir pelas prestações realizadas em favor dos indivíduos, nomeadamente as traduzidas na proteção da vida e do patrimônio dos cidadãos. *Ibid.*

[720] *Ibid.*, p. 449.

[721] *Ibid.*, p. 450.

[722] LEAL, (In)Justiça Social por Meio dos Tributos: a finalidade redistributiva da tributação e a regressividade da matriz tributária brasileira, p. 174; MURPHY; NAGEL, **O Mito da Propriedade**, p. 26, 27.

cada indivíduo recebe, o que inviabiliza a mensuração de sua retribuição (imposto); arremata seu raciocínio a afirmar que "o pagamento dos impostos, enquanto condição da existência e funcionamento do estado, é de responsabilidade de todos os cidadãos, independentemente da utilidade ou benefício auferido".[723]

Assim, vê-se a capacidade contributiva, doravante, a balizar-se na igualdade dos sacrifícios, "expresso na renúncia à satisfação das necessidades privadas que vai implicada no pagamento dos impostos".[724]

2.5.2. A teoria do sacrifício

Consistente síntese histórica da progressão deste processo é apresentada por Cleucio Santos Nunes ao dissertar que em princípio o critério usado para se mensurar o quinhão que cada cidadão haveria de participar no financiamento das despesas do Estado baseava-se no princípio do benefício, no qual o Estado era financiado por aquele na medida dos benefícios que deste demandasse.

Entretanto, o aumento das complexidades da vida social, motivado principalmente pelo adensamento populacional nos grandes centros em consequência da industrialização, motivou demandas sociais até então inexistentes, como atendimento à saúde, acesso à educação e seguros sociais,[725] de forma que o princípio do benefício já não se mostrava eficiente em face da nova realidade, o que veio a motivar o surgimento da teoria do sacrifício, na qual todos os cidadãos hão de participar no financiamento das despesas do Estado, independentemente dos benefícios obtidos de sua atuação.

Passa-se então o poder econômico, ou "capacidade de pagar", a ser o marco definidor do quinhão de responsabilidade financeira que cada cidadão haverá de suportar no custeio das despesas do Estado.[726]

Destarte, o princípio da capacidade contributiva, que pressupõe um sacrifício comum aos sujeitos da exação tributária, conduz à obsolescência

[723] Nabais, **O Dever Fundamental de Pagar Impostos: contributo para a compreensão constitucional do estado fiscal contemporâneo**, p. 450, 451.

[724] *Ibid.*, p. 452.

[725] Marciano Seabra de Godoi atribui ao discurso jurídico solidarista fortemente presente em autores do início do século XX a causa da derrocada do Estado Liberal e a instalação e afirmação do Estado Social que, como consequência, originou os chamados direitos fundamentais de segunda geração, ou direitos sociais, relacionados não com abstenções, mas com prestações positivas do Estado. De Godoi, Tributo e Solidariedade Social, p. 145.

[726] Nunes, **Justiça tributária**, p. 50.

a teoria do benefício, conquanto não mais se vincula a obrigação de se pagar tributos aos benefícios usufruídos do Estado pelo cidadão, mas esta relação agora migra para a capacidade que cada um tem de pagar.[727]

Para Richard A. Musgrave, haja vista a convenção política não poder ser comparada a uma negociação competitiva, vez que não há uma taxa de troca à qual as utilidades marginais possam ser igualadas, necessário se faz encontrar um outro *modus operandi*, o qual, segundo Edgeworth, é proporcionado pelo princípio da máxima felicidade.[728] O sacrifício mínimo agregado revela-se, pois, o melhor princípio de distribuição de impostos, não por ser equitativo, mas por originar-se diretamente do princípio utilitarista básico da máxima felicidade.[729]

As partes auto interessadas, por meio de contratos, na ausência de concorrência, devem adotar uma organização tal que conduza à soma maior de bem-estar para todos, sujeita somente à condição de que ninguém deve sair prejudicado pelo contrato. Na medida em que nenhuma parte na negociação pode esperar obter uma parcela do bem-estar total que exceda a proporcionada pela regra de bem-estar máximo, esta situação tenderá a ser aceita por todos, cada qual percebendo que a maximização da utilidade agregada será em sua própria vantagem.[730]

Pontuam Liam Murphy e Thomas Nagel que ao se instituir imposto fixo individual, ignora-se o fato de que as pessoas são diferentes em suas capacidades de arcar com o ônus tributário, o que inevitavelmente conduz à iniquidade.[731]

É dizer que o rico tem mais capacidade de pagar do que o pobre, haja vista as pessoas mais endinheiradas poderem se dar ao luxo de se desfazer de mais dinheiro porque o excedente que possuem vale menos para elas em termos reais, de forma que podem pagar mais, às vezes muito mais, do que os pobres, sem sofrer uma perda maior de bem estar.[732]

Cláudio Sacchetto, ao atribuir ao princípio da solidariedade e do concurso a colocação da repartição do custo das políticas públicas na base do

[727] *Ibid.*, p. 347.

[728] MUSGRAVE, **Teoria das Finanças Públicas: um estudo de economia governamental**, p. 147.

[729] *Ibid.*

[730] *Ibid.*

[731] MURPHY; NAGEL, **O Mito da Propriedade**, p. 29.

[732] *Ibid.*, p. 34.

princípio da capacidade contributiva, justifica que a tese da contraprestação foi contestada pelas manifestas lacunas e dificuldades operativas. Em muitos casos, o critério da divisibilidade do serviço é de aplicação impossível ou inoportuna, posto que muito arbitrário, já que se tem apenas parcialmente o real valor do serviço prestado.[733]

Ademais, aos abastados de patrimônio que julgam virem-se prejudicados com tributação que em valores nominais ultrapassa em muito a tributação imposta a um indivíduo de baixa renda, haja vista não se valerem dos serviços oferecidos pelo Estado, pela sua precariedade, indo buscá-los na iniciativa privada, há que se ressaltar que somente pela proteção do Estado o direito à propriedade é-lhe assegurada, benefício que aquele indivíduo de baixa renda, que se vale dos precários serviços oferecidos pelo Estado, não usufrui.

Neste sentido, Marciano Seabra de Godoi, referindo-se à maneira de Adam Smith fundamentar ou justificar a capacidade econômica (teoria do benefício), assevera que os mais ricos, com maior capacidade econômica, devem arcar de forma preferencial com o financiamento do Estado, pois esse Estado existe ao fim e ao cabo para preservar sua propriedade e garantir o processo de acumulação de sua riqueza.[734]

2.5.3. A teoria do talento pessoal

Na teoria do talento, a despeito da noção de capacidade contributiva que demonstra a capacidade da pessoa para pagar impostos em virtude de sua situação econômica atual, tal capacidade é aferida em vista das decisões que se poderia tomar e, portanto, da capacidade de se obter renda e acumular riqueza, i.e., a renda potencial pode ser maior do que a renda atual e as pessoas devem pagar os tributos de acordo com os talentos que possuem para tal incremento.[735]

[733] Sacchetto, Cláudio, O Dever de Solidariedade no Direito Tributário: O Ordenamento Italiano, *in*: Greco, Marco Aurélio; De Godoi, Marciano Seabra (Orgs.), **Solidariedade Social e Tributação**, São Paulo: Dialética, 2005, p. 24.

[734] De Godoi, Tributo e Solidariedade Social, p. 155. Na nota de pé de página nº 44 o autor transcreve passagem do texto A Riqueza das Nações, na qual se extrai que somente com a proteção do Estado o proprietário de propriedade valiosa, adquirida com o trabalho de muitos anos, talvez de gerações sucessivas, pode dormir à noite com segurança. É, pois, a aquisição de propriedade valiosa que exige o estabelecimento de um governo civil. Este governo civil, na medida em que é instituído para garantir a propriedade, de fato é para defesa dos ricos contra os pobres.

[735] Murphy; Nagel, **O Mito da Propriedade**, p. 29.

Um indivíduo que abandona uma carreira de sucesso nos negócios em um grande e estressante centro urbano para empreender um humilde quiosque de petiscos em paradisíaca praia do nordeste brasileiro, provavelmente ganhará menos do que seu potencial lhe poderia proporcionar. Pela teoria do talento, os impostos cobrados dessa pessoa não diminuiriam quando sua renda diminuísse.

A defesa dos economistas contemporâneos em favor do talento como princípio ideal de tributação não busca fundamentação na equidade, mas no fato de que um imposto cobrado sobre o talento, ao contrário do cobrado sobre a renda atual, não desestimularia o contribuinte a trabalhar mais.[736]

A considerar que a pretensão do termo "capacidade contributiva" é a de ser a resposta ao problema da equidade vertical, i.e., determinar a justa distribuição do ônus fiscal entre pessoas em situações diferentes, conclui-se que o princípio do talento não deve ser compreendido como uma interpretação do princípio da "capacidade contributiva", vez que sua justificação clássica não é a justiça, mas a utilidade coletiva.[737]

Ademais, ao asseverar que somente fatos reveladores de riqueza poderão ser eleitos como hipóteses de incidência tributária, Maurício Dalri Timm do Valle aponta para a conclusão de que também na mensuração do *quantun* a se exigir do particular, a tais critérios há de se adstringir a potestade, afastando-se peremptoriamente a possibilidade de se ver a capacidade contributiva aferida com base na teoria do talento pessoal.[738]

2.6. Técnicas a efetivar a capacidade contributiva tributária

A fixação das alíquotas de um tributo pode se dar de modo: proporcional, sendo única, estática, para qualquer valor de base de cálculo; progressivo, sendo a alíquota incrementa à medida que também o é o valor da base de cálculo; ou regressivo, no caso de a alíquota decrescer à medida que o valor da base de cálculo sofre incremento.[739]

Nas palavras de Cleucio Santos Nunes, consideram-se instrumentos de efetivação da capacidade contributiva as técnicas de tributação consistentes na proporcionalidade, seletividade, pessoalidade e progressividade.

[736] *Ibid.*, p. 32.

[737] *Ibid.*, p. 33.

[738] VALLE, **Princípios Constitucionais e Regras-Matrizes de Incidência do Imposto Sobre Produtos Industrializados – IPI**, p. 460.

[739] SCHOUERI, **Direito Tributário**, p. 403.

Ressalta o autor que, a despeito de se encontrarem na doutrina autores a considerar tais "instrumentos" como subprincípios da capacidade contributiva, sob sua ótica, por não guardarem o grau elevado de abstração e nem a carga axiológica que se espera de princípios jurídicos, tratam-se de meras técnicas, ferramentas ou instrumentos a possibilitar a concretização do princípio da capacidade contributiva.[740]

Ricardo Lobo Torres, adotando o termo "subprincípios", elenca uma pluralidade de possibilidades para a concretização do princípio da capacidade contributiva: i) o da progressividade, que prevê a cobrança do imposto por alíquotas maiores na medida em que se alarga a base de cálculo, é o caso do IR (art. 153, §2º, I) e do IPTU (art. 156, §1º e art. 182, §4º, II da CF/88); ii) o da proporcionalidade, que não se vê explícito na CF/88, indica que, independentemente do valor da base de cálculo, as alíquotas não se alteram, sendo o valor do imposto obtido proporcional à sua base de cálculo; iii) o da personalização, que já figurou no texto do art. 202 da CF 1946, se vê, no art. 145, §1º da CF/88, estampado junto com o princípio da capacidade contributiva (verificável no imposto *causa mortis* para o qual é previsto o aumento de sua incidência conforme os quinhões, ou grau de parentesco dos herdeiros[741]); e iv) o da seletividade, que, apontando para a incidência na razão inversa da essencialidade do consumo, verifica-se sua cristalina ocorrência no IPI (art. 153, §3º, I, CF/88) e no ICMS (art. 155, §2º, III, CF/88).

A ideia de que o indivíduo deve custear as despesas do Estado pelos benefícios que dele obtém para proteção de sua propriedade e liberdade, que são proporcionais à sua riqueza, explicaria a adoção da técnica da proporcionalidade. Outrossim, ver-se-ia a capacidade contributiva vinculada ao princípio do custo-benefício não só em relação às taxas e contribuições de melhoria, mas, nesse sentido, também aos impostos.[742]

Espécie mais comum de impostos, o imposto proporcional, por valer-se de alíquota uniforme e fixa, independentemente da variação da base de cálculo,[743] é sempre uma quantia proporcional à expressão de riqueza

[740] Nunes, **Justiça tributária**, p. 291.

[741] Saliente-se que seus efeitos se veem mitigados pela fixação de alíquotas máximas pelo Senado Federal, conforme se depreende do art. 155, §1º da CF/88.

[742] Nunes, **Justiça tributária**, p. 291.

[743] Maia, Mary Elbe Gomes Queiroz, **Imposto Sobre a Renda e Proventos de Qualquer Natureza: princípios, conceitos, regra-matriz de incidência, mínimo existencial,**

sobre a qual incide. São suas expressões o Imposto de Importação, o de exportação, o IPI, o ICMS, o ISS das empresas prestadoras de serviço, entre outros.[744]

Como consequência da própria menção do caráter pessoal dos impostos comandada no §1º do art. 145 da Carta Magna, a técnica da pessoalidade[745] como instrumento de efetivação da capacidade contributiva busca a promoção de uma igualdade material entre os contribuintes. Visa, pois, a individualização da carga tributária conforme as peculiaridades que cada contribuinte revele em sua capacidade de suportá-la. Exemplo dessa técnica é o verificado na legislação do Imposto de Renda ao se prever a possibilidade de se deduzir de sua base de cálculo as despesas que tenham contribuído à formação da renda tributável.[746]

A suplantação da teoria do benefício pela teoria do sacrifício culminou com a passagem do tributo proporcional ao progressivo, vez que, não conseguindo garantir a igualdade de sacrifícios entre os cidadãos, aquele modelo já não concretizava a equidade fiscal. Torna-se o tributo, na forma do imposto, instrumento de realização de justiça, a qual opera por meio da redistribuição de rendimentos.[747]

Partindo-se da perspectiva de que o princípio de bem-estar social fundamenta-se no pressuposto de que cabe ao Estado corrigir a distribuição da renda – da maneira determinada pelas forças de mercado e pela instituição de herança –, a tributação, norteada pela capacidade de pagar, deve resultar em sacrifício igual, e para tal, revela-se necessária a tributação progressiva.[748]

Leciona Cleucio Santos Nunes, apoiando-se em Marciano Seabra de Godoi, que o Direito Constitucional Tributário contemporâneo vê na

retenção na fonte, renda transnacional, lançamento, apreciações críticas, Barueri – SP: Manole, 2004, p. 40.

744 MACHADO, **Curso de Direito Constitucional Tributário**, p. 70.

745 Cleucio Nunes adverte quanto à necessidade de não se confundir pessoalidade com personificação dos tributos. Assevera o autor que, a despeito do que se verifica no primeiro caso, na personificação dos tributos a identificação da situação econômica do contribuinte não se restringirá, isoladamente, à renda, sendo também considerados outros fatos presuntivos de riqueza, o patrimônio, por exemplo. NUNES, **Justiça tributária**, p. 295.

746 *Ibid.*, p. 293.

747 SACCHETTO, O Dever de Solidariedade no Direito Tributário: O Ordenamento Italiano, p. 26.

748 MUSGRAVE, **Teoria das Finanças Públicas: um estudo de economia governamental**, p. 149.

capacidade contributiva o parâmetro preferencial para fazer atuar no Direito Tributário o Princípio da Igualdade, o que é visto como uma projeção do Princípio da Solidariedade Social quanto à repartição de cargas públicas.[749]

Conclui o autor asseverando que, de fundamental importância ao atingimento de tal objetivo, vê-se na progressividade principal instrumento de efetivação da capacidade contributiva, haja vista proporcionar o atingimento de modo mais eficiente dos contribuintes de maiores posses financeiras, o que, inevitavelmente, conduz à concretização da justiça tributária.[750]

Previsto para certos impostos, como o Imposto de Renda, o "preceito" da progressividade – é como a ela se refere Luciano Amaro, "preceito" –, mais que uma decorrência necessária da capacidade contributiva, é um refinamento seu. A despeito da proporcionalidade, em que as riquezas maiores geram impostos proporcionalmente maiores, na progressividade a alíquota para as fatias mais altas de riqueza veem-se incrementadas.[751]

Como corolário e modo de realização dos princípios da capacidade contributiva e da igualdade, encontra seu fundamento na busca da justiça fiscal e social, na medida em que procura equilibrar as desigualdades sociais, consistindo sua essência em personalizar a alíquota efetiva do imposto conforme a renda de cada contribuinte.[752]

Neste ponto, de grande relevância são as palavras do professor Hugo de Brito Machado a lecionar que:

> Um imposto tem caráter pessoal quando o legislador coloca, entre os critérios a serem utilizados na determinação do seu valor, elementos relativos à pessoa do contribuinte. Assim, dependendo da pessoa do contribuinte, o imposto poderá ser maior ou menor.[753]

Ante o exposto, resta o entendimento de que estar-se-á praticando a progressividade quando houver diversas alíquotas, as quais serão gradua-

[749] Nunes, **Justiça tributária**, p. 348.

[750] *Ibid.*

[751] Amaro, **Direito Tributário Brasileiro**, p. 165.

[752] Maia, **Imposto Sobre a Renda e Proventos de Qualquer Natureza: princípios, conceitos, regra-matriz de incidência, mínimo existencial, retenção na fonte, renda transnacional, lançamento, apreciações críticas**, p. 39.

[753] Machado, **Curso de Direito Constitucional Tributário**, p. 106.

das conforme o montante tributável se incrementar,[754] e sua inobservância afrontará diametralmente os princípios da igualdade e da pessoalidade, vez que a incidência do imposto por meio de alíquota fixa incidente sobre bases diferentes não conseguirá aferir e tributar de forma real e isonômica a verdadeira capacidade contributiva dos sujeitos da obrigação.[755] Outra forma de se efetivar a progressividade na tributação, como bem pontua Miguel Delgado Gutierrez, é mediante a concessão de isenção até determinado montante de renda.[756]

Advirta-se não se restringir a progressividade à função fiscal, função arrecadatória com vistas a fazer frente às despesas do Estado, ademais, é mediante sua função extrafiscal que à potestade são disponibilizados mecanismos a operar modulação de condutas, incentivando certas atividades, ou desestimulando outras.

> [...] muitas vezes o Governo Federal utiliza o IR como instrumento de intervenção na economia, a fim de incentivar certas atividades, ou de desestimular outras. [...] Quando se concede uma isenção de Imposto de Renda para indústrias que venham a se instalar nas regiões Norte ou Nordeste, por exemplo, se está utilizando o IR com função extrafiscal.[757]

Para Richard A. Musgrave a capacidade de pagar ultrapassa a tributação progressiva para financiamento dos serviços públicos, alcançando o problema mais geral da redistribuição da renda.[758] Neste sentido, de pouco adiantaria todo o cuidado e acurácia do legislador quanto à pessoalização do *quantum* se exigir do contribuinte com vistas ao financiamento da burocracia estatal, se na outra mão, no retorno de tais recursos à sociedade em forma de benefícios, mesmo zelo não se despendesse.

Mesma é a perspectiva de Augusto César de Carvalho Leal ao tempo em que disserta não ser admissível, de qualquer forma, que se despreze a

[754] Ressalte-se a introdução em nosso direito positivo pelo art. 182, §4º, II da CF/88 da progressividade em razão do tempo. *Ibid.*, p. 70.

[755] MAIA, **Imposto Sobre a Renda e Proventos de Qualquer Natureza: princípios, conceitos, regra-matriz de incidência, mínimo existencial, retenção na fonte, renda transnacional, lançamento, apreciações críticas**, p. 42.4.

[756] GUTIERREZ, Miguel Delgado, **Imposto de Renda: princípios da generalidade, da universalidade e da progressividade**, São Paulo: Quartier Latin, 2004, p. 234.2.

[757] MACHADO SEGUNDO, **Manual de Direito Tributário**, p. 278.

[758] MUSGRAVE, **Teoria das Finanças Públicas: um estudo de economia governamental**, p. 126.

utilidade dos gastos públicos como forma de redistribuição de renda, de forma que, segundo R. Spisso, a igualdade substancial somente será garantida se a progressividade do sistema tributário estiver coerentemente integrada a uma política de gastos públicos de caráter social.[759]

Contudo, a despeito de na doutrina nacional poder-se afirmar ser majoritária a corrente a considerar a progressividade como instrumento de realização da capacidade contributiva e, por conseguinte, da igualdade, há que se ressaltar haver doutrinadores que, por motivos diversos, não coadunam deste entendimento.[760]

Para estes autores, bastante ao atendimento do princípio da equidade revela-se o imposto proporcional, haja vista a exigência tributária nesta modalidade se dar na proporção direta à renda de cada contribuinte. Quando a renda dobra ou triplica, ou cresce dez vezes, a obrigação tributária aumenta na mesma proporção. Assim, aqueles que ganham mais, pagam mais imposto.[761]

Por conseguinte, a progressividade não estaria adstrita à simples obediência ao princípio da capacidade contributiva comandado no art. 145, §1º, CF/88, mais que isso, visaria à efetivação da função social do Sistema Tributário. É o que demonstra Miguel Gutierrez quanto à progressividade do Imposto de Renda ao asseverar que ao se tributar mais gravosamente os que possuem maior capacidade contributiva, e com seu produto, promover-se redistribuição de renda aos menos favorecidos, vê-se favorecida a diminuição das desigualdades sociais.[762] Completa o autor asseverando que, entendendo o legislador ordinário pela desnecessidade de um Imposto de Renda progressivo, por não se ver necessária uma distribuição de renda, nada obstaria que fosse instituído um Imposto de Renda com alíquota proporcional. [763]

Ademais, há que se ter prudência na tributação progressiva de forma a não desestimular por completo, em razão da agressividade da redistribui-

[759] Leal, (In)Justiça Social por Meio dos Tributos: a finalidade redistributiva da tributação e a regressividade da matriz tributária brasileira, p. 173.

[760] Conti, **Princípios Tributários da Capacidade Contributiva e da Progressividade**, p. 76.7; Gutierrez, **Imposto de Renda: princípios da generalidade, da universalidade e da progressividade**, p. 245-249.

[761] Gutierrez, **Imposto de Renda: princípios da generalidade, da universalidade e da progressividade**, p. 238.

[762] *Ibid.*, p. 253.1.

[763] *Ibid.*, p. 253.2.

ção de renda e patrimônio, a produção e o investimento, o que, como consequência acarretaria em desemprego, inflação e diminuição das receitas tributárias necessárias aos gastos estatais, inclusive os distributivos, agravando-se, pois, a situação daqueles que se pretendia proteger.[764]

Outrossim, ao se verem as alíquotas efetivas amiudarem-se frente ao incremento da capacidade contributiva, depara-se com o efeito regressivo da tributação, o que claramente se materializa na tributação sobre o consumo, vez que, quanto maior a manifestação de riqueza do contribuinte, menor será a porção desta a se apresentar à tributação.

Por conseguinte, quanto aos impostos indiretos, aqueles nos quais são diferentes as pessoas que suportam seu ônus e as que a lei atribui o dever de fazer o correspondente pagamento em função de sua relação com o correspondente fato gerador,[765] é na seletividade[766] que se fará valer o princípio

[764] Leal, (In)Justiça Social por Meio dos Tributos: a finalidade redistributiva da tributação e a regressividade da matriz tributária brasileira, p. 175.4.

[765] Rubens Gomes de Sousa, ao discorrer sobre a classificação dos impostos em diretos e indiretos critica o critério adotado pela maioria dos autores, para os quais impostos diretos são os suportados em definitivo pelo contribuinte obrigado pela lei ao seu pagamento, enquanto que os indiretos, os que são ou podem ser transmitidos – fenômeno que o autor nomeia de repercussão ou translação – por aquele contribuinte para outra pessoa, que por sua vez os transferirá ou os suportará em definitivo, motivo pelo qual se diz haver no imposto indireto dois contribuintes, o de direito, a pessoa obrigada por lei ao pagamento; e o de fato, a pessoa que arcará em definitivo com o ônus do imposto (nas palavras de Francesco Moschetti: *"sujeto formal del tributo, que paga al Estado, mas no soporta una definitiva disminución patrimonial, y contribuyente efectivo, que no paga directamente al Estado, pero queda definitivamente empobrecido en su patrimonio"*. Moschetti, **El Principio de Capacidad Contributiva**, p. 234.). A crítica do autor reside no fato de que, consistindo a repercussão no acréscimo do imposto ao preço das mercadorias ou serviços tributados, esta sujeitar-se-á à lei da oferta e da procura, somente sendo possível quando as condições do mercado permitirem, revelando-se, pois, um fenômeno econômico, e não jurídico. Neste sentido, o autor manifesta preferir distinguir os impostos em diretos e indiretos segundo seu critério jurídico, que é a natureza de seu fato gerador, de forma que, revelando-se o fato gerador uma situação permanente, do que é exemplo a propriedade, ou pelo menos durável ou continuada no tempo, do que é exemplo a renda, ter-se-á um imposto direto. Em contrapartida, sendo o fato gerador uma situação instantânea ou que possa ser isolada no tempo, do que é exemplo uma compra, uma venda, um consumo, ter-se-á um imposto indireto. De Sousa, **Compêndio de Legislação Tributária**, p. 170.

[766] Ressalta-se que não é ao imposto que se atribui o predicativo da seletividade, mas ao percentual que à base de cálculo aplicado resultará o *quantum* a se pagar, às alíquotas, portanto. Valle, **Princípios Constitucionais e Regras-Matrizes de Incidência do Imposto Sobre Produtos Industrializados – IPI**, p. 474.

da capacidade contributiva.[767] Entendimento de que compartilha Luciano Amaro ao também vislumbrar na aplicação da seletividade das alíquotas em função da essencialidade dos bens a possibilidade de se atenuar a regressividade desta modalidade de tributação, operando-se pois, uma técnica de implementação da justiça fiscal.[768]

Francesco Moschetti ao asseverar não referir-se a capacidade contributiva à capacidade objetiva e material representada por um bem econômico, prescindindo da pessoa que o possui, mas à capacidade contributiva do sujeito enquanto induzida por aquele bem,[769] disserta que, a despeito da personalização sobre a renda e sobre o patrimônio não apresentar qualquer dificuldade, quanto ao imposto sobre os gastos revela-se um tanto problemática, mas que, ainda assim é sempre possível introduzir alguns elementos de personalização eximindo os consumos de primeira e imediata necessidades correspondentes ao mínimo vital e prevendo tipos discriminados segundo o caráter mais ou menos luxuoso de consumo.[770]

> *Considerar ilegítimo, y eliminar por tanto el impuesto general sobre los consumos porque no pueda ser personal con la misma perfección con que puede serlo el impuesto sobre la renda significaria cometer una violación peor, sin duda, del principio de capacidad contributiva.*[771]

Oportuna neste ponto a lição de Luís Eduardo Schoueri ao elucidar que, a despeito de se imaginar que um tributo incide sobre um produto/mercadoria, haja vista o momento (o do consumo), a base de cálculo (preço do produto) e a alíquota serem determinados tendo como parâmetro aquele item e seu preço, do ponto de vista econômico, o que se vislumbra é alcançar a renda do consumidor.[772]

Contribuintes de baixa renda tendem a consumir todo o seu rendimento no próprio mês de aquisição, não lhes sendo possível qualquer poupança, expondo, por conseguinte, todo o seu rendimento à tributação. Neste sentido, é no Princípio da Seletividade que se vislumbrará a possibilidade de se corrigir, ou ao menos de se amenizar a aludida disparidade

767 Machado, **Curso de Direito Constitucional Tributário**, p. 71.

768 Amaro, **Direito Tributário Brasileiro**, p. 165.

769 Moschetti, **El Principio de Capacidad Contributiva**, p. 266.

770 *Ibid.*

771 *Ibid.*, p. 267.

772 Schoueri, **Direito Tributário**, p. 427.

de sacrifício tributário na tributação indireta, propiciando que os bens consumidos por famílias de renda mais baixa sejam mais brandamente tributados, ou até mesmo, isentados de tributação.[773]

Mas os impostos indiretos, por entrar em cena o contribuinte de fato, o qual não coincide com o contribuinte *de jure*, revelam-se uma variante a retirar a perfeição da realização da capacidade contributiva. É o caso do IPI e do ICMS, que, valendo-se da suposição de que um contribuinte de menor renda consome artigos necessários tão somente à satisfação de suas necessidades básicas de existência, têm estes artigos suas alíquotas reduzidas, ou mesmo veem-se tais produtos isentos de tributação. E é justamente nesta suposição que se revela a aludida imperfeição, vez que também o contribuinte de vastas posses, aquele com potencial de uma maior contribuição no custeio da burocracia estatal, ver-se-á favorecido pelos citados benefícios.[774]

Alexis Fonteyne, na mesma linha, adotando como exemplo a desoneração da cesta básica, assevera que, embora famílias pobres gastem uma parcela maior de sua renda na aquisição de produtos da cesta básica, as famílias ricas despendem, em termos absolutos, valores muito maiores. Acrescenta o autor que, além da imperfeição já apontada, o desenho da isenção tributária atrapalha a eficiência competitiva do mercado, por exemplo, o peixe está na cesta básica, o salmão é peixe, mas qual família é mais beneficiada com a isenção do salmão?[775]

Quanto à possibilidade de se aplicar, na seletividade, o controle judicial, Maurício Dalri Timm do Valle apresenta duas correntes doutrinárias: i) advoga a primeira corrente que o Princípio da Seletividade destina-se ao legislador, o qual, no momento político da elaboração legislativa, estabelecerá distinções de alíquotas em atenção à seletividade em função da essencialidade dos produtos; ii) para a segunda corrente, além de diretriz política, apresenta-se o Princípio em tela como destinado a proteger o contribuinte. E a partir desta distinção, surgem os debates.[776]

[773] *Ibid.*, p. 428.

[774] Coêlho, **Curso de Direito Tributário Brasileiro**, p. 121.

[775] Como conclusão de sua lição o autor menciona a existência de estudos a demonstrar ser muito mais eficiente como ferramenta distributiva, arrecadar o imposto total sobre os produtos da cesta básica e transferir o montante de isenção somente para as famílias pobres. Fonteyne, Alexis, Onde Está a Real Regressividade do Sistema Tributário Brasileiro?, *in*: Rocha, Wesley (Org.), **Reforma Tributária em Pauta**, São Paulo: Almedina, 2021, p. 35.

[776] Valle, **Princípios Constitucionais e Regras-Matrizes de Incidência do Imposto Sobre Produtos Industrializados – IPI**, p. 486.

Timm do Valle, após expor entendimento de Eduardo Domingos Bottallo – o qual, filiando-se à segunda corrente, não vê possibilidade de controle judicial caso se adote a primeira corrente, tratar-se-ia, portanto, de uma diretriz meramente política –, posiciona-se favoravelmente aos que aderem ao entendimento de que é plenamente possível o controle judicial da aplicação do Princípio da Seletividade das alíquotas do IPI.

A reforçar a fundamentação de seu entendimento, o autor cita Regiane Binhara Esturilio, para a qual não somente não há impedimento, como há o dever do Poder Judiciário analisar essas questões e se pronunciar com o fim de se preservar os ditames constitucionais no momento e no local considerados.

Em seguida, com o fito de se arrematar sua explanação, Maurício Dalri Timm do Valle traz entendimento de Roque Antônio Carrazza, o qual sustenta que a inobservância do direito constitucional conferido ao contribuinte de observância à seletividade em função da essencialidade, na instituição ou majoração do tributo, abrir-lhe-á a possibilidade de se buscar a tutela jurisdicional efetiva.[777] E a demonstrar empiricamente que a razão está com Maurício Dalri Timm do Valle apresenta-se, na sessão "3.2.1. O peso da tributação sobre o consumo", o estudo de caso do RE 714.139, no qual se enfrenta alegado desrespeito à seletividade na definição das alíquotas aplicadas aos serviços de telecomunicações e energia elétrica.

Com o intuito de se clarear o entendimento da seletividade tributária, analisa-se doravante o art. 18 da lei 1.254/96, que instituiu o ICMS no Distrito Federal, o qual especifica as alíquotas incidentes nas operações e prestações alcançadas pelo referido imposto.

Vê-se nitidamente que a gradação das alíquotas é bem definida. Para as operações interestaduais verificam-se alíquotas de 4% para prestação de transporte aéreo de carga e mala postal; e de 12% para os demais casos. Quanto às alíquotas incidentes nas operações internas, veem-se esculpidas no texto legal em estudo as alíquotas de 12%, 15%, 17%, 18%, 21%, 25%, 28% e 29% (cite-se que já houve alíquota de 35% para fumo e seus congêneres, hoje sob a alíquota de 29%, a maior delas). A alíquota modal é a de 18%; para as mercadorias de luxo ou as consideradas supérfluas, 25%; Serviço de comunicação, petróleo e combustíveis líquidos ou gasosos, exceto

[777] Maurício Dalri Timm do Valle conclui o tópico reafirmando que ao Poder Judiciário incumbe controlar a observância ao Princípio da Seletividade quando da atividade legislativa de estabelecimento das alíquotas do IPI. *Ibid.*

aquelas para as quais haja alíquota específica, 28%;[778] mercadorias nocivas à saúde, bebidas alcoólicas, fumo e seus congêneres, 29%.

Assim, resta cristalino o esforço do legislador ordinário em potencializar o efeito prático proposto pela seletividade na legislação do ICMS do Distrito Federal, graduando o peso tributário a ser suportado pelo contribuinte conforme o grau de essencialidade revelado pelo que se consome (ressalva em nota de pé de página imediatamente anterior).

Apenas a título ilustrativo, discorre-se quanto ao comportamento da tributação da energia elétrica (classe residencial) que é um item que passeia por várias alíquotas, a depender da aferição quantitativa de seu consumo pelo contribuinte. A inteligência deste dispositivo é a de que quanto maior o consumo de eletricidade, maior capacidade contributiva é revelada.[779] Tal é a gradação da alíquota do ICMS quanto ao consumo mensal de energia elétrica no Distrito Federal: 12% para consumo até 200kWh, 18% para consumo entre 201KWh a 300KWh, 21% para consumo entre 301 a 500KWh, 25% para consumo acima de 500KWh.

2.7. A capacidade contributiva e suas peculiaridades

Com vistas à familiarização do estudioso do direito quanto ao significado que a doutrinada tem dado a certos termos jurídicos que se veem abraçados pelo princípio da capacidade contributiva, entendimento de alguns dos renomados autores que se debruçaram sobre o tema são apresentados a seguir.

[778] A alíquota de 28%, prevista na alínea "f" do inciso II do citado artigo, por fugir à inteligência do instituto da seletividade, merecerá comentários adicionais no Capítulo 3 deste trabalho, no qual se abordará os fatores que contribuem para a condição de regressividade da matriz tributária brasileira.

[779] "[...] Nada há, passível de censura, em cobrar, não só a tarifa pelo fornecimento de energia elétrica, como o respectivo ICMS, progressivamente, pois, é mais do que intuitivo concluir, embora pela exteriorização objetiva de possuir alguém instalações e aparelhos eletrônicos, diversificados, sofisticados e numerosos, tenham também, subjetivamente, maior capacidade contributiva do que outrem, de vida modesta, dispondo, quando muito, de alguns pontos de luz, de uma TV e, se tanto, uma geladeira [...]". Ementa do julgado Ap. 219.397-2/0 – 15ª C. –j. 7.12.93 – rel. Des. Quaglia Barbosa. CONTI, **Princípios Tributários da Capacidade Contributiva e da Progressividade**, p. 62.

2.7.1. O termo "sempre que possível"

O termo "sempre que possível" esculpido no §1º do art. 145 da CF/88 tem sido objeto de constantes controvérsias doutrinárias. Em clara crítica aos que sustentam a tese de referir-se a aludida expressão à possibilidade fática de se medir a capacidade econômica, Humberto Ávila a vê desnecessária, supérflua, na medida em que a aplicação de comandos normativos sempre depende de condições ontológicas de aplicabilidade, i.e., prescrições comportamentais instituídas por normas jurídicas pressupõem possibilidades fáticas de aplicação.[780]

Outrossim, enfatiza o autor ser entendimento dominante o de que a expressão "sempre que possível" diz respeito ao caráter pessoal dos impostos, e o comando é o de que os impostos que puderem ser graduados conforme a capacidade econômica do contribuinte deverão sê-lo.

No entendimento de Hugo de Brito Machado Segundo tal locução não quer indicar que o atendimento aos princípios ali transcritos, pessoalidade e capacidade contributiva, sejam meras faculdades do legislador ou do intérprete, ou que dependam das "circunstâncias econômicas", mais que isso, são metas, ou diretrizes, que devem ser prestigiadas com máxima efetividade possível à luz das demais regras e princípios do ordenamento jurídico, os limites à sua aplicação são fornecidos pelo próprio direito.[781]

Posicionamento que encontra sustentação também nas palavras de Humberto Ávila, na medida em que se assevera não traduzir, a expressão, "uma permissão, mas um dever cujo significado depende da possibilidade, jurídica e ontológica, da graduação de acordo com a capacidade econômica do contribuinte".[782]

Para Hugo de Brito Machado, agora o pai de Machado Segundo, alguns impostos, a despeito de, a depender da opção do legislador ao definir os elementos relevantes na determinação do valor correspondente, poderem ter ou não ter caráter pessoal, são tradicionalmente objetivos, o que torna extremamente difícil, na sua instituição, a utilização de características individuais do contribuinte. Foi oriunda desta dificuldade, justifica o patriarca, que o constituinte veio a valer-se da expressão "sempre que

[780] ÁVILA, **Sistema Constitucional Tributário**, p. 435.

[781] MACHADO SEGUNDO, **Código Tributário Nacional**, p. 4.

[782] ÁVILA, **Sistema Constitucional Tributário**, p. 436.

possível", dispensando o legislador ordinário do esforço com fins a dar caráter pessoal a todos os impostos.[783]

Assertiva que vai encontrar rígido alicerce nas palavras de Francesco Moschetti:

> *Una vez admitido, en efecto, que el principio de capacidad contributiva requiere una multiplicidad de impuestos distintos (y complementarios) entre si, no se puede pretender que cada uno de ellos cumpla de igual modo el requisito de la personalidad. Cada uno de ellos debe cumplir tal requisito hasta donde sea posible, conforme a sus propias características generales [...].*[784]

Para clarear a questão, Hugo de Brito Machado Segundo, valendo-se do Imposto de Renda das Pessoas Físicas (IRPF) e do Imposto sobre Produtos Industrializados (IPI) passa a demonstrar que nem sempre, em face das próprias peculiaridades do imposto, é possível aferir de modo claro e preciso a capacidade econômica do seu contribuinte. Quanto ao IRPF, por sua própria natureza, é possível dar-lhe caráter pessoal e graduá-lo considerando bastante a capacidade contributiva, o que não se verifica quanto ao IPI, o qual é calculado em face de um produto industrializado e não propriamente de quem o industrializa ou o consome. Neste último caso, apenas de modo indireto é possível aferir a capacidade contributiva, atribuindo tributação mais gravosa a produtos supérfluos e luxuosos.[785]

Finaliza, Hugo de Brito Machado Segundo, afirmando que se alguns impostos podem não ser pessoais em absoluto, em face de sua própria natureza, isso não ocorre com o princípio da capacidade contributiva, de observância sempre possível pelo legislador. O que pode ser diferente, em cada caso, a depender das possibilidades (tipo de imposto, por exemplo) é o grau, ou a intensidade, com que o princípio será observado.[786]

Já sob o prisma de Ricardo Lobo Torres, esta ressalva constitucional, "sempre que possível", tem dois objetivos principais, i) o de adequar o princípio da capacidade contributiva à natureza do imposto e à técnica de sua incidência; e ii) o de compatibilizar esse princípio de justiça com a

[783] Machado, **Curso de Direito Constitucional Tributário**, p. 106.

[784] Moschetti, **El Principio de Capacidad Contributiva**, p. 267.

[785] Machado Segundo, **Código Tributário Nacional**, p. 5.

[786] *Ibid.*

extrafiscalidade.[787] Explica o autor que tal ressalva constitucional se deve ao fato de em cada imposto a capacidade contributiva e os seus diversos subprincípios serem mensurados diferentemente. Para ilustrar, toma como exemplo o Imposto de Renda, ao qual se aplica o subprincípio da personalização; em contra partida, vale-se do imposto de importação e do de transmissão de bens imóveis para demonstrar sua inaplicabilidade.[788]

De opinião de que o princípio da capacidade contributiva[789] diz respeito aos tributos em geral, não se restringindo aos impostos, a despeito de ser o que se positivou na Constituição, o professor Hugo de Brito Machado leciona que o alcance da expressão "sempre que possível", em virtude da aludida restrição operada pela Carta Magna, somente se coloca no que diz respeito ao caráter pessoal dos impostos e à capacidade econômica relativamente aos impostos.[790]

Conclui sua lição, o professor, asseverando que a expressão "sempre que possível" se presta apenas a reconhecer que em relação a certos impostos é praticamente impossível uma disciplina que lhes atribua caráter pessoal,[791] como consequência também o é, praticamente impossível, saber quem é o contribuinte de fato, o que culmina com a impossibilidade da observância do princípio da capacidade econômica.[792]

2.7.2. A capacidade contributiva e as espécies tributárias contraprestacionais

José Casalta Nabais é enfático em refutar a possibilidade de se aplicar a progressividade às taxas, o faz sob o argumento de que o seu montante, o da taxa, relaciona-se diretamente com a proporcionalidade do benefício proporcionado pelo correspondente serviço.[793]

787 Ávila, **Sistema Constitucional Tributário**, p. 436; Lobo Torres, **Curso de Direito Financeiro e Tributário**, p. 96.

788 Lobo Torres, **Curso de Direito Financeiro e Tributário**, p. 96.

789 O professor ora usa a expressão capacidade contributiva, ora prefere capacidade econômica, como se vê no parágrafo seguinte.

790 Machado, **Curso de Direito Constitucional Tributário**, p. 105.

791 Como os incidentes sobre a produção e a circulação de bens, em relação aos quais, conforme ensina o professor, não se apresenta razoável pretender que tenham caráter pessoal.

792 Machado, **Curso de Direito Constitucional Tributário**, p. 105.

793 Nabais, **O Dever Fundamental de Pagar Impostos: contributo para a compreensão constitucional do estado fiscal contemporâneo**, p. 477.

Buscando suporte ao seu entendimento no direito comparado, afirma o autor que a generalidade da doutrina, incluindo a italiana e a espanhola, rejeitam a aplicação do princípio da capacidade contributiva às taxas e demais figuras equiparáveis, asseverando parecer "claro que pretender aplicar às taxas o critério da capacidade contributiva redunda no resultado inaceitável de se querer tratar igualmente o que é desigual".[794]

E a corroborar a assertiva do mestre lusitano, referindo-se ao art. 53 da Constituição de seu país, o qual comanda a capacidade contributiva, apresentam-se as palavras do doutrinador italiano Francesco Moschetti:

> *En nuestra opinión, la especial conexión entre el artículo 53 y el artículo 2º hace que deban excluirse de aquel los tributos que tengan como causa jurídica, entendida en el sentido de ratio, no un deber de solidariedad, sino una particular prestación o servicio recibidos de la administración pública.*[795]

Neste sentido, ao tempo em que descreve como tributos a título comutativo característicos as taxas e como tributos a título contributivo característicos os impostos, englobando nestes últimos as contribuições especiais, assevera o autor poder sintetizar sua tese na exclusão das taxas da esfera de operatividade do art. 53 e na inclusão nela somente dos impostos, sejam diretos ou indiretos.[796]

Ricardo Lobo Torres ressalta, porém, ter a sensação de perceber a influência desse princípio de justiça fiscal nas taxas e também nas contribuições de melhoria, referindo-se às isenções e à entrega de serviços e obras públicas às populações carentes. Conforme o art. 145, §1º da CF/88, somente o imposto deverá seguir o critério da capacidade contributiva. A Constituição de 1946 generalizava, referindo-se a tributos. E realmente o imposto é a categoria a que, por excelência, se dirige o princípio da capacidade contributiva, vez que se trata de tributo que não se vincula a qualquer prestação de serviços públicos, tendo como único parâmetro a riqueza do contribuinte.[797]

Sacha Calmon Navarro Coêlho, enfrentando o tema por outro prisma, leciona que, sendo do homem a capacidade de contribuir, a sua medição

[794] *Ibid.*, p. 478.

[795] MOSCHETTI, **El Principio de Capacidad Contributiva**, p. 145.

[796] *Ibid.*, p. 146.

[797] LOBO TORRES, **Curso de Direito Financeiro e Tributário**, p. 97.

é pessoal, revelando-se irrelevante intrometer no assunto a natureza jurídica das espécies tributárias. Para o autor, não é correto supor que por ser a taxa um tributo que tem por fato jurígeno uma atuação do Estado, só por isso, em relação a ela não há se falar em capacidade contributiva.[798]

Para o autor, não se justifica não se falar em capacidade contributiva referente a taxa pelo simples fato de esta ter por fato jurígeno uma atuação do Estado, uma vez que o próprio STF a admite pacificamente.[799] Por conseguinte, a atuação do Estado será útil para dimensionar a prestação, nunca para excluir a consideração da capacidade de pagar a prestação, atributo que se vincula ao sujeito passivo e não ao fato jurígeno.

Luís Eduardo Schoueri demonstra certo comedimento ao tratar do alcance do princípio da capacidade contributiva também às taxas. Sob o argumento de tratar-se a capacidade contributiva corolário do reconhecimento da convivência de valores constitucionais, inicia sua argumentação asseverando poder-se admitir alguma relevância deste princípio na base de cálculo das aludidas espécies tributárias, de modo que, se para os impostos a capacidade contributiva deve ser uma justificativa, no caso das taxas, apresenta-se como uma justificativa a mais.[800]

A demonstrar sua teoria, Schoueri discorre acerca de julgamento no Supremo Tribunal Federal da taxa de fiscalização da CVM[801] no qual o Ministro Relator entendeu que nada impediria que o princípio da capacidade contributiva fosse observado para as taxas. A reforçar sua lição vale-se o autor de trecho da ementa do acórdão de julgamento do RE 216.259-STF, do qual se extrai que "O critério adotado pelo legislador

[798] Coêlho, **Curso de Direito Tributário Brasileiro**, p. 121.

[799] Entre outros, o RE nº 232.393/SP, Rel. Ministro Carlos Velloso, *DJ* 05.04.2002, em que se discutia a possibilidade de a taxa de coleta de lixo ser cobrada mediante a consideração da área do imóvel do contribuinte. Consignou o Ministro Relator: "A presunção [de que quanto maior a área do imóvel mais lixo se produz] é razoável e, de certa forma, realiza, também, o princípio da capacidade contributiva do art. 145, § 1º, da C.F., que, sem embargo de ter como destinatária os impostos, nada impede que possa aplicar-se, na medida do possível, às taxas". Mais recentemente, nos autos da ADI nº 4.697/DF, Rel. Ministro Edson Fachin, *DJe* 30.03.2017, o STF pontificou a aplicação do princípio em comento às contribuições de interesse das categorias profissionais, reputando constitucional o dispositivo constante da Lei nº 12.514/2011 que estipula a diferenciação das anuidades cobradas pelos conselhos profissionais de acordo com a escolaridade (no caso de pessoa natural) e o capital social (se pessoa jurídica) do contribuinte.

[800] Schoueri, **Direito Tributário**, p. 575.

[801] STF, RE n. 838.284-SC, Tribunal Pleno, rel. Min. Dias Tofoli. j. 19.10.2016, DJe 22.09.2017.

para a cobrança dessa taxa de polícia[802] busca realizar o princípio constitucional da capacidade contributiva, também aplicável a essa modalidade de tributo, notadamente quando a taxa tem, como fato gerador, o exercício do poder de polícia".[803]

Quanto ao atendimento do princípio da capacidade contributiva, valem-se as taxas e contribuições de melhoria, da técnica das remissões e reduções subjetivas do montante a pagar imputado ao sujeito passivo sem capacidade econômica real, operando-se o princípio negativamente. É o caso da isenção da taxa judiciária para os pobres e da redução ou mesmo isenção da contribuição de melhoria em relação aos miseráveis que, sem qualquer manifestação suas, veem suas humílimas residências extremamente valorizadas por obras públicas.[804]

A reforçar tal entendimento posiciona-se Luciano Amaro que, ao fazer alusão ao art. 5º, LXXVII da Carta Magna, assevera haver diversas situações em que o próprio texto constitucional veda a cobrança de taxas em hipóteses nas quais não se revele capacidade econômica.[805]

Quanto aos empréstimos compulsórios, Sacha Calmon Navarro Coêlho leciona que também a esta espécie tributária há que se atender o princípio da capacidade contributiva. O autor vê nas reduções e isenções possibilidades pensáveis para livrar os mais carentes dos sacrifícios fiscais impostos pela tributação com promessa de restituição. Mesmo raciocínio se aplica quanto à necessidade de observância do princípio do não confisco, pois, ainda que restituíveis e temporários, não podem tomar todo o patrimônio ou renda do contribuinte.[806]

Quanto a determinadas contribuições, Sacha Calmon observa que, como as contribuições dos trabalhadores (empregados e autônomos) para a seguridade social (art. 195, II), devem assumir caráter pessoal e proporcional. É o que se deduz do art. 195 c/c o art. 194, parágrafo único, incisos I, V e VI, da CF/88, apropositando a utilização prática do art. 145, §1º, da

[802] Taxa de fiscalização dos mercados de títulos e valores mobiliários.

[803] STF, AgRg no RE n. 216.259 1 CE, 2ª Turma, rel. Min. Celso de Mello, j. 09.05.2000, D.J. 19.05.2000. Nota de pé de página nº 58. Schoueri, **Direito Tributário**, p. 575.

[804] Obrigá-los a vender suas propriedades para pagar a contribuição seria impensável e inadmissível, a não ser em regimes totalitários. Coêlho, **Curso de Direito Tributário Brasileiro**, p. 121.

[805] Amaro, **Direito Tributário Brasileiro**, p. 166.

[806] Coêlho, **Curso de Direito Tributário Brasileiro**, p. 158.

mesma CF (pessoalidade e capacidade contributiva). Não menos do que por isso, as alíquotas da contribuição social dos assalariados não admitem série progressiva, e há limite máximo (teto) de contribuição.[807]

Sacha Calmon, ao ensinar que a extração do *quantum debeatur* de tributos que independem de atuação estatal pode ser feita por três modos,[808] advertindo que o modo fixo (imposto de captação) está em desuso por ferir a capacidade contributiva (por morador, por cabeça, mil reais), ressalta que, quanto às taxas, este modo é a regra, sem afronta à capacidade contributiva, uma vez que aqui o que se mede é a atuação estatal: "por atestado, 20 reais; por passaporte, 250 reais".

Continua o autor dissertando que o exercício do princípio da capacidade contributiva não se restringe à técnica da progressividade. Há inúmeras leis que isentam os pobres em relação a determinadas taxas, e é na incapacidade contributiva (formulação negativa do princípio) que se fundam todas estas isenções.[809]

Na outra extremidade, tratando agora de taxas exorbitantes, as quais, contestáveis pela invocação do princípio do não confisco, Sacha Calmon inicia seu discurso rechaçando entendimento de certa formulação doutrinária que assenta que seria o tributo confiscatório quando, ao invés de tributar a riqueza, dela se apropriasse pela enormidade de encargo. Para o autor, o não confisco visa também a evitar a intenção predatória no exercício do poder de tributar. Confiscar é tirar riqueza arbitrariamente dos particulares, é atividade à margem da lei. Aquele que tributa, depende do consentimento dos seus sujeitos para fazê-lo, mediante licença do legislador por eles eleitos. Se o próprio legislador incorrer em irrazoabilidade, uma tributação desmedida pode ocorrer e culminar com o confisco.[810]

O princípio não desautoriza, no entanto, a exacerbação motivada da tributação, como nos casos da extrafiscalidade consentida (IPTU progressivo para combater especulação imobiliária), porém, a exacerbação imotivada, não razoável, da tributação não encontra esteio neste princípio, o qual também se dá a conter o próprio legislador.[811]

[807] *Ibid.*, p. 163.

[808] Modo fixo, modo *ad valorem* (Sobre uma base de cálculo incide um percentual: IPI, IR, etc., modo por medida (10 reais por metro). *Ibid.*, p. 174.

[809] *Ibid.*, p. 176.

[810] *Ibid.*

[811] *Ibid.*, p. 177.

Ressalte-se que quando a lei fere princípio constitucional, como o da igualdade ou da capacidade contributiva (que está no fundamento do princípio da isonomia tributária), ou o do não confisco, o juiz anula a lei em arguição direta ou *incidenter tantum*. Quando a lei, apesar de tudo, é válida do ponto de vista formal e material, mas é injusta em relação a um contribuinte em particular, por faltar-lhe capacidade contributiva, o juiz pode decretar a prevalência do princípio constitucional sobre a lei e retirar a tributação sobre aquele contribuinte em particular (isenção judicial).[812]

2.7.3. Capacidade econômica, financeira e contributiva

Ao enfatizar a precisão que a ciência jurídica exige de seus conceitos, José Maurício Conti salienta que diversos teóricos ressaltam a distinção entre as expressões "capacidade contributiva" e " capacidade econômica", as quais, apesar de não se confundirem, são usadas de forma geral como sendo equivalentes. Há alguns que ainda incluem a noção de "capacidade financeira".[813]

Nas palavras de Maurício Conti, a valer-se de lição de Ives Gandra, a capacidade contributiva pode ser interpretada como aquela derivada de uma relação jurídica entre Fisco e Contribuinte, em que o primeiro detém um poder sobre o segundo, de forma que este último tenha um dever para com o primeiro. A capacidade econômica, por sua vez, seria representada pela capacidade de o contribuinte suportar o ônus tributário em razão de seus rendimentos.[814]

O autor ilustra sua assertiva discorrendo que um cidadão que usufrui renda tem capacidade contributiva perante o país em que a recebeu, porém, um cidadão rico de passagem por este país, embora detentor de capacidade econômica, ver-se-á desprovido de capacidade contributiva, haja vista a falta de relação jurídica que o vincule ao Fisco deste país.[815]

Maurício Dalri Timm do Valle, partindo do pressuposto de que um indivíduo demonstra capacidade econômica no momento em que se revela apto a obter riqueza, adverte que esta capacidade não se confunde com a capacidade contributiva, embora aquela seja condição necessária para esta, leciona o autor, para que se veja manifestada a capacidade contribu-

812 *Ibid.*, p. 237.
813 Conti, **Princípios Tributários da Capacidade Contributiva e da Progressividade**, p. 33.
814 *Ibid.*, p. 34.
815 *Ibid.*

tiva duas condições adicionais hão de ser atendidas: i) a primeira, a de que a riqueza manifestada seja superior ao valor necessário para fazer frente às despesas relativas à manutenção do mínimo vital; ii) a segunda, a de que haja relação jurídica tributária entre o sujeito da exação e o Estado. Distintamente das duas anteriormente citadas, a capacidade financeira, continua o autor, relaciona-se diretamente à ideia de liquidez, manifestando tal capacidade aquele que possui recursos suficientes para saldar suas obrigações no tempo e na forma assumidas.[816]

Cleucio Santos Nunes, enxergando uma diferença conceitual entre capacidade contributiva e capacidade econômica, leciona possuir a primeira conotação jurídica, razão pela qual procura estabelecer relação obrigacional (jurídica, portanto) entre o indivíduo e o Estado; quanto à capacidade econômica, apresenta natureza sociológica ou econômica, uma vez que se presta tão somente para descrever uma situação fatual, qualificada pela presença de renda ou de riqueza do particular. Assim, nem todo aquele que possui alguma renda teria capacidade contributiva para arcar com o custo da tributação.[817]

Outras duas importantes referências para se distinguir capacidade econômica de capacidade contributiva são as ideias da não tributação do mínimo vital e a tributação com efeitos confiscatórios: i) na primeira, um sujeito pode ser capaz economicamente, no sentido de possuir renda ou patrimônio, mas não ter nenhuma capacidade contributiva se esta renda ou patrimônio permitir somente um mínimo vital, intributável, portanto;[818] ii) na segunda, o sujeito passivo detém certa quantidade de riqueza, manifesta capacidade econômica, porém, não revela capacidade contributiva, vez que a disponibilidade de parte de seu patrimônio para arcar com o ônus tributário implicaria em violação legítima de seu direito de propriedade.[819]

Mesma trilha percorre Francesco Moschetti ao ilustrar que, a despeito de a potência econômica dever ser considerada como condição necessária à capacidade contributiva, não se revela suficiente, devendo estar, portanto, qualificada à luz dos princípios constitucionais fundamentais.[820]

816 VALLE, **Princípios Constitucionais e Regras-Matrizes de Incidência do Imposto Sobre Produtos Industrializados – IPI**, p. 464.

817 NUNES, **Justiça tributária**, p. 156.

818 CONTI, **Princípios Tributários da Capacidade Contributiva e da Progressividade**, p. 36.

819 *Ibid.*

820 MOSCHETTI, **El Principio de Capacidad Contributiva**, p. 74.

"Si bien es cierto que no puede haber capacidad contributiva en ausencia de capacidad económica, también es cierto que pueden existir capacidades económicas no demostrativas de aptitud para la contribución".[821]

Por fim, imprescindível nesta abordagem lição de José Roberto Vieira que, ao asseverar não ser necessário mais que uma década para se chegar a uma noção razoável – de 1961, com Giardina, "possibilidade econômica de pagar o tributo", a 1973, com Francesco Moschetti, "aquela força econômica (...) idônea para concorrer com os gastos públicos" –, conclui não se identificar como genuína capacidade de contribuir para a sobrevivência do Estado a simples disposição de riqueza, indicativo de mera capacidade econômica, mas o dispor de uma riqueza excedente ao mínimo necessário para uma vida digna, do que resultaria uma capacidade econômica qualificada por um dever de solidariedade social. Diversa também da ideia de capacidade financeira, esta voltada para a noção de liquidez.[822]

Ademais, o autor qualifica como equivocadas as críticas doutrinárias ao legislador constitucional pela adoção da locução "capacidade econômica" (art. 145, §1º). Escorando-se em José Maurício Conti, justifica o autor que a expressão inteira "capacidade econômica do contribuinte" afasta as equivocidades, desde que indica nitidamente aquele cuja riqueza disponível é qualificada, não se tratando pois de singela capacidade econômica, mas de autêntica capacidade contributiva.[823]

2.7.4. Capacidade contributiva absoluta e relativa

Paulo de Barros Carvalho, ao comentar assertiva do jurista espanhol Fernando Vicente-Arche Domingo[824] – que ao apreciar o conceito de capacidade contributiva ressalta a importância de se distinguir a capacidade contributiva absoluta daquela relativa –, assevera ser esta uma das mais férteis e coerentes colocações para a compreensão da problemática jurídico-tributária no estudo da capacidade contributiva.[825]

[821] *Ibid.*, p. 276.

[822] VIEIRA, A Extrafiscalidade da Lei 12.715/2012 e a Capacidade Contributiva: a convivência do lobo e do cordeiro?, p. 24.

[823] *Ibid.*, p. 25.

[824] *"La capacidad contributiva absoluta es la aptitud para concurrir a las cargas públicas. La capacidad contributiva relativa es el criterio que ha de orientar la determinación de la concreta carga tributaria".*

[825] CARVALHO, **Direito Tributário: linguagem e método**, p. 342.

Segundo o autor, para o jurista espanhol, a capacidade contributiva absoluta pode ser entendida como o dever (pré-jurídico) de o legislador escolher fatos que exibam conteúdo econômico que demonstrem signos de riqueza. Frise-se que, a despeito de a capacidade contributiva absoluta ser-lhe pressuposto,[826] ainda não há que se cogitar da aplicação do cânone da igualdade tributária.[827]

É somente no plano da capacidade contributiva relativa que se poderá aludir à igualdade constitucionalmente prevista. Na instituição do ônus tributário, mediante o emprego dos instrumentos que lhes estão disponíveis,[828] caberá ao legislador, no sentido de atender às desigualdades sociais e mesmo individuais, a satisfação do dever jurídico (não mais pré-jurídico) da dosagem igualitária da carga impositiva.[829]

Assim o autor resume sua exposição do pensamento de Fernando Domingo: i) "realizar o princípio pré-jurídico da capacidade contributiva absoluta ou objetiva retrata a eleição, pela autoridade legislativa competente, de fatos que ostentem signos de riqueza"; ii) "por outro lado, tornar efetivo o princípio da capacidade contributiva relativa ou subjetiva quer expressar a repartição do impacto tributário, de tal modo que os participantes do acontecimento contribuam de acordo com o tamanho econômico do evento".[830]

A despeito de a capacidade contributiva relativa significar a realização do Princípio da Igualdade previsto no art. 5º, *caput*, da Carta Magna, ressalte-se que sua exequibilidade vê-se condicionada à concretização, no plano pré-jurídico, da satisfação do princípio da capacidade contributiva absoluta, haja vista "no terreno do direito tributário a igualdade impositiva estar irremediavelmente ligada ao conteúdo econômico dos fatos escolhidos pela lei, os quais são medidos pela entidade que conhecemos como base de cálculo".[831]

Finaliza, Paulo de Barros, asseverando que por capacidade contributiva deve-se entender apenas a absoluta e, mesmo assim, como dado pré-jurídico.

[826] Presume-se que, por participar de fatos economicamente expressivos, estão as pessoas a demonstrar condições de contribuir ao erário.

[827] Carvalho, **Direito Tributário: linguagem e método**, p. 242.

[828] Base de cálculo, alíquota, isenções, etc.

[829] Carvalho, **Direito Tributário: linguagem e método**, p. 342.

[830] *Ibid.*, p. 343.

[831] *Ibid.*

É a opção a que se entrega o legislador ao eleger para antecedente das normas tributárias fatos de conteúdo econômico, os quais, por sua natureza, fazem pressupor que as pessoas que deles participam comportam condições de concorrer na despesa estatal com parcela de seu patrimônio.[832]

Na mesma trilha encontra-se Regina Helena Costa[833] para a qual o conceito de capacidade contributiva pode ser entendido sob dois aspectos, i) capacidade contributiva absoluta ou objetiva, a que se revela na constatação de um fato que constitua uma manifestação de riqueza, apontando pois, para a existência de um sujeito passivo em potencial. É neste momento que o legislador elege eventos que, quanto ao sujeito passivo, revelar-lhe-ão aptidão a concorrer às despesas públicas; e ii) capacidade contributiva relativa ou subjetiva, que se reportará ao sujeito individualmente considerado, expressando agora a aptidão de contribuir na medida das possibilidades econômicas de determinada pessoa, ou seja, identifica a capacidade de contribuir *in concreto*, aquele sujeito passivo potencial torna-se apto a absorver o impacto tributário, torna-se efetivo.

A autora, realçando a importância da capacidade absoluta (ou objetiva), assevera que é neste pressuposto ou fundamento jurídico do tributo que se vê condicionada a atividade de eleição dos fatos que ensejarão o nascimento de obrigações tributárias, impondo ao legislador sensível restrição à discrição à medida que não autoriza, como pressuposto de impostos, a eleição de fatos que não sejam reveladores de alguma riqueza.[834]

A autora encerra o tópico afastando definitivamente a possibilidade da implantação de um imposto único, e para isso, justifica que, por os índices de capacidade contributiva reportarem-se sempre à renda, ao patrimônio ou ao consumo, tais indicadores são plurais, uma vez que também o são os fatos reveladores da situação econômica dos sujeitos.[835]

Quanto à capacidade contributiva relativa ou subjetiva, a autora a vê, inicialmente, como um critério de graduação dos impostos, a apuração do *quantum* do imposto tendo como medida a própria capacidade contributiva do sujeito passivo. É a graduação do imposto segundo a valoração econômica do pressuposto de fato. Atua, pois, como um limite à exação, protegendo da tributação o mínimo vital e obstando que a progressivi-

[832] *Ibid.*, p. 345.

[833] Costa, **Princípio da Capacidade Contributiva**, p. 25, 26.

[834] *Ibid.*, p. 26.

[835] Brilhante explanação na nota de pé de página nº 35. *Ibid.*, p. 28.

dade tributária atinja níveis de confisco ou cerceamento de outros direitos constitucionais.[836]

Reverberando o entendimento dos autores anteriormente abordados, ao tempo em que dá razão à percepção de Regina Helena Costa quanto à identificação dos fundamentos constitucionais da capacidade contributiva: i) art. 145, §1º, para a capacidade contributiva relativa; e ii) artigos relativos à distribuição das competências dos impostos – 153, 155 e 156 –, para a capacidade contributiva absoluta, José Roberto Vieira, a despeito de reconhecer a existência de correntes doutrinárias que optam por apenas uma das formas de capacidade contributiva, manifesta parecer-lhe mais acertado admitir-lhe "*uma double función*", como sustenta Alvaro Rodríguez Bereijo, ou aludir às funções de fundamento e de graduação do tributo como dois momentos sequenciais da capacidade contributiva.[837]

Nas palavras do autor, na capacidade contributiva absoluta ou relativa, cabe ao legislador selecionar, para a hipótese de incidência das normas tributárias, fatos que sejam reveladores de capacidade contributiva, fatos que constituam sinais que permitam estabelecer a presunção da existência dessa capacidade. No segundo caso, na capacidade relativa ou subjetiva, cabe estabelecer a contribuição à medida das possibilidades econômicas de determinado sujeito passivo, adequando o "*quantum*" do tributo ao porte econômico do fato ocorrido e adequando-o às circunstâncias pessoais do cidadão.[838]

Ademais, de se registrar inovadora percepção de Maurício Dalri Timm do Valle quanto às "capacidades contributivas, relativa e subjetiva".[839] Ressalte-se que a conjunção utilizada pelo autor no relacionamento dos dois termos qualificadores de "capacidades contributivas" não é a conjunção coordenada alternativa "ou", a qual exprime a ideia de escolha,[840] mas a conjunção coordenada aditiva "e", a qual transmite a ideia de adição, ou seja, verificar-se-iam aí duas unidades de significado. Sob esta ótica, vê-se

[836] *Ibid.*, p. 29.

[837] VIEIRA, A Extrafiscalidade da Lei 12.715/2012 e a Capacidade Contributiva: a convivência do lobo e do cordeiro?, p. 25.

[838] *Ibid.*

[839] VALLE, **Princípios Constitucionais e Regras-Matrizes de Incidência do Imposto Sobre Produtos Industrializados – IPI**, p. 463.

[840] Quaisquer dos dois termos transmitiriam a mesma ideia, o uso de um, ou de outro, dependeria da escolha, da simpatia do estudioso quanto a um, ou a outro termo.

que nesta abordagem de capacidade contributiva, o autor vislumbra a existência de uma capacidade contributiva relativa e uma outra capacidade contributiva, a subjetiva.[841] Para demonstrar sua teoria, o autor chama ao diálogo os autores Paulo de Barros Carvalho e Regina Helena Costa.

Lastreado por citação de Paulo de Barros Carvalho, a qual indica tratar-se "[...] da repartição da persecução tributária, de tal modo que os participantes do acontecimento contribuam de acordo com o tamanho econômico do evento",[842] assevera o autor que a capacidade contributiva relativa diz respeito à correspondência da base de cálculo com o fato tributado. Quanto à capacidade contributiva subjetiva, é em Regina Helena Costa[843] que o autor vai buscar suporte à sua teoria. Aqui, não mais se considera a correspondência da base de cálculo com o fato tributável, mas a possibilidade econômica que demonstra o próprio sujeito passivo. Assevera Timm do Valle que, por ser identificada caso a caso, esta segunda espécie de capacidade contributiva pode ser privilegiada pelo legislador por meio da concessão de isenções, por exemplo.[844]

Finaliza sua explanação, Maurício Dalri Timm do Valle, ressaltando a importância de se fixar a premissa de que nos impostos, regra geral, a capacidade contributiva predominante é a objetiva.[845]

2.7.5. Equidade horizontal e equidade vertical

Senso comum, a justiça financeira consiste em tratar desigualmente os desiguais na medida em que se desigualam, mas às vezes é comutativa, pró-

[841] "Percepção" que, decorridos cinco anos, vê-se confirmada em companhia de José Roberto Vieira, conforme palavras suas: "[...] cabe estabelecer a contribuição à medida das possibilidades econômicas de determinado sujeito passivo, adequando o '*quantum*' do tributo ao porte econômico do fato ocorrido (capacidade contributiva relativa) e adequando-o às circunstâncias pessoais do cidadão (capacidade contributiva subjetiva)". VIEIRA; VALLE, Incentivos Tributários ao Turismo no Brasil: excelências e excrescências da extrafiscalidade, p. 399.

[842] VALLE, **Princípios Constitucionais e Regras-Matrizes de Incidência do Imposto Sobre Produtos Industrializados – IPI**, p. 463.

[843] E para tal, mais uma vez vale-se de citação "[...] a capacidade contributiva relativa ou subjetiva – como a própria designação indica – reporta-se a um sujeito individualmente considerado. Expressa aquela aptidão de contribuir na medida das possibilidades econômicas de determinada pessoa".

[844] VALLE, **Princípios Constitucionais e Regras-Matrizes de Incidência do Imposto Sobre Produtos Industrializados – IPI**, p. 464.

[845] *Ibid.*

pria das relações de troca, como ocorre com as taxas e as contribuições.[846] Além de justa, a legislação financeira deve ser também equitativa, tributando ou beneficiando as pessoas de forma bem individualizada, a fim de se apreender suas singularidades e excepcionalidades.[847]

Diferentemente da justiça ampla e abstrata, que na tributação abrange pretensões transcendentes à relação entre o contribuinte e o Poder tributante, é na justiça fiscal em seu caso concreto que a equidade vai encontrar seu objeto.[848] Por conseguinte, a equidade é o valor contido na estrutura endógena da matriz tributária[849] que o princípio da capacidade contributiva procura efetivar mediante o auxílio dos instrumentos de que dispõe (progressividade, proporcionalidade, seletividade e pessoalidade).[850]

Sua importância eclode já na criação legislativa, momento em que deverá ser observada a maior discriminação possível entre as situações individuais com vistas a se alcançar o máximo de concretude, já na fase da promulgação da norma, os princípios abstratos de justiça. Ressalte-se que esta busca pela equidade visa à obtenção a uma maior igualdade possível entre as regiões do País, entre os entes federados e as gerações.[851]

Partindo-se do pressuposto de que suportar impostos implicam i) tanto na renúncia à utilização do rendimento ou do patrimônio, ii) como na capacidade que, após este desembolso, ainda remanesce ao contribuinte para a satisfação de suas necessidades pessoais, depreende-se que uma repartição igual dos encargos fiscais é verificada na medida em que o imposto submeta todas as pessoas à mesma limitação na satisfação das suas necessidades pessoais, i.e., ao mesmo sacrifício em favor do Estado.[852]

Conforme lecionam Paulo Gil Hölck Introíni, Dão Real Pereira dos Santos, Marcelo Lettieri Siqueira, Rosa Angela Chieza, Wilson Torrente, João Carlos Loebens, Fátima Maria Gondim Bezerra Farias e Clair Hickmann, a busca pela equidade define "o que tributar" e "como tributar". A primeira

846 Lobo Torres, **Curso de Direito Financeiro e Tributário**, p. 92.

847 *Ibid.*, p. 102.

848 Nunes, **Justiça tributária**, p. 401, 409.

849 A despeito da referência antecipada neste capítulo ao termo "Matriz Tributária", é na primeira sessão do capítulo seguinte que se encontrará estudo com o propósito de sua familiarização ao leitor.

850 Nunes, **Justiça tributária**, p. 393.

851 Lobo Torres, **Curso de Direito Financeiro e Tributário**, p. 102.

852 Nabais, **O Dever Fundamental de Pagar Impostos: contributo para a compreensão constitucional do estado fiscal contemporâneo**, p. 452.

questão requer um indicador que estime a capacidade de pagamento dos contribuintes, igualando-os horizontalmente. Para decidir "como tributar", definem-se alíquotas e/ou regras especiais para a realização da equidade vertical. A Teoria da Tributação Equitativa (TTE)[853] aponta que a renda pessoal é o melhor indicador de capacidade de pagamento individual, seguindo-se o patrimônio e o consumo.[854]

Nas lições de José Casalta Nabais o princípio da igualdade fiscal,[855] um princípio estruturante do sistema constitucional global traduz não apenas uma igualdade formal, aquela que obriga somente os servos da lei (igualdade perante a lei), eximindo o senhor da lei, o legislador, mais que isso, traduz, sobretudo, uma igualdade material, uma igualdade na lei, à qual também se vê obrigado o próprio legislador.[856]

De um lado obriga-o, o princípio da igualdade fiscal, a não fazer discriminações ou igualizações arbitrárias, a não fazer discriminações assentes em critérios subjetivos ou em critérios objetivos, mas aplicados em termos subjetivos e a respeitar os direitos subjetivos de igualdade, o que resultará em "tratar igualmente o que é constitucionalmente igual e desigualmente o que é constitucionalmente desigual", o que o autor vem a nomear de "igualdade na lei".[857]

[853] A formulação de sistemas tributários em diversos países desenvolvidos no período entre 1940 e 1970 sofreu grande influência da Teoria da Tributação Equitativa (TTE), cujas proposições fundamentam-se num catálogo de princípios elaborados por Neumark, tendo como principal objetivo a justiça tributária e a igualdade, que deveriam ser realizadas segundo a capacidade contributiva dos cidadãos; e como premissa central a justa distribuição da carga tributária, o que corresponde a que a contribuição deve seguir as regras de equidade horizontal (quando as pessoas na mesma condição econômica devem ser tratadas igualmente), e de equidade vertical (quando pessoas em situação econômica desigual devam receber tratamento diferente). Introíni, Paulo Gil Hölck *et al*, Tributação Sobre a Renda da Pessoa Física: Isonomia como princípio fundamental de justiça fiscal, *in*: Fagnani, Eduardo (Org.), **A Reforma Tributária Necessária: diagnóstico e premissas**, Brasília: ANFIP, 2018, p. 249.

[854] *Ibid.*, p. 250.

[855] E para ilustrar o termo igualdade fiscal, Nabais reproduz a velha fórmula aristotélica a exigir "que o que é (essencialmente) igual, seja tributado igualmente, e o que é (essencialmente) desigual, seja tributado desigualmente na medida dessa desigualdade". Para o que se demanda um critério ou um termo de comparação, o qual é identificado com a ideia de capacidade contributiva. Nabais, **O Dever Fundamental de Pagar Impostos: contributo para a compreensão constitucional do estado fiscal contemporâneo**, p. 442.

[856] *Ibid.*, p. 435.

[857] *Ibid.*, p. 436.

No polo oposto, obriga-o positivamente a criar discriminações, tratamentos desiguais, com o objetivo de proporcionar, seja i) um mínimo de igualdade como ponto de partida ou igualdade de oportunidades, a depender do grau de satisfação das necessidades primárias dos indivíduos,[858] seja ii) um mínimo de igualdade como ponto de chegada ou igualdade de resultados, dependentes principalmente da satisfação dessas necessidades primárias, o que o autor referencia como igualdade perante a lei.[859]

Vinculada à justiça distributiva, a equidade vertical objetiva alcançar a maior igualdade possível na tributação, para isso, cuida de tratar desigualmente os desiguais na medida em que se desigualam. O princípio da progressividade, verificada na aplicação das alíquotas do IR é uma nítida demonstração desta habilidade. Paradoxalmente à nítida eficiência da equidade vertical na promoção da igualdade, Ricardo Lobo Torres adverte que juristas e financeiros, de alguns anos para cá, tem defendido a necessidade de se preservar a equidade horizontal, a qual tem por mote tratar os iguais como iguais, privilegiando a tributação proporcional em detrimento da progressividade, talvez o que vem a justificar o acanhamento da progressividade estampada na tabela do Imposto de Renda.[860]

Cleucio Santos Nunes ressalta que a equidade pode ser otimizada no âmbito da estrutura endógena da matriz tributária, mas não idealmente concretizada, o que atribui ao fato de se ver irrealizável o estabelecimento de uma quota tributária justa a cada contribuinte,[861] vendo-se a tributação obrigada a valer-se de presunções, i.e., presumir-se que quem aufere mais renda e possui mais patrimônio tem mais capacidade para contribuir na realização das despesas públicas do que os menos afortunados.[862]

Ademais, sob o argumento de que não se realiza equidade em matéria tributária com bases de incidência que não guardam relação direta entre si, adverte o autor que, quanto à regressividade na tributação sobre o consumo, a simples elevação da carga tributária sobre a renda e patrimônio

[858] Alimentação, vestuário, habitação, saúde, segurança social, educação, etc.

[859] Nabais, **O Dever Fundamental de Pagar Impostos: contributo para a compreensão constitucional do estado fiscal contemporâneo**, p. 436.

[860] Lobo Torres, **Curso de Direito Financeiro e Tributário**, p. 103.

[861] E tal impossibilidade se verifica em virtude de as atuações estatais, em sua maioria, serem difusas, não são praticadas a um contribuinte especificamente, mas a todos os que de tais benefícios usufruirão, em proporções, frequências e intensidades diferentes. Nunes, **Justiça tributária**, p. 410.

[862] *Ibid.*, p. 409, 410.

das camadas mais abastadas não significa que o peso da tributação sobre os mais pobres ver-se-á compensada.

Embora a progressividade sobre a renda e a propriedade possa favorecer a uma sensação de justiça, esta não efetiva a equidade, a qual implica justiça sobre o caso concreto. Defende o autor que, apesar de reconhecer não ser prática por exigir um sistema de controle propício a complicações, a implementação de uma progressividade também sobre o consumo seria o único meio a possibilitar a efetividade da pretendida equidade.[863]

Neste ponto, dão-se por cumpridas as propostas preliminares de se oferecer ao leitor subsídios teóricos a aproximá-lo do objeto deste estudo. Parte-se, pois, doravante, a identificar na legislação infraconstitucional, com ênfase na tributação sobre o consumo, e no Imposto de Renda, o distanciamento da matriz tributária brasileira com o que comandou a Constituição de 1988 quanto ao respeito ao princípio da capacidade contributiva.

[863] *Ibid.*, p. 411.

CAPÍTULO 3
A INJUSTIÇA DA MATRIZ TRIBUTÁRIA BRASILEIRA: A SUA REGRESSIVIDADE

Dá-se este capítulo a pontuar na matriz tributária brasileira os principais indícios a qualificá-la como regressiva em seu conjunto.

Com o propósito de se propiciar ao leitor uma contextualização teórica preliminar da seara a envolver a justa distribuição dos encargos tributários, encarregar-se-á seu primeiro tópico de providenciar uma aproximação sua quanto aos conceitos: matriz tributária e justiça, imprescindíveis ao estudo do princípio da capacidade contributiva.

Em seguida, parte-se a pontuar, na legislação infraconstitucional, o descuido desta quanto ao respeito à igualdade material tributária preconizada pela Carta de 1988, notadamente em relação à alta tributação sobre o consumo e, paradoxalmente, a baixa progressividade verificada nas alíquotas efetivas do Imposto de Renda.

Por fim, partir-se-á a identificar os prováveis fatores a contribuir para a intransponibilidade da regressividade sistêmica da matriz tributária brasileira, com a consequente perpetuação da desigualdade fiscal e social.

3.1. O alojamento do conceito "justiça" na matriz tributária brasileira

Por oportuno, ressalte-se a aliança deste trabalho à teoria proposta por Valcir Gassen, com ressonância em Cleucio Santos Nunes, a qual propõe a substituição da expressão "Sistema Tributário" por "Matriz Tributária" sob o argumento de esta última oferecer uma carga semântica mais adequada ao estudo do fenômeno tributário.

Por tratar-se de uma expressão inovadora na doutrina, antes de se adentrar ao núcleo do estudo deste capítulo, dedica-se esta sessão à familiarização do leitor com a aludida expressão, ao tempo em que também será merecedora desta aproximação preliminar a variável justiça tributária, intrinsecamente relacionada com o tópico em estudo no presente capítulo.

3.1.1. O termo matriz tributária

Ao proferir a expressão "duas coisas são certas na vida de um ser humano: morrer e pagar tributos", Valcir Gassen objetiva denotar a angústia que a todos provoca o fenômeno tributário, mas que ainda assim escassas são as pesquisas que venham a tratar tal fenômeno de uma forma mais abrangente e refletida.[864]

Foi com o objetivo de auxiliar no processo de aproximação entre tributação e a realidade, por se constatar que nas pesquisas na área do Direito Tributário pouco se trata da vinculação entre a realidade social, econômica e política com o fenômeno tributário, que se procurou fornecer um acordo semântico em relação à matriz tributária.[865]

Mesma proposta é a de Cleucio Santos Nunes, a de um acordo semântico relacionado com o que está por trás do sistema tributário e que não se conformaria com a afirmação de que o sistema de tributação é composto somente por normas. Argumenta o professor que esta abordagem é importante para ampliar a investigação sobre o que se enxerga nitidamente no sistema e o que este pode ocultar quando se opta por determinado significado conferido às expressões utilizadas.[866]

Ainda no intuito de descortinar o conteúdo semântico da expressão matriz tributária no contexto em que se a aborda, pertinente é a perspectiva adotada por Augusto Cesar de Carvalho Leal quando, em nota de pé de página de trabalho seu, trata desde logo de deixar claro que a utiliza na acepção de conjunto das opções políticas fundamentais feitas por um determinado Estado no que tange às finalidades primordiais da tributação, à sua razão de ser, bem como no que concerne aos mecanismos básicos e indispensáveis para a sua consecução, na respectiva sociedade historicamente situada.[867]

[864] GASSEN, Valcir, **Equidade e Eficiência da Matriz Tributária Brasileira**, Brasília: Consulex, 2012, p. 27.

[865] *Ibid.*, p. 46.

[866] NUNES, **Justiça tributária**, p. 38.

[867] LEAL, (In)Justiça Social por Meio dos Tributos: a finalidade redistributiva da tributação e a regressividade da matriz tributária brasileira, p. 149, nota 1.

Valcir Gassen, referindo-se a duas ordens de problemas que se apresentam da análise do fenômeno tributário, i) a falta de rigor dogmático da área e ii) o distanciamento da questão tributária do cotidiano, propõe-se a oferecer um acordo semântico para a expressão matriz tributária, "com o objetivo de fornecer um lugar seguro para pensar o Estado, a Constituição e a tributação no Estado contemporâneo, em especial, no Brasil. Pretende-se também esclarecer alguns pressupostos cognitivos para uma adequada leitura do fenômeno tributário".[868]

Uma das expressões mais utilizadas pelos juristas que tratam da tributação, ao se discutir questões relativas ao fenômeno da tributação, é a expressão Sistema Tributário Nacional e suas variantes, porém, para Gassen, o uso dessa expressão oferece limites de compreensão das atividades inerentes à tributação. O acordo semântico acerca desta expressão utilizada pelos juristas limita o entendimento do fenômeno tributário e afasta importantes questões correlacionadas e umbilicalmente ligadas ao fenômeno tributário.[869] Pensamento que é replicado em obra sua mais recente, a qual contou com a coautoria do professor Marcos Aurélio Pereira Valadão:

> O acordo semântico posto pelo senso comum dos juristas acerca desta expressão muitas vezes fica restrito às questões dogmáticas pertinentes à relação entre fisco e contribuinte, a questão da competência tributária, quais são as espécies tributárias existentes, quais seriam os limites ao poder de tributar, etc., não contemplando a relação entre a tributação e a economia, a política, a sociedade, o desenvolvimento econômico e humano.[870]

Com o intuito de se demonstrar que a expressão sistema tributário, no plano semântico, não oferece uma resposta suficiente para se pensar o fenômeno tributário em um Estado Democrático de Direito, o autor descreve algumas situações e pontua suas deficiências.[871] Em seguida pro-

[868] GASSEN, **Equidade e Eficiência da Matriz Tributária Brasileira**, p. 27.

[869] *Ibid.*, p. 29.

[870] GASSEN; VALADÃO, **Tributação nos Estados Unidos e no Brasil: estudo comparativo da matriz tributária**, p. 22.

[871] Cita o autor, dentre outros exemplos, o fato de que por intermédio da expressão sistema tributário não se vê contemplada a discussão em relação à carga tributária, o montante e como essa é dividida entre os contribuintes e suas respectivas capacidades contributivas. Valendo-se do impostômetro, demonstra como o fenômeno tributário no Brasil é tratado de forma unilateral, vez que, limita-se a exibir o que se pagou de tributos, mas não quanto foi

põe a elaboração de um acordo semântico em torno da expressão matriz tributária,[872] tendo a pretensão do uso desta expressão a de "colaborar com a discussão por parte dos estudiosos do fenômeno tributário de forma a explicitar a complexa realidade que o cerca",[873] propiciando uma compreensão mais aprofundada da relação do fenômeno tributário com a realidade política, econômica, social, existente em determinado Estado. Cleucio Santos Nunes, realçando a necessidade desta comunicação do fenômeno tributário com outras áreas do conhecimento, assevera que

> o sentido de justiça tributária se radica nas consequências que o sistema gera e não somente no cumprimento imediato e restrito de suas normas formais, ganha importância a abertura do sistema tributário para relações com outras normas do ordenamento jurídico.[874]

Também são palavras suas:

> A doutrina clássica chama de sistema tributário o conjunto normativo que prescreve normas jurídicas em matéria tributária, que vão da Constituição Federal até às normas tributárias complementares e concretas. Por matriz tributária se entende o conjunto normativo, porém aberto à acepção de outros sistemas epistemológicos, que auxiliam na compreensão da tributação como uma relação complexa, a envolver fatores de natureza política, econômica e social.[875]

De grande relevância na correta compreensão do acordo semântico proposto é o apropriado entendimento da tributação na contemporaneidade, de natureza distinta da de outras épocas e em alguns aspectos pouco se assemelhando ao fenômeno tributário tal qual se conhece. E para tal, mister é a consideração de alguns pressupostos cognitivos a lhe ancorar, quais sejam, i) o processo histórico de cisão entre poder constituído e propriedade;[876] ii) a propriedade como direito em um contexto de pós-

despendido pelo ente tributante e qual foi a espécie de dispêndio. GASSEN, **Equidade e Eficiência da Matriz Tributária Brasileira**, p. 32.

[872] *Ibid.*

[873] *Ibid.*, p. 33.

[874] NUNES, **Justiça tributária**, p. 35.

[875] *Ibid.*, p. 407.

[876] Desde a antiguidade até o início da era moderna, o tributo tinha como característica importante a apropriação por parte daquele que representava o poder político de algo que

-tributação[877]; e iii) a legitimidade como mecanismo essencial em processos de dominação[878].[879]

Por alcançar tanto os aspectos internos quanto os aspectos externos da tributação,[880] o conceito de matriz tributária detém o atributo de articular um conjunto de conhecimentos dogmáticos como um conjunto de questionamentos no campo zetético,[881] como por exemplo a relação do

lhe pertenceria, o Estado detinha a propriedade de todas as coisas. GASSEN; VALADÃO, **Tributação nos Estados Unidos e no Brasil: estudo comparativo da matriz tributária**, p. 20. O que veio a se modificar na era moderna, notadamente a partir da revolução industrial inglesa e da revolução política francesa, quando se verifica um processo de cisão entre Estado e propriedade. *Ibid.*

877 Apesar de, na era moderna, a propriedade ver-se independente do poder Estatal, essa independência não é absoluta, haja vista sua efetivação depender de um complexo sistema de direitos e liberdades que ao próprio Estado caberá assegurar. Porém, os direitos têm custos, garantir direitos implica dispêndio econômico, de forma que, os direitos, dependentes que são de um sistema estatal que os garanta, devem ser vistos sob uma perspectiva pós-tributação, de forma que o direito à propriedade não pode ser visto como um direito natural limitado pela tributação, antes disso, sustentado e amparado, como também os outros direitos, pelo fenômeno da tributação. GASSEN; VALADÃO, **Tributação nos Estados Unidos e no Brasil: estudo comparativo da matriz tributária**, p. 20, 21.

878 Com a compreensão do que se entende por matriz tributária, resta por evidente uma finalidade de fundo que integra a gênese de qualquer tipo de Estado, a busca de legitimidade do poder instituído. GASSEN, **Equidade e Eficiência da Matriz Tributária Brasileira**, p. 48.

879 *Ibid.*, p. 34, 33.

880 Cleucio Nunes nomeia tais aspectos em estrutura endógena e estrutura exógena da matriz tributária. Comparando a matriz tributária a um organismo, o qual é composto por órgãos internos, o autor leciona que sua estrutura endógena é a que comporta os elementos normativos a propiciar seu funcionamento adequado no plano deôntico, é em seu âmbito que se encontram o valor da equidade e o princípio da capacidade contributiva com as pretensões de realizar justiça tributária no caso concreto. Quanto à estrutura exógena, a despeito de se dar a manter a burocracia estatal, resta-lhe ainda o importante papel de cumprir os objetivos da República fixados no art. 3º da CF/88, guardando o valor da justiça social e da solidariedade como suporte axiológico aos princípios da dignidade da pessoa humana e proteção ao mínimo existencial. NUNES, **Justiça tributária**, p. 401, 408, 409.

881 Refletir zeteticamente implica, opondo-se claramente ao enfoque dogmático, um pensar que acentua as perguntas, os conceitos básicos, as premissas, os princípios abertos às dúvidas; um saber que constrói hesitações e como sugere sua origem grega (zetein), mais que opinião, seu propósito é perquirir, desintegrar, dissolver argumentos, colocá-los em dúvidas. Não se quer, portanto, nestas linhas, um saber dogmático, que acentua respostas, vez que certos elementos são, de antemão, subtraídos à dúvida, postos fora de questionamento, mantidos como soluções não atacáveis, tidos como insubstituíveis, postos de modo absoluto. Ao fugir de questões diretivas explícitas e finitas, não se ocupa a zetética do que as coisas realmente são, mas numa função interrogativa da linguagem, foge de conceitos fixos e interpretações

Direito Tributário com o direito de propriedade, com o Estado, com o constitucionalismo,[882] o que vem a suprir o grande "calcanhar de Aquiles" da expressão Sistema Tributário Nacional, quais sejam, seus aspectos externos.[883]

Por fim, de fundamental importância na análise de qualquer matriz tributária, notadamente quanto ao tema equidade e justiça na distribuição da carga tributária, frise-se, o entendimento de que os direitos individuais, com destaque ao direito à propriedade, são pós-tributação, não são naturais, mas, antes disso, frutos de um processo histórico de naturalização de algo que é meramente convencional.[884] De forma que a propriedade deve ser vista como um direito assegurado pós-tributação,[885] e não a tributação como ameaça a um pretenso direito natural, ou de ofensa a uma lei natural.[886]

3.1.2. Justiça tributária

José Maurício Conti e Fernando Facury Scaff, ao ilustrarem ter o crescimento da produção na área do Direito Financeiro, após algum tempo de calmaria, sido motivado pelo fato de o Brasil já não comportar aumento da carga tributária, a qual já atingiu seu limite de saturação, advertem para uma urgente necessidade de se discutir novos mecanismos que preconi-

conformadas em sensos comuns e se abre a viabilidades, contingências e prospecções. FERRAZ JR., Tércio Samapaio; BORGES, Guilherme Roman, **A Superação do Direito como Norma: uma revisão descolonial do direito brasileiro**, São Paulo: Almedina, 2020, p. 114, 115.

882 GASSEN, **Equidade e Eficiência da Matriz Tributária Brasileira**, p. 33.

883 *Ibid.*, p. 47.

884 GASSEN; VALADÃO, **Tributação nos Estados Unidos e no Brasil: estudo comparativo da matriz tributária**, p. 22.

885 Os direitos pressupõem que o contribuinte financie um mecanismo eficiente de supervisão que monitore seu exercício, impondo-o quando necessário. HOLMES, Stephen; SUNSTEIN, Cass R, **O Custo dos Direitos: por que a liberdade depende dos impostos**, São Paulo: WMF Martins Fontes, 2019, p. 31. Os direitos de propriedade seriam palavras vazias sem as ações positivas de autoridades cujo salário é pago com o dinheiro público. *Ibid.*, p. 35. Se as pessoas que exercem o poder de polícia não estiverem do seu lado, você não terá condições de afirmar seu direito de entrar em sua própria casa e usar o que há nela. Os direitos de propriedade só têm sentido quando as autoridades públicas usam a coerção para excluir os não proprietários, que, na ausência da lei, bem poderiam invadir propriedades cujos proprietários gostariam de conservá-las como santuários invioláveis. *Ibid.*, p. 45. Para fazer tudo isso, primeiro o Estado precisa coletar dinheiro por meio da tributação. *Ibid.*, p. 59.

886 GASSEN, **Equidade e Eficiência da Matriz Tributária Brasileira**, p. 48.

zem uma relação mais eficaz e justa entre quem paga a conta dos custos do Estado e quem se beneficia destes gastos, "o que transcende o debate circunscrito ao direito administrativo ou ao tributário".[887]

A construção de uma sociedade solidária ao longo do século XX, sob a tutela do *welfare state*, impregnou o valor solidariedade das ideias de justiça e de igualdade, de forma que o conteúdo ético que pode ser extraído daquele valor consiste nas noções de justiça social e de igualdade, o que exigiu uma mudança de postura quanto a estes conceitos, especialmente o de justiça social, aquela que traz em seu bojo a ideia de distribuição dos bens sociais de modo que todos poderão ter acesso aos bens de vida na conformação de uma vida digna de ser vivida. O direito à vida e o atendimento à saúde, à educação, à segurança alimentar, ao trabalho, à moradia, à previdência, entre outros, deixam de ser caridade para se alçarem à condição de direitos sociais.[888]

Mesma lição é a de Marciano Seabra de Godoi ao discorrer que a queda do antigo regime absolutista, do Estado Patrimonial, e de suas instituições estamentais, em decorrência das revoluções burguesas do fim do século XVIII, lançaram as bases dos valores fundamentais da liberdade e da igualdade, esta, vista ainda sob o aspecto meramente formal. Explica o autor que, marcada excessivamente pela filantropia e pela caridade, somente na segunda metade do século XIX e início do século XX, quando a industrialização e a acumulação capitalista avançam com uma intensidade sem precedentes, e com elas as contradições do modelo econômico, a noção bem mais exigente da solidariedade social relega a um segundo plano a noção caritativa de fraternidade.[889]

[887] CONTI, José Maurício; SCAFF, Fernando Facury (Orgs.), **Orçamentos Públicos e Direito Financeiro**, São Paulo: Revista dos Tribunais, 2011, p. 11.

[888] NUNES, **Justiça tributária**, p. 352. Holmes e Sunstein classificam os direitos em negativos e positivos, ou liberdades e subsídios. Os direitos negativos, protegendo a liberdade, excluem e afastam o Estado; os direitos positivos o incluem e o exigem, promovem a igualdade. Os primeiros protegem a esfera privada, ao passo que os segundos redistribuem os dólares dos contribuintes. Os primeiros são privativos ou obstrutivos, ao passo que os segundos são caritativos e contributivos. Os direitos negativos ao protegerem o indivíduo, do Estado, asseguram o direito à propriedade privada, à liberdade contratual, ao direito de não ser torturado pela polícia; os direitos positivos nos concedem serviços do Estado, como os vales-alimentação, os subsídios habitacionais e os programas de renda mínima. HOLMES; SUNSTEIN, **O Custo dos Direitos: por que a liberdade depende dos impostos**, p. 27.

[889] DE GODOI, Tributo e Solidariedade Social, p. 143.

Neste sentido, Cleucio Santos Nunes propõe uma argumentação de justiça tributária vinculada às normas constitucionais que dão o direcionamento das aspirações vislumbradas pelo constituinte, a justiça social como valor e a dignidade da pessoa humana e preservação do mínimo existencial como princípios a conferir efetividade a este valor,[890] residindo a justiça na tributação nas finalidades que a matriz tributária precisa atingir, a construção de uma sociedade livre, justa e solidária, condensadas na ideia de justiça social, ou distributiva.[891]

Lastreado nos objetivos da República, com expressa referência ao inciso I do art. 3º da CF/88, no qual se determina que a sociedade brasileira está irmanada com o objetivo fundamental de construir uma sociedade livre, justa e solidária, Cleucio Santos Nunes leciona que na medida em que o Estado Democrático de Direito pretende que todos possam igualmente ser livres, justiça e liberdade, para efeito do estabelecimento de propósitos de uma sociedade justa, combinam com a ideia de igualdade.[892] Uma sociedade justa é a que tem na igualdade um postulado inevitável para o qual todos os esforços políticos são agregados.[893]

Neste sentido assevera Marciano Seabra de Godoi que, forçosamente, uma concepção contemporânea de justiça no quadro das sociedades atuais deve contemplar e combinar os valores da liberdade, da igualdade e da

[890] Resumem-se, pois, os objetivos da tributação, no cumprimento das metas da República unificados na ideia simples de justiça social, justiça esta a se ver alcançada mediante as políticas públicas, as quais são implementadas a partir dos tributos captados junto aos particulares. NUNES, **Justiça tributária**, p. 406.

[891] *Ibid.*, p. 394, 396.

[892] E é com preocupação que vamos encontrar em Aristóteles a assertiva de que a justiça é uma questão de adequação, que dar aos indivíduos seus direitos significa dar-lhes os ofícios e as honrarias que merecem e os papéis na sociedade que se adequem à sua natureza. Para o filósofo há justiça na escravidão na medida em que o escravo é colocado lá por sua adequação ao trabalho braçal, pois não é detentor de requisitos intelectuais pertinentes ao trabalho legislativo, por exemplo. SANDEL, Michael J., **Justiça: o que é fazer a coisa certa**, Rio de Janeiro: Civilização Brasileira, 2015, p. 213. As teorias políticas modernas não aceitam muito bem a noção de adequação. Teorias liberais de justiça, de Kant a Rawls, temem que as concepções teleológicas entrem em conflito com a noção de justiça. Para elas (teorias políticas modernas), a justiça não é questão de adequação, mas de escolha. Atribuir direitos não é ajustar as pessoas a papéis adequados à sua natureza; é deixar que elas escolham sozinhas os próprios papéis. A noção de adequação pode facilmente transformar-se em escravidão, se aqueles que detêm o poder concluírem que um determinado grupo seja, de alguma forma, adequado a um papel subalterno. *Ibid.*, p. 214.

[893] NUNES, **Justiça tributária**, p. 340.

solidariedade. Uma sociedade de pessoas livres e iguais consiste num sistema equitativo de cooperação, um sistema em que todos os que cooperam devem beneficiar-se da forma apropriada.[894]

3.1.2.1. Escolas cívicas e a solidariedade espontânea, pressupostos de uma sociedade justa

Michael J. Sandel, ao tempo em que leciona ser o sentimento de solidariedade espontânea de cada integrante de um grupo social, o que há que se promover em uma sociedade em que se almeje a justiça, critica as políticas equivocadas adotadas pelos governantes de ocasião que progressivamente o tem deteriorado. Adotando a ótica de que uma sociedade justa requer um raciocínio conjunto sobre vida boa, uma política do bem comum, Michael Sandel parte a identificar, mediante algumas sugestões ilustrativas, vez que reconhece não ter uma resposta satisfatória para tal questão, que tipo de discurso conduziria a esta direção.[895]

Propõe-se que as questões morais e espirituais sejam levadas a sério pela política não somente em questões como sexo e aborto, mas também quanto a interesses econômicos e cívicos.[896]

A fortalecer sua teoria, o autor invoca discurso de Robert F. Kennedy, o qual, em 1968, tentava ser indicado pelo Partido Democrata às eleições para a presidência. Kennedy, ao asseverar que os cidadãos dos Estados Unidos estavam entregues ao mero acúmulo de bens materiais, defendia que a justiça envolvia mais do que o tamanho e a distribuição do produto nacional, tratava-se também de propósitos morais mais elevados, que enfrentar a pobreza de aspirações, que a todos afligia, era outra tarefa de grande importância.[897]

Kennedy, vendo uma ligação daquele estilo de vida vinculado às preocupações materiais de seu tempo com as injustiças da pobreza, da Guerra do Vietnã, da discriminação racial, etc., conclui que os americanos estavam valorizando as coisas erradas, que para se reduzir tais injustiças, fazia-se necessário combater o modo de vida complacente que observava ao seu redor, o que o conduziu, em discurso na Universidade do Kansas, em 18

[894] De Godoi, Tributo e Solidariedade Social, p. 149.
[895] Sandel, **Justiça: o que é fazer a coisa certa**, p. 278.
[896] *Ibid.*
[897] *Ibid.*, p. 279.

de março de 1968,[898] a invocar o orgulho que os americanos sentiam de seu país, apelando para um sentimento de comunidade.[899]

Estabelecido o argumento de que uma sociedade justa carece de um forte sentimento de comunidade, parte o autor a estabelecer uma forma de incutir nos cidadãos este sentimento de preocupação com o todo, de dedicação ao bem comum.[900] Ao enfatizar que uma sociedade justa não pode ser indiferente aos "hábitos do coração" que os cidadãos levam para a vida pública, ressalta-se a importância de se encontrar meios de se afastar das noções da boa vida puramente egoísta e cultivar a virtude cívica.[901]

Ao reconhecer que tradicionalmente a escola pública tem sido uma instituição de grande relevância para a formação cívica,[902] e para algumas gerações, também o fora o Exército, Sandel manifesta preocupação com o nível de precariedade em que muitas escolas públicas se encontram e com o fato de que apenas uma pequena fração da sociedade americana serve ao Exército. Diante das fragilidades expostas, o desafio que se aflora é saber como uma sociedade democrática tão vasta e diversificada pode ter esperanças de cultivar a solidariedade e o sentimento de responsabilidade mútua que uma sociedade justa requer.[903]

[898] Eis a transcrição do discurso do presidenciável americano: "Nosso Produto Interno Bruto agora ultrapassa 800 bilhões de dólares por ano. Mas nesse PIB estão embutidos a poluição do ar, os comerciais de cigarros e as ambulâncias para limpar nossas carnificinas. Ele inclui fechaduras especiais para nossas portas e prisões para as pessoas que as arrombam. Inclui a destruição de nossas sequoias e a perda de nossas maravilhas naturais em acumulações caóticas de lucro. Inclui as bombas napalm e as ogivas nucleares e os veículos blindados da polícia para combater os tumultos em nossas cidades. Inclui [...] os programas de televisão que estimulam a violência com a finalidade de vender brinquedos a nossas crianças. Entretanto, o PIB não garante a saúde de nossas crianças, a qualidade de sua educação ou a alegria de suas brincadeiras. Não inclui a beleza de nossa poesia ou a solidez de nossos casamentos, a inteligência de nossos debates públicos ou a integridade das autoridades de nosso governo. Ele não mensura nosso talento ou nossa coragem, nossa sabedoria ou nosso aprendizado, nossa compaixão ou nossa devoção a nosso país. Ele tem a ver com tudo, em suma, exceto com aquilo que faz com que a vida valha a pena. E ele pode nos dizer tudo sobre os Estados Unidos, exceto o motivo pelo qual temos orgulho de ser americanos.". *Ibid.*

[899] *Ibid.*

[900] *Ibid.*, p. 280.

[901] *Ibid.*

[902] O autor é enfático em esclarecer que não se refere ao ensino explícito da virtude cívica, mas àquela educação cívica que, adquirida na prática e muitas vezes não planejada, se dá quando jovens de diferentes classes econômicas, antecedentes religiosos e comunidades étnicas se reúnem na mesma instituição. *Ibid.*

[903] *Ibid.*

Clara demonstração da erosão cívica aludida é a verificada pela observação do então presidenciável americano de 2008, Barack Obama, o qual não poupou críticas ao presidente da ocasião, George W. Bush, quando este, diante dos acontecimentos de 11 de setembro de 2001, com os americanos com um sentimento de patriotismo e orgulho aflorados e desejos de servir ao país, não os convocou para algum tipo de sacrifício comum, em vez disso, em vez de convocar os irmãos americanos para servir, foram estes convidados a ir às compras.[904] "Ao invés de serem convocados para um sacrifício compartilhado, pela primeira vez na história, reduziram-se os impostos dos americanos mais abastados em tempos de guerra", foram as palavras de Obama.[905]

A correlacionar desigualdade, solidariedade e virtude cívica, assevera o autor que, a despeito de o fosso que separa ricos e pobres ter aumentado nas últimas décadas, atingindo níveis que não eram vistos desde a década de 1930, tal desigualdade não tomou grandes proporções políticas.[906] Mas o autor trata logo de apontar que a pouca atenção dada à desigualdade na política contemporânea não é fruto de descaso dos filósofos políticos a respeito do tema, vez que a distribuição justa de renda e riqueza tem sido objeto constante nas discussões da filosofia política desde a década de 1970 até os dias atuais.[907]

Outrossim, ressalta o autor, a tendência dos filósofos de estruturar a questão em termos de utilidade[908] ou consentimento[909] os tem levado a desconsiderar os argumentos contra a desigualdade mais capazes de sensibilizar politicamente a população e mais relevantes para o projeto de renovação moral e cívica.[910]

[904] E aqui, percebe-se claramente o peso do discurso de Robert F. Kennedy quanto aos valores equivocados a que as sociedades têm se imbuído em buscar.

[905] SANDEL, **Justiça: o que é fazer a coisa certa**, p. 280.

[906] *Ibid.*, p. 282.

[907] *Ibid.*

[908] Subtrair cem dólares de uma pessoa rica e dá-los a uma pessoa pobre só diminuiria um pouco a felicidade do rico, especulam eles, mas aumentaria muito a felicidade do pobre. *Ibid.*

[909] "John Rawls também defende a redistribuição, porém com base no consentimento hipotético. Ele argumenta que, se elaborássemos um contrato social hipotético partindo de uma posição original de igualdade, todos concordariam com o princípio que fundamentaria alguma forma de redistribuição". *Ibid.*

[910] *Ibid.*

Neste diapasão, conclui Michael Sandel que o mais importante motivo de preocupação com a crescente desigualdade na vida americana é o fato de que um fosso muito grande entre ricos e pobres enfraquece a solidariedade que a cidadania democrática requer. Com o crescimento da desigualdade, os ricos tendem a se afastar dos logradouros e dos serviços públicos, deixando-os para aqueles que não podem usufruir de outro tipo de serviço. Optam pelas escolas particulares, academias privadas, residências em condomínios de alto padrão com segurança particular, um segundo ou terceiro carro a tornar seus possuidores independentes do transporte público, etc.

A questão é que de tal postura, duas consequências são inevitáveis: i) uma consequência fiscal, vez que à medida que determinada fatia da sociedade não mais depende dos serviços públicos, tenderá a não mais se ver motivada a apoiá-los, o que acarretará sua deterioração;[911] ii) uma consequência cívica, vez que as instituições públicas, verdadeiras escolas informais da virtude cívica, deixam de ser locais onde cidadãos de diferentes classes econômicas se encontram, dificultando o cultivo do hábito da solidariedade e do senso de comunidade dos quais depende a cidadania democrática.[912]

Para Michael Sandel, a desigualdade, afora suas consequências sobre a utilidade ou o consentimento, corrói a virtude cívica, perda que os conservadores partidários do mercado e os liberais preocupados com a redistribuição ignoram.[913]

Diante de tal constatação, o autor vê na reconstrução das instituições e os serviços públicos, para que ricos e pobres deles pudessem usufruir igualmente, uma solução. Ao contrário do que se verificou em uma geração anterior à sua, na qual despendeu-se investimento significativo no programa federal de estradas, o que veio a criar padrões de vida corrosivos para a sociedade, vez que permitiu aos cidadãos uma capacidade individual de locomoção e dependência do automóvel particular, incentivou a mudança para os subúrbios e aumentou a degradação ambiental.[914]

Percebe-se que a crítica de Michael Sandel é uma crítica indireta, na verdade o que ele contesta é o fato de tal geração não ter se comprometido da mesma forma com um investimento que contribuísse para uma infraes-

[911] *Ibid.*

[912] *Ibid.*, p. 283.

[913] *Ibid.*

[914] *Ibid.*

trutura de renovação cívica, diga-se, construindo-se escolas públicas para as quais ricos e pobres, igualmente, gostariam de mandar seus filhos; sistemas públicos de transportes confiáveis a ponto de atrair os cidadãos mais abastados; atrações de lazer e serviços públicos capazes de fazer com que as pessoas deixassem seus condomínios cercados por grades para compartilhar os espaços comuns de uma sociedade democrática.[915]

Apesar de o autor referir-se a fenômenos que, em sua opinião, motivaram o afastamento dos cidadãos americanos do sentimento de solidariedade e compromisso com o coletivo, se na leitura de seu texto nos deixássemos distrair sem nos atentarmos que a realidade retratada é a americana, a sensação seria a de que a referência fosse a brasileira, pelo que, a conclusão a que se chega ao findar deste tópico é a de que também no Brasil, com o propósito de se criar condições à redução das desigualdades, o estreitamento deste abismo a separar os ricos e pobres há de ser transposto, ou, ao menos, esforços neste sentido hão de ser despendidos com a reconstrução de escolas cívicas naturais, providência de urgente relevância para o País.

3.1.2.2. As liberdades não devem ser simplesmente formais

Liberdade, ó liberdade, quão difícil sua definição, e quão ardilosos os que desta dificuldade se valem para legitimar suas vantagens, não tão republicanas, perante os que dela efetivamente não gozam, mas que, artificialmente, a eles são atribuídos tal desfrute.

É apoiando-se em lição de John Rawls[916] de que os princípios de justiça se destinam a romper o ciclo de prosperidade não exatamente decorrente do esforço pessoal em igualdade de condições competitivas, que justificaria a justiça pelo mérito, que Cleucio Santos Nunes afirma que em uma sociedade que se pretenda ordenada e justa não se pode consentir que motivações arbitrárias, tais como a sorte do lugar em que se nasce, ou talentos especiais,[917] possam determinar o bom ou o mal desempenho social ou

[915] *Ibid.*

[916] Para o filósofo, uma sociedade justa depende da efetivação de dois princípios de justiça, o de iguais liberdades fundamentais (liberdades individuais) e o da igualdade equitativa de oportunidades (condições básicas de renda e de acesso aos cargos de autoridade a todos). *Ibid.*, p. 396.

[917] John Rawls, leciona Sandel, repudia a teoria meritocrática de justiça baseando-se no fato de que os talentos naturais não são méritos de quem os possui, que até mesmo o esforço

econômico dos indivíduos no momento em que competências que levam a tais sucessos sejam exigidas.[918]

Neste sentido pertinente a abordagem dos dois princípios de justiça que segundo John Rawls seriam os escolhidos por pessoas morais livres e iguais para governarem a estrutura básica de uma democracia constitucional.[919]

No primeiro princípio de justiça cada pessoa deve ter um direito igual ao mais amplo sistema de liberdades básicas[920] que seja compatível com um sistema semelhante de liberdades básicas para todas as outras pessoas da sociedade. Essas liberdades fundamentais, diferentemente do que ocorre com os bens ou com a renda pessoal, devem ser divididas entre os indivíduos de forma rigorosamente igual, nada justificando que um indivíduo tenha um conjunto maior dessas liberdades em comparação com outro indivíduo da mesma sociedade de indivíduos livres e iguais.[921]

Para além, Marciano Seabra de Godoi ressalta advertência de John Rawls de que as liberdades fundamentais não podem ser simplesmente formais, em que tanto um rico e influente líder empresarial quanto um desempregado desqualificado têm a mesma liberdade política de votar e ser votado, a mesma liberdade de expressão e associação, mas que de um ponto de vista material, a liberdade de um é infinitamente desigual da liberdade do outro. É percepção clara de Rawls que a ignorância, a pobreza e a carência de meios materiais fazem com que o proveito que as pessoas tiram de suas liberdades seja muito desigual.[922]

pode ser produto de uma educação favorável, o qual é influenciado por contingências cujos créditos não podemos reivindicar. Partindo do pressuposto de que os psicólogos acreditam que a ordem de nascimento das pessoas influencia o trabalho e o empenho, tal como o esforço que os alunos associam ao fato de ser admitidos em Harvard, disserta Sandel que, sempre que aborda a concepção de esforço de Rawls, costuma fazer uma pesquisa não científica. Apenas a título de curiosidade pergunta a seus alunos quantos deles foram os primeiros na ordem de nascimento na família: de 75% a 85% levantam a mão, sendo o resultado sempre o mesmo. Ora, ninguém pode afirmar que o fato de ser o primeiro na ordem de nascimento seja mérito próprio. SANDEL, **Justiça: o que é fazer a coisa certa**, p. 170.

918 NUNES, **Justiça tributária**, p. 344.

919 DE GODOI, Tributo e Solidariedade Social, p. 148.

920 Por liberdades básicas fundamentais são entendidas as liberdades políticas (direito de votar e ser votado), as liberdades de pensamento, expressão e religiosa, a liberdade de associação, a liberdade de ir e vir, a inviolabilidade da integralidade física e moral. Tratam-se de condições institucionais essenciais para o desenvolvimento e exercício pleno das capacidades morais dos cidadãos. *Ibid.*, p. 149.

921 *Ibid.*

922 *Ibid.*, p. 150.

As liberdades devem ter um valor equitativo na medida em que o valor das liberdades políticas para todos os cidadãos, seja qual for sua posição social ou econômica, deve ser aproximadamente igual, ou pelo menos suficientemente igual, no sentido de que todos tenham uma oportunidade equitativa de assumir um cargo público e influenciar o resultado das decisões políticas.[923]

Como pressuposto da preservação do valor equitativo das liberdades fundamentais, Marciano Seabra aponta para a necessidade, por exemplo, de se garantir a todos os indivíduos condições adequadas de um ensino gratuito e de qualidade, sem as quais a liberdade de pensamento e de expressão, por exemplo, perdem toda relevância; bem como medidas que impeçam o abuso do poder econômico nos processos eleitorais.[924]

Referindo-se ao segundo princípio de justiça de John Rawls, o que se aplica à distribuição de bens primários como os poderes e prerrogativas de posições e cargos públicos ou privados, a renda, a riqueza e o patrimônio individuais, leciona Marciano Seabra de Godoi que a divisão desses bens inevitavelmente será desigual, mas que tal desigualdade somente será justa se trouxer o maior benefício possível para os menos favorecidos e estiver vinculada a cargos e posições abertos e acessíveis a todos em condições de igualdade equitativa de oportunidade.[925]

Se os cargos e posições de maior prestígio e melhor remuneração estão abertos formalmente a todos, e são preenchidos conforme a capacidade, os talentos e os dotes de cada um, não se tem uma igualdade equitativa de oportunidades, mas uma sociedade liberal meritocrática em que a igualdade de oportunidades significará uma chance igual de deixar para trás os menos afortunados na busca pessoal de influência e posição social.[926]

É nesta linha que Michael Sandel contrapõe-se a que, no exército voluntário, ao se evitar a coerção do alistamento obrigatório, a opção do cidadão em colocar sua vida em risco para a defesa de sua pátria resulte de pleno consentimento seu, do desfrute de sua liberdade,[927] vez que aqueles que

923 *Ibid.*

924 *Ibid.*

925 *Ibid.*

926 *Ibid.*

927 Assevera o autor que o exército voluntário pode não ser tão voluntário quanto possa parecer, podendo haver aí uma coerção implícita; que tal qual a convocação, uma obrigação criada na lei, o exército voluntário comportaria uma forma diferente de coerção, as pressões

optam por servir ao exército voluntário podem ser tão avessos ao serviço militar quanto os que dele se abstém[928]. Fazem-no, não com base em suas convicções, ou preferências por viver perigosamente, mas tão somente pelo fato de virem-se encurralados pela falta de oportunidades, vislumbrando-se em tal atividade a oportunidade de vida melhor, para si e para os seus. Para o autor, "em lugares em que há muita pobreza e dificuldades econômicas, a opção por se alistar pode simplesmente refletir a falta de alternativas".[929]

A análise da questão de justiça na abordagem proposta por Sandel, a forma de composição do exército, é enfrentada sob três óticas: i) alistamento compulsório; ii) convocação com a possibilidade de se contratar um substituto (sistema da Guerra Civil); iii) sistema de mercado (exército "voluntário").[930]

Expõe o autor que a eleição da forma de composição do exército mais justa tende a depender da filosofia adotada por quem avalia as opções postas: Para um adepto da filosofia libertária o serviço militar obrigatório, por ser coercitivo, é injusto, é um tipo de escravidão na qual o Estado tem a posse dos seus cidadãos e que pode fazer com eles o que quiser, até mesmo forçá-los a combater e arriscar a vida na guerra.[931]

Argumento similar encontra-se quanto aos utilitaristas, para os quais a obrigatoriedade do serviço militar diminui o bem-estar das pessoas, vez que as impede de realizar seus objetivos particulares. Outrossim, para estes, não se apresentam motivos a impedir um acordo entre um convo-

econômicas; que somente a partir do momento em que o indivíduo se vir frente a uma gama de opções razoáveis de trabalho, poder-se-á afirmar que a opção pelo alistamento militar remunerado reflete, efetivamente, suas preferências. SANDEL, **Justiça: o que é fazer a coisa certa**, p. 91. A sustentar seu argumento, Sandel vale-se das palavras do deputado americano Charles Rangel, veterano condecorado da Guerra da Coreia, o qual tentou o restabelecimento da obrigatoriedade do serviço militar por considerar que a convocação para o serviço militar por meio do mercado não é justa com aqueles que têm poucas alternativas: "Já que americanos estão sendo enviados para a guerra, todos deveriam estar sujeitos a isso, e não apenas aqueles que, devido a circunstâncias econômicas, sejam atraídos pelas vantagens financeiras e pelos incentivos educacionais do alistamento". *Ibid.*, p. 92. Tendo se posicionado contra a Guerra do Iraque, Rangel acredita que ela jamais teria sido deflagrada se os filhos dos congressistas tivessem o ônus de combatê-la. *Ibid.*

[928] Mas estes sim, gozam da liberdade de escolher, pois não são coagidos pela fome.

[929] SANDEL, **Justiça: o que é fazer a coisa certa**, p. 91.

[930] *Ibid.*, p. 88.

[931] *Ibid.*, p. 89.

cado a servir ao exército e seu substituto, vez que a liberdade de participar da transação certamente aumenta a felicidade de ambas as partes sem reduzir a dos demais. Destarte, por razões utilitaristas, revela-se o sistema a permitir a contratação de um substituto mais vantajoso que o serviço militar obrigatório.[932]

Conclui Sandel que, partindo-se tanto das lógicas libertárias quanto dos raciocínios utilitaristas, identifica-se na obrigatoriedade do serviço militar o processo de recrutamento menos desejável, apresentando-se como melhor opção o exército voluntário, seguida da opção a permitir a contratação de um substituto. Porém, duas objeções, no mínimo, são propostas pelo autor a essa linha de argumentação. Uma refere-se à equidade e à liberdade, a outra, à virtude cívica e ao bem comum.[933]

Em sua primeira objeção, a que interessa a este estudo, a ilustrar que o livre mercado, a despeito do que sustentam as propostas libertárias e utilitaristas, não é tão livre para aqueles que têm poucas alternativas, o autor propõe uma reflexão: Poder-se-ia concluir que um indivíduo sem teto que dorme sob uma ponte o faz por opção sua, pelo gozo pleno de sua liberdade de escolha? Que ele prefira dormir embaixo de uma ponte a dormir em um apartamento? Ou tal escolha teria como motivação a impossibilidade de se ter um lar, não tendo sido esta escolha, em princípio, uma livre escolha? Estaria ele agindo livremente ou por necessidade?[934]

Ao finalizar seu raciocínio, Michael Sandel vincula sua primeira objeção à lógica de mercado para o exército voluntário atribuindo à iniquidade da discriminação de classe e à coerção que pode ocorrer se as dificuldades financeiras compelirem os jovens a arriscarem suas vidas em troca de educação superior e outros benefícios. O autor ressalta ainda que a objeção levantada não se refere ao exército voluntário em si, mas tão somente a esta forma de recrutamento em sociedades que apresentam desigualdades substanciais, de forma que, ao se diminuir tais desigualdades, tal objeção é eliminada.[935]

[932] *Ibid.*

[933] *Ibid.*, p. 90.

[934] *Ibid.*, p. 91.

[935] *Ibid.*, p. 93.

3.1.2.3. A busca por condições do exercício da liberdade material na matriz tributária brasileira

Uma sociedade livre e justa a ser construída é aquela em que um nível mínimo de bem-estar é garantido a todos, ou ao menos os esforços necessários neste sentido são prioritários,[936] uma sociedade na qual se permitam a todos um nível básico de segurança e de bem-estar que caracterize uma vida digna.[937]

Ademais, assentando-se o princípio de justiça na ideia de igualdade de oportunidades a possibilitar a todos o exercício adequado de suas liberdades, para o que, o acesso a determinados bens sociais básicos é premissa, Cleucio Santos Nunes apresenta como proposta de uma sociedade justa a garantia, pela tributação, dos seguintes direitos mínimos, os quais, não excluindo a garantia de outros direitos, comporiam o núcleo do mínimo existencial. São eles: i) direito à vida e saúde adequados; ii) direito à segurança alimentar; iii) direito à moradia na qual se possa exercer a intimidade; e iv) direito à educação de qualidade.[938]

Nas palavras do autor "a tributação há de ser o suporte financeiro da ideia de justiça social ou de justiça distributiva no Estado Democrático de Direito", de forma que a apropriação do patrimônio de seus súditos a fazer frente à burocracia estatal há de primar pela equidade, cada um contribuindo na exata medida que sua capacidade de arcar com aquele ônus se revelar[939].[940]

Neste sentido, como pressuposto inarredável de um regime tributário justo mister que os contribuintes não se vejam vítimas da opressão tributária do Estado e nem privilegiados por um regime tributário desigual.[941] Os princípios da "dignidade da pessoa humana" e da "proteção ao mínimo existencial", como princípios estruturantes de uma tributação justa, veem-se a orientar as regras jurídicas que desembocam na efetivação da justiça tributária.[942]

936 NUNES, **Justiça tributária**, p. 343.
937 *Ibid.*, p. 344.
938 *Ibid.*, p. 396.
939 Ressalta o autor que não só a captação destes recursos a justiça tributária há de permear, de fundamental importância também se revela sua correta e justa aplicação.
940 NUNES, **Justiça tributária**, p. 29.
941 *Ibid.*, p. 30.
942 *Ibid.*, p. 358.

Outrossim, de grande relevo mostra-se advertência de Cleucio Santos Nunes no sentido de que, na busca da efetiva justiça tributária, o conceito de equidade, isoladamente, não se revela pleno no intuito de se corrigir a alarmante situação de injustiça tributária entre ricos e pobres, mais que isso, demandam-se "medidas políticas que permitam elevar a tributação sobre a renda e patrimônio a fim de se primar por sua maior desconcentração, o que estaria afinado, de uma forma mais amplificada, com a ideia de justiça na tributação".[943]

O Direito Constitucional Tributário contemporâneo vê na capacidade contributiva o parâmetro preferencial para fazer atuar, no Direito Tributário, o princípio da igualdade, o que é visto como uma projeção do princípio da solidariedade social quanto à repartição de cargas públicas. Por conseguinte, revela-se a progressividade o principal instrumento de efetivação da capacidade contributiva, haja vista proporcionar o atingimento de modo mais eficiente dos contribuintes de maiores posses financeiras, o que, inevitavelmente, tenderá a conduz à concretização da justiça tributária.[944]

Balizando-se pelos indicadores de desigualdade social, pela prioridade da defesa dos direitos sociais e pela finalidade central da tributação, Cleucio Santos Nunes propõe três fundamentos na busca por uma matriz tributária justa, apresentados a seguir.

Como garantia de um mínimo existencial, o primeiro dos três fundamentos, o autor propõe a criação de programa de restituição de tributos sobre o consumo de bens e serviços para consumidores de baixa renda, escapando-se da ineficiência da isenção ou redução de alíquotas que não asseguram totalmente a pessoalidade, beneficiando também consumidores de alta renda.[945]

O segundo fundamento, para nós um complemento do primeiro, propõe a elevação racional da carga tributária sobre o consumo de bens e serviços considerados supérfluos ou luxuosos, além do aumento progressivo da tributação sobre a renda e o patrimônio. Com vistas a se prover eficiência a tais medidas, o autor ressalta a necessidade de se elevar a faixa de isenção do IRPF e, para compensar as perdas de arrecadação motivadas por tais medidas protetivas aos menos favorecidos economicamente, medidas com-

[943] *Ibid.*, p. 411.

[944] *Ibid.*, p. 348.

[945] *Ibid.*, p. 404.

pensatórias de aumento do número e percentuais das alíquotas do IRPF, de modo a alcançar as rendas mais altas.[946]

Por derradeiro, mas não menos importante, o terceiro fundamento proposto pelo autor prevê a edição de regra constitucional a impedir o contingenciamento de recursos orçamentários destinados à garantia dos direitos sociais, de efetivação da justiça social.[947]

Ademais, outras medidas são apontadas como pertinentes a integrar tal contexto, ainda que de forma colateral: i) aumento da tributação sobre herança; ii) racionalização dos incentivos fiscais a setores econômicos fortemente articulados, mediante a cobrança de contrapartidas sociais para a concessão do benefício; iii) redução da frequência com que são concedidos parcelamentos fiscais a grandes devedores; e iv) tributação sobre os lucros e dividendos distribuídos a acionistas privados.[948]

A despeito de o tema justiça tributária remeter, quase que instintivamente, às altas cargas tributárias a que são submetidas as pessoas de baixa renda, em virtude da preferência da matriz tributária brasileira pela tributação sobre o consumo, outro alerta há que ser feito. Seria o caso da exorbitante tributação a que são submetidos alguns bons contribuintes a compensar a sonegação dos que agem de maneira adversa.

Atribuindo sua causa à flacidez da relação jurídica entre o Fisco e o contribuinte, o autor aponta dois resultados desastrosos, i) o primeiro, a perda de arrecadação ou arrecadação insuficiente ao atendimento pelo Estado de seus fins; ii) o segundo, a sensação de injustiça entre os diversos grupos de contribuintes: uns, com maior poder econômico, que se sentem exigidos demais; outros, menos favorecidos, que sequer percebem como os tributos ajudam a tornar ainda mais baixo seu já precário poder econômico.[949]

Outrossim, leciona Cleucio Santos Nunes que, a despeito de a ideia de igualdade pertencer às pré-condições do conceito de democracia, na medida em que as relações materiais e históricas não se revelem suficientes a que tais pré-condições se efetivem, caberá ao regime democrático, mediante instrumentos normativos ou ações governamentais, interceder para que a igualdade seja perceptível como experiência vivida.

[946] *Ibid.*

[947] *Ibid.*, p. 405. O autor cita como exemplo do que se propõe, dispositivos legais que proíbem o contingenciamento orçamentário para o serviço da dívida, art. 166, §3º, "b" e art. 9º, §2º da LC nº 101, de 2000. *Ibid.*, p. 405.

[948] Nunes, **Justiça tributária**, p. 405.

[949] *Ibid.*, p. 30.

Neste diapasão, ao se (pré)comprometer a alcançar seus objetivos (art. 3º, CF/88), a Constituição semeia às gerações futuras o dever de observá-los, de forma que, uma vez constatado que não foram alcançados meios para a efetivação da igualdade, ao Estado competirá engendrar as condições para que isso ocorra.[950] Mas será que o Estado, mediante a imposição a seus sujeitos de uma desejada tributação equitativa, tem feito o seu dever de casa? É do que se encarregará de aferir o tópico seguinte.

3.2. A regressividade da matriz tributária brasileira

Remontando à criação do Código Tributário Nacional (1966), a incidência de tributação sobre consumo, produção e renda de salários de um lado e, de outro, a não incidência significativa sobre patrimônio e capital, são entendidas como resultado de uma política patrimonialista, que após sucessivas reformas legais a alterarem as regras do Sistema Tributário pátrio, sua estrutura regressiva é persistente.[951]

No texto da ADPF 655 estampa-se citação de Fabrício Augusto de Oliveira a destacar a clareza com que a Constituição de 1988 aponta para a igualdade material como princípio norteador da atividade tributária, e também a delegação, ao legislador infraconstitucional, da tarefa de equalizar o sistema tributário com o propósito de torná-lo mais justo.

Sublinha o autor que o Brasil nunca foi um país exemplar nessa questão, que desde 1891, os impostos indiretos, predominantemente, financiam as atividades do Estado, i) até a década de 1960, por não contar com bases econômicas suficientes para cobrar o Imposto de Renda e por enfrentar resistências políticas para taxar a propriedade; ii) a partir da década de 1960, por o Estado autoritário, que se instalou no país a partir de 1964, visando a garantir o crescimento a qualquer custo para legitimar os novos donos do poder, ter transformado o sistema tributário numa ferramenta do processo de acumulação, isentando ou taxando suavemente o capital e as rendas médias e altas da sociedade; iii) na Constituição de 1988, por os constituintes, ainda que orientados pelos princípios da democracia e da justiça fiscal, terem dedicado mais atenção ao resgate da federação, enquanto as ações voltadas à redução das desigualdades, como a maior taxação da renda e da propriedade, foram transferidas para serem aprovadas no campo infraconstitucional, o que não ocorreu.[952]

[950] *Ibid.*, p. 341, 342.

[951] BRASIL, ADPF 655 de 03 de março de 2020, p. 22.

[952] *Ibid.*

Ademais, tendo como consequência primeira a de impelir aos indivíduos de menores rendas de uma sociedade uma maior participação nas despesas da burocracia estatal, em consequência aliviando os de maiores rendimentos, a regressividade tributária tem se revelado fenômeno devastador no que se refere ao agravamento da concentração de renda no Estado brasileiro, consequência das distorções econômicas provocadas por um conjunto de regras que fornece o incentivo errado ou altera o funcionamento do Estado de maneira que ele pese mais sobre determinada parcela da população.[953]

De variadas formas de manifestação, a regressividade em um sistema tributário pode se dar por um desequilíbrio entre as tributações das bases – propriedade, renda e consumo –, ou pode ser uma distorção dentro da própria base, quando se tributa proporcionalmente as pessoas de baixa renda mais do que as pessoas de alta renda.

A ilustrar a aludida distorção dentro da própria base, neste caso a base consumo, de grande relevo é lição do economista Bernard Appy ao afirmar que o sistema atual beneficia os mais ricos por os tributos incidirem mais sobre produtos do que sobre serviços.[954] Do ponto de vista de justiça tributária, quando se tributa menos serviço do que mercadoria, está-se tributando menos o que os ricos consomem do que o consumido pelos pobres.

Uma alíquota única na tributação de bens e serviços, uma tributação uniforme entre bens e serviços, cuidaria de corrigir a aludida distorção distributiva do sistema, pontua o economista.[955] Quanto aos desequilíbrios regressivos entre as bases tributárias, apontam-se a alta carga tributária sobre o consumo e a menor carga na renda.[956]

[953] Fonteyne, Onde Está a Real Regressividade do Sistema Tributário Brasileiro?, p. 29.

[954] Leciona Appy que nas famílias mais pobres, com renda de até dois salários mínimos mensais, 9% do consumo é serviços, nas mais ricas, com renda superior a 25 salários mínimos por mês, 31%. A corroborar o entendimento de Bernard Appy e citando como fonte dos dados por ele apresentados a POF de 2018, disserta Alexis Fonteyne que pessoas de baixa renda consomem vestuários, utensílios, calçados, alimentos, material de construção, bicicleta, etc. Elas certamente não consomem serviços como restaurantes, pacotes de viagem, spas, cinema, teatro, academias, streaming, ou pacotes de dados de telefonia, de forma que a significativa diferença das cargas tributárias entre bens e serviços é fator relevante na regressividade do sistema. *Ibid.*, p. 33.

[955] Disponível em: https://epocanegocios.globo.com/Economia/noticia/2020/08/epoca-negocios-reforma-tributaria-melhora-percepcao-de-solvencia-do-setor-publico-diz-appy.html. Acesso em: 07/02/2022.

[956] Fonteyne, Onde Está a Real Regressividade do Sistema Tributário Brasileiro?, p. 30.

Advirta-se não ser a alta carga tributária no consumo e menor na renda uma exclusividade brasileira, mas um fenômeno típico de países em desenvolvimento com população de baixa renda, onde a base renda não gera arrecadação suficiente para manter as necessidades do Estado,[957] o que, paradoxalmente, ao se pesar a mão na tributação sobre os mais pobres, retroalimenta o círculo vicioso do empobrecimento da população.[958]

E a questão da retroalimentação do aludido ciclo vicioso se agrava quando se parte a analisar a forma como tais recursos retornam à sociedade. Neste ponto, interessante a lição dos parágrafos iniciais da sessão "2.3.2. O princípio do não confisco" deste trabalho, quanto à necessidade, para a caracterização do confisco, de se sopesar o que o Estado retorna à sociedade em compensação ao que dela exige na forma de tributos.

E a conclusão do Instituto Brasileiro de Planejamento e Tributação – IBPT aponta que, apesar de pelo 5º ano seguido o Brasil arrecadar muito, não dá retorno.[959] Apesar de figurar entre os 30 países que possuem as maiores cargas tributárias do planeta, o país proporciona o pior retorno (qualidade de ensino, atendimento de saúde pública, segurança, saneamento básico, entre outros serviços) à população pelos tributos arrecadados nas esferas federal, estadual e municipal, ficando atrás de outros países da América do Sul como Uruguai e Argentina, que ocupam respectivamente a 11ª e 19ª colocações no ranking.

O estudo aponta que, apesar de terem carga tributária muito próxima à do Brasil, que em 2013 foi de 35,04% do PIB, a Islândia (35,50%), Alemanha (36,70%) e Noruega (40,80%) estão muito à frente no que se refere à aplicação dos recursos em benefício da população, ocupando a 14ª, 15ª e 18ª posições, respectivamente.

[957] E a realidade brasileira é muito bem ilustrada em publicação do IBGE (Instituto Brasileiro de Geografia e Estatística), de 6 de maio de 2020, nos números que retratam a desigualdade de renda no Brasil em 2019, na medida em que indica que aproximadamente 80% da população brasileira percebe renda média de até dois salários mínimos, enquanto que o 1% com maior rendimento mensal aufere, em média, 180 vezes o que ganha a pessoa que está na parcela dos 5% com menor renda. Disponível em: https://www.nexojornal.com.br/expresso/2020/05/11/A-desigualdade-de-renda-no-Brasil-%C3%A9-alta.-E-vai-piorar. Acesso em: 07/02/2022.

[958] FONTEYNE, Onde Está a Real Regressividade do Sistema Tributário Brasileiro?, p. 30.

[959] Apura-se que dos 33,8% do PIB arrecadados em 2005, apenas 9,5% do produto retornaram à sociedade na forma de investimentos públicos em educação, saúde, segurança púlica, habitação e saneamento. Um retorno social muito baixo em relação à carga tributária, portanto. BRASIL, **Indicadores de Equidade do Sistema Tributário Nacional**, p. 21.

A Bélgica, que tinha uma carga tributária de 44% em 2011 e ocupava a 25ª colocação no ranking do estudo anterior, passou a ser, em 2012, o 8º país com melhor retorno à sua população e reduziu sua carga para 30,70%. O Brasil, no entanto, permanece como o último colocado e, apesar de registrar sucessivos recordes de arrecadação de tributos, ainda não oferece condições adequadas para o desenvolvimento da sociedade.[960]

Neste diapasão, presumindo-se que as transferências devem beneficiar proporcionalmente mais os mais pobres, e lecionando que uma forma de se visualizar o impacto da ação do Estado sobre a distribuição de renda é comparar o valor das transferências sociais como proporção da renda do primeiro e do décimo decis da renda, Armínio Fraga Neto chega ao entendimento, a partir da análise do Gráfico 2, de que o Brasil é dos que mais transferem para os mais ricos, e o que menos transfere para os mais pobres.

Gráfico 2 – Brasil: Transferências sociais como % da renda para 1º e último decil

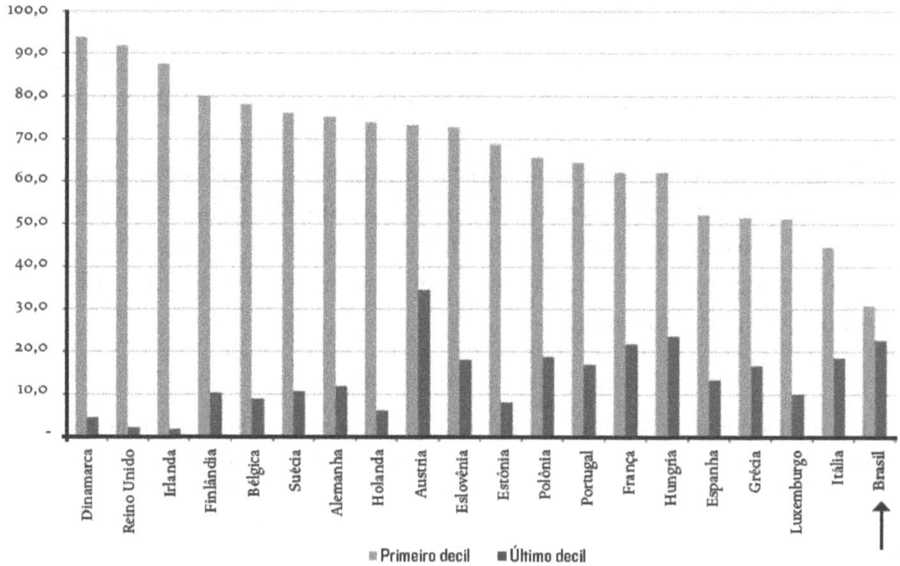

Fonte: Paulos *et al.* (2009) e UFPE/SEAE[961]

[960] Disponível em: https://ibpt.com.br/pelo-5o-ano-seguido-brasil-arrecada-muito-mas-nao-da-retorno/. Acesso: 06/02/2022.

[961] FRAGA NETO, Armínio, Estado, Desigualdade e Crescimento no Brasil, **Novos Estudos CEBRAP**, v. 38, p. 613–634, 2019, p. 619.

A reforçar a assertiva de Armínio Fraga, relevante a verificada no texto da ADPF 655 na qual se afirma ser a regressividade do sistema tributário tão evidente ao ponto de ser possível se calcular seu impacto sobre o coeficiente de Gini. Sendo as transferências[962] as principais responsáveis pela redução da desigualdade no país (fase da renda disponível), seguida pela tributação direta sobre o patrimônio e renda; a tributação indireta – sobretudo sobre o consumo – aumenta a desigualdade (fase da renda final), o que é demonstrado no Gráfico 3.

Conclui-se, pois, que a tributação, isoladamente, se torna uma das formas de perpetuação da desigualdade na medida em que, analisadas separadamente as incidências da tributação e de transferências, é possível perceber um efeito "bate e assopra". Por um lado, o Estado cria desigualdade, tributando mais os mais pobres e, por outro, tenta superar as desigualdades com as transferências.[963]

Gráfico 3 – Coeficiente de Gini em cada Estágio da Distribuição de Renda

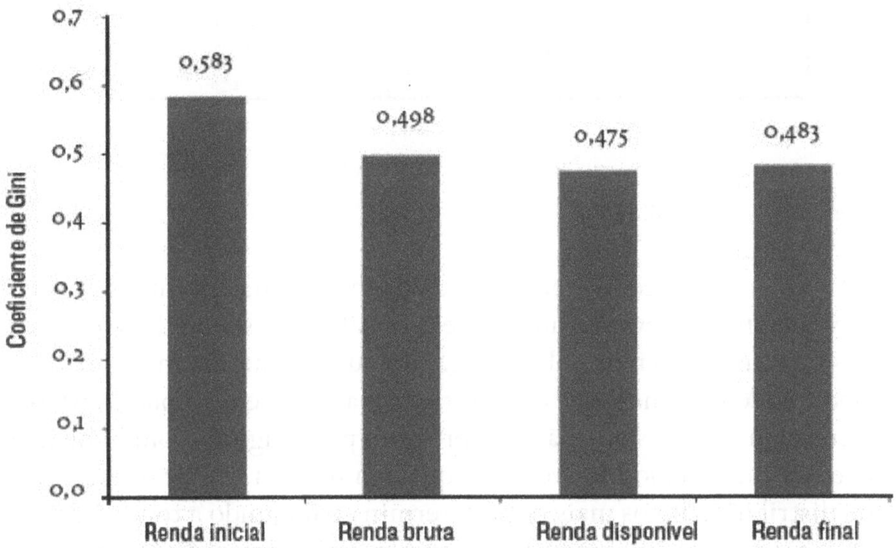

Fonte: UFPE/SEAE[964]

[962] Aposentadorias, pensões, serviços universais gratuitos de saúde e educação, além de programas de transferência de renda como Bolsa Família.
[963] BRASIL, ADPF 655 de 03 de março de 2020, p. 36.
[964] *Ibid.*, p. 36.

Ato contínuo, Armínio Fraga, valendo-se dos dados do Gráfico 4, o qual expõe o valor das transferências por extrato de renda em termos absolutos, manifesta restar-lhe claro que quase a metade delas destinam-se ao quintil mais rico.[965]

Gráfico 4 – Distribuição das Transferências Monetárias por Extrato de Renda (2015)

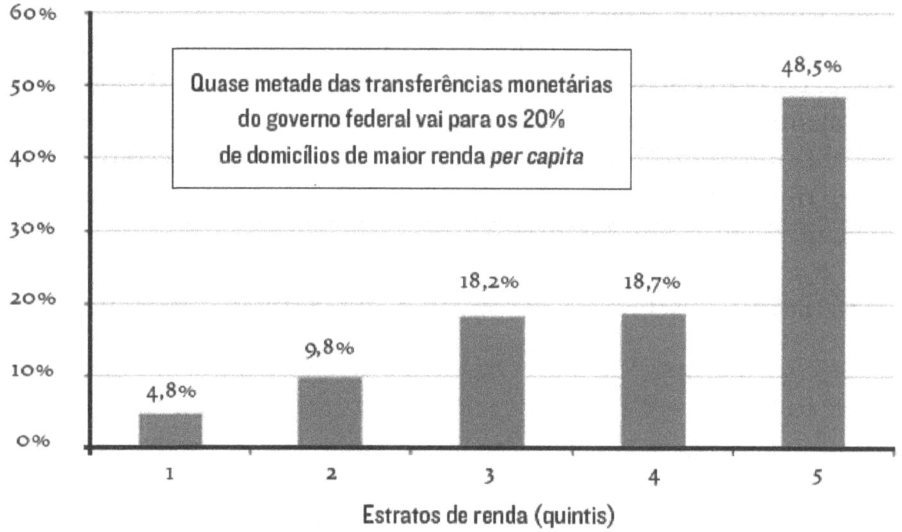

Fonte: pesquisa UFPE/SEAE[966]

Por fim, reconhecendo ter a desigualdade da renda diminuído nos últimos vinte anos, assevera o autor que o Brasil segue sendo dos mais desiguais do mundo, com os pobres pagando quase o mesmo imposto, como proporção de sua renda, que os mais ricos, mas recebendo pouco em troca. Por conseguinte, o Estado não cumpre o seu papel, agindo com frequência como um Robin Hood às avessas[967] que, em vez de tributar os mais ricos para distribuir para os mais pobres, termina tributando a todos para distribuir, via transferência monetária, em especial aposentadorias e pensões, para a metade mais rica da população.[968]

965 FRAGA NETO, Estado, Desigualdade e Crescimento no Brasil, p. 618.

966 *Ibid.*, p. 619.

967 *Ibid.*, p. 618.

968 BRASIL, ADPF 655 de 03 de março de 2020, p. 38.

Ainda com relação ao tema, de se destacar lição de Marciano Seabra de Godoi que, ampliando sua lupa para além da tributação sobre o consumo e a renda, aproximando-se da tributação sobre o patrimônio, sua percepção é a de que o quadro de incompreensão para com a capacidade econômica é o mesmo.[969, 970]

Leciona o autor que sob a justificativa de se considerar o IPTU, IPVA e ITBI de natureza real, por considerar que a Constituição impedia que os mesmos se deixassem informar pela capacidade econômica do contribuinte, o STF julgou inconstitucionais as leis estaduais e municipais que instituíam alíquotas progressivas nos impostos sobre a propriedade de imóveis e prédios urbanos, nos impostos sobre a propriedade de veículos automotores e nos impostos sobre a transmissão de propriedade por ato oneroso *inter vivos*.[971]

Mesmo desfecho obteve a tentativa do Governo Federal de se encampar uma proposta de Emenda Constitucional (que redundou na EC 42 de 2003) a instituir em âmbito nacional a progressividade de alíquotas do imposto estadual sobre heranças e doações, vez que não apresentava qualquer função extrafiscal de distribuição de riqueza, na medida que se viu vigorosamente rechaçada no Congresso Nacional.[972] Neste sentido,

[969] De Godoi, Tributo e Solidariedade Social, p. 162.

[970] Extratificação de 2005 aponta que enquanto a participação do ITR, IPVA, IPTU, ITCD e ITBI restringira-se a 1,3% do PIB, com sua participação na carga total de apenas 3,8%, nos países da OCDE os impostos sobre a propriedade alcançaram em média 1,9% do PIB, ou 5,3% da arrecadação global. BRASIL, **Indicadores de Equidade do Sistema Tributário Nacional**, p. 29.

[971] DE GODOI, Tributo e Solidariedade Social, p. 162. Ressalte-se que a progressividade de alíquotas do IPTU em função do valor do imóvel foi posteriormente permitida pela EC 29 de 2000. Ocorre que, como a CF/88 somente se reportava, em seu texto originário, à progressividade do IPTU no tempo, o STF entendia inviável a adoção do valor do imóvel como critério para aplicação das alíquotas progressivas. O art. 182, § 4º, II, não era visto apenas como uma autorização ou uma imposição para que a progressividade extrafiscal no tempo fosse adotada, mas como uma proibição de que se adotassem outras formas de progressividade (STF, Pleno, RE 204.827/SP, Rel. Min. Ilmar Galvão, j. em 12/12/1996, v. u., DJ de 25/4/1997, p. 15213). Com o advento da EC 29/2000, que expressamente passa a admitir a progressividade de acordo com o valor do imóvel sem prejuízo da progressividade no tempo, conforme art. 156, §1º, o STF sumulou entendimento ressalvando o período posterior à emenda: "É inconstitucional a lei municipal que tenha estabelecido, antes da Emenda Constitucional nº 29/2000, alíquotas progressivas para o IPTU, salvo se destinada a assegurar o cumprimento da função social da propriedade urbana" (Súmula nº 668/STF).

[972] *Ibid.*

estudo realizado pelo Observatório da Equidade apurou que, enquanto no estado de São Paulo, quanto ao imposto sobre a herança, praticava-se uma alíquota única de 4%,[973] as alíquotas máximas adotadas nos EUA, Alemanha, França e Reino Unido alcançavam, em média, 41%.[974]

Ademais, haja vista o escopo deste trabalho não ser o de se exaurir o universo de ocorrências das violações constitucionais a afrontarem o princípio da capacidade contributiva, e considerando-se que opções políticas da matriz tributária brasileira têm se revelado incongruentes com a busca da efetivação da justiça e equidade tributárias na medida em que opta por sobrecarregar a tributação sobre o consumo, em contraposição ao que se verifica quanto a tributação sobre a renda e a propriedade, partir-se-á doravante a se analisar os efeitos da tributação sobre o consumo e seu indesejado efeito regressivo, e quanto à tributação direta, a tímida progressividade dispensada ao imposto mais relevante na arrecadação federal, e que maior capacidade revela de garantir a pessoalidade, o que possibilitaria sua fina gradação conforme a capacidade econômica revelada pelo seu contribuinte, o Imposto de Renda.

3.2.1. O peso da tributação sobre o consumo

Na segunda das quatro máximas de Adam Smith a condensar as qualidades desejadas em um sistema de tributação, leciona o autor que a certeza daquilo que cada indivíduo deve pagar é, em matéria de tributação, de tal relevância que um grau muito elevado de desigualdade não representa, nem de longe, um mal tão grande quanto um grau muito pequeno de incerteza. De forma que o imposto que cada indivíduo está obrigado a pagar deve ser certo, e não arbitrário, a data do pagamento, a forma de pagar, o montante a pagar, tudo isso deve ser claro e simples para o contribuinte e para qualquer outra pessoa.[975]

Neste diapasão, ao tempo em que se inicia o estudo das consequências que a eleição da base consumo como principal fonte de tributação traz ao agravamento das desigualdades sociais em virtude de sua alta regressividade, chama-se a atenção para a falta de visibilidade que esta modalidade de tributação acarreta quanto aos impostos e contribuições pagos

[973] Art. 16 da Lei nº 10.705/2000.

[974] BRASIL, **Indicadores de Equidade do Sistema Tributário Nacional**, p. 29.

[975] MILL, **Princípios de Economia Política**, p. 859.

pela sociedade,[976] o que, irremediavelmente, tende a afastar a cidadania tributária,[977] de um lado, frustrando os brasileiros do pleno exercício do controle social, e de outro, do entusiasmo no compartilhamento do financiamento do Estado.[978]

A comprometer ainda mais a mencionada falta de visibilidade do que se paga na tributação sobre o consumo, é de se ressaltar que, além da grande quantidade de impostos e contribuições e uma miríade de alíquotas, é prática no Brasil a cobrança por dentro,[979] incidindo os tributos sobre eles mesmos, de forma que as alíquotas nominais são menores do que as efetivas. Fenômeno que também se verifica quanto aos tributos que comportam a cobrança em cascata, quando o ônus fiscal depende do número de transações efetuadas ao longo da cadeia produtiva, até que determinada mercadoria se encontre acabada.[980]

E é justamente em virtude de os tributos indiretos serem menos visíveis que as incidências sobre a renda e a propriedade que é disseminada a crença na sociedade brasileira de que a população de baixa renda não paga imposto. Como consequência, as políticas públicas orientadas para a redução das desigualdades e dos índices de pobreza são vistas como benesses, tanto pelas camadas mais carentes da população quanto pela parcela da sociedade que se encontra em melhores condições, o que prejudica o entendimento sobre os mecanismos e instituições de participação democrática, dificultando os controles fiscal e social sobre o Estado.[981]

[976] A despeito da edição da Lei nº 12.741/2012 com vistas a mitigar o efeito da invisibilidade da carga tributária incidente sobre o consumo, impondo a obrigatoriedade de se informar o tributo incidente na operação na nota fiscal ao consumidor, das 10 milhões de empresas a que a citada lei se destina, apenas 25% delas estão aptas a cumprir a legislação, é o que informa levantamento do Instituto Brasileiro de Planejamento e Tributação – IBPT. https://ibpt.com.br/25-das-empresas-brasileiras-informam-a-carga-tributaria-ao-consumidor/. Acesso em: 06/02/2022.

[977] Cidadania tributária significa a conscientização do cidadão para o fato de que a necessária arrecadação de tributos deve reverter-se em benefícios que cumpram o papel de atender as necessidades da coletividade, reduzindo distâncias sociais. BRASIL, **Indicadores de Equidade do Sistema Tributário Nacional**, p. 39.

[978] *Ibid.*

[979] Supondo uma alíquota de 18% do ICMS, um cidadão que compra uma camisa, cujo preço antes da incidência do tributo é de R$ 100,00, paga um preço final de R$ 121,95, ao invés de R$ 118,00, de tal sorte que a alíquota efetiva incidente sobre a operação revela-se superior à que a sociedade, *prima facie*, imagina estar pagando, 21,95%, portanto. *Ibid.*

[980] *Ibid.*, p. 39, 40.

[981] *Ibid.*, p. 39.

Ademais, o problema central da injustiça tributária no Brasil é a iniquidade que se verifica na disparidade de carga tributária entre ricos e pobres, comprometendo estes, em percentuais de sua capacidade econômica, quase duas vezes mais do que aqueles mais favorecidos economicamente,[982, 983] atribuindo-se como sua causa primordial o grande peso do consumo na composição da base de tributação pátria, o que se pode depreender com clareza ao se analisar os dados trazidos pelo Gráfico 5, o qual, apresentando a estrutura da carga tributária bruta do Governo Geral de 2010 a 2019, demonstra que, ano a ano, a base consumo se manteve absoluta no topo do ranking da arrecadação, participando quase sempre com mais que o dobro da participação do percentual (PIB) correspondente ao imposto incidente sobre a renda, lucros e ganhos de capital.

Gráfico 5 – Estrutura da Carga Tributária Bruta Anual (% PIB) – 2010 a 2019

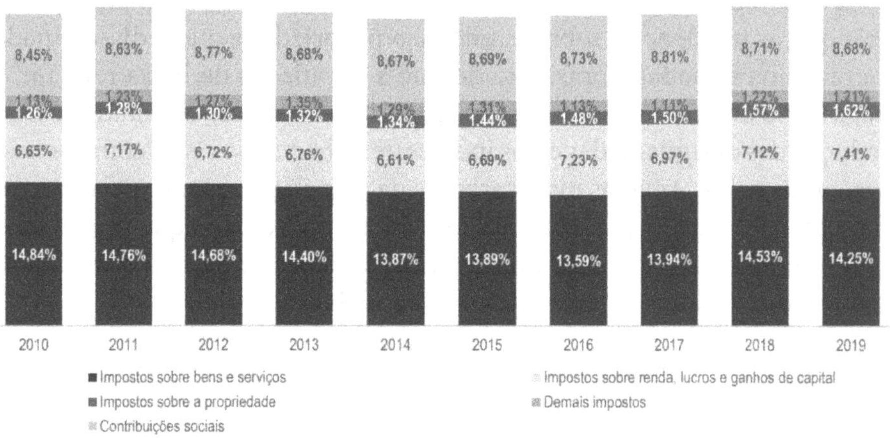

Fonte: Secretaria do Tesouro Nacional – Ministério da Fazenda[984]

[982] Nunes, **Justiça tributária**, p. 392.

[983] Ao tomar por base o Censo 2010 e a Pesquisa de Orçamentos Familiares do IBGE para analisar a arrecadação de impostos, taxas e contribuições por faixa de renda do brasileiro e grupamentos de consumo, a conclusão a que chega o Instituto Brasileiro de Planejamento e Tributação – IBPT é a de que mais de 79% da população brasileira que recebe até três salários mínimos por mês contribui com 53% da arrecadação tributária total no país. O Cálculo do IBPT demonstra ainda que 7,6% da população cujo rendimento mensal fica entre 5 e 10 salários mínimos responde por 16% do total arrecadado, enquanto 20 milhões de pessoas (10,14%) que recebem de 3 a 5 salários mínimos são reponsáveis por 12,5% do total de tributos arrecadados. Disponível em: https://ibpt.com.br/populacao-que-recebe-ate-tres-salarios-minimos-e-a-que-mais-gera-arrecadacao-de-tributos-no-pais/. Acesso em 06/02/2022.

[984] BRASIL, **Estimativa da Carga Tributária Bruta no Brasil – 2019**, p. 2.

Alicerçado desde a Primeira República nos impostos que gravavam a importação, que entre 1900 e 1930 representavam a maior parcela arrecadatória em termos percentuais em relação ao PIB (entre 1900 e 1905 a tributação indireta correspondeu a 13% do PIB, enquanto que a tributação direta, apenas a 1,24%),[985] o histórico dos tributos no Brasil revela que o atual modelo de tributação sobre o consumo de bens e serviços, em termos gerais, sempre ocupou posição de destaque na base de arrecadação fiscal brasileira.[986]

Ocorre que, no ato do consumo, inúmeras são as dificuldades a que as capacidades contributivas possam ser individualizadas e discriminadas. Quem ganha até o mínimo vital é igualmente tributado no consumo, tal qual quem ganha acima dele, quando o ideal seria que os bens de consumo básicos, geralmente necessários para quem está abaixo do mínimo existencial, fossem desonerados de tributação.[987]

E o óbice na adequada modulação da exação na tributação sobre o consumo à capacidade contributiva decorre de esta modalidade considerar o ato de se consumir bens ou serviços, e não quem os consome, revelando, pois, o consumo, capacidade econômica para alguém ser tributado, não capacidade contributiva, vez que esta teria que se pautar por critérios de equidade, o que a tributação sobre o consumo ignora.[988]

Neste sentido, com o intuito de ilustrar o efeito regressivo que os tributos indiretos impelem à matriz tributária brasileira, Cleucio Santos Nunes se vale da Pesquisa de Orçamento Familiar (POF) 2008,[989] a revelar que as pessoas com ganhos de até dois salários-mínimos comprometeram 53,9% de sua renda com o recolhimento de tributos, enquanto que os contribuintes com renda superior a trinta salários-mínimos, apenas 29%.[990] Valcir

[985] E a gritante diferença entre as tributações direta e indireta no referido período pode ser explicada em função das tensões e resistências políticas em se tributar a renda em países latino-americanos, o que não foi exceção no Brasil, já que, a despeito de algumas tentativas desde o final do século XIX, a renda somente passou a ser tributada a partir de 1923. NUNES, **Justiça tributária**, p. 150.

[986] *Ibid.*

[987] *Ibid.*, p. 370.

[988] *Ibid.*, p. 157.

[989] A despeito de os dados referirem-se ao ano de 2008, e em virtude de não haver a tributação brasileira sofrido mudança estrutural desde então, não há razão para crer desatualizadas suas conclusões. Assertiva que é corroborada no que se demonstra no Gráfico 5.

[990] Em 2002/2003, tais percentuais eram de 48,8% e 26,3%, respectivamente, o que revela que, com o decorrer do tempo, a regressividade se intensificou.

Gassem e Marcos Aurélio Pereira Valadão, em estudo realizado a partir de dados da Receita Federal de 2017, revelam que 54,4% de tudo que se arrecadou naquele ano vinculava-se à tributação sobre o consumo, 18,2% sobre a renda, 20,3% sobre folha de salários, 4,6% sobre o patrimônio, e 2,5% sobre outros.[991]

A realçar o fato de no Brasil ser a tributação sobre o consumo a principal fonte de arrecadação, e com o intuito de oferecer um parâmetro comparativo, os autores partem a contrastá-la com a tributação sobre o consumo praticada nos EUA, onde esta ocupa somente a terceira posição como fonte de arrecadação, com participação na arrecadação tributária de 16,9%. Daí, considerando a alta regressividade da tributação sobre o consumo, a consequência é uma matriz tributária brasileira altamente regressiva comparativamente à matriz tributária norte americana.[992]

A despeito da controvérsia levantada por parte da doutrina quanto à pertinência ou não da adoção da progressividade como instrumento efetivador da capacidade contributiva tributária, fato é que não se pode conviver com uma tributação que se revele regressiva na medida em que se apresentem alíquotas menores conforme se incrementa a capacidade contributiva de determinado contribuinte, o que tem se revelado inconteste, na matriz tributária brasileira, quanto à tributação sobre o consumo.[993]

Tal assertiva se fundamenta na constatação empírica de que o percentual de renda destinado ao consumo se revela inversamente proporcional ao incremento da riqueza experimentado pelo contribuinte, e é escorando-nos em Luís Eduardo Schoueri que explicamos.

A evidenciar o caráter regressivo da tributação sobre o consumo, Schoueri parte a comparar a situação tributária de dois contribuintes, um com renda de um salário mínimo e outro com renda de 100 salários mínimos. Partindo do pressuposto de que a tributação sobre o consumo corresponda a 20%, e de que o contribuinte que recebe um salário mínimo, possivelmente terá toda a sua renda destinada ao consumo, dir-se-á que 20% de toda a renda deste contribuinte foi destinada ao pagamento de tributo. Em oposição, uma pessoa de altíssima renda, ainda que consuma muito mais do que aquele de renda mais baixa, ainda assim terá baixo percentual

[991] Gassen; Valadão, **Tributação nos Estados Unidos e no Brasil: estudo comparativo da matriz tributária**, p. 213.

[992] *Ibid.*, p. 214.

[993] Schoueri, **Direito Tributário**, p. 427.

de sua renda destinado ao consumo, estando apenas esta pequena parte sujeita à tributação.[994]

Adotando-se a perspectiva de que o tributo não incide sobre o produto, mas sobre a renda manifestada no ato do consumo, a percepção do efeito regressivo se torna imediata.[995] A demonstrar sua assertiva Schoueri leciona que a despeito de uma garrafa de água mineral ter preços bastante distintos se a venda se dá num supermercado, numa mercearia ou num restaurante luxuoso, a considerar o produto como foco da tributação, tal diferença de valores na tributação não se justificaria, vez se tratar de um mesmo produto.

Outrossim, o que se busca identificar na tributação sobre o consumo é a manifestação de riqueza que cada um daqueles consumidores revela. Em síntese, tendo-se três atos de consumo pelos quais três pessoas diferentes empregam suas rendas, certamente o consumidor no restaurante luxuoso empregará maior parcela desta se comparado aos demais, e é esta renda que será tributada, não aquele produto motivador do consumo.[996]

Dessa forma, na medida em que o indivíduo de baixa renda tende a exaurir seus rendimentos na aquisição de bens necessários à satisfação de suas necessidades básicas, ver-se-ão tais rendimentos tributados em sua totalidade. Em contrapartida, o contribuinte com rendimentos bastantes a extrapolar a satisfação de suas necessidades básicas de consumo somente até certo limite verá sua renda tributada, posto que grande parte dela será destinada a investimento, a poupança.[997]

É certo que, na tributação sobre o consumo, em virtude de algumas dificuldades práticas, ou simplesmente em função das pretensões arrecadatórias, não se priorizam as diferenças individuais de renda entre os consumidores, assim como se revela impraticável ao Fisco desenvolver um

[994] Suponha-se uma pessoa com renda de 100 salários mínimos. Sendo razoável admitir que seu padrão de gastos seja muito mais elevado, consideremo-lo de 50 salários mínimos. Se a alíquota do imposto permanece em 20%, a consequência é a de que o imposto será de 20% sobre 50 salários mínimos, o que equivale a 10% da renda total auferida. Neste diapasão, a conclusão a que se chega é a de que o contribuinte com um salário mínimo destinou 20% de sua renda ao pagamento de impostos, enquanto o outro, que ganha 100 salários mínimos, somente 10%. *Ibid.*, p. 428.

[995] Leciona o autor que do ponto de vista econômico na tributação sobre o consumo o parâmetro que se busca não é o valor do produto, mas a renda do consumidor. *Ibid.*, p. 427.

[996] *Ibid.*

[997] *Ibid.*

sistema de informações cruzadas entre o tipo de mercadoria adquirida e o seu respectivo valor com a declaração de rendimentos do consumidor a fim de se observar algum critério de progressividade. Em contraposição, a tributação seletiva sobre o consumo, na qual se diminui a carga fiscal de determinados bens de consumo essenciais à vida humana, como é o caso dos itens integrantes da cesta básica, revela-se perfeitamente factível.[998, 999]

Assim, considerando que na tributação sobre o consumo a simples manifestação de capacidade econômica do sujeito passivo de fato enseja a ação tributante da potestade estatal, tributando igualmente ricos e pobres, é neste contexto que se parte a analisar a efetividade da seletividade[1000] e sua contribuição como instrumento a oportunizar, de alguma forma, o respeito ao princípio da capacidade contributiva na tributação sobre o consumo.

Ocorre que, a despeito de se identificar na seletividade das alíquotas em função da essencialidade[1001] dos produtos ou serviços consumidos, instrumento hábil a afastar, ou ao menos amenizar, o efeito regressivo da tributação indireta, estranhamente, não raras são as evidências do divorciamento da matriz tributária brasileira deste fundamento, notadamente quanto à opção legislativa por uma tributação baseada em critérios de conveniência e não de justiça, o que culmina com o agravamento de sua regressividade.[1002]

Fenômeno que claramente se verifica, por exemplo, em algumas legislações do ICMS, em que o legislador ordinário opta por atribuir alíquota exorbitante a itens de consumo tidos como essenciais, o que se constata, por exemplo, da análise do teor do art. 18, II, "f" da lei 1.254/96, instituidora do ICMS no Distrito Federal.

998 Nunes, **Justiça tributária**, p. 153.

999 Outra solução equitativa seria a restituição de tributos incidentes sobre o consumo de determinados produtos e serviços à população de baixa renda. *Ibid.*, p. 154.

1000 Ressalte-se a divergência doutrinária à qualificação deste instrumento, uns qualificando-a como um princípio, Schoueri, **Direito Tributário**, p. 428., outros, como não mais que um instrumento a efetivar o princípio da capacidade contributiva, entendimento ao qual nos aliamos.

1001 A essencialidade que norteará a seletividade ganha nova perspectiva na medida em que entender-se-á por produto essencial aquele do qual mesmo as pessoas de menor renda não podem prescindir. *Ibid.*

1002 *Ibid.*

Ao se definir uma alíquota de 28% para serviços de comunicação e para petróleo e combustíveis líquidos ou gasosos,[1003] senso comum, a considerar sua essencialidade,[1004] tais mercadorias não atendem aos requisitos que as qualificariam a compor alínea com previsão de alíquota tão alta. Verifica-se pois, clara ocorrência do que é nomeado por Regina Helena Costa de praticabilidade tributária,[1005] recurso adotado pelo Estado com o fito de facilitar a fiscalização e arrecadação tributárias.

Considerando a facilidade de sua fiscalização, seu elevado potencial arrecadatório, e, principalmente, a inelasticidade de sua demanda,[1006] perceptível é a preferência do legislador em sacrificar o potencial de seletividade do tributo em prol de uma arrecadação vultosa e de fácil operacionalização.[1007]

1003 Veem-se tais mercadorias submetidas a uma alíquota (28%) que ultrapassa a alíquota aplicada às mercadorias consideradas de luxo ou supérfluas em três pontos percentuais (25%), e, por um ponto percentual, ver-se-iam tais mercadorias enquadradas juntamente com os itens sujeitos à alíquota máxima possível na lei instituidora do ICMS no Distrito Federal (29%), a qual incide sobre as mercadorias consideradas como as de menor essencialidade e extrema nocividade. Verificou-se, posteriormente à elaboração deste tópico que ao dispositivo em estudo foi acrescentada a alínea "j", a qual segrega os combustíveis líquidos e lhes reduz a alíquota em um ponto percentual, passando, em 01/01/2022, a corresponder a 27%. Disponível em: https://ww1.receita.fazenda.df.gov.br/legislacao/visualizar-legislacao?txtNumero=6962&txtAno=2021&txtTipo=5&txtParte=.&identificacao=Lei%20Ordin%C3%A1ria%20do%20DF%20n%C2%BA%206962%2F2021. Acesso em: 19/04/2022.

1004 O que é comandado no *caput* do aludido dispositivo legal: "art. 18. As alíquotas do imposto, seletivas em função da essencialidade das mercadorias e serviços, são:".

1005 "A progressiva complexidade das relações sociais e, assim também, das relações jurídicas remete o legislador à busca pela paulatina simplificação de modelos, diminuição de variáveis e padronização de procedimentos a serem observados pelos contribuintes, bem como o incremento das obrigações acessórias. Administrativamente, verifica-se a tendência, cada vez maior, de disciplinar situações de modo a comportá-las na abrangência das mesmas regras, com pouca ou nenhuma possibilidade de consideração das peculiaridades a elas inerentes". Costa, **Curso de Direito tributário: Constituição e Código Tributário Nacional**, p. 108.

1006 Importante conceito da economia, a elasticidade reflete a disposição do comprador ou vendedor para mudar de atitude, conforme mude o preço de uma mercadoria. Assim, se a demanda é mais elástica, qualquer pequena variação de preço implicará um grande recuo ou avanço por parte dos compradores; na demanda inelástica, os compradores adquirirão a mesma quantidade do produto, não importa a variação de preço. Neste contexto, o sal muito bem exemplifica uma demanda inelástica, na medida em que, por mais que seu preço seja reduzido, dificilmente os compradores passarão a pôr mais sal em sua comida; do mesmo modo, é pouco provável que eles deixem de comprá-lo porque seu preço subiu. Schoueri, **Direito Tributário**, p. 56.

1007 A despeito de a Constituição impor quanto ao IPI (art. 153, §3º, I, CF/88) a obrigatoriedade da observância da seletividade de suas alíquotas em razão da essencialidade dos produtos,

Fato que, inclusive, tem sido usado como argumento favorável à implantação do IVA nacional nas discussões sobre a reforma tributária sobre o consumo em trâmite nas casas do Congresso Nacional.

> O sistema atual é tão ruim para os mais pobres, que mesmo com alíquota uniforme estimada entre 25% (dado do CCIF) e 27% (dado do Ipea), o IVA nacional seria menos regressivo. Isso porque a seletividade é atualmente utilizada com finalidade mais arrecadatória que distributiva, dada a concentração de altas alíquotas nos combustíveis, energia elétrica e telecomunicações.[1008]

Na mesma esteira é a crítica de Luís Eduardo Schoueri quanto à tributação, em alíquotas mais elevadas que outros itens, da energia elétrica e da telefonia pré-paga, hoje de consumo generalizado. No mais das vezes, continua o autor, o que se encontra é uma tributação baseada em critérios de conveniência, não de justiça, de forma que, o tratamento arbitrário que hoje se confere às alíquotas dos tributos sobre o consumo implica incrementar-se o já regressivo tributo sobre o consumo.[1009]

Ainda com referência à regressividade tributária provocada pela pouca importância dispensada pelos entes políticos à aplicação da seletividade na tributação sobre o consumo, oportuna se apresenta a análise da decisão do Egrégio Supremo Tribunal Federal no RE 714139 no que tange ao questionamento de alíquotas exorbitantes sobre bens e serviços essenciais.

Inequívoca demonstração a confirmar a leniência dos Poderes Executivos e Legislativos quanto à regressividade da matriz tributária pátria, notadamente quanto ao seu enfoque no consumo, foi a necessidade de, mais uma vez, recorrer-se ao poder judiciário com vistas a se fazer valer o princípio da capacidade contributiva, neste caso, o que se enfrentou foi a lei instituidora do ICMS do Estado de Santa Catarina, a qual, conforme argumento da impetrante, revelava-se afrontiva à determinação constitucional da seletividade das alíquotas em função da essencialidade das mercadorias ou serviços.

quanto ao ICMS (art. 155, §2º, III, CF/88) inexiste tal imposição, o operador deôntico adotado é o da faculdade, "poderá", o que, *prima facie*, tem conduzido o legislador ordinário ao entendimento de lhe ser apenas facultada a observação da seletividade das alíquotas quanto ao referido imposto.

[1008] Disponível em: https://oglobo.globo.com/economia/rodrigo-maia-por-que-reforma-tributaria-importante-para-pais-25001387. Acesso em: 19/01/2022.

[1009] Schoueri, **Direito Tributário**, p. 428.

Trata-se de recurso extraordinário interposto por Lojas Americanas S.A. com o objetivo de se reformar o acórdão por meio do qual a Quarta Câmara de Direito Público do Tribunal de Justiça de Santa Catarina assentou a constitucionalidade do art. 19, II, alínea "a" e "c" da Lei nº 10.297/1996, a prever alíquota de 25%[1010] relativa ao Imposto sobre Circulação de Mercadorias e Serviços – ICMS incidente sobre o faturamento de energia elétrica e os serviços de telecomunicação, em patamar superior ao estabelecido para as operações em geral, 17%, conforme inciso I do referido artigo.

Ocorre que, tendo o Juízo, em decisão de mérito em mandado de segurança, concluído pela inexistência de vício quanto ao tratamento diferenciado consideradas as mencionadas alíquotas geral e específica, posteriormente, ao apreciar recurso de apelação do contribuinte, o Tribunal de origem manteve o ato recorrido asseverando não haver violação ao princípio da seletividade em função da essencialidade de que trata o art. 155, §2º, III da CF/88, por envolver a norma constitucional "uma faculdade", não uma imperatividade.

Outrossim, argumenta a recorrente que, mesmo considerando não ser obrigatória a seletividade do imposto, a norma que se deve extrair do referido dispositivo constitucional é a de que, versadas alíquotas diversas pelo legislador estadual, a discriminação deve ser orientada pelo critério da seletividade,[1011] de forma que, ao se estabelecerem alíquotas diferentes, o legislador cria para si o dever de prever o percentual maior para o produto supérfluo, o menor para o essencial, incidindo, pois, em inconstitucionalidade, ao fixar alíquotas maiores quanto às operações com energia elétrica e telecomunicações, inequivocamente essenciais.[1012]

É decisão do tribunal pleno do STF ao apreciar o tema 745 de repercussão geral,[1013] pela maioria de seus integrantes, dar parcial provimento

[1010] Registre-se haver também previsão de alíquota de 12%, conforme inciso III, alíneas "a" e "b" do aludido dispositivo legal para consumos que não extrapolem limites especificados.

[1011] Neste sentido, cristalina é a norma que se extrai da leitura do citado dispositivo constitucional, art. 155, §2º, na medida em que este prescreve que "III – poderá ser seletivo, em função da essencialidade das mercadorias e dos serviços". O que quer significar, s.m.j., que o legislador ordinário pode até optar por não definir alíquotas diferenciadas para as mercadorias, mas uma vez o fazendo, vinculado encontrar-se-á à sua gradação conforme o grau de essencialidade por aquela mercadoria revelado.

[1012] Disponível em: https://portal.stf.jus.br/processos/downloadPeca.asp?id=262775456&ext=.pdf. Acesso em: 08/12/2021.

[1013] Em decorrência de ter sido reconhecida pelo Egrégio Tribunal a existência de repercussão geral da questão suscitada, a decisão, quando proferida, terá de ser replicada por todos os

ao RE 714.139, fixando a tese de que, uma vez "adotada, pelo legislador estadual, a técnica da seletividade em relação ao Imposto sobre Circulação de Mercadorias e Serviços – ICMS, discrepam do figurino constitucional alíquotas sobre operações de energia elétrica e serviços de telecomunicação em patamar superior ao das operações em geral, considerada a essencialidade dos bens e serviços".[1014]

Entretanto, especialistas avaliam que a proibição por parte do STF da cobrança diferenciada de ICMS para energia e telecomunicações deve beneficiar mais as empresas e os consumidores residenciais de maior renda e consumo,[1015] por conseguinte, contribuindo ainda mais para o agravamento da regressividade sistêmica da matriz tributária brasileira.

A despeito de, quanto à referida alteração na tributação sobre a energia elétrica, considerarmo-la defeituosa quanto à operacionalidade do princípio da igualdade material comandado pelo art. 145, §1º da CF/88, vez que opera redução na alíquota máxima possível de 25% para 17% (alíquota modal do Estado da impetrante), o que, supostamente, só beneficiaria o contribuinte de maior poder econômico; quanto aos serviços de telecomunicações, julgamos providência adequada e há muito necessária. Explicamos.

Ocorre que, quanto aos serviços de telecomunicações, a limitação de sua alíquota máxima à modal do tributo (17%) se justifica por não se verificar em sua tributação qualquer progressividade de alíquotas em face de eventual demonstração de maior riqueza pelo contribuinte (provavelmente por ser "impossível" tal personalização), mas tão somente uma alíquota única e exorbitante de 25% (art. 19, II, "c", Lei 10.297/1996), o que se revela deletéria ao contribuinte de baixa renda.

É de se reforçar, como já exposto neste trabalho, que esta forma de se buscar a promoção da igualdade material, a seletividade das alíquotas, não é perfeita, vez que também o contribuinte de fartas posses se verá exonerado de sua obrigação constitucional de contribuir na medida de sua

tribunais do país, afetando, portanto, todos os Estados. Disponível em: https://portal.stf.jus.br/processos/detalhe.asp?incidente=4307031. Acesso em 08/12/2021. Nesta página do site do STF ver acórdão com publicação no dia 26/09/2014.

[1014] Disponível em: https://portal.stf.jus.br/processos/detalhe.asp?incidente=4307031 ver publicação do dia 23/11/2021. Acesso em: 08/12/2021.

[1015] Disponível em: https://br.financas.yahoo.com/noticias/fim-icms-diferenciado-%C3%A9-melhor-225400559.html. Acesso em: 08/12/2021.

capacidade com a burocracia estatal, outrossim, na "impossibilidade" de se personalizar o tributo, que se diminua, ou até mesmo se isente sua carga com vistas a se preservar o mínimo existencial dos menos favorecidos.

Em seu voto, que integrou o rol dos votos vencidos, o Min. Gilmar Mendes muito bem explicita aludida impropriedade ao atender o pleito das empresas em relação ao serviço de telecomunicações,[1016] mas não quanto ao fornecimento de energia elétrica, ao considerar que ao estipular as alíquotas diferenciadas de energia elétrica o Estado não desconsiderou o critério da essencialidade, mas agregou a este elementos que concretizam a capacidade contributiva e estimulam o uso racional da energia elétrica, ressaltando o inequívoco e legítimo objetivo extrafiscal da tributação na medida em que a alíquota reduzida incide como limitador de consumo, de modo a premiar os consumidores que utilizam de forma moderada bem escasso.[1017]

E a crítica que se faz à decisão do STF reside no fato de esta Corte ter desprezado tão relevante fator de *discrímen*, revelando-se, inclusive, em desarmonia com determinação sua em julgamento do RE nº 573.675-0/SC, ocasião em que pavimentou o entendimento de que a progressividade da alíquota no rateio do custo da iluminação pública (Contribuição para o Custeio dos Serviços de Iluminação Pública – COSIP) entre os consumidores de energia elétrica não afronta o princípio da capacidade contributiva.[1018]

Ora, como já estudado, a perfeita aplicação do princípio da capacidade contributiva quanto aos tributos indiretos esbarra na dificuldade de sua personalização junto a seus sujeitos passivos de fato, o que se tenta remediar na presunção de que produtos luxuosos, por exemplo, são privilégios das pessoas mais abastadas, pesando-se a mão em sua tributação;[1019] ao

[1016] Sobre as comunicações, o ministro critica a exorbitante alíquota de 25% do ICMS, sem qualquer gradação, argumentando revestir-se esta somente de finalidade arrecadatória, o que contribui para a regressividade do sistema, a qual se buscou combater com o estabelecimento da possibilidade de aplicação do princípio da seletividade do referido imposto. Disponível em: https://valorinveste.globo.com/mercados/brasil-e-politica/noticia/2021/11/12/stf-julga-icms-diferenciado-para-energia-e-telecomunicaes.ghtml. Acesso em: 08/12/2021.

[1017] Disponível em: https://portal.stf.jus.br/processos/downloadPeca.asp?id=262775456&ext=.pdf. Acesso em: 08/12/2021.

[1018] Disponível em: https://redir.stf.jus.br/paginadorpub/paginador.jsp?docTP=AC&docID=593814. Acesso em: 09/03/2022.

[1019] Na terceira das quatro máximas de Adam Smith a condensar as qualidades desejadas em um sistema de tributação, é exposto pelo autor que todo imposto deve ser cobrado no momento,

tempo que, quanto aos produtos essenciais, estes sim, figurando "quase" como a totalidade do que é consumido pelo contribuinte de baixa renda, apenas levemente são tributados, ou nem mesmo o são.

Fato é que a crítica que se dispensa à imperfeição da seletividade como instrumento de efetivação da capacidade contributiva – o ato de se aliviar a tributação sobre os produtos essenciais com o propósito de se preservar o mínimo existencial do indivíduo de baixa renda, também se vê beneficiado o rico – não se verifica, ao menos não com a mesma intensidade, quanto à tributação do ICMS sobre a energia elétrica, vez que a mensuração de seu consumo tende a revelar indícios subjetivos de demonstração de capacidade contributiva.

Ora, ao se determinar que a tributação sobre o consumo de energia elétrica pelo ICMS se veja limitada à alíquota modal, o STF despreza, desperdiça, esta singular e preciosa capacidade de pessoalização (em se tratando de tributo indireto) que tão cara se revelou ao legislador constituinte originário, conforme se depreende da leitura do art. 145, §1º da Carta Magna, notadamente quanto ao cuidado de expressamente determinar que, "sempre que possível", os impostos terão caráter pessoal e serão graduados segundo a capacidade econômica do contribuinte.

Ademais, ao se analisar a legislação do ICMS de diversas Unidades da Federação é de se verificar, quanto à tributação no fornecimento de energia elétrica, uma significativa graduação de suas alíquotas, as quais, mediante o instrumento da progressividade, se incrementam conforme se incrementa o consumo, harmonizando-se, pois, com a aludida previsão constitucional.

Ressalte-se que quanto ao contribuinte de baixa renda, o qual já goza de tributação mais baixa (12%), diretamente em nada repercute tal mutação normativa promovida pelo Egrégio Tribunal, mas indiretamente seus efeitos tendem a lhe ser nocivos na medida em que o Estado deixa de exigir do rico uma contribuição maior, compatível com sua capacidade de contribuir, o que, por conseguinte, acarreta diminuição de sua capacidade

ou da forma em que for maior a probabilidade de ser conveniente para o contribuinte. Que os impostos sobre bens de consumo, como artigos de luxo, são todos pagos, em última análise, pelo consumidor, e geralmente de uma forma que é muito conveniente para ele, pagando-os pouco a pouco, quando tem necessidade de comprar essas mercadorias. Já que ele tem também a liberdade de comprar ou não, conforme lhe aprouver, necessariamente é culpa dele mesmo se esses impostos lhe acarretam algum inconveniente notável. MILL, **Princípios de Economia Política**, p. 860.

econômica de promover distribuição de renda e implementar políticas públicas. Ademais, como este recurso consta do orçamento do ente político, outras fontes hão de fazer frente a este esvaziamento financeiro,[1020] quiçá não se busque tal compensação junto ao próprio contribuinte de baixa renda.

Isto posto, entendemos que, a despeito do que ocorre na tributação da energia elétrica no Estado de Santa Catarina, a qual conta apenas com duas alíquotas (12% e 25%), o ideal seria, ao invés da limitação da alíquota máxima ao patamar da alíquota modal do respectivo ente federativo (17%), um maior escalonamento destas, desde uma alíquota menor, até uma maior, sendo estas intercaladas por alíquotas intermediárias, o que ofereceria flexibilidade e coerência na implementação do princípio da capacidade contributiva, o que ocorre, por exemplo, dentre outras unidades da federação, no Distrito Federal, onde se verificam as alíquotas de 12%, 18%, 21% e 25%.[1021]

Como desfecho deste estudo de caso, o grande paradoxo. Ao tempo em que se enaltece a legislação do ICMS do Distrito Federal por sua diversidade de alíquotas incidentes sobre a energia elétrica, o que possibilita uma maior flexibilidade na aplicação do princípio da capacidade contributiva, e se reconhece a latente necessidade de readequação da legislação do Estado da impetrante (SC), a qual somente conta com duas alíquotas, 12% e 25%, o efeito da readequação determinada pela Suprema Corte repercutirá em sentido contrário.

Restringir a alíquota máxima na tributação da energia elétrica à alíquota modal do ICMS das respectivas Unidades da Federação, geralmente 17% ou 18%, acabará por desencadear, quanto ao respeito ao princípio da capacidade contributiva, um desmantelo nas legislações das diversas Unidades da Federação que, a exemplo do Distrito Federal, tão bem escalonadas tinham suas alíquotas incidentes sobre a energia elétrica.

É de se extrair, pois, não ser exclusividade do Poder Legislativo Federal o atributo de ser contra majoritário quanto à redução das desigualdades, ocorrência que se identificou, com este estudo de caso, também no Poder Legislativo Estadual. Constatação experimentada também quanto ao poder Executivo, vez que, uma vez especificadas pelo Poder Legisla-

[1020] Disponível em: https://br.financas.yahoo.com/noticias/governadores-pedem-encontro-com-toffoli-113500146.html. Acesso em: 08/12/2021.

[1021] Art. 18 da Lei 1.254/96.

tivo as fontes de recursos a fazer frente à sua burocracia estatal, ainda que injustas quanto à divisão de seus custos perante os sujeitos da exação, e ainda mediante provocação judicial com o propósito de se reparar tal incongruência, o que se verificou foi uma quase que intransponível resistência deste em abrir mão de receita, ainda que tal exação se revelasse excessiva e injusta a determinada porção da sociedade, notadamente a de baixa renda.

Por fim, relevante a este estudo é a advertência trazida pela ADPF 655 quanto às desonerações, tipo de subsídio que corresponde a um gasto público indireto, na medida em que, a despeito de se revelar um importante mecanismo político na buscar de efeitos extrafiscais, quando impensada, mal ajustada ou discriminatória, torna-se exemplo de captura do Estado por interesses particulares, fomentando a discriminação e a desigualdade tributária.[1022]

Ora, se um determinado grupo favorecido por uma desoneração não deveria sê-lo, toda sociedade arca com as consequências e, em um sistema que já impõe a carga de maneira mais onerosa aos mais pobres, desonerações impensadas e mal avaliadas agravam a desigualdade. Destarte, ao invés de mecanismo extrafiscal, as desonerações podem significar a captura do Estado para a manutenção de privilégios, às custas da parcela mais pobre da população.[1023]

Ademais, a despeito de se restar demonstrada a alta regressividade que a tributação sobre o consumo impõe à matriz tributária brasileira, e a considerar previsão de Rui Barbosa da necessidade de se instituir um imposto direto a lhe compensar, o que se deu com a instituição do Imposto de Renda, resta aferir, quão eficiente, neste sentido, tem se revelado este tributo.

Estaria a regressividade da tributação sobre o consumo sendo compensada por uma progressividade efetiva na tributação sobre a renda, ou

[1022] BRASIL, ADPF 655 de 03 de março de 2020, p. 39.

[1023] Neste sentido são os dados apresentados pela Secretaria de Avaliação, Planejamento, Energia e Loteria do Ministério da Economia, "Especificamente no que se refere aos subsídios (gastos) tributários da União, equivalentes a 20,9% da Receita Administrada pela RFB, em 2018, o Relatório Fiscal do Tesouro Nacional 2017 apontou que apenas 14,7% desses gastos têm previsão constitucional e 84,3% não apresentam prazo determinado de duração. Soma-se a esse quadro, a ausência de órgão gestor, de indicadores e de parâmetros de monitoramento, o que favorece a manutenção intertemporal desses benefícios sem a devida avaliação de efetividade". *Ibid.*, p. 40.

mais uma vez encontrar-se-á subsídios a suportar a teoria de que vivemos uma Constitucionalização simbólica?[1024] É o que se buscará responder doravante mediante estudo dos efeitos da legislação tributária, com o auxílio de análises doutrinárias, a normatizar a exigência do Imposto de Renda.

3.2.2. A (re)progressividade do imposto de renda

Pertinente ao se iniciar esta sessão revela-se assertiva de Marciano Seabra de Godoi ao atribuir ao imposto sobre a renda das pessoas físicas o atributo de ser o maior responsável por fazer avançar ou retroceder a capacidade econômica, por consequência, a solidariedade social.

A lastrear seu entendimento o autor invoca a Constituição portuguesa de 1976 que, após dispor em seu art. 106 que o sistema fiscal buscará uma distribuição justa de renda e da riqueza, avançou normas mais específicas para o Imposto de Renda das pessoas físicas, o qual deverá ser progressivo e ter em conta as necessidades e os ingressos do conjunto da unidade familiar.[1025]

Neste diapasão, perceba-se que, na Constituição brasileira de 1988, o disposto no art. 145, §1º, já vincula o legislador ordinário à observância da capacidade contributiva do contribuinte quando da instituição de impostos, porém, quanto ao Imposto de Renda, nota-se que o legislador originário foi ainda mais zeloso, impondo ao legislador ordinário a observância da progressividade de suas alíquotas, conforme se verifica no art. 153, §2º, I da Constituição Federal.

Diante do exposto e da relevância do tema, propõe-se este tópico a investigar quão efetivo tem se revelado o trabalho legislativo quanto às

[1024] Teoria desenvolvida por Marcelo Neves, o qual se propõe a abordar o significado social e político de textos constitucionais, exatamente na relação inversa da sua concretização normativo-jurídica. Em outras palavras, a questão refere-se à discrepância entre a função hipertroficamente simbólica e a insuficiente concretização jurídica de diplomas constitucionais. O problema não se reduz, portanto, à discussão tradicional sobre ineficácia das normas constitucionais. Por um lado, pressupõe-se a distinção entre texto e norma constitucionais; por outro, procura-se analisar os efeitos sociais da legislação constitucional normativamente ineficaz. Nesse contexto, discute-se a função simbólica de textos constitucionais carentes de concretização normativo-jurídica. Em termos práticos, a classe política dominante usa da estratégia de sempre prometer a justiça fiscal tributária para o futuro, uma ilusão deliberada aos menos favorecidos, a qual, tende a nunca ser alcançada. NEVES, Marcelo, **A Constitucionalização Simbólica**, 3. ed. São Paulo: Martins Fontes, 2018.

[1025] DE GODOI, Tributo e Solidariedade Social, p. 160.

aludidas determinações do legislador originário de 1988.[1026] Inicialmente aborda-se o processo de instituição do Imposto de Renda no Brasil, para em seguida, após explanações quanto às peculiaridades de sua progressividade, imergir-se na investigação, na doutrina e na legislação pátrias, dos aspectos que estariam a conflitar com os ditames constitucionais pertinentes à progressividade do Imposto Sobre a Renda.

3.2.2.1. O imposto sobre a renda no Brasil

Desde o período inicial do Imposto de Renda foram inúmeras as dificuldades na sua implementação devido às resistências oferecidas por aqueles que detinham maiores rendas e privilégios.[1027]

Sob o domínio do monarca Dom Pedro II, surge em 21 de outubro de 1843, mediante a Lei de nº 371, o primeiro tributo com as características de um imposto incidente sobre a renda. Apesar de sua designação, contribuição extraordinária, sua base de incidência constituía-se apenas dos vencimentos auferidos do Poder Público. Foi fortemente criticado e imediatamente suprimido.[1028]

A segunda tentativa de se instituir o Imposto de Renda se deu com a Lei nº 1.507 de 26 de setembro de 1867, e que permaneceu com interrupções até a sua revogação no final da década de 1910. Apenas com a Lei nº 4.625 de 31 de dezembro de 1922 foi instituído de forma definitiva o Imposto de Renda no Brasil.[1029]

Carlos Araújo Leonetti, a corroborar que tal exação somente se viu definitivamente positivada no ordenamento pátrio em 1923, com a instituição do Imposto Federal Sobre a Renda, ressalta que sua instituição pela União e pelos Estados, pela via da competência concorrente e cumulativa, já encontrava permissão na Constituição de 1891, ainda que não expressamente.[1030]

[1026] Neste sentido, com o objetivo de se oferecer uma visão ampla das intervenções na legislação do Imposto de Renda (IR), inclusive as operadas antes da promulgação da Constituição Federal de 1988, para fins comparativos, este trabalho vale-se de alguns gráficos e tabelas a retratar a realidade deste imposto em épocas pretéritas.

[1027] Gassen; Valadão, **Tributação nos Estados Unidos e no Brasil: estudo comparativo da matriz tributária**, p. 140.

[1028] *Ibid.*, p. 139.

[1029] *Ibid.*, p. 140.

[1030] Conforme nota de pé de página nº 80, a aludida competência estava prevista no art. 12, do seguinte teor: “Art. 12 – Além das fontes de receita discriminadas nos arts. 7º e 9º, é lícito à União, como aos Estados, cumulativamente ou não, criar outras quaisquer, não contravindo

Com a Constituição Federal de 1988 o Imposto de Renda passa a ser informado pelos critérios da generalidade, da universalidade e da progressividade.[1031]

Pelo primeiro critério, o da generalidade, entende-se que o imposto deve alcançar todos os indivíduos, ou, de forma mais precisa, deve resultar em "tratamento igual entre patrimônios", aproximando-se, sem se confundir, do princípio da isonomia.

Nessa seara Roque Antônio Carrazza chama atenção para o zelo que o legislador ordinário deve dispender na concessão de isenções. Para o autor, a concessão de tais benefícios, que somente podem ser concedidos quando levam em conta objetivos constitucionalmente consagrados[1032], deve restringir-se à perseguição do atendimento do princípio da igualdade, mormente quanto ao ajuste da dimensão do ônus tributário a ser suportado à efetiva capacidade de contribuir que revele seu destinatário, o sujeito da exação. Acrescente-se ainda a admissibilidade da instituição de incentivos e benefícios fiscais com o fim de se promover o equilíbrio do desenvolvimento socioeconômico entre as diferentes regiões do país, conforme prevê o inciso I do art. 151 da Carta Maior.[1033]

Pelo critério da universalidade, não há que se considerar a natureza ou origem do patrimônio a ser tributado, o que se objetiva saber é se houve, dentro de um período considerado, acréscimo do patrimônio do contribuinte enquanto universalidade de bens, inclusive os havidos no exterior. Deverá ser considerado esse aumento patrimonial por inteiro e em conjunto, sem fracioná-lo e sem distinguir as espécies de rendas e proventos.

Finalmente, por progressividade entende-se que as alíquotas do imposto devem ser variáveis, crescendo em razão proporcional à base de cálculo.[1034]

o disposto nos arts. 7º, 9º e 11, n.1". LEONETTI, **Imposto Sobre a Renda como Instrumento de Justiça Social no Brasil**, p. 16.

1031 GASSEN; VALADÃO, **Tributação nos Estados Unidos e no Brasil: estudo comparativo da matriz tributária**, p. 140.

1032 "Proteção à velhice, à família, à cultura, aos deficientes mentais, aos doentes incuráveis, aos economicamente mais fracos – isto é, que revelam incapacidade econômica para suportar o encargo fiscal sem se privarem do mínimo vital –, e assim por diante".

1033 CARRAZZA, Roque Antônio, **Imposto Sobre a Renda (Perfil Constitucional e Temas Específicos)**, São Paulo: Malheiros, 2005, p. 63.

1034 MACHADO SEGUNDO, **Manual de Direito Tributário**, p. 273.

3.2.2.2. A progressividade do imposto sobre a renda

As guerras foram as grandes responsáveis no passado por uma transformação das estruturas da desigualdade no século XX. Porém, neste início de século (XXI), no contexto da nova economia global, certas desigualdades de riqueza, que se pensava vencidas, acenam com a possibilidade de reassumir seus picos históricos, ou até mesmo ultrapassá-los.[1035]

A despeito de, motivado tanto pelas guerras quanto pelos ideias democráticos, o imposto progressivo sobre a renda ter sido instituído em vários países antes do início da Primeira Guerra Mundial,[1036] até então, devido ao fato de o Estado se envolver muito pouco na vida econômica e social, os impostos representavam menos de 10% da renda nacional de todos os países no século XIX. É somente a partir dos anos 1920-1930 e até os anos 1970-1980 que um expressivo crescimento da participação dos impostos e das despesas públicas na renda nacional é verificado, particularmente das despesas sociais. De menos de um décimo da renda nacional destinada aos impostos e às despesas comuns alça-se a um porcentual entre um terço e metade daquela.[1037] Os EUA e vários países da Europa elevam substancialmente suas alíquotas marginais de imposto sobre a renda das pessoas físicas. Os EUA criaram alíquotas de 67% (1917) e de 77% (1918). No Reino Unido e na Alemanha, as alíquotas máximas atingiram 60% e 40%, respectivamente, em 1920.[1038]

Sérgio Wulff Gobetti e Rodrigo Octávio Orair atribuem o motivo de a alíquota do Imposto de Renda Pessoa Física (IRPF) não passar de 10% até o início do século XX principalmente às resistências das elites econômicas e políticas. Mas que, motivado pelo caos político e econômico provocados pela Primeira Guerra Mundial, e em seguida, pela Revolução Russa, tais resistências foram quebradas e as alíquotas do imposto foram elevadas para níveis superiores a 50%.[1039]

No entanto, a partir da década de 1970 as alterações estruturais e dinâmicas na economia mundial intensificam a concorrência intercapitalista e

[1035] Piketty, Thomas, **O Capital no Século XXI**, Rio de Janeiro: Editora Intrínseca Ltda, 2014, p. 589.

[1036] *Ibid.*, p. 617.

[1037] *Ibid.*, p. 595.

[1038] Introíni *et al*, Tributação Sobre a Renda da Pessoa Física: Isonomia como princípio fundamental de justiça fiscal, p. 249.

[1039] Gobetti, Sérgio Wulff; Orair, Rodrigo Octávio, EconStor, **Progressividade Tributária: a agenda negligenciada**, 2016, p. 11.

provocam uma ofensiva ideológica e política global contra o Estado regulador e os direitos universais dos cidadãos às políticas de bem-estar. A adequação das economias à nova ordem global impôs a reforma liberal do Estado, mediante a desregulamentação financeira, privatização de empresas públicas, mercantilização das políticas sociais e, sobretudo, redução da carga tributária sobre o capital e indivíduos de alta renda. A consequência inevitável foi o esvaziamento na progressividade tributária.[1040]

Atualmente, num contexto de livre circulação do capital mundial, e a voracidade das nações em atrair para seus territórios tais investimentos, valendo-se principalmente da desoneração tributária, o imposto progressivo sobre a renda vê-se gravemente ameaçado em virtude desta disputa fiscal entre os países. Esta concorrência leva as nações a reduzir principalmente o imposto sobre os lucros das empresas e a isenção dos juros, dividendos e outras rendas financeiras do regime normal de tributação ao qual são submetidas as rendas do trabalho.[1041]

Nem mesmo os países da OCDE ficaram imunes ao fenômeno, a alíquota média do Imposto de Renda das pessoas jurídicas naqueles países foi reduzida de cerca de 50%, no início dos anos 1980, para menos de 35% em 2001. A Alemanha, por exemplo, reduziu em 36 pontos percentuais a alíquota do Imposto de Renda da pessoa jurídica. De fato, a alíquota do Imposto de Renda Pessoa Jurídica (IRPJ) naquele país era de 61,7% em 1985 e passou a ser de 25% em 2002[1042].[1043]

Essa tendência refletiu-se no Brasil. Com o advento da Lei n° 7.713/88, reduziram-se a quantidade e o percentual das alíquotas da tabela progressiva do Imposto de Renda das pessoas físicas. O número de alíquotas passou de oito a apenas duas e o percentual máximo da alíquota do Imposto de Renda da pessoa física passou para 25%.[1044] E menos de uma década após, com a Lei nº 9.249/95, reduz-se a tributação sobre os lucros das pessoas jurídicas e isenta-se o recebimento de dividendos.

1040 Introíni *et al*, Tributação Sobre a Renda da Pessoa Física: Isonomia como princípio fundamental de justiça fiscal, p. 251.

1041 Piketty, **O Capital no Século XXI**, p. 615.

1042 Já a alíquota do Imposto de Renda da Pessoa Física (IRPF) foi reduzida, no período de 1990 a 2005, de 56% para 42%.

1043 Gutierrez, **Imposto de Renda: princípios da generalidade, da universalidade e da progressividade**, p. 241.

1044 *Ibid.*, p. 240.

Com tal postura, a de se desonerar tributariamente o rendimento do capital, a arrecadação fiscal inevitavelmente tenderá a se tornar regressiva no topo da hierarquia das rendas na maioria dos países, o que já é possível se verificar.[1045]

Thomas Piketty externa o entendimento de que, mediante tal contexto, a implementação de um imposto progressivo global sobre o capital seria imprescindível para a interrupção deste ciclo no aumento da desigualdade, apesar de reconhecer que o imposto sobre o capital, em forma realmente global, seja utopia.[1046]

3.2.2.3. A progressividade do imposto de renda na perspectiva doutrinária

Antigamente, existia a ideia de que sendo as alíquotas proporcionais às bases de cálculo tributáveis, preservar-se-iam a proporcionalidade dos tributos às respectivas capacidades econômicas dos indivíduos, cada um pagando impostos na proporção direta de sua renda. Operava-se, pois, a equidade horizontal.

Porém, a partir da segunda metade do século XIX, alguns estudiosos começam a perceber que a capacidade contributiva não se incrementa na mesma proporção em que a renda aumenta, revelando-se a proporcionalidade ineficiente como instrumento de promoção da equidade tributária. Como solução, adotam-se alíquotas progressivas, e o princípio da equidade horizontal, agora obsoleto, sede lugar ao princípio da equidade vertical.[1047]

Destarte, o princípio da capacidade contributiva, que pressupõe um sacrifício comum aos sujeitos da exação tributária, conduz à obsolescência a teoria do benefício, conquanto não mais se vincula a obrigação de se pagar tributos aos benefícios usufruídos do Estado pelo cidadão, mas esta relação agora migra para a capacidade que cada um tem de pagar.[1048]

Na mesma linha, Mary Elbe Gomes Queiroz Maia contribui com o raciocínio de que, ainda que uma alíquota uniforme aplicada a montantes tributáveis de magnitudes diferentes resulte em tributos proporcionais àquelas bases de cálculos, ou seja, à medida que a base tributável cresce, também

[1045] Piketty, **O Capital no Século XXI**, p. 615.

[1046] *Ibid.*, p. 589.

[1047] Gutierrez, **Imposto de Renda: princípios da generalidade, da universalidade e da progressividade**, p. 238.

[1048] Nunes, **Justiça tributária**, p. 347.

cresce o tributo, proporcionalmente, para ela, o sacrifício suportado em relação à base de cálculo menor será maior, um ônus maior a ser arcado por quem ganha menos.[1049]

Entendimento que é corroborado por Miguel Delgado Gutierrez na medida em que assevera que,

> se duas pessoas são comparadas, uma tendo uma renda de R$ 1.000,00 e a outra uma de R$ 1.000.000,00, não parece difícil concluir que a utilidade do último real da pessoa mais rica é menor do que a utilidade do último real da outra. A partir daí, dessume-se que o dinheiro tem uma utilidade declinante, pois a perda de um real para quem possui R$ 1.000,00 importa em maior sacrifício do que a perda de um real para quem possui R$ 1.000.000,00. O fundamento da progressividade é o de igualar o sacrifício fiscal de todos os contribuintes.[1050]

A progressividade, corolário e modo de realização dos princípios da capacidade contributiva e da igualdade, encontra seu fundamento na busca da justiça fiscal e social, na medida em que procura equilibrar as desigualdades sociais. Sua essência consiste em proporcionar que os que tenham mais, os que podem arcar com um maior ônus na distribuição da carga tributária, paguem mais imposto.[1051]

Na mesma linha, Sacha Calmon Navarro Coêlho sustenta que a progressividade, que implica em elevar as alíquotas à medida que se eleva o montante tributável, tem o condão de personalizar a alíquota efetiva do imposto conforme a renda de cada contribuinte.[1052]

Dessa forma, os indivíduos de menores rendas sofrerão uma tributação sob uma alíquota efetiva inferior ao que lhes recairiam na proporcionalidade.[1053] A progressividade do Imposto de Renda alinha-se com a função

[1049] MAIA, **Imposto Sobre a Renda e Proventos de Qualquer Natureza: princípios, conceitos, regra-matriz de incidência, mínimo existencial, retenção na fonte, renda transnacional, lançamento, apreciações críticas**, p. 375.

[1050] GUTIERREZ, **Imposto de Renda: princípios da generalidade, da universalidade e da progressividade**, p. 243.

[1051] MAIA, **Imposto Sobre a Renda e Proventos de Qualquer Natureza: princípios, conceitos, regra-matriz de incidência, mínimo existencial, retenção na fonte, renda transnacional, lançamento, apreciações críticas**, p. 39.

[1052] COÊLHO, **Curso de Direito Tributário Brasileiro**, p. 245.

[1053] LEONETTI, **Imposto Sobre a Renda como Instrumento de Justiça Social no Brasil**, p. 204.

social do sistema tributário à medida que efetiva a redistribuição de renda e oportuniza a diminuição das desigualdades sociais.[1054]

É lição de Thomas Piketty que no imposto progressivo a carga tributária será mais elevada aos que são mais ricos e mais branda aos mais humildes. Tendo o efeito contrário, sendo regressiva, quando os mais aquinhoados são agraciados com uma carga tributária mais leve, "seja porque eles conseguem escapar em parte ao regime normal (legalmente, por otimização fiscal, ou ilegalmente, por evasão) ou porque o regime normal prevê que o imposto seja regressivo".[1055]

De todo o exposto, decorre que estar-se-á praticando a progressividade quando houver diversas alíquotas, as quais serão graduadas conforme se avolumar o montante tributável, e sua inobservância, afrontará diametralmente os princípios da igualdade e da pessoalidade, vez que a incidência do imposto por meio de alíquota fixa incidente sobre bases diferentes não conseguirá aferir e tributar de forma real e isonômica a verdadeira capacidade contributiva dos sujeitos.[1056]

Miguel Delgado Gutierrez discorre que a instituição de alíquotas progressivas não é a única forma de se estabelecer a progressividade na tributação. Para tal cita o caso de se conceder isenção até determinado montante de renda, explicando que com isso estar-se-ia atribuindo ao Imposto de Renda o atributo de um imposto progressivo.[1057]

A progressividade, porém, não se restringe à função fiscal, com o fim único de arrecadar e fazer frente às despesas da burocracia, exerce ainda importante função extrafiscal, oferecendo ao Estado, mediante os poderes instituídos, mecanismo de modulação de condutas.

Hugo de Brito Machado Segundo, referindo-se ao Imposto de Renda, assevera que, embora com função precípua de arrecadar recursos financeiros a fazer frente às despesas do Estado, comporta este imposto também o atributo da extrafiscalidade, dado que, ao influenciar a conduta dos

1054 GUTIERREZ, **Imposto de Renda: princípios da generalidade, da universalidade e da progressividade**, p. 253.

1055 PIKETTY, **O Capital no Século XXI**, p. 614.

1056 MAIA, **Imposto Sobre a Renda e Proventos de Qualquer Natureza: princípios, conceitos, regra-matriz de incidência, mínimo existencial, retenção na fonte, renda transnacional, lançamento, apreciações críticas**, p. 42.

1057 GUTIERREZ, **Imposto de Renda: princípios da generalidade, da universalidade e da progressividade**, p. 234.

destinatários da norma, incentivando certas atividades, ou desestimulando outras, opera como instrumento de intervenção na economia.[1058]

O termo "progressividade", na acepção etimológica da palavra, conduz ao entendimento de que seus efeitos serão alcançados com a simples aplicação de alíquotas maiores a bases de cálculo maiores, progressivamente. Dar-se-ia a progressividade simples.

Porém, tal entendimento não é suficiente para a correta compreensão da progressividade conforme discutida neste trabalho. Na tributação, opera-se a progressividade graduada, onde cada alíquota maior incidirá tão somente sobre a parcela de valor compreendida entre os limites inferior e superior de respectiva faixa, de sorte que serão aplicadas tantas alíquotas quantas sejam as faixas de tributação alcançadas pela renda do sujeito passivo, após o que, somar-se-ão os resultados parciais, obtendo-se pois, o total a pagar.[1059]

Hugo de Brito Machado vê a progressividade simples como inconstitucional por esta não se harmonizar com os princípios da isonomia e da capacidade contributiva, divorciando-se também dos princípios da razoabilidade e da proporcionalidade.[1060]

Para se ajustar a carga tributária no Imposto de Renda, mediante a progressividade do imposto, devem ser consideradas as características pessoais do contribuinte. Tal fim só será possível de ser alcançado se forem estabelecidas isenções e admitidas deduções na apuração da base de cálculo deste imposto. Há que se cuidar para que este ato, indispensável à efetivação da personalização do tributo, não resulte em efeito inverso, proporcionando aos que se encontram no topo da pirâmide mecanismos de se esquivar da tributação.[1061]

No Brasil, atualmente, a legislação que normatiza o imposto sobre a renda, especifica quatro alíquotas para as pessoas físicas (7,5%, 15%, 22,5% e 27,5%) e duas para as pessoas jurídicas (15% e 25%), e tem um limite de isenção. Ao se observar o escalonamento das alíquotas, parece, *prima facie*,

[1058] Machado Segundo, **Manual de Direito Tributário**, p. 278.

[1059] Gutierrez, **Imposto de Renda: princípios da generalidade, da universalidade e da progressividade**, p. 235.

[1060] *Ibid.*

[1061] Maia, **Imposto Sobre a Renda e Proventos de Qualquer Natureza: princípios, conceitos, regra-matriz de incidência, mínimo existencial, retenção na fonte, renda transnacional, lançamento, apreciações críticas**, p. 42.

atendida de forma satisfatória a determinação constitucional da progressividade. É preciso, porém, observar que a progressividade não se realiza apenas com o estabelecimento de alíquotas nominais.[1062]

Roque Antônio Carrazza ensina que não basta a aplicação da alíquota nominal à base de cálculo para que a progressividade se manifeste efetivamente. De imperiosa importância, um terceiro fator se faz necessário, a parcela a deduzir do produto obtido, conforme demonstrado na Tabela 3. Só assim, obtém-se a alíquota efetiva e a progressividade encontra capacidade de operar em toda sua plenitude.[1063]

O efeito prático desta parcela a deduzir é o de se evitar a necessidade de se calcular o imposto para cada faixa de tributação, à cada alíquota correspondente, para ao final somar-se as parcelas e obter-se o imposto devido.

Tabela 3 – Incidência mensal do IRPF referente ao ano calendário de 2016.

Renda mensal	Alíquota	Parcela a deduzir do IRPF
Até R$ 1.903,98	Isento	
De R$ 1.903,99 até R$ 2.826,65	7,5%	R$ 142,80
De R$ 2.826,66 até R$ 3.751,05	15%	R$ 354,80
De R$ 3.751,06 até R$ 4.664,68	22,5%	R$ 636,13
Acima de R$ 4.664,68	27,5%	R$869,36

Fonte: Secretaria da Receita Federal do Brasil.

Considerando-se que determinado contribuinte possua uma renda mensal de R$ 10.000,00, será ele enquadrado na faixa de tributação à alíquota nominal de 27.5%. Porém, somente estará sujeito à alíquota máxima, 27,5%, o montante acima do valor especificado para aquela faixa de renda mensal, qual seja, acima de R$ 4.664,68, ou seja, o contribuinte terá sua renda distribuída nas cinco faixas de renda, nas quais sofrerá tributação de acordo com a alíquota nominal referente à cada montante correspondente, ao final, a alíquota efetiva será bastante inferior, de 18,81%, devendo ser pago o total de R$ 1.880,64. A Tabela 4 mostra o efeito dos cálculos.

[1062] MACHADO SEGUNDO, **Manual de Direito Tributário**, p. 276.

[1063] CARRAZZA, **Imposto Sobre a Renda (Perfil Constitucional e Temas Específicos)**, p. 66.

Tabela 4 – Incidência mensal do IRPF referente aos anos-calendário de 2016-2021, para uma renda tributável de R$ 10.000,00

Faixa	Base de cálculo	Alíquota	Valor do imposto
I	R$ 1.903,98	Isento	R$ 0,00
II	R$ 922,67	7,5%	R$ 69,20
III	R$ 924,40	15%	R$ 138,66
IV	R$ 913,63	22,5%	R$ 205,57
V	R$ 5.335,32	27,5%	R$ 1.467,21
TOTAL	**R$ 10.000,00**	**18,81%**	**R$ 1.880,64**

Fonte: Sacha Calmon Navarro Coêlho.[1064]

3.2.2.4. O desrespeito à progressividade do imposto de renda no Brasil

Luís Eduardo Schoueri, trazendo ao debate a previsão constitucional de que o Imposto de Renda será informado pelo critério da progressividade, leciona que tal comando revela-se imperioso no contrapeso à regressividade imposta pela tributação sobre o consumo. Enfatiza o autor que, mesmo antes de sua previsão na Constituição de 1934, já se sentia a carência de um tributo direto como o imposto sobre a renda. Que, ainda em 1891, o então Ministro da Fazenda, Rui Barbosa, elaborou um relatório enfatizando que os impostos indiretos não se proporcionam à graduação das fortunas entre os contribuintes, acarretando maior tributação sobre as classes menos favorecidas, fazendo-se, daí, necessário um imposto direto como corretivo compensador contra as iniqüidades da taxação indireta.[1065]

O IRPF brasileiro, seguindo uma tendência que se verificava no mundo, tem em seu histórico uma progressividade bem marcante em suas primeiras décadas de existência, surge com uma alíquota máxima de 8%, que gradativamente foi sendo elevada. Em 1944 sua alíquota máxima atinge 20%, sendo que quatro anos mais tarde, 1948, após o fim da Segunda Guerra Mundial, este índice é alçado a 50%, perdurando até 1961, quando é elevado a 60%. Atinge o mais alto percentual de toda a história brasileira, 65%, no governo João Goulart, logo antes do golpe militar de 1964. Logo em seu início, o regime autoritário retorna a alíquota máxima para 50%,

[1064] Coêlho, **Curso de Direito Tributário Brasileiro**, p. 364.

[1065] Schoueri, **Direito Tributário**, p. 431.

apesar do que, a estrutura do IRPF ainda conservava sua estrutura progressiva, tanto pela alíquota máxima, quanto pela existência de doze faixas de tributação.[1066]

Verifica-se que tal situação é sustentada até 1988-1989, quando a tabela do IRPF sofre uma abrupta alteração e a progressividade daquele imposto sofre um duro golpe. O número de faixas do IRPF de onze é reduzido para apenas três, e a alíquota máxima de 50% passa a ser de apenas 25%. Esta alteração culminou com a perda da estrutura progressiva do IRPF, o que jamais foi recuperado.[1067]

A levada em favor da ampliação dos benefícios tributários aos rendimentos do capital, política que termina por beneficiar os mais ricos, atinge seu ápice na década de 1990, com a instituição da isenção de dividendos e consequente consolidação de uma estrutura de tributação que relega a progressividade a um plano de desprestígio.[1068]

Até o advento da Carta Magna de 1988, ainda que não houvesse em nosso ordenamento constitucional qualquer previsão quanto à progressividade tributária, as alíquotas do IRPF variavam de 3% a 55%, aplicadas progressivamente ao montante dos rendimentos tributáveis do contribuinte.[1069]

Paradoxalmente ao que propôs a Carta da República, que constitucionalizou a obrigatoriedade de o imposto sobre a renda ser informado pelo critério da progressividade,[1070] a Lei nº 7.713/1988 operou em sentido oposto, reduzindo a efetividade da progressividade desse imposto, o que se depreende da Tabela 5 e Gráficos 6 e 7 a seguir[1071]: [1072]

[1066] GOBETTI; ORAIR, EconStor, p. 10.

[1067] *Ibid.*, p. 11.

[1068] *Ibid.*

[1069] LEONETTI, **Imposto Sobre a Renda como Instrumento de Justiça Social no Brasil**, p. 202.

[1070] Constituição Federal, art. 153, §2°, I.

[1071] Tabela atualizada por nós até o ano de 2021.

[1072] MAIA, **Imposto Sobre a Renda e Proventos de Qualquer Natureza: princípios, conceitos, regra-matriz de incidência, mínimo existencial, retenção na fonte, renda transnacional, lançamento, apreciações críticas**, p. 41.

Tabela 5 – Evolução das alíquotas do Imposto de Renda das pessoas físicas de 1979 a 2021

IMPOSTO SOBRE A RENDA, PESSOA FÍSICA		
ALÍQUOTAS VIGENTES		
Período de vigência	Quantidade de classes	Alíquotas
de 1979 a 1982	12	de 0 a 55%
de 1983 a 1985	13	de 0 a 60%
de 1986 a 1987	11	de 0 a 50%
1988	9	de 0 a 45%
de 1989 a 1991	2	de 10 e 25%
1992	2	de 15 e 25%
1995	3	de 15 a 35%
de 1996 a 1997	2	de 15 e 25%
de 1998 a 2008	2	de 15 e 27,5%
de 2009 a 2021	4	de 7,5% a 27,5%

Fonte: MAIA, Mary Elbe Gomes Queiroz.[1073]

Até 1988, a legislação tributária do Imposto de Renda adotava um modelo cedular de classificação dos rendimentos das pessoas físicas. Tais cédulas iam da "A" a "H". Para cada cédula, haviam deduções próprias que forneciam o rendimento cedular líquido. A somatória destes constituía a renda bruta.[1074]

No entanto, com o advento da Lei nº 7.713, de 22 de dezembro de 1988, a classificação de rendimentos em cédulas foi suprimida e, em substituição, foi introduzida a sistemática de apuração mensal do imposto devido pelas pessoas físicas, o chamado sistema global de apuração, ainda que não em sua forma pura.[1075]

[1073] *Ibid.*

[1074] COÊLHO, **Curso de Direito Tributário Brasileiro**, p. 363.

[1075] LEONETTI, **Imposto Sobre a Renda como Instrumento de Justiça Social no Brasil**, p. 17.

Gráfico 6 – Número de alíquotas aplicáveis do IRPF de 1924-2021

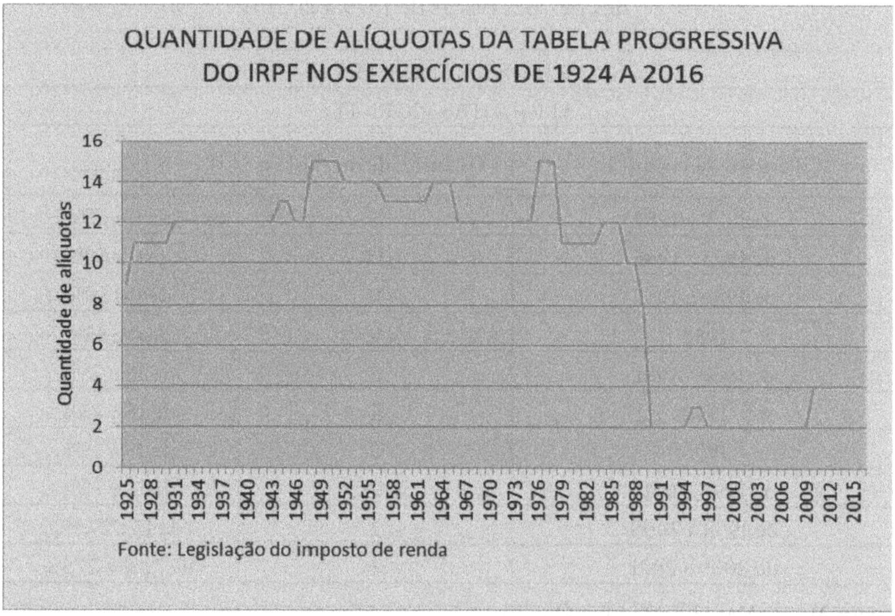

Fonte: Legislação do Imposto de Renda[1076]

[1076] Disponível em: https://www.gov.br/receitafederal/pt-br/acesso-a-informacao/institucional/memoria/imposto-de-renda/graficos. Acesso em: 25/03/2022. A despeito de este gráfico e o seguinte restringirem-se a apresentar informações até o ano de 2016, conforme se depreende da leitura de seus cabeçalhos, revelam-se estes atuais (2021), haja vista não se ter operado, desde então, alterações legislativas a modificar a quantidade ou os índices percentuais das alíquotas do IRPF.

Gráfico 7 – Maiores alíquotas aplicáveis do IRPF de 1924-2021

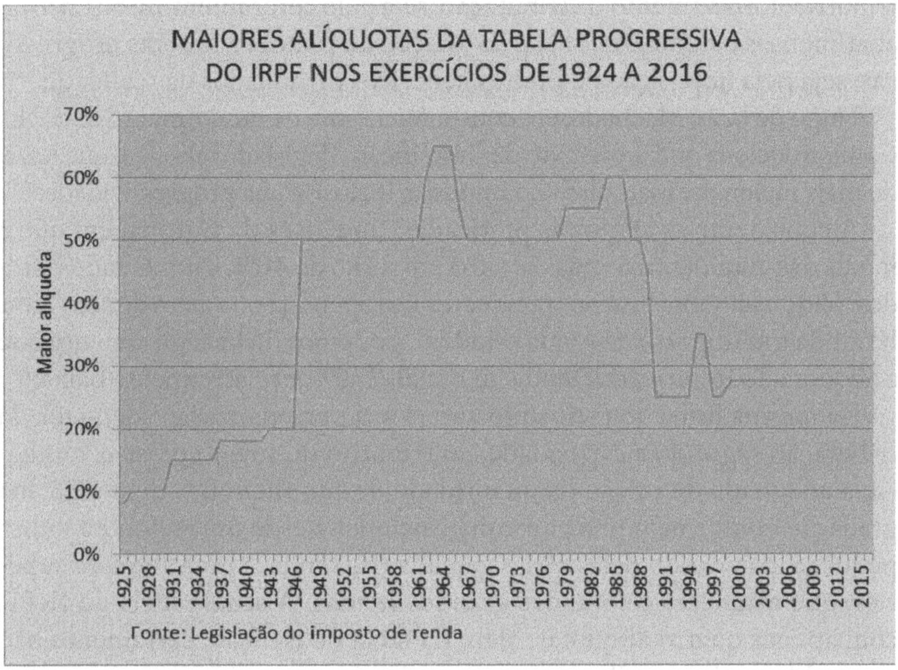

Fonte: Legislação do Imposto de Renda[1077]

Sacha Calmon Navarro Coêlho assevera que, com a referida modernização da tabela do IRPF, restou modificado o caráter pessoal deste imposto e sustenta que: "A título de simplificar as declarações anuais das pessoas físicas, este sistema foi eliminado a partir de 1989, porém, o legislador simplificou demais".[1078] Em um país de muita desigualdade de renda, por faixas de população e por estamentos etários e familiares,[1079] o que se viu,

[1077] Disponível em: https://www.gov.br/receitafederal/pt-br/acesso-a-informacao/institucional/memoria/imposto-de-renda/graficos. Acesso em: 25/03/2022.

[1078] Art. 145, §1º, da CF/88.

[1079] Valendo-se do coeficiente de Gini – utilizado para a aferição da desigualdade econômica em determinada população, tal índice é representado por valores que variam entre zero e um (também entre 0 e 100), o parâmetro zero indicando completa igualdade, todos os indivíduos recebendo os mesmos rendimentos, e o parâmetro um, completa desigualdade, com apenas um indivíduo detendo toda renda do grupo analisado – estudo realizado pelo observatório das desigualdades, que tomou por base dados do Banco Mundial de 2015, verificou que o Brasil (0,519) era o quarto país com mais desigualdade econômica do planeta, ficando atrás

em verdadeiro acinte aos princípios da pessoalidade e da capacidade contributiva, foi o aumento da tributação, seja pelo cerceamento arbitrário de abatimentos e deduções, seja pela adoção de poucas alíquotas progressivas, seja pela imposição de limites genéricos divorciados da realidade.[1080]

Hugo de Brito Machado, em consonância com o entendimento de Sacha Calmon, leciona que, a pretexto de simplificar, o legislador aboliu o que havia de mais racional e mais justo no imposto, inclusive sua progressividade.[1081]

A considerar as alíquotas praticadas em países da Europa, em que a média das alíquotas máximas se situa em torno de 40%, e nos Estados Unidos, onde a alíquota está nos patamares Europeus, já que além de seus 35%, há ainda um imposto de renda estadual, podemos dizer seguramente que a alíquota do Imposto de Renda no Brasil, 27,5%, é relativamente baixa.[1082]

Na mesma linha do raciocínio anterior, a personalização adequada da tributação segundo a capacidade contributiva do sujeito passivo, alinha-se à adequada definição da quantidade destas alíquotas, diga-se, a sua gradação conforme o preceito constitucional, desde uma alíquota muito pequena, passeando pelas várias camadas de renda, a uma alíquota superior, que alcançará o topo das grandes rendas. A atual tabela do IRPF, com apenas quatro alíquotas, além da faixa de isenção, certamente não se amolda a tal entendimento, não revelando portando uma progressividade justa e eficiente.

Mas a determinação do número de alíquotas necessárias para se caracterizar uma progressividade justa e eficiente não é tarefa fácil. Conforme Geraldo Ataliba, segundo lembra Júlia de Menezes Nogueira, para se obe-

somente dos países africanos: Namíbia (0,591), Zâmbia (0,571) e Botswana (0,533). Disponível em: http://observatoriodesigualdades.fjp.mg.gov.br/?p=1791. Acesso em: 24/02/2022. Porém, verifica-se que já consta no site do Banco Mundial, quanto ao Brasil, avaliação mais recente, do ano de 2019, a qual, em inequívoca evidenciação de agravamento das desigualdades, revela majoração do aludido coeficiente para 0,534. Disponível em: https://data.worldbank.org/indicator/SI.POV.GINI?locations=br-BR&most_recent_value_desc=true&view=map. Acesso em: 24/02/2022. Outrossim, revela o Instituto Brasileiro de Geografia e Estatística – IBGE que, após dois anos de alta, verificou-se no ano de 2020 redução no índice de desigualdade para 0,500 contra previsão de 0,506. Atribui-se à crise provocada pela pandemia de coronavírus e ao auxílio emergencial seus fatores influenciadores. Disponível em: https://tribunadejundiai.com.br/mais/brasil/ibge-aponta-reducao-no-indice-de-desigualdade-em-2020-no-brasil/. Acesso em: 24/02/2022.

[1080] Coêlho, **Curso de Direito Tributário Brasileiro**, p. 363.

[1081] Machado, **Curso de Direito Constitucional Tributário**, p. 321.

[1082] Machado Segundo, **Manual de Direito Tributário**, p. 277.

decer ao princípio da progressividade, as alíquotas do imposto sobre a renda devem ser inúmeras, desde um percentual baixo (p. ex.: 5%) até um teto (p. ex.: 60%).[1083]

Mesma dificuldade em se determinar tal quantidade de alíquotas encontra Mary Elbe Maia, justificando que não se tem como quantificar a exata medida de quantas seriam as alíquotas que melhor atenderiam ao princípio, porém sugere que se tome como parâmetro a progressividade que existia antes do ano de 1988.[1084]

A justificar sua inquietude quanto à reduzida quantidade de alíquotas, a autora aponta que na prática a partir de uma renda de R$ 4.664,68[1085] quase não existe diferença na tributação das pessoas físicas, uma vez que todos são tributados à alíquota de 27,5% e a parcela a deduzir do imposto, de R$ 869,36[1086], representa uma equalização muito pequena para fins de realização da progressividade.[1087]

Outros fatores de relevante importância quanto à eficiência da progressividade, além das alíquotas progressivas, são a faixa de isenção e as deduções. O limite de isenção, por ser muito baixo, acaba por operar majoração de imposto por vias transversas sem autorização legal, acarretando uma atribuição mais onerosa ao contribuinte de menor capacidade contributiva. Mary Elbe Maia, quanto às deduções, afirma que estas, por serem também limitadas arbitrariamente, e não sendo devidamente atualizadas, promovem, ao invés de progressividade, uma tributação pelo critério da proporcionalidade.[1088]

Portanto, ademais do que já se discorreu a respeito de fatores que desqualificam a progressividade do Imposto de Renda como eficiente e justa, a não correção monetária das faixas de renda da tabela do IRPF é outro fator que tem forte influência quanto à falta de efetividade da progressividade

[1083] NOGUEIRA, Júlia de Menezes, **Imposto sobre a Renda na Fonte**, São Paulo: Quartier Latin, 2007, p. 64.

[1084] MAIA, **Imposto Sobre a Renda e Proventos de Qualquer Natureza: princípios, conceitos, regra-matriz de incidência, mínimo existencial, retenção na fonte, renda transnacional, lançamento, apreciações críticas**, p. 374.

[1085] Valor atualizado tabela 2021.

[1086] Valor atualizado tabela 2021.

[1087] MAIA, **Imposto Sobre a Renda e Proventos de Qualquer Natureza: princípios, conceitos, regra-matriz de incidência, mínimo existencial, retenção na fonte, renda transnacional, lançamento, apreciações críticas**, p. 375.

[1088] *Ibid.*, p. 375.

almejada para este tributo. Este artifício de que se vale o governante do momento, tem o condão de operar uma majoração do IRPF por via transversa. Sacha Calmon Navarro é enfático em afirmar que tal omissão revelará uma capacidade contributiva dissociada da realidade,[1089] o que fará a mão do Estado pesar desproporcionalmente sobre aqueles que não detém capacidade para arcar com tamanha exação sem que para isso, venham a comprometer o seu mínimo existencial. Estar-se-á, então, diante de uma flagrante injustiça tributária.[1090]

Foi o que ocorreu, com maior intensidade, no período de 1996 e 2001, período este em que não se aplicou qualquer correção na tabela do Imposto de Renda.[1091, 1092] Boa parte dos contribuintes, tendo seus rendimentos rea-

[1089] Nesse sentido é transcrição de trecho de julgado do Tribunal Constitucional espanhol ocorrido em 1992: "o princípio da capacidade econômica não é um axioma do qual se possam extrair, por simples dedução lógica, consequências positivas, precisas e concretas, sobre a particular regulação de cada figura tributária", em vão a dogmática jurídica buscará impor ao legislador uma camisa de força para a concretização da capacidade econômica em cada caso concreto. No entanto, mesmo julgado, aduz o referido Tribunal que a ampla liberdade de configuração do legislador ordinário pode vir a extravasar os limites materiais do poder de tributar naqueles casos em que a capacidade econômica gravada pelo tributo não seja nem real, nem potencial, e sim inexistente ou fictícia. De Godoi, Tributo e Solidariedade Social, p. 160.

[1090] Coêlho, **Curso de Direito Tributário Brasileiro**, p. 364.

[1091] Estudo desenvolvido pelo SINDIFISCO NACIONAL indica que o congelamento da Tabela Progressiva no Imposto de Renda Pessoa Física no período de 1996-2001 foi um artifício encontrado pelo Governo no enfrentamento dos desafios que se impunham às políticas macroeconômicas da segunda metade da década de 1990, tais como a crise fiscal caracterizada pelo déficit primário do setor público consolidado; pelo déficit público nominal de mais de 6,0% do PIB e pelo crescimento da dívida pública. A partir de 1º de janeiro de 1996 os valores da tabela, antes expressos em Unidades Fiscais de Referencia (UFIR) são convertidos em reais (Lei nº 9.250/1995) e, também a partir desta data, suprime-se a faixa de tributação correspondente à alíquota de 35%, ou seja, de uma só vez opera-se a regressividade em duas frentes, i) pela não correção da tabela, com maiores consequências para o contribuinte de baixa renda; e ii) com a exclusão da alíquota máxima, alivia-se a tributação sobre o contribuinte de maiores rendas. Sindicato Nacional dos Auditores Fiscais da Receita Federal do Brasil, **A Defasagem na Correção da Tabela do Imposto de Renda Pessoa Física**, Brasília: Sindifisco Nacional, 2022, p. 3.

[1092] A última correção verificada ocorreu em 2015, ainda que a uma taxa bem inferior (em média 5,6% nas faixas salariais) à inflação daquele ano, de 10,67%. Em 2016, apesar de a inflação ter avançado 6,29%, não houve correção, o mesmo ocorrendo nos anos subsequentes, quando se registrou inflação respectivamente: 2017 (2,95%), 2018 (3,75%), 2019 (4,31%), 2020 (4,52%) e 2021 (10,06). *Ibid.*, p. 5.4; Takar, Téo, **Bolsonaro não corrige tabela e obriga 10,5 milhões a pagar Imposto de Renda – 27/02/2021 – UOL Economia**, Uol, disponível em: https://

justados com vistas à recuperação do poder aquisitivo, desgastado pela inflação, veem-se progredidos de faixa na tabela.[1093] Os contribuintes que se encontravam na faixa de isenção ascenderam para a faixa sujeita à alíquota de 15%, e os que nesta se viam foram empurrados para a faixa correspondente à alíquota de 27,5%. A progressividade do imposto, que já era reduzida, viu-se ainda mais fragilizada.[1094]

A degradação histórica da faixa de isenção da Tabela do IRPF é cristalinamente demonstrada no Gráfico 8, de elaboração do SINDIFISCO, no qual se adota como unidade de medida o valor do salário mínimo vigente a cada ano aferido. Inicia-se em 1996 com a isenção abrangendo as rendas de até nove salários mínimos para, em 2021, ver-se esta isenção adstrita a 1,73 salários mínimos.

Gráfico 8 – Isenção do IRPF em Salários Mínimos

Fonte: Sindicato Nacional dos Auditores Fiscais da Receita Federal do Brasil[1095]

Tathiane Piscitelli, é conclusiva ao afirmar que a alta defasagem da tabela do IR prejudica em particular as classes mais baixas, uma vez que, diante da inflação e defasagem da moeda, a base de cálculo a que se sujeitam não reflete suas capacidades econômicas, reduzindo-lhes o salário líquido e a disponibilidade de recursos, revelando-se, pois, a aludida cor-

economia.uol.com.br/imposto-de-renda/noticias/redacao/2021/02/27/ir-2021-defasagem-de-113-na-tabela-obriga-105-milhoes-a-pagarem-imposto.htm. acesso em: 16 jan. 2022.

1093 Haviam apenas duas alíquotas 15% e 27,5%.

1094 Leonetti, **Imposto Sobre a Renda como Instrumento de Justiça Social no Brasil**, p. 204.

1095 Sindicato Nacional dos Auditores Fiscais da Receita Federal do Brasil, **A Defasagem na Correção da Tabela do Imposto de Renda Pessoa Física**, p. 6.

reção, uma medida importante para gerar justiça tributária. Ademais, é de se registrar que a falta de correção prejudica também outras classes, como é o caso de quem ganha acima de R$ 4.664,69, por exemplo, que precisa pagar a alíquota máxima de 27,5% sobre todo o excedente desse valor. Com a correção, ao teto da cobrança apenas se veria sujeita a fatia que ultrapasse R$ 10.948,96.[1096]

Além da mordida maior sobre salários, aposentadorias, pensões, renda de aluguéis e outros rendimentos tributáveis, a defasagem na tabela do Imposto de Renda também provoca outro efeito nocivo sobre o bolso dos brasileiros: as possibilidades de reduzir o imposto são menores do que deveriam ser. O valor limite para dedução de despesas com educação do contribuinte, seus dependentes ou alimentandos, que hoje é de R$ 3.561,50 por pessoa por ano, deveria ser de R$ 8.353,12. O desconto permitido por dependente incluído na declaração, atualmente de R$ 2.275,08 por ano, deveria estar em R$ 5.335,92.[1097]

É comum no Brasil a percepção de que o Imposto de Renda é injusto por não permitir um número maior de despesas dedutíveis e por limitar o valor de algumas das despesas admitidas como dedutíveis. Por ter o efeito de distorcer a técnica da pessoalidade, a qual deveria primar pela dedução de todos os gastos do contribuinte para só então se alcançar o montante real de renda tributável, tais restrições feririam o princípio da capacidade contributiva.[1098]

Micaela Dutra, citada por Cleucio Santos Nunes, valendo-se de lição de Arnaldo Sampaio de Moraes Godoy, a partir da comparação dos modelos de tributação da renda no Brasil e nos Estados Unidos, conclui que, a despeito do que se verifica no país do Tio Sam, o imposto brasileiro não atende à técnica da pessoalidade. De acordo com Godoy, naquele país, enquanto o conceito de renda possui regra geral fixada em regulamento, as deduções do imposto veem-se pulverizadas nele e em outras normas

[1096] Segundo levantamento realizado pela Associação Nacional dos Auditores Fiscais da Receita Federal – Unafisco, o qual aponta para uma defasagem de 134% na tabela do imposto de renda. Disponível em: https://www1.folha.uol.com.br/mercado/2021/12/imposto-de-renda-defasado-tira-r-149-bilhoes-da-populacao-em-2022.shtml. Acesso em: 25/02/2022. O que foi demonstrado pelo SINDIFISCO em tabela a exibir tal evolução, ano a ano, de 1996 a 2021. *Ibid.*, p. 5.

[1097] *Ibid.*, p. 9.

[1098] NUNES, **Justiça tributária**, p. 293.

que o disciplinam, de forma que se verificam uma multiplicidade de possibilidades quanto ao montante e tipos de deduções[1099].[1100]

Cleucio Santos Nunes, pontuando o fato de que, ao se abordar os perfis de renda dos cidadãos que mais exigem atuações da estrutura de proteção estatal e os serviços públicos elitizados,[1101] nítida é a percepção de que tais benefícios estão mais aptos a atender às demandas das classes média e alta do que as das camadas mais pobres da população,[1102] defende que, exatamente por se virem as parcelas mais carentes da população menos providas da estrutura de serviços públicos, um maior nível de dedução de despesas no Imposto de Renda lhes deveriam ser assegurados. Outrossim, geralmente por não poderem contratar serviços privados dedutíveis, tais como saúde, previdência privada, educação, etc., não têm despesas para deduzir do IR, ao contrário do que se verifica nas classes de rendimentos mais elevados, para as quais as deduções constituem outra realidade.[1103]

Em consonância com o exposto é posicionamento do Sindicado dos Auditores Fiscais da Receita Federal (SINDIFISCO) quanto às deduções com saúde e moradia. É suscitado que, a despeito de não haver limites de valor quanto às deduções das despesas com saúde, diversas restrições se opõem à efetiva materialização do princípio à proteção do mínimo vital na medida em que não se permite, por exemplo, a dedução dos gastos com medicamentos comprados na farmácia, ainda que sejam de uso contínuo e essenciais à vida do contribuinte ou de seus dependentes.[1104, 1105]

1099 Há deduções para com custos operacionais (*business expenses*), juros, tributos, perdas, depreciações, caridade, despesas médicas, dentárias, pensões alimentícias, despesas de mudança, gastos com educação, além de deduções gerais, pessoais e com dependentes.

1100 Nunes, **Justiça tributária**, p. 293, 294.

1101 A infraestrutura urbana de saneamento básico, asfaltamento de ruas, áreas de lazer, semáforos, marcas de sinalização do solo, faixas de pedestres, prontos-socorros, hospitais públicos de referência, iluminação pública, coleta de lixo e limpeza de logradouros públicos costumam estar mais presentes nas regiões habitadas pelas parcelas mais ricas da população. Isso para não falar em segurança pública e educação superior.

1102 Nunes, **Justiça tributária**, p. 294.

1103 *Ibid.*, p. 295.

1104 Apoia-se o estudo na assertiva de que medicamentos não são supérfluos, e sim uma necessidade vital do ser humano, devendo, pois, compor a relação de deduções legais na medida em que, conforme o princípio da capacidade contributiva, cada pessoa deve ter sua renda tributada somente depois de deduzidas todas as despesas necessárias à sua sobrevivência.

1105 Sindicato Nacional dos Auditores Fiscais da Receita Federal do Brasil, **A Defasagem na Correção da Tabela do Imposto de Renda Pessoa Física**, p. 10.

A impossibilidade de dedução dos gastos com moradia é outra discrepância que é apontada pelo Sindicato dos auditores fiscais. O estudo[1106] chama a atenção para uma contradição lógica na atual sistemática na medida em que quem recebe o aluguel deve tributar o rendimento, mas quem paga o aluguel não pode deduzi-lo, sendo que, em alguns casos, trata-se da mesma pessoa, como é o caso de alguém que loca seu imóvel para alugar outro. De forma que, a renda obtida com o aluguel a terceiro de imóvel seu será tributada, sem que lhe seja permito deduzir-se do que se pagou ao seu senhorio.[1107]

Cediço que, conforme preceitos de justiça fiscal, o que deve discriminar os contribuintes para o estabelecimento do ônus tributário é a sua capacidade de pagamento e não a origem ou a natureza da sua renda, incongruência de significante relevo a afrontar tais preceitos verificam-se ao se observar, no Brasil, que a legislação atual não submete à tabela progressiva do IR os rendimentos de capital e de outras rendas da economia, que são tributados com alíquotas inferiores às incidentes no cálculo do Imposto de Renda incidente sobre os rendimentos do trabalho, revelando afronta ao que estabelece a Carta no momento em que proíbe discriminação em razão da ocupação profissional ou função exercida pelos contribuintes, independentemente da denominação jurídica dos rendimentos, títulos ou direitos.[1108]

Neste diapasão, tópico de significativa relevância no resultado da progressividade do Imposto de Renda, as normas aplicáveis aos rendimentos sujeitos à tributação exclusiva na fonte e também aos rendimentos sujeitos à tributação definitiva, não se revelam alinhados com o que se espera de um tributo que almeja aquela finalidade.[1109]

Estas formas de tributação, por a incidência do tributo ocorrer por meio de alíquotas fixas e os respectivos rendimentos e o imposto já retido pelas fontes, ou pago pelo contribuinte, não mais entrarem no cômputo do ajuste anual juntamente com os demais rendimentos, revelam-se em flagrante desarmonia com os contornos e princípios constitucionais da

[1106] Que ressalta terem sido permitidas as deduções das despesas com aluguel residencial e com os juros de financiamento da casa própria até 1988.

[1107] Takar, **Bolsonaro não corrige tabela e obriga 10,5 milhões a pagar Imposto de Renda – 27/02/2021 – UOL Economia.**

[1108] BRASIL, **Indicadores de Equidade do Sistema Tributário Nacional**, p. 28.

[1109] Nogueira, **Imposto sobre a Renda na Fonte**, p. 71.

pessoalidade, generalidade, universalidade, progressividade e capacidade contributiva, que caracterizam a tributação para o Imposto sobre a Renda.[1110]

Mary Elbe Maia é enfática ao afirmar que "ao se ignorar as condições pessoais é atingido o próprio direito fundamental da igualdade, haja vista que nesses casos todos são tributados de modo igual, porém sem a exata medida das reais desigualdades".[1111]

Semelhante é o entendimento de Miguel Delgado Gutierrez ao enfatizar que ao se tributar isoladamente tais operações, desconsideram-se o caráter pessoal do imposto e a capacidade contributiva do contribuinte à medida que todos serão obrigados a suportar a mesma carga tributária. Ademais, a tributação em separado de tais operações, isolada das demais operações que contribuem para a formação do fato gerador do tributo em um dado período, inibe a progressividade da tributação e sua gradação de acordo com a capacidade contributiva do contribuinte.[1112]

Outro tema de grande relevância a se considerar quanto à inobservância do critério informativo constitucional da progressividade do Imposto de Renda é o da isenção sobre dividendos e o da dedução de Juros Sobre o Capital Próprio.

Ao longo do século XX o modelo clássico de tributação da renda ao redor do mundo previa a tributação do lucro na pessoa jurídica e, posteriormente, havendo distribuição aos acionistas, também a tributação dos lucros ou dividendos na pessoa física, sistema que foi adotado pelo Brasil na maior parte do século passado.[1113]

O Brasil, já na década de 1990, não tributava os dividendos como o sistema clássico puro, tais rendimentos já não integram a base de cálculo do IRPF no ajuste anual. Apenas eram tributados exclusivamente na fonte, e a uma alíquota inferior às máximas aplicadas aos salários, submetidos à tabela progressiva.[1114]

1110 Maia, **Imposto Sobre a Renda e Proventos de Qualquer Natureza: princípios, conceitos, regra-matriz de incidência, mínimo existencial, retenção na fonte, renda transnacional, lançamento, apreciações críticas**, p. 372.

1111 *Ibid.*, p. 373.

1112 Gutierrez, **Imposto de Renda: princípios da generalidade, da universalidade e da progressividade**, p. 254.

1113 Gobetti; Orair, EconStor, p. 15.

1114 *Ibid.*, p. 11.

Ocorre que em 1989, a agenda neoliberal foi reunida num só programa denominado Consenso de Washington,[1115] recomendado para todos os países da América Latina, e que trazia entre suas dez recomendações, a de promover reformas tributárias que ampliassem a base e moderassem a carga marginal, reformas que, em todos os casos, resultaram em aumento da regressividade na tributação. Porém, o governo brasileiro foi além da recomendação de moderar a carga tributária sobre os mais ricos,[1116] e, sob o argumento de atrair capitais e incentivar investimentos, consegue o que nem o governo americano conseguira.[1117]

Na contramão do que se verificava no mundo, o Brasil adota em 1995 a política de não se tributar, pelo Imposto de Renda de Pessoa Física (IRPF), os dividendos distribuídos a acionistas de empresas, além de promover uma redução significativa da tributação sobre o Imposto de Renda de Pessoas Jurídicas (IRPJ).[1118]

É promulga a Lei nº 9.249/1995, a qual promove duas importantes alterações na tributação do lucro:

1) Exclui da incidência do IR[1119] a distribuição de lucros ou dividendos: Apesar de os dividendos até o advento da citada lei, já gozar do privilégio tributário de não serem levados ao ajuste anual, juntamente com todos os demais rendimentos do contribuinte, à alíquota referente à respectiva faixa de tributação, submetendo-se tão somente à tributação exclusiva na fonte à alíquota de 15%, o legislador, mediante a Lei nº 9.249/95, mais uma vez intervém em proteção ao rentista. Agora, este não mais gozará somente da prerrogativa

[1115] Baseado nas políticas econômicas dos governos de Ronald Reagan (1981-1989) dos Estados Unidos e de Margareth Thatcher (1979-1990) do Reino Unido, estabelecia um conjunto de normas neoliberais que os países endividados com o FMI deveriam implementar, dentre as quais a liberalização comercial e financeira de suas economias e a redução do tamanho do Estado. De Oliveira; Chieza, Auge e Declínio da Federação Brasileira: 1988-2017, p. 566.

[1116] INTROÍNI *et al*, Tributação Sobre a Renda da Pessoa Física: Isonomia como princípio fundamental de justiça fiscal, p. 252.

[1117] Gobetti; Orair, EconStor, p. 9.

[1118] *Ibid.*, p. 7.

[1119] Dispõe o *caput* do art. 10 da Lei nº 9.249/1995: "Os lucros ou dividendos calculados com base nos resultados apurados a partir do mês de janeiro de 1996, pagos ou creditados pelas pessoas jurídicas tributadas com base no lucro real, presumido ou arbitrado, não ficarão sujeitos à incidência do Imposto de Renda na fonte, nem integrarão a base de cálculo do Imposto de Renda do beneficiário, pessoa física ou jurídica, domiciliado no País ou no exterior.".

de não precisar levar ao ajuste anual toda sua renda proveniente de recebimento de dividendos. Doravante tais rendimentos não mais sujeitar-se-iam nem mesmo àquela tributação. Neste momento alcança-se a completude da afronta aos critérios informativos do Imposto de Renda previstos no art. 153, §2º, I[1120].

2) Institui os Juros Sobre Capital Próprio (JCP)[1121]:
Inova no ordenamento legal, o legislador, ao permitir à pessoa jurídica a criação de uma despesa fictícia, a despesa de juros sobre o capital próprio. Desta forma, o valor correspondente aos juros é pago aos acionistas da pessoa jurídica, a qual lançará tais valores em sua contabilidade como despesas, permitindo sua dedução na apuração do Imposto de Renda e da Contribuição Social Sobre o Lucro Líquido. Por conseguinte, a carga tributária referente a esta parcela paga como juros sobre o capital próprio, que seria de 34%[1122] anteriormente a esta inovação legislativa, será doravante de apenas 15%, e terá como sujeito passivo o acionista recebedor.[1123]

O efeito prático desta alteração legislativa é facilmente percebido na Tabela 6. Verifica-se que antes da alteração legislativa, o lucro era tributado a 34% (IR e CSLL), o excedente 66% era distribuído como lucro aos acionistas, submetendo-se à uma tributação de 15%. Desta forma, os acionistas apenas percebiam 56,1% do lucro, cabendo ao Estado o excedente, 43,9%. Com o advento da alteração em tela, o acionista passa a receber 71,7%, enquanto que o Estado, apenas 28,3%.

[1120] Será informado pelos critérios da generalidade, da universalidade e da progressividade.

[1121] Dispõe o caput do art. 9º da Lei nº 9.249/1995: "A pessoa jurídica poderá deduzir, para efeitos da apuração do lucro real, os juros pagos ou creditados individualizadamente a titular, sócios ou acionistas, a título de remuneração do capital próprio, calculados sobre as contas do patrimônio líquido e limitados à variação, *pro rata* dia, da Taxa de Juros de Longo Prazo - TJLP.".

[1122] 25% de IRPJ e 9% de CSLL.

[1123] Gobetti; Orair, EconStor, p. 12.

Tabela 6 – Efeito prático da Lei 9.249/1995

Lucro e tributação no Brasil

Lucro e impostos	Antes da Lei nº 9.249	Depois da Lei nº 9.249	Diferença
Lucro bruto	100,0	100,0	0,0
Lucro tributável	100,0	70,0	-30,0
IRPJ=25%	25,0	17,5	-7,5
CSLL=9%	9,0	6,3	-2,7
JSCP	0,0	30,0	30,0
IRRF[1]-Capital (15%)	0,0	4,5	4,5
Dividendos	66,0	46,2	-19,8
IRRF-Capital (15%-0%)	9,9	0,0	-9,9
Total de imposto	43,9	28,3	-15,6
Lucro líquido acionista	56,1	71,7	15,6

Elaborado pelos autores.
Nota: [1] Imposto de Renda Retido na Fonte (IRRF).

Fonte: Gobetti e Orair[1124]

No setor de serviços, esses regimes tributários, conjugados com a isenção de dividendos distribuídos, geram incentivos para fenômenos de elisão fiscal que causam distorções como a terceirização e a "pejotização"[1125].[1126]

Vê-se na Tabela 7, ao se analisar os grandes números da DIRPF[1127] 2014, que a participação dos rendimentos isentos e dos sujeitos à tributação exclusiva se incrementava conforme se alcançavam as faixas mais elevadas de rendimentos, independentemente de tratar-se o contribuinte de recebedor de dividendo, ou não.

Quanto à Tabela 8, constata-se em sua penúltima coluna, que a média das alíquotas sobre os rendimentos crescem até o máximo de 11,8%, na amostra intermediária dos 1,5 milhão de declarantes que recebem entre R$ 162,7 mil e R$ 325,4 mil, em que a principal origem da renda ainda é tributável (salário). A partir daí há uma inflexão nas alíquotas, que caem até 6,7%, propiciada pela predominância da renda do capital (isenta ou tributada a alíquotas lineares mais baixas).

Na Tabela 9, ao se avaliar os grandes números DIRPF 2019 (ano base 2018), mais recente à trazida pelo estudo realizado por Gobetti e Orair, verifica-se, ainda que adotada uma estratificação mais pulverizada, que o referido fenômeno indicativo da regressividade é persistente.

1124 *Ibid.*, p. 13.

1125 Pessoas físicas que se convertem em pessoas jurídicas, muitas vezes individuais.

1126 Gobetti; Orair, EconStor, p. 14.

1127 Declarações de Imposto de Renda Pessoa Física – Secretaria da Receita Federal do Brasil

Analogamente ao que constataram os citados autores ao analisarem os Grandes números DIRPF 2014 (ano base 2013), percebe-se que, quanto aos números de 2019 (ano base 2018), a carga tributária (alíquota) tendeu a ser crescente com a renda até a faixa salarial que compreende entre 30 (28.620,00) e 40 (38.160,00) salários mínimos (R$ 954,00), decrescendo constantemente a partir daí até o topo das maiores rendas, onde a alíquota efetiva correspondeu a ínfimos 1,9%.

Tabela 7 – Grandes números da DIRPF 2014 (ano-base 2013): resumo das declarações por faixa do rendimento total

Grandes números da DIRPF 2014 (ano-base 2013): resumo das declarações por faixas do rendimento total

Faixas de rendimento (R$ mil)	Declarantes		Rendimentos (R$ milhões)				Composição doS rendimentos (%)				Participação no total dos rendimentos (%)
	Número	Participação (%)	Tributáveis	Tributados exclusivamente na fonte	Isentos	Total	Tributáveis	Tributados exclusivamente na fonte	Isentos	Total	
Até R$ 24,4	5.555.771	100,0	67.481	2.156	5.920	75.557	89,3	2,9	7,8	100,0	3,5
De R$ 24,4 a R$ 40,7	7.882.026	100,0	215.200	13.691	21.128	250.018	85,9	5,6	8,4	100,0	11,7
De R$ 40,7 a R$ 81,4	7.300.376	100,0	331.748	29.400	57.667	418.815	78,7	7,6	13,7	100,0	19,6
De R$ 81,4 a R$ 162,7	3.522.174	100,0	285.867	30.799	82.920	399.587	70,6	8,9	20,5	100,0	18,7
De R$ 162,7 a R$ 325,4	1.507.344	100,0	212.060	29.274	99.739	341.072	61,1	10,2	28,7	100,0	16,0
De R$ 325,4 a R$ 650,9	518.567	100,0	109.013	22.815	96.756	228.584	46,7	11,9	41,4	100,0	10,7
De R$ 650,9 a R$1.301,8	136.718	100,0	34.452	14.717	72.002	121.171	27,7	14,3	57,9	100,0	5,7
Mais de R$ 1.301,8	71.440	100,0	37.384	64.510	196.040	297.934	12,0	24,9	63,0	100,0	14,0
Total	**26.494.416**	**100,0**	**1.293.205**	**207.361**	**632.171**	**2.132.738**	**59,6**	**11,2**	**29,2**	**100,0**	**100,0**
Declarações de recebedores de lucros e dividendos, incluindo rendimentos de microempresa											
Até R$ 24,4	175.986	3,2	1.385	56	1.271	2.712	51,1	2,1	46,9	100,0	0,1
De R$ 24,4 a R$ 40,7	280.036	3,6	5.369	211	3.605	9.185	58,5	2,3	39,2	100,0	0,4
De R$ 40,7 a R$ 81,4	481.078	6,6	12.828	902	15.051	28.781	44,5	3,3	52,2	100,0	1,3
De R$ 81,4 a R$ 162,7	460.465	13,1	20.060	2.350	31.733	54.143	36,8	4,9	58,3	100,0	2,5
De R$ 162,7 a R$ 325,4	361.166	24,0	29.751	4.969	49.639	84.359	34,9	6,9	58,2	100,0	4,0
De R$ 325,4 a R$ 650,9	209.954	40,5	29.431	7.149	58.737	95.317	30,4	8,9	60,7	100,0	4,5
De R$ 650,9 a R$1.301,8	80.719	59,0	14.584	7.112	50.770	72.465	19,7	11,6	68,7	100,0	3,4
Mais de R$ 1.301,8	51.419	72,0	19.913	48.458	160.977	229.348	8,3	24,3	67,3	100,0	10,8
Total	**2.100.823**	**7,9**	**133.319**	**71.208**	**371.783**	**576.310**	**22,6**	**14,4**	**63,0**	**100,0**	**27,0**
Declarações dos não recebedores de lucros e dividendos, incluindo rendimentos de microempresa											
Até R$ 24,4	5.379.785	96,8	66.096	2.100	4.649	72.845	90,7	2,9	6,4	100,0	3,4
De R$ 24,4 a R$ 40,7	7.601.990	96,4	209.831	13.480	17.523	240.834	87,0	5,8	7,3	100,0	11,3
De R$ 40,7 a R$ 81,4	6.819.298	93,4	318.920	28.498	42.616	390.034	81,2	7,9	10,9	100,0	18,3
De R$ 81,4 a R$ 162,7	3.061.709	86,9	265.808	28.449	51.187	345.444	75,9	9,5	14,6	100,0	16,2
De R$ 162,7 a R$ 325,4	1.146.178	76,0	182.309	24.304	50.100	256.713	69,6	11,3	19,1	100,0	12,0
De R$ 325,4 a R$ 650,9	308.613	59,5	79.582	15.666	38.019	133.267	58,2	14,0	27,8	100,0	6,2
De R$ 650,9 a R$1.301,8	55.999	41,0	19.868	7.605	21.233	48.706	39,5	18,4	42,2	100,0	2,3
Mais de R$ 1.301,8	20.021	28,0	17.472	16.052	35.062	68.586	24,3	27,0	48,7	100,0	3,2
Total	**24.393.593**	**92,1**	**1.159.886**	**136.153**	**260.388**	**1.556.428**	**73,5**	**10,0**	**16,5**	**100,0**	**73,0**

Fonte: DIRPF (2014).
Elaboração dos autores.

Fonte: Gobetti e Orair[1128]

[1128] Gobetti; Orair, EconStor, p. 20.

Tabela 8 – Grandes números da DIRPF 2014 (ano-base 2013): alíquotas médias e valores per capita por faixa de renda

Faixa de renda (R$ mil)	Quantidade de declarantes	Rendimentos tributáveis				Rendimentos tributados exclusivamente na fonte		Rendimentos isentos	Total dos rendimentos		Patrimônio líquido
		Rendimentos	Deduções	Base de cálculo	Alíquota média	Rendimentos	Alíquota média		Rendimentos	Alíquota média	
Até R$ 24,4	5.555.771	12.146	-2.338	9.935	0,0	388	0,0	1.066	13.600	0,0	50.810
De R$ 24,4 a R$ 40,7	7.882.026	27.303	-6.699	20.825	0,5	1.737	2,9	2.681	31.720	0,6	55.645
De R$ 40,7 a R$ 81,4	7.300.376	45.443	-12.328	33.318	3,7	4.027	8,4	7.899	57.369	3,5	91.578
De R$ 81,4 a R$ 162,7	3.522.174	81.162	-19.022	62.356	10,7	8.744	14,2	23.542	113.449	8,8	218.526
De R$ 162,7 a R$ 325,4	1.507.344	140.684	-26.918	114.392	16,4	19.421	17,4	66.169	226.273	11,8	576.090
De R$ 325,4 a R$ 650,9	518.567	210.220	-36.508	174.617	19,0	43.997	17,9	186.583	440.800	11,0	1.266.459
De R$ 650,9 a R$1.301,8	136.718	251.994	-39.279	213.699	20,5	107.642	17,3	526.649	886.285	8,2	3.116.914
Mais de R$ 1.301,8	71.440	523.295	-104.501	421.583	20,8	902.994	16,9	2.744.117	4.170.406	6,7	16.884.229
Total	**26.494.416**	**48.811**	**-11.139**	**37.914**	**8,8**	**7.827**	**14,6**	**23.861**	**80.498**	**6,9**	**200.668**
Declarações de recebedores de lucros e dividendos, incluindo rendimentos de microempresa											
Até R$ 24,4	175.986	7.869	-1.653	6.407	0,0	319	0,0	7.223	15.410	0,0	82.864
De R$ 24,4 a R$ 40,7	280.036	19.173	-4.182	15.118	0,2	754	0,3	12.872	32.799	0,1	110.223
De R$ 40,7 a R$ 81,4	481.078	26.665	-6.582	20.265	2,0	1.874	5,4	31.286	59.826	1,1	193.989
De R$ 81,4 a R$ 162,7	460.465	43.564	-10.809	33.027	6,9	5.104	11,7	68.915	117.584	3,1	380.302
De R$ 162,7 a R$ 325,4	361.166	82.374	-18.347	64.554	13,2	13.760	15,5	137.440	233.573	5,7	950.376
De R$ 325,4 a R$ 650,9	209.954	140.176	-28.497	112.453	16,8	34.051	16,9	279.762	453.989	6,6	1.650.527
De R$ 650,9 a R$1.301,8	80.719	180.672	-32.623	149.135	18,7	88.107	16,8	628.970	897.749	5,6	3.533.707
Mais de R$ 1.301,8	51.419	387.264	-65.322	324.570	21,1	942.419	16,7	3.130.698	4.460.381	5,8	19.896.267
Total	**2.100.823**	**63.461**	**-13.427**	**50.442**	**13,1**	**33.895**	**16,3**	**176.970**	**274.326**	**5,3**	**1.100.498**
Declarações dos não recebedores de lucros e dividendos, incluindo rendimentos de microempresa											
Até R$ 24,4	5.379.785	12.286	-2.361	10.050	0,0	390	0,0	864	13.541	0,0	49.761
De R$ 24,4 a R$ 40,7	7.601.990	27.602	-6.792	21.036	0,6	1.773	3,0	2.305	31.680	0,7	53.634
De R$ 40,7 a R$ 81,4	6.819.298	46.767	-12.733	34.238	3,7	4.179	8,5	6.249	57.196	3,7	84.354
De R$ 81,4 a R$ 162,7	3.061.709	86.817	-20.257	66.767	11,0	9.292	14,4	16.718	112.827	9,7	194.195
De R$ 162,7 a R$ 325,4	1.146.178	159.058	-29.619	130.097	16,9	21.205	17,7	43.711	223.973	13,8	458.151
De R$ 325,4 a R$ 650,9	308.613	257.871	-41.958	216.909	19,9	50.764	18,3	123.192	431.827	14,1	1.005.172
De R$ 650,9 a R$1.301,8	55.999	354.801	-48.875	306.764	21,8	135.800	17,8	379.160	869.760	11,9	2.516.133
Mais de R$ 1.301,8	20.021	872.659	-205.125	670.737	20,4	801.740	17,4	1.751.279	3.425.678	9,7	9.148.551
Total	**24.393.593**	**47.549**	**-10.942**	**36.835**	**8,3**	**5.582**	**13,7**	**10.675**	**63.805**	**7,5**	**123.173**

Fonte: DIRPF (2014).
Elaboração dos autores.

Fonte: GOBETTI e ORAIR[1129]

[1129] *Ibid.*, p. 21.

Tabela 9 – Grandes números da DIRPF 2019 (ano-base 2018): resumo das declarações por faixa de rendimentos totais.

Receita Federal CETAD — GRANDES NUMEROS DIRPF 2019 - ANO-CALENDARIO 2018 — Pág 9 de 31

Tabela 9 - Resumo das Declarações Por Faixa de Rendimentos Totais (em salários mínimos)

Valores R$ milhões

Faixa de Salário Min. Mensal	Qtde Declarantes	Rendim. Tribut.	Rendim. Tribut. Exclus.	Rendim. Isentos	DEDUÇÕES: Contrib. Providen.	Dependentes	Instrução	Médicas	Livro Caixa	Pensão Aliment.	Desc. Padrão	Base de Cálculo (RTL)	Imposto Devido	Imposto Pago	Imposto a Pagar	Imposto a Restituir	Bens e Direitos	Dívidas e Ônus	Doações e Heranças
Até 1/2	1.369.076	392,93	95,80	179,22	182,44	386,78	28,87	144,71	1,21	30,39	44,26	308,43	0,10	430,04	0,01	429,95	195.476,47	19.806,30	33,98
De 1/2 a 1	624.019	5.660,18	177,22	528,04	144,26	211,86	20,35	80,33	1,10	10,20	766,78	4.614,38	0,16	26,78	0,05	26,67	65.320,19	5.750,67	15,35
De 1 a 2	1.679.764	24.272,15	1.082,79	4.211,05	546,88	783,58	90,98	393,34	9,93	38,51	3.080,81	19.993,76	0,98	154,51	0,37	153,92	179.989,14	16.669,32	80,56
De 2 a 3	4.660.099	119.325,53	5.676,77	10.974,21	2.440,59	3.760,18	573,46	1.785,37	60,31	234,80	18.799,59	93.721,29	116,44	782,18	39,62	705,36	416.593,93	34.855,12	195,00
De 3 a 5	8.290.113	301.357,99	24.140,21	44.068,87	12.318,08	13.035,97	4.246,02	11.348,51	397,12	1.727,23	35.694,85	226.443,21	4.324,85	14.016,31	749,42	10.440,88	729.050,78	71.025,11	841,13
De 5 a 7	4.390.660	231.110,23	21.147,81	43.927,47	9.704,65	7.735,73	4.170,48	12.031,34	595,53	1.836,99	25.862,27	171.417,17	9.309,24	12.138,19	1.531,00	4.359,85	592.801,32	60.037,63	1.578,26
De 7 a 10	3.306.828	237.048,34	23.752,18	54.172,23	10.038,77	6.172,59	4.010,50	12.984,21	958,23	2.251,80	24.326,92	178.071,47	18.089,23	19.891,38	2.828,56	4.630,74	858.254,11	65.799,86	2.541,14
De 10 a 15	2.541.487	251.768,19	27.779,37	73.761,98	12.764,74	4.743,61	3.467,93	14.433,21	1.518,17	2.572,76	15.933,16	197.669,09	30.409,57	30.501,36	3.828,13	3.919,92	791.109,61	75.538,12	3.749,61
De 15 a 20	1.169.498	154.056,85	19.618,37	57.014,28	9.566,79	2.172,92	1.682,58	9.031,87	1.223,01	1.662,96	5.074,15	124.398,51	23.263,00	22.884,80	2.384,13	2.005,73	577.370,74	51.710,82	3.194,20
De 20 a 30	1.075.552	184.596,27	27.250,40	86.200,97	13.161,70	1.970,37	1.554,63	10.474,72	1.947,34	2.100,72	3.422,87	151.026,77	31.547,92	30.940,60	2.746,14	2.138,83	820.644,82	64.515,55	5.539,43
De 30 a 40	487.374	109.732,09	18.357,97	63.872,36	8.588,67	871,37	696,78	6.083,43	1.412,80	1.342,83	1.256,16	90.389,85	20.381,41	20.018,69	1.633,31	1.288,59	575.514,08	37.878,84	4.373,53
De 40 a 60	356.811	93.241,62	21.886,08	81.035,78	6.837,55	660,98	550,63	4.743,23	1.651,33	1.069,75	970,48	77.110,89	17.967,87	17.221,54	1.703,07	956,74	857.985,92	40.679,61	6.716,37
De 60 a 80	123.515	36.609,52	12.227,04	49.119,45	2.174,29	225,31	193,02	1.848,56	1.018,62	390,95	388,33	29.763,99	7.096,31	6.634,33	818,09	356,11	383.226,91	20.571,07	4.634,02
De 80 a 160	125.552	40.920,29	21.534,30	92.329,58	1.893,64	218,08	170,31	1.691,27	1.711,27	385,39	458,59	34.662,21	8.433,44	7.607,05	1.225,55	399,16	863.190,62	34.301,02	10.626,23
De 160 a 240	29.755	12.332,25	9.774,61	43.751,49	402,84	50,87	37,62	448,89	877,04	101,66	116,08	10.382,57	2.606,10	2.229,97	477,17	101,04	310.228,89	14.366,47	5.687,10
De 240 a 320	12.812	6.590,91	6.371,53	27.463,68	210,78	22,35	16,16	215,96	650,24	54,61	49,29	5.453,74	1.375,48	1.141,21	279,82	45,37	194.624,12	9.848,61	3.599,79
Mais de 320	26.099	29.876,94	61.854,82	224.678,45	681,24	46,05	33,51	528,52	4.877,96	210,93	99,82	23.531,47	6.032,32	5.096,45	1.117,98	181,11	1.521.082,30	61.698,60	40.685,63
Total	**30.269.014**	**1.837.891,29**	**302.727,28**	**957.269,10**	**91.837,90**	**43.068,40**	**21.533,82**	**88.047,45**	**19.111,23**	**18.022,47**	**136.542,45**	**1.438.956,64**	**180.834,37**	**191.712,19**	**21.362,23**	**32.140,66**	**9.312.463,97**	**686.052,56**	**94.091,33**

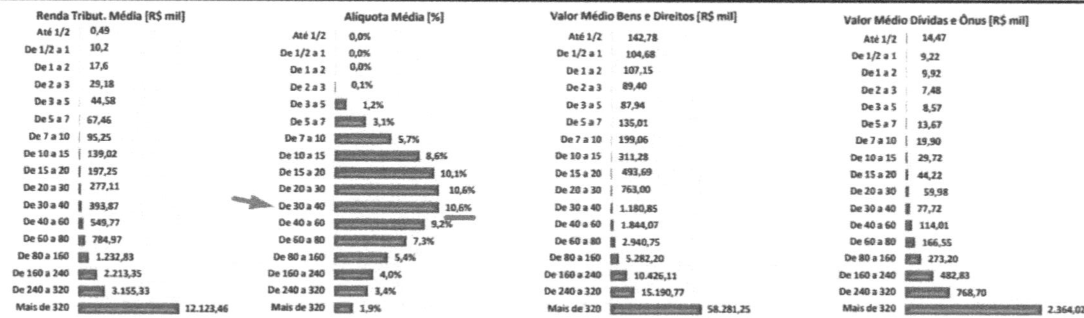

Fonte: DIRPF (2019).[1130]

[1130] Disponível em: https://www.gov.br/receitafederal/pt-br/acesso-a-informacao/dados-abertos/receitadata/estudos-e-tributarios-e-aduaneiros/estudos-e-estatisticas/11-08-2014-grandes-numeros-dirpf/grandes-numeros-irpf-2018-2019-completo-1.pdf. Acesso em: 26/03/2022.

Pelos resultados apresentados nas tabelas, fica evidenciado que os princípios da equidade horizontal e vertical restaram violados. A equidade horizontal, na medida em que os recebedores de dividendos possuem alíquotas médias mais baixas. Quanto à equidade vertical na medida em que as alíquotas decrescem no topo da distribuição.[1131]

Ademais de todo o exposto, uma última abordagem se faz necessária. Seria quanto à efetividade da progressividade do Imposto de Renda – ainda que tão fragilizada legislativamente – em promover a compensação da regressividade decorrente da tributação sobre o consumo.

A despeito da recomendação de Rui Barbosa, ainda em 1891, de que a legislação tributária brasileira, por sua preferência pela base consumo como viga mestra da arrecadação de impostos, carecia de um imposto direto a compensar a regressividade tributária que daquela modalidade advinha, o que se intentou com a instituição do Imposto sobre a Renda, Luís Eduardo Schoueri apresenta pesquisa realizada por Maria Helena Zockun (FIPE), da Universidade de São Paulo,[1132] a qual se põe a demonstrar que tal objetivo não lograra êxito.

Maria Helena Zockun, demonstrando o efeito da tributação do consumo conforme as faixas de renda, confirma seu enorme efeito regressivo, apontando para uma elevadíssima carga sobre as famílias de baixa renda, com as famílias que ganham até dois salários mínimos destinando quase metade de sua renda ao pagamento de tributos (45,8%), enquanto que os que ganham mais de 30 salários mínimos, apenas 16,4%.[1133]

1131 Gobetti; Orair, EconStor, p. 22.

1132 Adverte o autor que apesar de os dados serem de 2002/2003, seus efeitos são bastante ilustrativos, sem razão para crer na obsolescência das conclusões deles extraídas, haja vista não ter havido mudança estrutural na tributação brasileira desde então. Schoueri, **Direito Tributário**, p. 428. O que é claramente atestado no Gráfico 5 apresentado neste trabalho.

1133 *Ibid.*, p. 429.

Gráfico 9 – Ônus Tributário Indireto

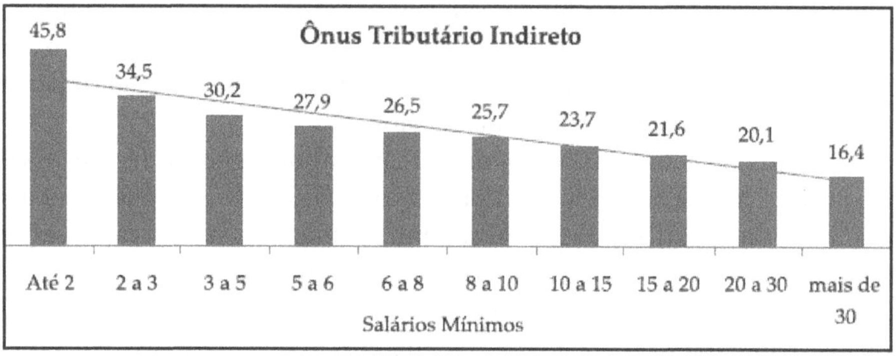

Fonte: Maria Helena Zockun[1134]

Quanto ao efeito da tributação progressiva do Imposto de Renda a que as pessoas físicas estão sujeitas, a constatação foi a de que quem ganha até dois salários mínimos arca com 3,1% de tributação, enquanto os que ganham mais de 30 salários mínimos, 9,9%.

Gráfico 10 – Ônus Tributário Direto

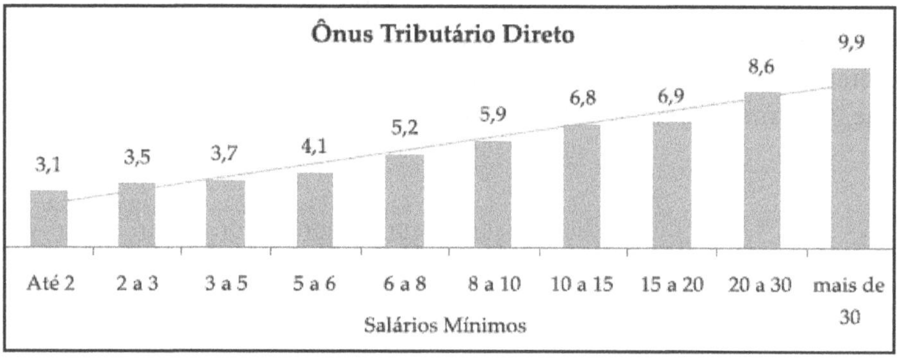

Fonte: Maria Helena Zockun[1135]

Com os dados obtidos, a pesquisadora propõe que se combinem ambos os efeitos, da tributação direta da renda e da tributação sobre o consumo, com a finalidade de se mensurar o ônus tributário total, a partir do que se

[1134] *Ibid.*, p. 429.
[1135] *Ibid.*

concluiu que para rendas de até dois salários mínimos, a carga era de 48,8%, enquanto que, para rendas de mais de 30 salários mínimos, apenas 26,3%.

Gráfico 11 – Ônus Tributário Total

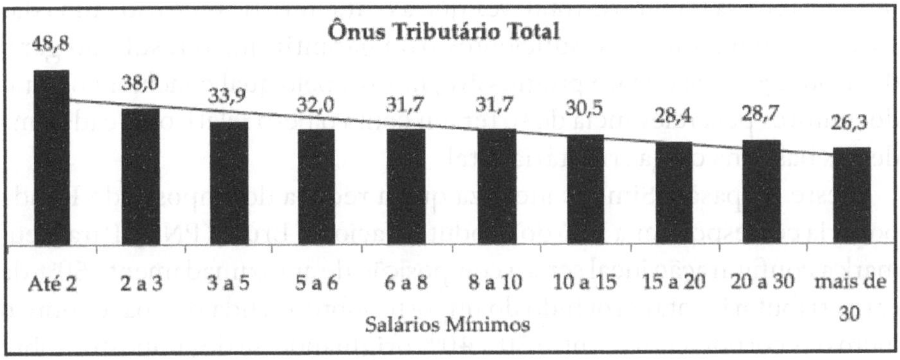

Fonte: Maria Helena Zockun[1136]

Percebe-se que os tributos diretos até aumentam de importância à medida que a renda familiar se eleva, mas insuficientemente para compensar o alto peso das incidências indiretas no orçamento das famílias de menor nível de rendimento, motivo preponderante a qualificar a matriz tributária brasileira como regressiva em seu conjunto.

Luís Eduardo Schoueri, valendo-se de outro estudo,[1137] o qual somente veio a confirmar a extrema regressividade da tributação quando se tomaram os dados das declarações de Imposto de Renda do público-alvo, tira importante lição. Ocorre que os pesquisadores, imaginando que as famílias que declaram renda baixa muitas vezes têm outras fontes de renda, mantidas na informalidade, decidiram contestar a renda declarada. Considerados tais dados, a regressividade acentuada diminui sensivelmente. Por conseguinte, a preciosa lição a se extrair do exposto é a de que, a despeito de a tributação do consumo ter contra si a regressividade, ela tem a virtude de captar renda mantida na informalidade.[1138]

[1136] *Ibid.*

[1137] Estudo este levado a cabo por Rozane Bezerra de Siqueira e outros pesquisadores da Universidade Federal de Pernambuco.

[1138] Schoueri, **Direito Tributário**, p. 431.

Valendo-se de Simons, Neumark e Haller, INTROÍNI *et al*[1139], a respeito da carga total e da importância de cada imposto na receita total são unânimes na conclusão de que os impostos diretos, principalmente o imposto sobre a renda, deveriam ter uma representação superior aos impostos indiretos na receita tributária total, vez que as características de cada uma das bases tributáveis não são suficientes para garantir que o resultado geral da tributação seja de fato progressivo, motivo pelo qual concluem os citados autores pela relevância de se ter em conta o peso relativo de cada uma dessas bases na carga tributária total.

Neste diapasão, Simons idealiza que a receita do Imposto de Renda poderia corresponder a 10% do Produto Nacional Bruto (PNB). Para Neumark a configuração ideal seria a composição de aproximadamente 50% da carga tributária total provindo do imposto sobre a renda pessoal e sobre o lucro das corporações e, entre 30 a 40% originando-se dos impostos sobre o consumo, recaindo sobre o patrimônio algo entre 10% e 20%.

Estando os óbices à concepção de uma matriz tributária que se apresente equânime na divisão da carga tributária (promovendo-se justiça social e fiscal) identificados pela academia e doutrina, a que se atribuiria esta quase que intransponível condição de regressividade sistêmica da matriz tributária brasileira? É o que se propõe a apontar o próximo subtópico.

Ademais, antes de se avançar, pertinente revela-se lição de John Stuart Mill que, ao tempo em que explicita as condições necessárias para que o imposto sobre as espécies individuais de rendimento se coadune com a justiça,[1140] assevera ser o Imposto de Renda, cobrado honestamente com base nesses princípios, do ponto de vista da justiça, o menos impugnável dos impostos. No entanto, "a objeção que se faz, no baixo grau de mora-

1139 INTROÍNI *et al*, Tributação Sobre a Renda da Pessoa Física: Isonomia como princípio fundamental de justiça fiscal, p. 250.

1140 John Stuart Mill a desenhar as condições necessárias para que o imposto sobre as espécies individuais de rendimento se coadune com a justiça, i) inicia por asseverar que os rendimentos abaixo de certo montante – bastantes para artigos de primeira necessidade da população existente –, devem permanecer totalmente isentos de imposto; ii) como segunda condição, os rendimentos acima desse limite devem ser taxados somente em proporção ao que lhe excede; iii) na derradeira condição, o autor vê a necessidade de que todas as importâncias economizadas do rendimento e investidas devem ser isentas de imposto, ou, se isso se constatar impraticável, que os rendimentos vitalícios provenientes da atividade comercial e das profissões tenham um imposto menor do que os rendimentos herdáveis. MILL, **Princípios de Economia Política**, p. 887.

lidade pública atualmente vigente, é a impossibilidade de verificar com certeza os rendimentos reais dos contribuintes".[1141]

Dessa forma, o Imposto de Renda, quaisquer que sejam os princípios de equidade que lhe sirvam de base, é, na prática, desigual no seu pior aspecto: pelo fato de recair mais duramente sobre os mais conscienciosos. Os inescrupulosos conseguem sonegar grande parte do que devem pagar, ao passo que os rigorosamente verazes podem ter de pagar mais do que o intencionado pelo Estado, devido aos poderes de cobrança arbitrária, necessariamente confiados aos funcionários da receita como sendo a última defesa contra o poder de ocultar as coisas que o contribuinte tem.[1142]

Conclui John Stuart Mill ver razões para temer que a justiça inerente ao princípio de um imposto sobre a renda não possa ter vigência na prática, e que esse imposto, embora manifestamente seja o mais justo de todos os modos de arrecadar uma receita, acabe sendo na realidade mais injusto do que muitos outros que, *prima facie*, se prestam a mais objeções.[1143]

3.3. Justiça fiscal é complicado porque a classe dominante sempre dominou tudo

A sentença que nomeia este tópico, ao se discutir a má distribuição da carga tributária no Brasil – onde o respeito ao princípio da capacidade contributiva na captação de recursos não se alinha ao demandado pelo Texto Constitucional, e, no mesmo sentido, a aplicação destes recursos não raramente são carreados a privilegiar as classes de maiores rendas, em prejuízo da população carente –, tende a apontar um rumo na busca de uma justificativa para a inconteste e intransponível regressividade sistêmica da matriz tributária brasileira.

Nesta esteira, lecionam Paulo Gil Hölck Introíni *et al*[1144] não ser possível isolar o debate tributário da conformação histórica de cada país, das questões sociais e políticas e dos conflitos a estas inerentes, de forma que a compreensão da pobreza, da miséria e da desigualdade persistentes na sociedade brasileira passa pelo olhar das suas especificidades históricas, tanto no que se refere à estrutura econômica, quanto aos processos

[1141] *Ibid.*, p. 888.
[1142] *Ibid.*, p. 889.
[1143] *Ibid.*
[1144] Introíni *et al*, Tributação Sobre a Renda da Pessoa Física: Isonomia como princípio fundamental de justiça fiscal, p. 247.

políticos que orientaram a ação do Estado e excluíram, ou deixaram em segundo plano, os interesses das classes subalternas.

Destarte, para se compreender a realidade social e tributária contemporânea brasileira, necessário se faz um passeio pela história do Brasil, a qual vem sendo moldada em favor das classes dominantes desde seu "descobrimento"; primeiro, pelo cerceamento do conhecimento em terras brasileiras em consequência da necessidade de Portugal em manter ocultas ao mundo as riquezas de sua colônia recém descoberta; depois, ao que tudo indica, pela necessidade de se preservar uma força de trabalho braçal a satisfazer a demanda da classe social dominante após a abolição da escravatura.

Em consequência, o Brasil, colônia submetida ao mais estrito monopólio, isolado do mundo, cresce apenas convivendo com aquele Portugal pobre e retrógrado. Emerge para a independência sem nenhuma universidade, com sua população analfabeta, e iletradas também suas classes dominantes. Enquanto contavam-se 150 mil graduados pelas universidades hispano-americanas, durante o período colonial, o Brasil alcançava ínfimos 2.500 graduados em Coimbra.[1145]

Ocorre que, com a invenção da prensa com tipos móveis de Gutenberg, promove-se uma grande mudança na Europa em 1450. Muitos exemplares de uma mesma obra passam a ser confeccionados em muito menos tempo, com enorme redução nos custos e o crescimento monumental na quantidade de leitores.[1146] Em consequência, em todas as nações em que se difundia a leitura dos livros impressos, e que se difundiam o sucesso das expedições de exploração, os governantes se mobilizavam para atrair navegantes que dominassem a tecnologia da navegação oceânica, os comerciantes se interessavam em carregar os navios de mercadorias e os aventureiros preparavam-se para sair em busca de tesouros. Diante de tal ameaça, a reação portuguesa foi basicamente a de procurar manter em segredo as informações estratégicas quanto à sua colônia tupiniquim restringindo-se a publicação de livros e fundação de instituições produtoras de conhecimento.[1147, 1148]

[1145] RIBEIRO, Darcy, **Teoria do Brasil**, Rio de Janeiro: Paz e Terra, 1972, p. 115.

[1146] Publicada em 1503, a obra *Novus Mundus*, em que Américo Vespúcio narra as suas viagens ao continente recém-descoberto, em pouco mais de uma década, estima-se tenham sido vendidos 15 mil exemplares. CALDEIRA, Jorge, **História da Riqueza no Brasil: cinco séculos de pessoas, costumes e governos**, Rio de Janeiro: Estação Brasil, 2017, p. 132.

[1147] *Ibid.*, p. 132, 133.

[1148] Nesta política de segredo, de tentar impedir o conhecimento da terra e de seus habitantes pelos europeus, jamais se permitiu a instalação de uma tipografia no Brasil, todos que tentaram

Um pouco mais adiante, em 1888, caem juntos o escravismo e a monarquia. Doravante o figurino republicano reordenará a política brasileira. Inicialmente regida pelas autocracias militares provenientes da velha ordem, posteriormente, por líderes de perfil patriarcal. Os antigos barões se tornam senadores e os filhos dos fazendeiros, graduados bacharéis, fazem-se deputados. Os governos só aparentemente eram republicanos, haja vista o único eleitor ser o coronel fazendeiro, do qual o voto seria multiplicado pelo número de dependentes.[1149]

Destacou-se neste processo de dominação, a alienação cultural, consistente na introjeção espontânea ou induzida em um povo da consciência e da ideologia de outrem, as quais escamoteiam a percepção da realidade social em benefício dos que dela se favorecem. Ou ainda, a criação autônoma de representações consoladoras ou justificatórias do atraso, com o intuito de se desviar a atenção de suas causas reais.[1150, 1151]

Como um passo do seu processo de incorporação na força de trabalho, viram-se os contingentes africanos e indígenas desenraizados de suas tradições e aculturados na protocélula étnica brasileira. Destarte, agora, no curso do processo de urbanização, ao perderem sua cultura, tornada

trazer máquinas e tipos foram presos, processados e tiveram seu material destruído. *Ibid.*, p. 133, 134. Idêntica atitude de caráter retrógrado impedia a fundação de instituições produtoras de conhecimentos. A despeito de desde o século XVI haver na colônia moradores ricos o suficiente para investir na formação local de seus filhos e bancar a conta, todas as tentativas foram frustradas e negados todos os pedidos para a instalação de faculdades ou universidades. *Ibid.*, p. 134. Até mesmo a etapa mais elementar de todo o processo, o ensino básico da leitura e escrita, foi restringida pelo governo metropolitano. *Ibid.*, p. 135. O analfabetismo foi uma construção rigorosa, resultando na falta de expressão dos costumes na consciência, no não reconhecimento de uma moralidade própria que pudesse ser lei. *Ibid.*, p. 138.

1149 Ribeiro, **Teoria do Brasil**, p. 79.

1150 *Ibid.*, p. 117.

1151 A matriz dominadora então introduz todo um corpo de doutrinas religiosas e leigas dignificadoras do homem branco e mistificadoras da dominação colonial tida como um encargo divino dos povos mais adiantados em relação aos mais atrasados. Quanto à segunda categoria, associam, as classes dominantes, o atraso colonial a uma fatalidade inevitável decorrente da impropriedade do clima, da inferioridade das raças, a fim de difundir atitudes de resignação com o atraso. As apresentações concernentes à raça foram alçadas a condição de teoria explicativa do atraso que tomava uma inferioridade histórica como prova de sua inaptidão para o progresso, o que levou o branco mais humilde a sentir-se superior a qualquer preto, mulato ou mestiço, e também, a estes últimos a introjetar as concepções de superioridade racial do branco. *Ibid.*, p. 118.

arcaica, sem serem incorporados à sociedade nacional moderna e às suas novas compreensões, experimentam uma nova marginalização social.

Do exposto, ao se atentar à configuração social brasileira contemporânea, perceber-se-á que aquele desenho de dominação no qual se dividiam as classes sociais entre alguns privilegiados e aqueles que deveriam arcar com um maior sacrifício, tanto com sua força de trabalho, quanto com as custas burocráticas estatais, ainda perduram, na verdade tem sido construído e reconstruído paulatinamente.

Ainda que grande esforço haja sido envidado com o propósito de se delinear uma mais justa distribuição de renda e uma mais justa quotização do *quantum* a se contribuir para a burocracia estatal, há que se perceber que o indivíduo de menores posses continua a arcar com tributação exorbitante, haja vista a preferência da matriz tributária brasileira pela base de tributação consumo. Enquanto que o rico, o rentista, só levemente se vê tributado.

Ademais, há que se perceber, que às classes "subalternas" poucas oportunidades de ascensão social são oportunizadas, e muito sacrifício, demandado. É o que se pode aferir, por exemplo, da precarização da educação pública, a qual se revela ao cidadão de baixa renda um entrave ao seu crescimento socioeconômico, contribuindo sobremaneira para a continuidade de sua condição de subserviência.

Neste sentido, Armínio Fraga Neto, referindo-se à desigualdade persistente verificada no caso brasileiro, adverte para a necessidade de se ter em mente também a relevante falta de mobilidade entre estratos de renda, aspecto importante da desigualdade, o que fica claro quando se analisa o quanto a escolaridade do filho está condicionada à escolaridade do pai. A corroborar seu entendimento, o autor vale-se de dados da Pesquisa Nacional por Amostra de Domicílios (PNAD) 2014, da qual se extrai que cerca de dois terços dos filhos de pai sem instrução permanecem sem instrução ou não completam o ensino fundamental.[1152]

Em consequência, a tendência é a de que as posições de prestígio e com boa remuneração sejam sempre ocupadas pelos ricos, sendo ao pobre, aquele ao qual o Estado negou a oportunidade de uma educação de qualidade a habilitá-lo a disputar uma vaga de trabalho intelectual, restará o trabalho braçal, aquele que, embora penoso e de pouca retribuição financeira, há de ser feito por alguém.[1153]

[1152] Fraga Neto, Estado, Desigualdade e Crescimento no Brasil, p. 615.

[1153] Neste sentido, observa John Stuart Mill que no atual estágio baixo em que se encontra a educação popular, todos os graus mais altos de mão-de-obra intelectual ou especializada

A corroborar o exposto, Paulo Gil Hölck Introíni *et al*, ao afirmarem que a configuração do sistema tributário em geral, e do Imposto de Renda da Pessoa Física (IRPF) em particular, diz muito sobre as forças políticas e sociais em cada um dos países capitalistas na atualidade, lecionam que a eleição da tributação progressiva da renda pessoal como principal fonte de financiamento do Estado é reveladora de certo equilíbrio entre as classes, resultando, por conseguinte, em menor desigualdade econômica.

Em oposição, forte assimetria política, com desigualdade econômica exacerbada, é encontrada entre os segmentos da base e do topo da pirâmide social em países que poupam aqueles que recebem maiores rendimentos e detêm grande patrimônio, e o peso da tributação é deslocado, sobretudo, para a incidência sobre bens e serviços consumidos pelo conjunto da população. De tal sorte, não titubeiam os autores em classificar o Brasil na segunda hipótese, haja vista encontrar-se entre os países com o sistema tributário relativamente mais regressivo por não tributar as rendas pessoais mais elevadas, e estar entre os mais desiguais do mundo.[1154, 1155]

Deste entendimento, o de que no Brasil predomina grande desequilíbrio entre as classes, resultando, por conseguinte, exorbitante desigualdade econômica, é em raciocínio de José Souto Maior Borges que se fechará esse círculo vicioso.

Em seu esforço em apontar os critérios a nortear as ações estatais, assevera o autor inexistir, no estádio atual do conhecimento científico, um critério válido, universalmente aceito, a identificar quais as necessidades a serem providas pelo Estado e quais deverão ser satisfeitas pelos particulares.[1156]

Ademais, o autor, ancorando-se em Aliomar Baleeiro, ao tempo em que disserta enquadrar-se como necessidade pública toda aquela de interesse

tem preço de monopólio, superando os salários de operários comuns em grau muito maior do que é devido às despesas, ao trabalho e ao investimento de tempo exigidos para se qualificar para a profissão. MILL, **Princípios de Economia Política**, p. 885.

1154 A ilustrar a aludida desigualdade valem-se os autores da Pesquisa Nacional de Amostras Domiciliares (PNAD Contínua de 2016. IBGE) na qual se destaca que a desigualdade na distribuição da renda no Brasil alcançou surpreendentes 54,3% na relação entre os 10% mais ricos e os 10% mais pobres da sociedade. Ou seja, as pessoas que se encontram no décimo superior da escala de renda receberam mais de 50 vezes o valor total recebido pelos que se situam no décimo inferior. INTROÍNI *et al*, Tributação Sobre a Renda da Pessoa Física: Isonomia como princípio fundamental de justiça fiscal, p. 246.

1155 *Ibid.*

1156 BORGES, **Introdução ao direito Financeiro**, p. 14.

geral satisfeita pelo processo do serviço público, adverte que, a despeito dos fúlgidos contornos econômicos, a necessidade tornar-se pública por uma decisão de órgãos políticos, circunscrevendo-se, pois, o raio de atuação do Estado a escolhas políticas a traduzirem preferências eventuais dos detentores do poder político ou das maiorias congressuais, sendo o rumo da política tributária definida conforme interesses da classe política dominante do momento.[1157]

Para José Souto Maior Borges a tendência para o intervencionismo estatal provoca uma reação de grupos e interesses econômicos que se objetiva, através de maior participação na vida pública e nas decisões políticas, influir sobre o ser do Estado. A lastrear seu entendimento, vale-se o autor de lição de Raymond Barre, para o qual, as poderosas unidades econômicas exercem sobre a vida econômica um efeito de dominação irresistível, implicando a atividade econômica em muitos setores o confronto de poderes contratuais desiguais, dirigindo-se o centro do poder econômico contra o poder político, tentando influenciá-lo ou dominá-lo.[1158]

Nítida demonstração do que se afirma, quanto à realidade brasileira, é a insuperável resistência em se instituir o Imposto Sobre Grandes Fortunas previsto no art. 153, II da Constituição Federal de 1988, para o que apenas se demandaria a edição de lei complementar a regular suas especificidades.

No entanto, a despeito da inconteste relevância deste imposto na matriz tributária brasileira, não só do ponto de vista fiscal, a incrementar a arrecadação da União, como também como instrumento de redução das desigualdades e distorções socioeconômicas, sua instituição tem encontrado resistências intransponíveis no Congresso Nacional, onde, apesar de já apreciados vários projetos,[1159] nenhum logrou êxito em ser aprovado.

Argumentos jurídicos invocados pelos congressistas a desqualificar tais projetos, certamente em representação dos interesses de potenciais contribuintes seus, são os mais variados, no entanto, a doutrina majoritária se apresenta para contestar tais argumentos atribuindo a motivação da inércia legislativa a interesses puramente políticos, à defesa de interesses de grupos econômicos a que se sucumbem.

[1157] *Ibid.*

[1158] *Ibid.*

[1159] A exemplificar, citem-se os Projetos de Lei Complementar nº 227/2008 e o Projeto de Lei Complementar nº 11/2015. Disponível em: https://edisciplinas.usp.br/pluginfile.php/2870433/mod_resource/content/0/DEF0512%20-%20IGF%202017.pdf. Acesso em: 07/07/2022.

É o que se extrai, por exemplo, de lição de Hugo de Brito Machado:

> Há quem aponte dificuldades técnicas para a tributação das grandes fortunas. Seriam problemáticas a identificação e a avaliação dos bens. O argumento é inconsistente. Os bens que integram as grandes fortunas são os mesmos cuja transmissão de propriedade é tributada. [...] O verdadeiro motivo da não instituição do imposto sobre grandes fortunas é de ordem política. Os titulares de grandes fortunas, se não estão investidos no poder, possuem inegável influência sobre os que o exercem.[1160]

Na mesma esteira reverberam as palavras de Kyiosh Harada, para quem,

> Por razões políticas esse imposto não foi instituído até hoje e nem será criado no futuro, confirmando a velha tradição brasileira de o rico ficar à margem da tributação. [...] Houvesse vontade política, o imposto já teria sido instituído, valendo-se da extrema facilidade na identificação dos detentores de grande fortuna propiciada pelo mecanismo de declaração de bens em UFIR, introduzida a partir de 1991.[1161]

A corroborar a lição dos autores está o fato de não se ver o poder econômico, bem como seus representantes políticos, os congressistas, oporem-se com tamanha veemência diante do aumento ou da tributação excessiva quanto aos tributos indiretos, os quais são repassados no preço dos produtos e serviços, mas diante da impossibilidade de se repassar a conta da tributação de sua riqueza para a sociedade, contestam a instituição do Imposto sobre Grandes Fortunas de forma intransponível.[1162]

Comprovação empírica do que se expõe foi a recente manifestação do empresário Flávio Gurgel Rocha, Presidente do Conselho de Adminis-

[1160] MACHADO, **Curso de Direito Tributário**, p. 366.

[1161] HARADA, **Direito Financeiro e Tributário**, p. 403.

[1162] SILVA JÚNIOR, Valter Peixoto da, A viabilidade da regulamentação do imposto sobre grandes fortunas (IGF), **Revista Jus Navigandi**, n. 4409, 2015. Ademais, assevera Valter Peixoto da Silva Júnior, alguns autores sustentam a inconstitucionalidade dessa omissão na medida em que i) a edição de lei complementar é uma prescrição constitucional (art. 146, III, CF/88); ii) a estrutura basilar da matriz tributária pátria considerar que sempre que possível deve-se observar o princípio da capacidade contributiva (art. 145, §1º, I, CF/88); e iii) a determinação de que constituem objetivos fundamentais da República, a erradicação da pobreza e a da marginalização e a redução das desigualdades sociais e regionais (art. 3º, III, CF/88).

tração do grupo Guararapes Riachuelo,[1163] em oposição à instituição do Imposto sobre Grandes Fortunas sob o argumento de que, embora de fato ao se taxar as grandes fortunas reduzir-se-iam as desigualdades, tal redução se daria por uma "via não inteligente", seu efeito colateral acabaria por ser mais danoso na medida em que funcionaria como um incentivo para pessoas ricas deixarem o Brasil.[1164]

O empresário, com a intenção de lastrear sua teoria, cita o caso da França que há uma década adotou a medida e teve pessoas ricas se mudando para a vizinha Bélgica, como foi o caso do ator francês Gérard Depardieu, que posteriormente tornou-se cidadão russo para pagar ainda menos impostos.

Continua o empresário asseverando que o que se objetiva é enriquecer os pobres, mas que o IGF, a despeito de diminuir a desigualdade, o faz achatando a pirâmide, "empobrecendo os ricos", e que uma melhor solução seria a redução do Imposto de Renda, o que geraria mais investimento, aumento da demanda por mão de obra e, aí sim, resolve-se a desigualdade pela via inteligente, que é gerando renda para a base da pirâmide. Na contramão, portanto, do que sugere a academia, na medida em que recomendam, a despeito da proposta do empresário, um maior peso na tributação sobre as grandes rendas.

A assertiva de não ser a proteção dos ricos à tributação uma consequência do acaso, mas fruto de pressões de grandes conglomerados econômicos e, naturalmente, de grandes detentores de capital, é evidenciado até mesmo nas recentes propostas de reforma tributária em tramitação no Congresso Nacional, as PECs 45 e 110. Ocorreu de o então presidente da Câmara dos Deputados, Rodrigo Maia, vir a público reclamar de pressões que vinha recebendo do empresariado para "não pagar a conta". Notadamente, neste episódio, tratava-se de representante do seguimento de serviços, justamente o seguimento que, dentre os que se sujeitam à incidência de tributação indireta, o que menos agressivo se revela à classe de menor renda, haja vista seus integrantes mal conseguirem adquirir os bens de primeira necessidade, oxalá, algum serviço, o que lhes apresenta como luxo. "Em vez de a gente estar em uma grande mesa de debate com a sociedade, parte dos empresários está fazendo campanha contra. Não

[1163] Disponível em: https://ri.riachuelo.com.br/governanca-corporativa/administracao/. Acesso em: 05/03/2022.

[1164] Disponível em: https://www.poder360.com.br/economia/taxar-fortunas-reduz-desigualdade-mas-ricos-deixarao-brasil-diz-flavio-rocha/. Acesso em: 04/02/2022.

foi assim que eles trabalharam na Previdência, mas a Previdência eles não pagam a conta", desabafou o parlamentar.[1165]

Não obstante, equivalente demonstração da aludida leniência se verificou mais recentemente, no segundo semestre do ano de 2021, quanto à apresentação pelo Governo Federal da segunda etapa[1166] de sua proposta de reforma tributária, projeto de lei com vistas a reformar a legislação do Imposto de Renda.

Sem conseguir avançar no projeto da CBS,[1167] primeira fase da reforma tributária do Governo Federal apresentada ao Congresso Nacional em 2020, e sem a indicação de um relator até então, o presidente da Câmara dos Deputados, Arthur Lira (PP-AL), passou a priorizar a votação do Projeto de Lei nº 2.337/2021, apresentado pelo governo em 25/06/2021,[1168] consideradas por ele mais fáceis de serem aprovadas por virem acompanhadas de medidas populares, como o aumento da isenção do IR de pessoas físicas, por exemplo.[1169]

Como pontos de maior relevância no combate à regressividade sistêmica experimentada pela matriz tributária brasileira, o Projeto de Lei nº 2.337/2021, além da atualização da tabela do IRPF para R$ 2.500,00, previa a redução do Imposto de Renda da Pessoa Jurídica, a volta da taxação dos dividendos (lucros distribuídos aos acionistas, hoje isentos) e a extinção dos Juros sobre o Capital.[1170]

Com tramitação célere na casa do povo, com sua aprovação em 1º/09/2021, na casa revisora o aludido projeto não contou com tamanha

[1165] O embate foi relatado por diversos jornais de grande repercussão. Disponível em: https://www1.folha.uol.com.br/mercado/2020/02/maia-reage-a-empresarios-de-servicos-e-defende-reforma-tributaria-da-camara.shtml. Acesso em: 25/02/2022.

[1166] A primeira foi a PEC que prevê a aglutinação do PIS e Cofins resultando na CBS – Contribuições sobre Bens e Serviços.

[1167] A Contribuição sobre Bens e Serviços (CBS) visa à unificação das Contribuições Federais Pis e Cofins.

[1168] Segunda fase da reforma tributária proposta pelo Governo Federal. Disponível em: https://www.camara.leg.br/proposicoesWeb/fichadetramitacao?idProposicao=2288389. Acesso em: 25/02/2022.

[1169] Disponível em: https://economia.uol.com.br/noticias/redacao/2021/06/25/guedes---proposta---imposto-de-renda---congresso.htm. Acesso em: 25/02/2022.

[1170] Disponível em: https://oglobo.globo.com/economia/em-manifesto-85-entidades-pedem-discussao-responsavel-nao-acodada-de-reforma-do-imposto-de-renda-1-25241601. Acesso em 26/02/2022.

boa vontade, o que levou Arthur Lira a afirmar, em 19/10/2021, não ser vontade do Senado taxar quem ganha muito e não paga nada.

> Nós votamos uma proposta muito difícil, que contrariou muitos interesses no Brasil. Que tem um conceito de diminuir os impostos para as empresas que geram empregos e taxar realmente quem ganha na faixa de R$ 320 bilhões sem pagar um real no Brasil, não se fazendo justiça social.[1171]

Em contrapartida, tecendo severas críticas ao projeto que fora apresentado e negociado na Câmara dos Deputados pelo ministro da economia, inclusive o rotulando de "projeto eleitoreiro", em 03/12/2021, seu relator na casa revisora, o Senador Ângelo Coronel (PSD-BA), anunciou sua pretensão em arquivá-lo.[1172]

Ainda no processo de discussão da reforma do IR na Câmara dos Deputados, o relator da proposta, Celso Sabino (PSDB-PA) avaliou que, apesar de vários avanços no texto, pesou contra o projeto a volta da tributação de lucros e dividendos,[1173] sugestão do governo para compensar a ampliação da faixa de isenção do IR para pessoas físicas e o corte dos tributos corporativos.[1174]

Justificou, Celso Sabino, que, a despeito de a aprovação do projeto implicar em forte redução da carga tributária para todas as empresas e que a correção da tabela do IR para pessoas físicas beneficiar a camada mais pobre da população, havia um forte *lobby* na Câmara dos Deputados atuando para a redução da alíquota de dividendos, para sua não instituição ou mesmo sua postergação. Justificando haver uma forte atuação desses interesses e pessoas que não queriam se ver tributadas com os lucros e dividendos, acrescentou:

[1171] Disponível em: https://economia.uol.com.br/noticias/redacao/2021/10/19/senado-lira-critica-ir.htm. Acesso em: 25/02/2022.

[1172] Disponível em: https://www1.folha.uol.com.br/mercado/2021/12/relator-da-reforma-do-imposto-de-renda-diz-que-projeto-sera-arquivado.shtml. Acesso em: 25/02/2022.

[1173] A proposta do governo previa uma alíquota de 20% para tributação de lucros e dividendos com isenção apenas para rendimentos de até R$ 20.000,00 mensais.

[1174] Disponível em: https://oglobo.globo.com/economia/relator-da-reforma-do-ir-diz-que-lobby-pela-nao-tributacao-de-dividendos-brecou-avanco-da-proposta-25160151. Acesso em: 25/02/2022.

> Nós vivemos num país onde 21 mil pessoas no ano passado declararam juntas uma receita de R$ 230 bilhões sem pagar um centavo de imposto enquanto você, eu e todos os demais brasileiros aí pagamos uma alíquota de 27,5%. Então, essa aí que hoje é o principal gargalo, já que todos os outros foram superados.[1175]

Aliando-se ao entendimento do relator Celso Sabino, José Torres Neto, então secretário da Receita Federal, justificando que, por mais neutra que uma reforma tributária possa ser do ponto de vista global, jamais o será do ponto de vista individual, explica que, embora para o conjunto de empresas e das pessoas físicas haver redução de carga tributária, para esse conjunto de contribuintes que usufrui da isenção dos dividendos haverá aumento de carga, e é justamente esse pequeno grupo de privilegiados que tem se colocado em oposição à proposta e ao avanço de sua tramitação.[1176]

Ademais, a estratégia do presidente da Câmara dos Deputados em priorizar a segunda parte da reforma tributária proposta pelo governo (IR) – por revelar-se, segundo seu entendimento, mais factível, haja vista virem acompanhadas de medidas populares – não logrou êxito. Findou-se o ano de 2021 e, mais uma vez, nenhuma mudança na legislação do Imposto de Renda se viu materializada, nem mesmo a tímida correção das faixas de tributação proposta pelo governo, a qual, beneficiando principalmente o contribuinte de baixa renda, contribuiria para a mitigação da regressividade sistêmica verificada na matriz tributária brasileira.

Mas esta objeção à reformulação das normas tributárias constitucionais com vistas à redução das desigualdades é fenômeno persistente no parlamento pátrio, como bem explicita estudo realizado por Murilo Junqueira.

No governo Fernando Henrique Cardoso a reforma tributária tentada por meio da PEC 175/1995, a despeito de ter sido aprovada por unanimidade na comissão especial constituída para analisar seu mérito, após quatro anos de discussão, não logrou êxito em ser votada pelo plenário da Câmara dos Deputados até o final do governo, em 2002. Por fim, a reforma

[1175] Disponível em: https://oglobo.globo.com/economia/relator-da-reforma-do-ir-diz-que-lobby-pela-nao-tributacao-de-dividendos-brecou-avanco-da-proposta-25160151. Acesso em: 25/02/2022.

[1176] Disponível em: https://oglobo.globo.com/economia/relator-da-reforma-do-ir-diz-que-lobby-pela-nao-tributacao-de-dividendos-brecou-avanco-da-proposta-25160151. Acesso em: 25/02/2022.

foi abandonada[1177] pelo Executivo e pelas lideranças políticas, sendo finalmente retirada pelo Executivo em 2003.[1178]

Ademais, em 2003 o governo Luiz Inácio Lula da Silva envia ao Congresso outra proposta de reforma tributária, a PEC 41/2003 que, aprovada na Câmara dos Deputados em setembro de 2003, não o foi no Senado, diante do que as lideranças políticas do governo tentaram retomar as discussões em 2004, ao tempo em que propuseram as PECs 255, 284 e 294/2004, com todas malogrando ainda na Comissão Especial. Em 2008 o governo Lula enviou outra proposta ao parlamento, a PEC 233/2008, apensada à PEC 31/2007, a qual, ao final, também não logrou êxito.[1179]

Neste diapasão, diante do entendimento de que no Brasil as reformas tendem a tomar rumos a atender interesses daqueles que detém poder de influenciar as decisões políticas, o que ficou evidenciado diante das inúmeras constatações de leniência dos poderes políticos quanto à regressividade sistêmica da matriz tributária brasileira, a Federação Nacional do Fisco Estadual e Distrital – FENAFISCO, mediante a ADPF 655, intentou socorro judicial com vistas ao seu afastamento. Porém, sob a alegação de falta de legitimidade ativa da arguente, em 29/10/2020, teve seu seguimento negado pela ministra relatora Cármen Lúcia,[1180] o que motivou o partido Rede Sustentabilidade a impetrar a ADPF 786,[1181] com o mesmo objeto.

Com o propósito de se fazer valer na matriz tributária brasileira os mandamentos constitucionais tendentes à redução das igualdades, ao atribuir à reforma tributária em tramitação (PEC 45 e PEC 110 eram apreciadas por comissão mista do Congresso Nacional com vistas à sua aglutinação) a responsabilidade de romper com sua regressividade sistêmica, visou a alu-

[1177] O autor, justificando haver um momento em que o próprio governo resolve retirar ou abandonar uma proposta, por temer os efeitos das muitas concessões e reformulações que foram feitas para mudar o projeto original, assevera ter sido este o motivo da retirada da PEC pelo governo, que se recusou a votar no plenário a proposta totalmente reformulada na comissão especial. JUNQUEIRA, Murilo de Oliveira, **O Nó Tributário: por que não se aprova uma reforma tributária no Brasil**, Dissertação (Mestrado), Universidade de São Paulo – USP, São Paulo, 2010, p. 13.

[1178] *Ibid.*, p. 11.

[1179] *Ibid.*

[1180] Disponível em: https://www.jusbrasil.com.br/jurisprudencia/stf/1133154083/inteiro-teor-1133154085. Acesso em: 10/03/2022.

[1181] Disponível em: https://www.jusbrasil.com.br/jurisprudencia/stf/1166978117/inteiro-teor-1166978126. Acesso em: 10/03/2022.

dida Arguição, mediante provocação ao STF, impor às instâncias políticas a observância dos parâmetros constitucionais que conduzem a este fim.

Buscou-se o reconhecimento do estado de coisas inconstitucional do Sistema Tributário Nacional com consequente adoção de providências tendentes a fazer cessar tais violações. Como seus alvos veem-se uma série de atos dos Poderes público Executivo e Legislativo federais que, por omissão, como é o caso da não instituição do Imposto Sobre Grandes Fortunas, ou por comissão, aqui se veem as desonerações e a alta carga de impostos sobre o consumo, violam massiva e sistematicamente os preceitos fundamentais da Constituição Federal de 1988, o que transforma o Sistema Tributário Brasileiro em um eficaz promotor de desigualdade social.

Outrossim, socorre-se ao judiciário, o citado partido político, sob o argumento de não se vislumbrar nos Poderes políticos da República, quer no Executivo, quer no Legislativo federais, qualquer relampo de esperança para o fim almejado. No Congresso Nacional, a redução das desigualdades tributárias é uma pauta contra majoritária e tem sofrido resistências. Mesmo após sucessivas reformas constitucionais, que já se contam mais de uma centena, a inconstitucional regressividade do Sistema Tributário é latente, é a injusta equação na qual os pobres pagam mais, e os ricos, como que invulneráveis à pena legislativa, veem-se preservados.

Por conseguinte, em virtude do inequívoco desinteresse dos poderes políticos de se fazer romper a aludida regressividade tributária sistêmica, e considerando que esta lesão a preceito fundamental de promoção da igualdade material tributária não poderia persistir, a reparação judicial foi o que de factível se vislumbrou, de forma que, sem usurpação de poder de instâncias políticas, a declaração de inconstitucionalidade dos efeitos regressivos e geradores da desigualdade do sistema tributário brasileiro e a imposição de um resultado constitucionalmente adequado para sua reparação era o que efetivamente se esperava hábil a reverter o cenário de então.

A peça judicial em tela tratou de demonstrar a pouca relevância que o tema tem merecido dos entes políticos apresentando dois estudos a revelar a inanição do poder político em afastar a regressividade da matriz tributária brasileira:

i) No primeiro estudo, de autoria do Conselho de Desenvolvimento Econômico e Social, órgão de assessoramento da Presidência da República, recomendou-se ao Executivo Federal a realização, com base no princípio da capacidade contributiva, de reformulações do

Sistema Tributário Nacional com vistas a se alcançar a justiça fiscal e a equidade. Em inequívoca omissão constitucional, porém, a inércia imperou;

ii) O segundo estudo, laborado no Legislativo Federal pelo Grupo de Trabalho da Comissão de Assuntos Econômicos do Senado Federal, trata-se de relatório avaliativo do Sistema Tributário Nacional, o qual, notadamente não destoa do verificado no item anterior, revelando grande número de renúncias fiscais, sistema altamente complexo e alta regressividade.

Por fim, a despeito de todo o esforço despendido, por considerar incabível a pretensão do Partido Rede Sustentabilidade ao questionar de forma genérica e abstrata a constitucionalidade integral do Sistema Tributário Brasileiro (ao impugnar, em bloco, a constitucionalidade da legislação vigente, e, por omissão, a ausência de legislação tributária), o ministro Alexandre de Moraes, relator da ADPF 786, negou seu seguimento. Destacou o magistrado que, se o partido entender necessário, deve impugnar especificamente as leis e os atos normativos tributários que entender inconstitucionais e arguir a inconstitucionalidade por omissão especificamente, caso a caso.[1182]

Ao findar deste tópico, restando demonstrado residirem as causas da regressividade sistêmica da matriz tributária brasileira, precipuamente, na preferência do legislador ordinário em eleger a base consumo como responsável pela maior fatia de arrecadação a fazer frente às despesas burocráticas, aliada à nítida opção de se minorar a participação do Imposto de Renda incidente sobre as grandes rendas, outra conclusão não há que se chegar se não a de que este cenário tem sido concebido em virtude de que quem formula o desenho da arrecadação fiscal são os grandes detentores do capital, os quais, se protegem com tais atos. Neste diapasão, de se concluir que "os Poderes" têm dono, que a legislação tributária tende a tomar o rumo a atender aos interesses daqueles que detém o timão dessa enorme caravela chamada Brasil. Até então, os detentores do capital.

Outrossim, embora no decorrer deste trabalho investigativo o enfoque na identificação dos fatores a contribuir para a regressividade sitêmica da

1182 Disponível em: https://portal.stf.jus.br/processos/downloadPeca.asp?id=15345629715&ext=.pdf. Acesso em: 09/03/2022.

matriz tributária brasileira originalmente apontara para a eleição da base consumo como principal base de tributação, em proteção aos tributos incidentes sobre a renda e o patrimônio, outro fator que se revelou de significativa monta a justificar citada incongruência refere-se às falhas verificadas nos critérios a definir as transferências intergovenamentais, as quais, conforme mandamento constitucional, objetivam a promoção do equilíbrio socioeconômico entre Estados e municípios, com a consequente função de redução das desigualdades (art. 161, CF/88), tema que, ante sua relevância ao que se pesquisa, alguns parágrafos ser-lhes-ão dispensados a seguir.

3.4. As imperfeições do pacto federativo a influenciar na regressividade tributária – as transferências intergovernamentais

Dominam a literatura e a prática do federalismo fiscal a necessidade de se equilibrar a repartição de recursos e de encargos entre os entes federados (brecha vertical) e da redução das disparidades entre eles (os desequilíbrios horizontais), revelando-se a adequada solução dessas duas questões imprescindível para a sustentação do equilíbrio e da coesão em regimes federativos.[1183]

A brecha vertical assume crescente importância em face do avanço do processo de descentralização de encargos públicos e da necessidade de harmonização da tributação em escala nacional. Por seu turno, os desequilíbrios horizontais emergem da diferença entre a capacidade de autofinanciamento dos governos subnacionais, que decorre da concentração territorial da renda e da produção, e a magnitude das demandas sobre eles exercidas, que resulta da dinâmica socioeconômica regional.[1184]

Tratando-se o federalismo de um pacto que contempla a divisão de poder entre uma esfera central, o Governo Federal, e outra descentralizada, que abriga os Estados-membros, que abrem mão de parcela de sua autonomia para a construção do Estado nacional, o contrato federativo, inscrito na Constituição, deve contemplar a criação das condições necessárias para a preservação da autonomia que foi negociada neste pacto e, ao mesmo tempo, de arranjos que reduzam as diferenças econômicas entre as regiões que dele participam.[1185]

[1183] Rezende, **A Reforma Tributária e a Federação**, p. 99.

[1184] *Ibid.*

[1185] De Oliveira; Chieza, Auge e Declínio da Federação Brasileira: 1988-2017, p. 560.

Hugo de Brito Machado, em esforço de legitimação das desigualdades sociais e econômicas regionais como critérios de *discrímen* com vistas à materialização da isonomia tributária, assevera que o significado e o alcance das regras constitucionais que tratam deste tema só podem ser determinados mediante uma interpretação sistêmica, a qual, com certeza não apenas autoriza, mas impõe sua adoção, vez que, além de não ser vedada sua adoção, vê-se a busca pela redução de tais desigualdades insistentemente preconizada na Constituição Federal[1186].[1187]

Em contextos federativos, critérios de equidade devem orientar a distribuição dos recursos tributários no território, de forma que, em um país justo, um sistema de transferências em favor das unidades economicamente mais frágeis deve garantir que o cidadão, independentemente do local de sua residência, tenha acesso a serviços públicos com um padrão mínimo de qualidade e grau de cobertura.[1188]

Por conseguinte, a satisfação das necessidades sociais básicas não deve restringir-se à capacidade de cada cidadão de obter recursos, seja por meio da sua inserção no mercado produtivo ou através dos programas de transferência de renda. Uma sociedade justa requer que todo cidadão, seja ele rico ou pobre, tenha direito a um ensino de boa qualidade, tratamento adequado das suas enfermidades, condições dignas de moradia etc, cabendo

[1186] Sob o argumento de ser a redução das desigualdades regionais preconizada em vários outros dispositivos da Constituição Federal de 1988, o autor afirmar ser este o objetivo por ela mais insistentemente preconizado: i) O art. 151, I comanda ser vedado à União instituir tributo que não seja uniforme em todo o território nacional, mas ressalva a concessão de incentivos fiscais que tenham esse objetivo; ii) O art. 159 trata da repartição do produto da arrecadação do IR e do IPI pela União aos Estados, Distrito Federal, Municípios e programas de financiamento ao setor produtivo das Regiões Norte, Nordeste e Centro-Oeste, além do produto da arrecadação da contribuição de intervenção no domínio econômico prevista no art. 177, §4º aos Estados e Distrito Federal; iii) O art. 161, II deixa clara a finalidade de promoção do equilíbrio socioeconômico entre Estados e Municípios dos fundos à medida em que determina que, por lei complementar, normas sobre a entrega dos recursos de que trata o art. 159 hão de ser estabelecidas sobre os critérios de rateio dos fundos previstos em seu inciso I objetivando a promoção do equilíbrio socioeconômico entre Estados e entre Municípios; iv) Aponta o art. 165, § 7º que os orçamentos previstos no § 5º, I e II, do mesmo artigo, terão entre suas funções a de reduzir desigualdades inter-regionais, segundo critério populacional; v) O art. 170, VII, estabelece a observância dentre outros princípios o da "(...) VII-redução das desigualdades regionais e sociais; (...)". MACHADO, **Curso de Direito Constitucional Tributário**, p. 220.

[1187] *Ibid.*, p. 219.

[1188] BRASIL, **Indicadores de Equidade do Sistema Tributário Nacional**, p. 21.

ao Estado a correção das falhas do mercado na provisão de bens e serviços considerados essenciais.[1189]

Neste diapasão, leciona Sacha Calmon Navarro Coêlho existirem duas formas de participação de uma pessoa política no produto da arrecadação de outra: a direta e a indireta. A forma direta impõe uma relação simples. Exemplo: os Municípios fazem jus a 25% (vinte e cinco por cento) do ICMS do Estado arrecadado em seus territórios.[1190] A forma indireta põe uma relação complexa: são formados fundos aos quais afluem parcelas de receitas de dados impostos[1191] que, posteriormente, são rateados entre os partícipes beneficiários segundo critérios legais preestabelecidos. A Constituição de 1988 adotou as duas formas, estabelecendo um complicado sistema de transferências fiscais entre as pessoas políticas que convivem na Federação.[1192]

Para Aliomar Baleeiro e Misabel Derzi, tendo a Constituição de 1988 a igualdade e a justiça como suas metas prioritárias, a participação dos fundos obedeceu a critérios que visam ao equilíbrio socioeconômico entre

1189 *Ibid.*, p. 31.

1190 O Estado-Membro e o Distrito Federal têm direito: i) ao Imposto de Renda federal arrecadado na fonte sobre os vencimentos e proventos dos seus funcionários e ao Imposto de Renda federal arrecadado na fonte sobre os rendimentos pagos pelo Estado a qualquer título; ii) a vinte por cento do produto da arrecadação dos impostos que vierem a ser criados pela União com base na competência residual do art. 154, I. Aos Municípios pertencem: i) o Imposto de Renda retido na fonte nas mesmas condições previstas para o Estado; ii) cinquenta por cento do ITR federal, relativamente aos imóveis rurais situados em seus territórios, desde que não assuma a capacidade ativa tributária, pois, se firmado o Convênio, passam a cobrar o ITR e ter direito a 100% da arrecadação; iii) cinquenta por cento do IPVA estadual, relativamente aos veículos licenciados em seus territórios; iv) vinte e cinco por cento do ICMS estadual, distribuídos desse montante três quartos, no mínimo, na proporção do valor adicionado arrecadado em cada Munícipio, e até um quarto conforme dispuser lei estadual. Estados e Municípios participam respectivamente, em 30 e 70% do IOF sobre o ouro – quando definido como ativo financeiro – conforme a sua origem, a teor do art. 153. § 5º. I e II. COÊLHO, **Curso de Direito Tributário Brasileiro**, p. 442, 443.

1191 Compõem as participações indiretas: i) o Fundo de Participação dos Estados (FPE); ii) o Fundo de Participação dos Municípios (FPM); e iii) os Fundos Constitucionais de Financiamento das Regiões Norte (FNO), Nordeste (FNE) e Centro-Oeste (FCO), os quais são formados por recursos provenientes do produto da arrecadação global do Imposto de Renda, excluída a participação direta dos Estados e Municípios, e do Imposto sobre Produtos Industrializados com sua divisão disciplinada no art. 159 da Constituição Federal de 1988. *Ibid.*, p. 443.

1192 *Ibid.*, p. 441.

Estados-Membros e Municípios (art. 161), assim como ao custeio de programas de financiamento ao setor produtivo das Regiões Norte, Nordeste e Centro-Oeste (art. 159, I, "c").[1193] De forma que as transferências intergovernamentais, realizadas em caráter de auxílio, são direcionadas principalmente para Estados e Municípios menos abastados e para regiões que necessitam de financiamento para o seu desenvolvimento social e econômico.[1194]

3.4.1. Os municípios são mais sensíveis às demandas sociais

Por estar a esfera local de governo mais próxima do cidadão, portanto, considerada a mais apropriada a interpretar, substanciar, representar e implementar os anseios da sociedade, recomenda o princípio da subsidiariedade, norteador da organização dos sistemas federativos, que a distribuição de encargos na federação privilegie esta esfera de governo como executora das políticas públicas.[1195]

Fernando Rezende, ainda com o propósito de justificar a descentralização das responsabilidades públicas, leciona que os desperdícios e ineficiências no atendimento das responsabilidades básicas do Estado aumentam o custo de provisão dos serviços públicos e exigem maiores impostos para o seu financiamento, em consequência, a sustentação de um nível elevado de carga tributária gera incentivos à evasão e à informalidade, acarretando, pois, a concentração do ônus tributário sobre um reduzido número de contribuintes.[1196]

Em vista disso, quase consensual é a proposição da descentralização das responsabilidades públicas como caminho mais promissor ao incremento da eficiência do Estado. Ora, sendo a responsabilidade pela provisão dos serviços de interesse coletivo atribuída à instância pública mais próxima da população a ser atendida, maior é a possibilidade de controle sobre o poder público, menores são os riscos de falta de foco na aplicação dos gastos e maior é, portanto, a chance de se aumentar a eficiência e a eficácia da ação estatal.[1197]

[1193] Baleeiro, Aliomar; Derzi, Misabel Abreu Machado, **Direito Tributário Brasileiro: CTN comentado**, 14. ed. Rio de Janeiro: Forense, 2018, p. 1665.

[1194] Horta, Os Estados na Crise do Federalismo Fiscal Brasileiro: perspectivas, assimetrias e tempestividade, p. 603.

[1195] BRASIL, **Indicadores de Equidade do Sistema Tributário Nacional**, p. 35.

[1196] Rezende, **A Reforma Tributária e a Federação**, p. 15.

[1197] *Ibid.*, p. 16.

Contudo, acrescenta o autor que, da citada descentralização de responsabilidades públicas, em consonância com o Princípio da Correspondência Fiscal, também a descentralização dos meios necessários a atendê-las torna-se imperativa. De forma que, dada a desigualdade na distribuição espacial da renda e da riqueza no país, o equilíbrio entre responsabilidades e recursos na Federação requer uma adequada sintonia entre a repartição de competências para tributar e a redistribuição de recursos fiscais promovida via transferências, com consequente possibilidade de um ajustamento periódico às dinâmicas econômicas e demográficas a determinar mudanças na distribuição espacial da capacidade de arrecadação e das demandas por serviços prestados pelo Estado.[1198]

Todavia, pacificado o entendimento de que em virtude de muito frequentemente os municípios não disporem de bases de arrecadação suficientes a fazer frente às suas obrigações, cabendo às transferências intergovernamentais assegurar a satisfação do princípio da equidade federativa, o que se tem aferido quanto às ditas transferências, em virtude da não existência de uma correlação entre as necessidades de aportes financeiros e os repasses efetivamente realizados, é um agravamento da iniquidade federativa.[1199]

Neste sentido, leciona Fernando Rezende que as mudanças processadas no sistema tributário nas últimas décadas deixaram de lado a importância de assegurar a sintonia entre a repartição de competências para tributar e a redistribuição de recursos fiscais promovida via transferências, de forma que a repartição territorial dos recursos tributários distanciou-se progressivamente da repartição dos fatores que pressionam a demanda por serviços prestados pelo Estado, acarretando desperdícios e ineficiências.[1200]

Considerando-se que a necessidade de recursos à disposição do poder público para fazer frente às suas responsabilidades é maior quanto mais elevada a participação dos habitantes de baixa renda e daqueles que não são considerados economicamente ativos, e também quanto mais elevada for a densidade populacional, a redução dos desequilíbrios horizontais depende da adoção de mudanças que tenham em conta o ajuste dos orçamentos de cada unidade dos entes que compõem a federação a essa realidade.[1201]

[1198] *Ibid.*

[1199] BRASIL, **Indicadores de Equidade do Sistema Tributário Nacional**, p. 35.

[1200] REZENDE, **A Reforma Tributária e a Federação**, p. 16.

[1201] *Ibid.*, p. 27.

Um inconsistente sistema de partilha também contribui para as desigualdades federativas existentes, por exemplo, quanto ao Fundo de Participação dos Municípios (FPM), que propicia aos municípios de pequeno porte desfrutarem de receitas *per capita* superiores às dos municípios de porte médio ou equivalentes às dos municípios capitais, onde são maiores as carências humanas e a necessidade de maiores investimentos em infraestrutura.[1202]

Fernando Rezende, a pontuar não ser exclusividade da federação brasileira a constante tensão nas relações intergovernamentais no que se refere à distribuição vertical, somente variando o grau em que se logrou o desenvolvimento de mecanismos eficientes e racionais para a negociação dessa distribuição, ressalta não possuir, no Brasil, qualquer mecanismo institucional que sirva a esse propósito, sendo a distribuição vertical sempre definida ao sabor do maior ou menor poder de cada esfera de governo em determinado momento.[1203]

Como paradigma ao caso brasileiro, o autor disserta que outras federações contam com dispositivos de negociação institucionalizados – comissões intergovernamentais ou comitês de especialistas – que permitem avaliar as respectivas necessidades e se evitar crises de financiamento decorrentes de uma distribuição inadequada,[1204] e que a principal referência para definir qual o volume de recursos necessários para fechar a brecha vertical é a distribuição de encargos na federação ponderada pelos diferenciais de custos entre as jurisdições, causando-lhe estranheza essa questão não ter merecido maior atenção.[1205]

Todavia, em virtude da dupla deficiência apontada – ausência de instituições e de informações mínimas necessárias –, assevera o autor verificar-se na distribuição vertical um problema exclusivamente político, fonte de distorções e fomentador de um ambiente de permanentes conflitos e antagonismos.[1206]

Outrossim, além de limitar a possibilidade de ajustamento dos gastos a distintas realidades locais, a regra usualmente adotada, de vincular percentagens uniformes dos orçamentos estaduais e municipais a gastos

1202 De Oliveira; Chieza, Auge e Declínio da Federação Brasileira: 1988-2017, p. 584.

1203 Rezende, **A Reforma Tributária e a Federação**, p. 66.

1204 *Ibid.*

1205 *Ibid.*

1206 *Ibid.*, p. 67.

em educação e saúde é foco importante de distorções na medida em que, com realidades socioeconômicas e os perfis demográficos distintos, uma mesma percentagem exigida de todos os municípios não condiz com a necessidade de ajustar o gasto ao real tamanho das suas necessidades, de forma que, excessos ou insuficiências provocam desperdícios e não facilitam a organização dos serviços no território em função da complexidade da capacidade administrativa, o que é especialmente importante em regiões metropolitanas e outras aglomerações urbanas.[1207]

Neste sentido, exitosa revelou-se a criação do Fundef (atual Fundeb, agora, abrangendo todo o ensino básico), o qual, ao promover uma redistribuição dos recursos em função da localização das matrículas no ensino fundamental, atenuou o problema na área da educação com resultados satisfatórios. Ademais, a proposta do Fundef é única no sentido de que só na área da educação existe uma variável que permite promover a redistribuição de recursos com a clareza que a localização das matrículas escolares fornece. Não encontrando parâmetro de equivalente eficiência na saúde, por exemplo, que reflete capacidades distintas para prestar serviços que envolvem um maior nível de complexidade, o que condiciona a maneira da repartição dos recursos.[1208]

No tocante ao financiamento de políticas sociais, assevera Fernando Rezende, parecer claro que tanto os estudos internacionais sobre desempenho escolar quanto as notícias recorrentemente veiculadas pela mídia a respeito da precariedade dos serviços de saúde confirmam a ineficácia das garantias vigentes, e isso deve servir de mote para defender a necessidade de alterá-las.[1209]

Em crítica à proposta de se ter como referência para tais garantias um percentual das receitas públicas, pontua o autor que, se o objetivo é proteger o cidadão, mais razoável se revela que a referência adotada seja o tamanho da população e não o tamanho do orçamento, vez que os recursos se encolhem em períodos de retração econômica, quando a ação do governo é mais necessária para atender ao aumento da demanda por parte das populações que mais dependem da ação do Estado, o que não ocorreria se a referência fosse a população.[1210]

1207 *Ibid.*, p. 27.

1208 *Ibid.*, p. 28.

1209 *Ibid.*, p. 107.

1210 *Ibid.*

Outra justificativa para a substituição da atual vinculação de receitas à educação e à saúde por valores mínimos *per capita* é a distorção gerada pelo atual critério com respeito à sua falta de aderência à repartição territorial das demandas, além de o critério populacional introduzir um ajuste automático das garantias de recursos estaduais e municipais ao efeito da dinâmica demográfica. Com a regra vigente, localidades em que a população diminui e envelhece são obrigadas a aplicar 25% em educação e 15% em saúde, quando percentuais opostos talvez fossem mais condizentes com as respectivas necessidades, e vice-versa.[1211]

3.4.2. Desequilíbrios horizontais

Manifestados por meio de acentuadas diferenças nos orçamentos estaduais e municipais em relação ao tamanho de suas populações, os desequilíbrios horizontais provocam acentuadas assimetrias na maneira como os recursos fiscais de estados e municípios se repartem entre eles, denunciando o afastamento do federalismo fiscal brasileiro do princípio da correspondência fiscal.[1212]

A realçar a dimensão dos desequilíbrios horizontais, notáveis diferenças de capacidades de gasto entre os estados brasileiros são aferidas não só no plano nacional, mas também dentro de uma mesma região, tendo apontado estudos passados, segundo lição de Fernando Rezende, não ter o orçamento *per capita* do Maranhão alcançado a metade do de Sergipe, com o do Pará totalizando menos de um terço do orçamento de Roraima.[1213]

Pontua o autor desafiar qualquer tentativa de se encontrar uma explicação racional a magnitude desses desequilíbrios no que diz respeito aos municípios. A ilustrar sua assertiva, o autor vale-se de um gráfico no qual se apresentam as receitas municipais *per capita* com distribuição por faixa de tamanho do município: partindo-se de municípios com uma população de 5 mil habitantes, os valores se reduzem rapidamente com o aumento da população, atingindo o patamar inferior em municípios de população entre 30 e 50 mil habitantes, não sendo suficiente, a recuperação que se observa a partir daí, para evitar que os valores encontrados em municípios de grande porte e nas principais metrópoles sejam inferiores aos verificados em municípios escassamente povoados.[1214]

[1211] *Ibid.*, p. 108.
[1212] *Ibid.*, p. 21.
[1213] *Ibid.*
[1214] *Ibid.*, p. 22.

Tais disparidades indicam que a repartição territorial dos recursos à disposição dos governos responsáveis pelas jurisdições fiscais de cada ente federado não guarda uma relação clara com a natureza e o tamanho dos problemas que caberiam a eles resolver, conforme recomendaria a observância do Princípio da Correspondência Fiscal.[1215]

E é na multiplicidade de fontes que compõem os orçamentos subnacionais e na sobreposição de distintas lógicas que presidem as transferências intergovernamentais de receitas públicas na federação brasileira que residem as explicações principais para os desequilíbrios apontados. Dependendo da origem dos recursos, a repartição entre estados e municípios varia em função da população, da renda *per capita*, da base econômica, da localização da rede de prestação de serviços de saúde, da concentração de matrículas no ensino básico, da participação nas exportações nacionais e da dinâmica socioeconômica recente.[1216]

Todavia, mais importante ainda é o efeito gerado pela não atualização dos coeficientes individuais do Fundo de Participação dos Estados (FPE) que, permanecendo inalterados desde 1989, somente foram atualizados em 2013,[1217] em face da impossibilidade de ser alcançado um entendimento sobre a revisão da fórmula de rateio como havia sido recomendado pela Constituição. Em virtude disso, os estados que registraram aumento de renda *per capita* naquele período não tiveram suas cotas reduzidas, ampliando as disparidades na repartição dos recursos desse fundo.[1218]

Consequência equivalente sofreram os municípios que tem no FPM uma das mais importantes fontes de receita na medida em que, congelados os índices relativos ao conjunto de municípios de cada estado, ganharam os municípios cujos estados perderam população desde então, em

1215 *Ibid.*

1216 *Ibid.*, p. 23.

1217 Ressalte-se que, a despeito de tal informação ter como fonte obra publicada no ano de 2009, novos critérios de rateio do FPE foram dispostos na LC nº 143/2013, a qual, sendo bastante detalhista no que se refere à distribuição das participações dos Estados, não alterou a distribuição do fundo dos Municípios. Com suas regras valendo até o final de 2015, a partir de 2016, cada Estado recebe o valor mínimo recebido no ano anterior, com a correção monetária medida pelo Índice de Preços ao Consumidor Amplo (IPCA), com acréscimo de 75% da variação do PIB brasileiro aferida nos dois anos anteriores ao pagamento. Havendo excedente, ele será distribuído tendo como critério a população do Estado e sua respectiva renda *per capita*. COÊLHO, **Curso de Direito Tributário Brasileiro**, p. 444.

1218 REZENDE, **A Reforma Tributária e a Federação**, p. 23, 24.

prejuízo daqueles que pertencem a estados que ganharam população. As disparidades entre os municípios sofrem ainda a influência de frequentes alterações promovidas no rateio da cota-parte do imposto sobre circulação de mercadorias e serviços (ICMS), que é regulado por lei estadual.[1219]

De se ressaltar a sensibilidade dos municípios de pequeno e médio portes quanto ao ciclo da economia nacional na medida em que, sendo grande sua dependência do FPM e da cota parte do ICMS, suas receitas perdem dinamismo em momentos de forte desaceleração do crescimento do PIB. Nos municípios de maior porte o comportamento da economia também se expressa por meio do comportamento do ICMS e das receitas tributárias próprias, uma vez que o FPM tem pouca expressão nesse caso.[1220]

Ademais, situações individuais são frequentemente afetadas por alterações nas regras que determinam a entrega de recursos por parte dos governos estadual e federal, trazendo um elemento de instabilidade ao sistema. Os principais fatores a considerar a esse respeito são as alterações nos critérios de cota-parte municipal no ICMS regulada por lei estadual, nas regras aplicadas à transferência de recursos do SUS, na operação do Fundo de Manutenção e Desenvolvimento do Ensino Fundamental (Fundef), nas negociações relativas a repasses de recursos para compensar a não incidência do ICMS nas exportações e em transferências que se processam mediante convênios específicos.[1221]

O caso dos municípios oferece um bom exemplo da contribuição que a atual configuração das finanças federativas dá para a geração dos desequilíbrios horizontais na medida em que se constata, a depender da origem dos recursos, que o tamanho dos orçamentos municipais varia: i) em função direta da importância da base econômica municipal,[1222] da participação dos municípios no imposto sobre o IPVA e no ITR, e do IR na fonte sobre os servidores públicos municipais; ii) em razão decrescente ao tamanho da população (o FPM); iii) em razão direta à população e inversa à renda *per capita* (FPM capitais); em razão direta ao tamanho da população e à concentração de oferta de serviços (SUS); em função do número

[1219] *Ibid.*, p. 24.

[1220] *Ibid.*

[1221] *Ibid.*, p. 24, 25.

[1222] Caso da cota-parte dos municípios no ICMS repartida conforme o valor adicionado, da cota-parte municipal na participação dos respectivos estados no Fundo de Compensação de Produtos Industrializados e na compensação instituída pela Lei Kandir.

de matrículas no ensino básico (Fundeb); e em função de critérios vários inseridos em leis estaduais que regulam a entrega aos municípios de um quarto do ICMS que lhes é devido.[1223]

Por conseguinte, a conclusão a que se chega é a de que a conjugação de critérios distintos conduz a enormes assimetrias, com os pequenos municípios se beneficiando do FPM, ao passo que os grandes se apoiam na cota-parte do ICMS e demais transferências que se relacionam à base econômica municipal, tendo os repasses do SUS, pela importância financeira, uma participação expressiva na composição das receitas dos municípios de maior porte.[1224]

Potencial de distorção relevante a merecer um comentário à parte, é o verificado quanto ao FPM capitais, o qual, correspondendo a 10% do total desse fundo, deveria, segundo critérios estabelecidos à época de sua criação, ser repartido em função direta da população e inversa à renda *per capita* dos municípios, correspondendo ambos os fatores um peso igual na determinação do coeficiente de rateio.

Ocorre que, em virtude da inexistência, à época, de estimativas confiáveis para o PIB municipal, como variável representativa da renda de sua capital adotou-se a renda *per capita* do estado, conduzindo a situações em que a capital rica e pouco populosa de um estado pobre tivesse uma participação nesse fundo muito maior do que a de uma capital mais pobre e mais habitada de um estado mais rico.[1225]

O relatório produzido pelo Observatório da Equidade do Conselho de Desenvolvimento Econômico e Social (CDES) da Presidência da República, apresentado no ano de 2009, é farto em constatações do distanciamento das transferências intergovernamentais de seu propósito precípuo de promoção de equidade na Federação, revelando que o desenho das transferências entre esferas de governo, ao invés de perseguir a equalização entre os montantes de recursos à disposição das unidades locais, tende a favorecer a desigualdade.[1226]

Em 2007, por exemplo, o maior orçamento *per capita* municipal do país superou em 41 vezes o menor orçamento por habitante. Caso se descontassem as transferências intergovernamentais, essa proporção cairia

1223 Rezende, **A Reforma Tributária e a Federação**, p. 25.

1224 *Ibid.*

1225 *Ibid.*, p. 26.

1226 BRASIL, **Indicadores de Equidade do Sistema Tributário Nacional**, p. 21.

para 10,[1227] o que confirma o entendimento de que o sistema de transferências entre esferas de governo no Brasil, ao invés de contribuir para uma maior equanimidade dos montantes de recursos colocados à disposição das unidades locais, tem favorecido o agravamento da desigualdade.[1228]

Constatação que é reforçada pela correlação das transferências intergovernamentais *per capita* recebidas pelos municípios brasileiros no ano de 2006 com seus respectivos Índice de Desenvolvimento Humano Municipal (IDH-M), a qual, revelando um valor de 0,206, indicou que municípios com maior IDH-M tendem a receber mais transferências em termos *per capita* do que aqueles de IDH-M mais baixo, quando seria de se esperar que municípios com maiores deficiências sócio-econômicas fossem os receptores prioritários das transferências advindas dos estados e da União.[1229]

Com a intenção de se fazer uma avaliação empírica das iniquidades mencionadas, o estudo em análise, valendo-se de dados de municípios para os quais se tinha informação de receita em 2007, excluindo-se as capitais estaduais,[1230] dividiu-os em cinco partes aproximadamente iguais, constatando que os 20% municípios mais pobres da federação (1.095 prefeituras) possuíam um orçamento por habitante abaixo de R$ 850,00 e abrigavam cerca de um quarto da população brasileira. Já nos 20% mais ricos (1.007 prefeituras) residiam apenas 8% da população, mas seus recursos *per capita* superaram a marca de R$ 1.700,00. Os 20% mais pobres receberam, em média, R$ 544,00 de transferências intergovernamentais *per capita*. Nos 20% mais ricos, esse mesmo indicador alcançou R$ 1.454,00.[1231]

E tais discrepâncias vão encontrar sua razão justamente em certas características dos principais repasses destinados às unidades locais, notadamente nas transferências com origem na partilha da receita de tributos arrecadados pela União e pelos estados, principal fonte de recursos para a maioria dos municípios do país, tais como a cota-parte do ICMS, o FPM e os royalties e compensações financeiras pela exploração de petróleo, recursos hídricos e minerais.[1232]

[1227] Os orçamentos *per capita* máximo e mínimo somaram R$ 10.798,00 e R$ 260,00, respectivamente. Descontados os repasses intergovernamentais, esses montantes caíram para R$ 980,00 e R$ 96,00 por habitante.

[1228] BRASIL, **Indicadores de Equidade do Sistema Tributário Nacional**, p. 35.

[1229] *Ibid.*, p. 36.

[1230] Os municípios das capitais foram excluídos da análise porque possuem características bem diversas daquelas prefeituras que não ocupam o mesmo lugar dentro do seu estado.

[1231] BRASIL, **Indicadores de Equidade do Sistema Tributário Nacional**, p. 36.

[1232] *Ibid.*

Quanto à cota-parte do ICMS distribuída entre as prefeituras, por três quartos (¾) de sua cota serem alocados com base no valor adicionado pelo município, privilegiam-se em grande medida, aspectos econômicos, dado que uma pequena cidade com uma grande indústria vai receber um elevado montante de ICMS *per capita*. Efeito similar afere-se quanto aos critérios a orientar a repartição dos royalties, haja vista que, pelo seu critério devolutivo, somente têm direito aos repasses os municípios onde estão localizadas as atividades de exploração de petróleo, recursos hídricos e minerais.

Quanto ao FPM, que possui caráter redistributivo, a crítica reside no fato de não se considerar na distribuição dos recursos, nem a capacidade de geração de recursos próprios, nem outras modalidades de transferências recebidas pelos municípios, mas tão somente o tamanho de sua população.[1233] Em consequência, não é rara uma situação onde uma prefeitura, que já é contemplada com elevados montantes de ICMS e royalties *per capita*, também receber altas somas de FPM por habitante caso a mesma seja pouco populosa. Este é justamente o caso do município de maior orçamento *per capita* no Brasil.[1234]

Quanto ao ICMS, distribuído com base em critérios devolutivos, não é de se estranhar que os 20% municípios mais pobres tenham recebido, em média, R$ 74,00 por habitante, enquanto os 20% mais ricos foram contemplados com R$ 613,00. O mesmo se aplica aos royalties onde esses indicadores alcançaram R$ 7,00 e R$ 142,00, respectivamente. A grande questão é que o FPM não cumpre um papel equalizador. A prova disso é que aos 20% mais pobres foram repassados, em média, R$ 190,00 por habitante, já o extremo mais rico recebeu R$ 289,00 *per capita*.[1235]

Neste sentido as cidades-dormitório, localizadas nas regiões metropolitanas, em geral, têm economias pouco desenvolvidas e concentram em seus territórios grande parte das mazelas dos nossos centros urbanos. Suas bases de arrecadação de tributos próprios são frágeis e não as habilitam a receber somas importantes de ICMS *per capita*. Ademais, por serem muito populosas, não são compensadas pelos repasses do FPM. Este é justamente o caso do município com menor orçamento *per capita* no Brasil,

[1233] Os municípios menos populosos são tidos como aqueles de menor capacidade de arrecadação e, portanto, devem ser os mais beneficiados pelos repasses do fundo. Apenas no caso das capitais estaduais, o FPM considera a renda per capita como critério de distribuição.

[1234] BRASIL, **Indicadores de Equidade do Sistema Tributário Nacional**, p. 36.

[1235] *Ibid.*, p. 37.

que recebeu cinco vezes menos FPM por habitante do que a prefeitura de maior orçamento[1236].[1237]

Ao se analisar a repartição regional dos fundos redistributivos de 2007, observou-se que o fundo estadual cumpre melhor esse papel do que o municipal na medida em que os maiores percentuais e valores *per capita* do FPE foram entregues aos estados das regiões mais carentes do país (Nordeste: FPE 53% e FPM 36% - Norte: FPE 25% e FPM 9% - Centro-Oeste: FPE 7% e FPM 7% - Sul: FPE 7% e FPM 17% - Sudeste: FPE 8% e FPM 31%). Isto ocorre porque, embora os coeficientes de participação dos estados no fundo estivessem defasados,[1238] foram determinados com base em critérios que, além do tamanho da população, também consideraram a renda *per capita* e a extensão territorial de cada unidade da federação.[1239]

No que diz respeito aos repasses para o custeio da prestação descentralizada de serviços de saúde e educação, verificou-se que os repasses para a saúde não têm uma preocupação equalizadora, uma vez que apenas 35,3% dos recursos foram destinados às regiões Norte e Nordeste. No caso das transferências para o financiamento da educação básica, os números são mais animadores, posto que as duas regiões receberam 58,4% dos recursos em 2006[1240].[1241]

Para mais, André Horta chama atenção para uma dissimetria *sui generis* a marcar o federalismo fiscal dos Estados. A referir-se ao Imposto Sobre a Circulação de Mercadorias e Serviços (ICMS), principal receita dos Estados, disserta o autor ser inusitado que sua receita não se reverta em sua integralidade para o ente político onde se localiza a riqueza que a originou, onde o contribuinte que arcou com o ônus tributário demanda serviços públicos, o que somente se dará quanto às operações internas dos Estados.[1242]

[1236] O município com maior orçamento *per capita*, apesar de ter arrecadado R$ 322,00 de tributos próprios e recebido repasse de royalties e ICMS da ordem de R$ 8.491,00 por habitante foi contemplado com R$ 251,00 de FPM *per capita*. No município de menor orçamento, esses mesmos indicadores alcançaram, respectivamente, R$ 42,00 R$ 79,00 e R$ 51,00.

[1237] BRASIL, **Indicadores de Equidade do Sistema Tributário Nacional**, p. 37.

[1238] Os coeficientes estavam congelados desde 1989.

[1239] BRASIL, **Indicadores de Equidade do Sistema Tributário Nacional**, p. 38.

[1240] Secretaria do Tesouro Nacional – Ministério da Fazenda, 2005

[1241] BRASIL, **Indicadores de Equidade do Sistema Tributário Nacional**, p. 38.

[1242] Horta, Os Estados na Crise do Federalismo Fiscal Brasileiro: perspectivas, assimetrias e tempestividade, p. 602.

Já nas numerosas operações interestaduais, essa tipologia de tributo adota uma insólita repartição da arrecadação entre os Estados de origem e os de destino das mercadorias,[1243] dissimetria que se confirma como consequência de a distribuição territorial do perfil econômico brasileiro ter sido vítima de sucessivas iniciativas que favoreceram a uma concentração regional assimétrica de investimento, o que potencializou a arrecadação de Estados com economias mais dinâmicas,[1244] convocando carências de financiamento para todo estado de perfil comprador-consumidor, vez que se refere à maior receita pública tributária do país.[1245]

Neste diapasão, partindo-se da expressa atribuição constitucional das transferências intergovernamentais de promoção do equilíbrio socioeconômico entre Estados e municípios, com a função de redução de desigualdades (art. 161, CF/88),[1246] forte crítica é desferida por André Horta quanto à prática de se distribuir maiores quinhões de FPE como forma de se atenuar a descompensação fiscal no ICMS derivada das relações interestaduais assimétricas em prejuízo das regiões de economia menos dinâmicas, na medida em que se desloca sua função original de fomento de desenvolvimento para um mero elemento de contrabalanço do federalismo fiscal.[1247]

Ademais, a cobrança do ICMS na origem gera iniquidades entre os orçamentos *per capita* estaduais e municipais por a produção costumar ser mais concentrada regionalmente que o consumo. Dos 7,1% do PIB arrecadados com o ICMS em 2007, mais da metade (55,5%) coube aos quatro estados da região Sudeste. Em contraste, aos nove estados do Nordeste coube uma fatia de 14,8%. A receita *per capita* média do ICMS gerada no Sudeste superou em 2,6 vezes o montante médio do Nordeste. Nos municípios, quanto mais concentrada é a produção em determinadas localidades, maiores são as distâncias entre os valores de repasses do ICMS por habitante. Mesmo as capitais, onde costumam se localizar as principais atividades produtivas

1243 Desloca-se a riqueza dos contribuintes de um estado para outro, quando se prevê que o ICMS seja sustentado economicamente pelo patrimônio do estado de destino em benefício de um estado de origem, nas operações interestaduais. *Ibid.*, p. 603.

1244 *Ibid.*, p. 602.

1245 *Ibid.*, p. 603.

1246 *Ibid.*

1247 *Ibid.*, p. 604. Aproximadamente três quartos do FPE se destinam às regiões Norte e Nordeste do país.

do estado, receberam menos que um pequeno município com uma grande indústria instalada em seu território.[1248]

Ressalte-se que, em 1996, para enfrentar crise na balança comercial, os estados, o Distrito Federal e os munícipios foram forçados a participar da "solução" do problema. Para proporcionar maior competitividade aos produtos nacionais nas exportações, a Lei Complementar nº 87, de 1996, denominada Lei Kandir, desonerou o ICMS nas operações de produtos primários e semielaborados destinados ao exterior,[1249] o que ocasionou significativa perda de receitas estaduais e municipais, especialmente para os entes que possuíam expressiva arrecadação de ICMS sobre as exportações de produtos primários e semielaborados, destacando-se entre eles o Pará (14,4% da receita de ICMS); Amapá (9,5%); Maranhão (7,8%); Pernambuco (7,7%); e Espírito Santo (7,2%).[1250]

Todavia, as distorções verificadas na distribuição do ICMS entre as unidades subnacionais não indicam que o mesmo tenha que perder seu caráter devolutivo, mas certamente a adoção do consumo como parâmetro para a alocação das receitas do imposto geraria uma distribuição mais justa.[1251]

Para mais, acrescenta Fernando Rezende contribuir para o agravamento das referidas disparidades o engessamento das regras que definem o montante e o rateio dos recursos transferidos a estados e municípios em contraste com dinâmicas socioeconômicas em constante mutação, consequência da constitucionalização das regras aplicadas à definição do montante de recursos e aos critérios de rateios.[1252]

[1248] BRASIL, **Indicadores de Equidade do Sistema Tributário Nacional**, p. 37.

[1249] Araújo Neto, Impactos das Políticas Tributárias da União no Federalismo Fiscal Brasileiro, p. 596. De se acrescentar a existência de um fundo de compensação dos Estados por suas exportações imunes ao ICMS (art. 159, II, CF/88), o qual prevê que a União deve entregar 10% do produto da arrecadação do IPI aos Estados proporcionalmente ao valor das respectivas exportações (não podendo nenhum Estado receber individualmente mais de 20% desses 10%), aos quais caberá entregar aos respectivos Municípios 25% do que receberem (art. 159, §2º, CF/88). Coêlho, **Curso de Direito Tributário Brasileiro**, p. 444.

[1250] Araújo Neto, Impactos das Políticas Tributárias da União no Federalismo Fiscal Brasileiro, p. 596.

[1251] BRASIL, **Indicadores de Equidade do Sistema Tributário Nacional**, p. 38.

[1252] Rezende, **A Reforma Tributária e a Federação**, p. 26.

3.4.3. O acanhamento dos impostos compartilhados frente às contribuições

Com o advento da Constituição de 1988, a União, como defesa à sua perda de participação no bolo tributário, adotou uma forma não isonômica, do ponto de vista federativo, de inovar as suas disponibilidades financeiras. Elevam-se as receitas não partilhadas com os demais entes, as contribuições, ao tempo em que se reduzem as receitas partilhadas mediante a concessão de benefícios fiscais, ou seja, reduzem-se as fontes do "auxílio" transvertido em compensação federativo-fiscal para a maioria dos Estados.[1253]

Com a perda de poder político e espaço na distribuição das receitas tributárias disponíveis a partir da Constituição de 1988, inaugurando uma nova etapa do federalismo brasileiro, a União, para recuperar seu espaço no bolo tributário, sem entrar em conflito com os demais entes federados, opta por expandir a carga tributária, porém, não o faz estimulando o crescimento dos recursos compartilhados, mas priorizando os tributos não divididos com os entes subnacionais, as contribuições sociais.[1254]

É o que se verifica, imediatamente após a promulgação da Constituição de 1988, com a instituição da Contribuição Social sobre o Lucro Líquido (CSLL)[1255] e, em 1991, da Contribuição Social para o Financiamento da Seguridade Social (Cofins),[1256] cobrada sobre o faturamento das empresas. Para o financiamento da Seguridade Social, são aproveitadas as cobranças das taxas criadas pelos governos militares para o Programa de Integração Social do Emprego do Setor Privado (PIS) e do Servidor Público (Pasep)[1257].[1258]

Observe-se que o Governo Federal, em 1994, cria o Fundo Social de Emergência (FSE),[1259] que em 2000 é transformado na Desvinculação de

[1253] Horta, Os Estados na Crise do Federalismo Fiscal Brasileiro: perspectivas, assimetrias e tempestividade, p. 604.

[1254] Araújo Neto, Impactos das Políticas Tributárias da União no Federalismo Fiscal Brasileiro, p. 589.

[1255] Mediante Medida Provisória nº 22, de 6 de dezembro de 1988 que, em seguida, foi convertida na Lei nº 7.689, de 15 de dezembro de 1988.

[1256] Mediante a Lei Complementar nº 70, de 30 de dezembro.

[1257] Instituídas pelas Leis Complementares nºs 7 e 8, de 1970, respectivamente, transformadas em contribuições sociais com a Medida Provisória nº 1.676-38, de 26 de outubro de 1988, convertida na Lei nº 9.715, de 25 de novembro de 1988.

[1258] Araújo Neto, Impactos das Políticas Tributárias da União no Federalismo Fiscal Brasileiro, p. 590.

[1259] Emenda Constitucional de Revisão nº 01, de 01 de março de 1994.

Receitas da União (DRU),[1260] o qual possibilitou à União usar livremente 20%[1261] da receita de todos os tributos federais vinculados por lei a fundos ou despesas.[1262]

Da aludida política de se converter contribuições sociais em "impostos" resulta que de 1998 a 2015, enquanto a arrecadação do IPI cresceu 198,5% (nominais) – inclusive abaixo da inflação medida pelo IPCA-E (207,09%) – a arrecadação nominal da Cofins cresceu 1.031%, passando de R$ 17,7 bilhões para R$ 199,9 bilhões. Fenômeno verificável também em relação ao comportamento da arrecadação do IR em relação à da CSLL na medida em que, entre 2002 e 2016, nota-se um crescimento desta contribuição (437,16%) superior ao do Imposto partilhado com os entes subnacionais (359,99%).[1263]

Em complemento ao aumento da carga tributária sem a correspondente partilha com os estados e Distrito Federal, a concessão de benefícios e renúncias fiscais sobre o IR e o IPI, impostos partilhados, veio a reforçar sua estratégia arrecadatória. Foi o que se verificou, por exemplo, em 1995, com a desoneração do Imposto de Renda sobre lucros e dividendos.[1264] Do que se estima uma redução de receita em R$ 58 bilhões, com perda de receitas para a União de R$ 29,6 bilhões, para os estados de R$ 12,5 bilhões e para os municípios de R$ 14,3 bilhões.[1265]

É constatação do Conselho de Desenvolvimento Econômico e Social que a partir de 2009 o Governo Central passou a adotar sistematicamente políticas de concessão de benefícios fiscais como medida de estímulo à economia, enfraquecida pela crise financeira internacional de 2008. Inicialmente foram concedidas renúncias fiscais sobre o IPI e sobre outros tributos federais, entre eles o Imposto de Renda.[1266]

[1260] Emenda Constitucional nº 27, de 21 de março de 2000.

[1261] Percentual que é majorado, a partir de 2016 até 31/12/2023, para 30% sobre as contribuições sociais e as taxas.

[1262] ARAÚJO NETO, Impactos das Políticas Tributárias da União no Federalismo Fiscal Brasileiro, p. 590.

[1263] *Ibid.* Para maior detalhamento dos dados, inclusive com sua apresentação em gráficos, recomenda-se consulta à fonte referenciada nesta nota.

[1264] Estudiosos sobre modelos tributários internacionais apontam que esse benefício fiscal é um dos maiores entraves ao desenvolvimento econômico do Brasil, pois transfere o ônus tributário para os impostos sobre o consumo, tornando a carga fiscal total regressiva: paga mais (proporcionalmente à renda) quem ganha menos. *Ibid.*, p. 592.

[1265] *Ibid.*

[1266] *Ibid.*

Entre 2011 e 2014 o Governo Federal proporcionou uma renúncia adicional de Imposto de Renda na ordem R$ 12,5 bilhões, reduzindo, por conseguinte, o fundo de participação dos estados e do Distrito Federal em R$ 2,68 bilhões.[1267] O Imposto sobre Produtos Industrializados (IPI) também sofre perdas de receitas com a política de benefícios e incentivos fiscais, conta que é dividida com os entes subnacionais. A partir de 2008, sob a motivação de estimular a economia no contexto da crise financeira internacional, reduziu-se a carga tributária do IPI do setor automotivo e da linha branca de eletrodomésticos, o que continuou nos anos seguintes, se aprofundando em 2014. No período de 2011 a 2015 o Governo Federal concedeu R$ 342,3 bilhões em desoneração fiscal sobre seus tributos.[1268]

Ocorre que, apesar da boa medida protecionista à indústria nacional, a União poderia ter alcançado o mesmo efeito através da concessão de benefícios fiscais sobre a Cofins, que também incide sobre o consumo. Mas o fato é que a opção clara foi desonerar os tributos partilhados com estados e municípios, como o IPI. Com efeito, entre 2002 e 2015, em relação à arrecadação do Cofins, o IPI deixou de arrecadar R$ 177,1 bilhões, sendo que, deste total, mais de R$ 70 bilhões seriam destinados aos estados, ao Distrito Federal e aos municípios.[1269]

Como resultado da política de concessão pela União de benefícios e incentivos fiscais sobre impostos partilhados, relatório do Tribunal de Contas da União apontou que entre 2008 e 2012 os entes subnacionais arcaram com 58% da desoneração do IR e do IPI, deixando de receber R$ 190,1 bilhões em repasses nos fundos de participação.[1270]

Mas as perdas impelidas aos entes subnacionais não se circunscreveram aos Fundos de Participação, impactando as desonerações do IPI também na arrecadação do ICMS, haja vista o referido imposto federal compor sua base de cálculo, conforme disposto no art. 13, §2º da Lei Complementar nº 87, de 1996 (Lei Kandir).[1271]

A valer-se de uma demonstração gráfica Pedro Lopes de Araújo Neto evidencia que, correspondendo a relação ICMS/PIB nominal próxima de 7% entre 2002 e 2008, a partir de 2009, quando se intensificam as deso-

[1267] *Ibid.*, p. 593.

[1268] *Ibid.*

[1269] *Ibid.*, p. 594.

[1270] *Ibid.*

[1271] *Ibid.*, p. 595.

nerações fiscais do IPI, esta relação cai para 6,84%, mantendo-se nesse patamar médio até 2013. Em 2014, nova queda do índice é registrada, o que também decorrera de nova fase de desonerações fiscais do IPI, chegando a 6,59% em 2016. A estimativa de perda de receitas para estados e o Distrito Federal, por conta da desoneração do IPI associada ao impacto na redução da arrecadação relativa do ICMS, é de R$ 32 bilhões em 2016.[1272]

Mesma disfuncionalidade quanto à questão federativa do atual Sistema Tributário é apontada pelo Senado Federal no ano de 2017 em Relatório produzido em atendimento ao comando do art. 37, XXII, CF/88, ao constatarem que a expansão do volume de renúncias fiscais ao longo de mais de uma década saiu de R$ 77,7 bilhões (3,2% do PIB) em 2006 para aproximadamente R$ 285 bilhões (4,4% do PIB) em 2017,[1273] redundando em significativa perda de receita com tributos compartilhados com estados e municípios (IR e IPI). Estima-se, por exemplo, que 35% (R$ 37 bilhões) das renúncias do Simples e da Zona Franca de Manaus, de R$ 108,6 bilhões, pertence a esse grupo de tributos compartilhados.[1274]

Em continuidade, o relatório revela que, tomando como base os dados do Projeto de Lei Orçamentária Anual 2017, R$ 126 bilhões (44% da renúncia global) dos quase R$ 285 bilhões em renúncias fiscais pertencem ao IR e IPI, cuja arrecadação é compartilhada com os governos regionais. Note-se ainda que, as regiões norte, nordeste e centro-oeste respondem por 36% (R$ 46 bilhões) dessas renúncias compartilhadas, enquanto que as regiões sudeste e sul destacam-se com 64% (R$ 80 bilhões).[1275]

3.4.4. Tentativas frustradas dos entes subnacionais de se defenderem da concentração de receitas promovida pela União

Disserta André Horta que a crise federativa do Brasil relacionada ao desequilíbrio dos estados na Federação após instalados os elementos da conjuntura crítica derivada dos eventos econômicos e políticos dos anos de 2015 e de 2016 realçou a fragilidade dos contornos da composição federativo-fiscal pátria.[1276]

[1272] *Ibid.*

[1273] BRASIL, **Relatório do Grupo de Trabalho Destinado a Avaliar a Funcionalidade do Sistema Tributário Nacional**, Brasília: Senado Federal, 2017, p. 32.

[1274] *Ibid.*, p. 35.

[1275] *Ibid.*

[1276] HORTA, Os Estados na Crise do Federalismo Fiscal Brasileiro: perspectivas, assimetrias e tempestividade, p. 604.

Após a política de austeridade fiscal infligida pelo governo federal a partir de 2015, o país agudiza a recessão de 2014, reduzindo o PIB em 3,8% em 2015 e 3,6% em 2016. Foi a primeira vez que todos os setores da economia encolheram. Essa sequência de dois anos de queda só fora verificada no Brasil, antes de 2014-2016, nos dois anos que se seguiram à grande crise de 1929. Segundo o IBGE: 2,1% (1930) e 3,3% (1931), respectivamente.[1277]

Na crise econômica e federativa que se iniciou em 2015, secretários estaduais de Fazenda, Planejamento e Administração dos Estados apresentaram no final do ano de 2016 um projeto de recuperação econômica lastreado na correção de fragilidades da velha crise estrutural do federalismo e condizente com o respeito à tempestividade reivindicada pelas urgências sociais.[1278]

E a forma da promoção desse reequilíbrio federativo seria por adesão a um esforço legislativo preexistente neste sentido, a Proposta de Emenda à Constituição (PEC) nº 17 de 2007, a qual inclui o produto da arrecadação das contribuições sociais no compartilhamento de receitas com Estados e Municípios, alteração que tencionava reverter o que, sendo uma das espécies mais óbvias de deterioração federativa conhecidas, também é a razão dos piores reflexos na economia interna do país.[1279]

E as razões de tal medida veem-se sintetizadas no texto de justificativa da aludida PEC 17/2007[1280]: i) Redução do IR e do IPI e criação de uma

[1277] Araújo Neto, Impactos das Políticas Tributárias da União no Federalismo Fiscal Brasileiro, p. 586; Horta, Os Estados na Crise do Federalismo Fiscal Brasileiro: perspectivas, assimetrias e tempestividade, p. 605.

[1278] Horta, Os Estados na Crise do Federalismo Fiscal Brasileiro: perspectivas, assimetrias e tempestividade, p. 606.

[1279] *Ibid.*, p. 607.

[1280] "Contando, pois, com as facilidades do capítulo da Seguridade Social, o legislador reduziu o Imposto de Renda e o IPI, cuja receita era partilhada com Estados e Municípios, e criou uma série de contribuições sociais cuja receita se destina totalmente à União. A alíquota do Imposto de Renda sobre pessoa jurídica foi reduzida de 35% para 25%, ao mesmo tempo em que foi instituída uma contribuição social sobre o lucro de 9% (CSLL), que nada mais é do que um 'imposto de renda' de receita não compartilhada com Estados e Municípios. O IPI, imposto de consumo de natureza não cumulativa, foi reduzido, dando margem à expansão da Cofins (contribuição para o financiamento da Seguridade Social – sucessora do Finsocial) que, na verdade, não passa de um 'ICMS federal', cuja receita pertence integralmente à União. Em 1984, a arrecadação do Imposto de Renda e do IPI representava quase 80% da arrecadação federal, proporção que, hoje, está reduzida a apenas 40%. Isso permite dizer que, através da política adotada pela União, a partir de 1988, de substituir impostos de receita compartilhada

série de contribuições; ii) redução da alíquota do Imposto de Renda da Pessoa Jurídica de 35% para 25% e concomitante criação da Contribuição Sobre o Lucro Líquido (CSLL); iii) Redução do IPI para expansão da Cofins.[1281]

A enfatizar que a alíquota de 17,5% incidindo sobre as contribuições sociais do PIS, Cofins e CSLL resultou, em 2015, em 70,2 bilhões de reais de receita tributária a ser partilhada, André Horta ressalta que essa partilha não se daria por subtração de receita da União ou dos Municípios, sob o risco de se alastrar novas disfunções, mas, conforme sugestão dos Estados, pela revisão conjunta de renúncias fiscais estendidas em outras conjunturas econômicas, mas que na atualidade se tornam fundamentais para a reestruturação dos serviços públicos, promotores universais de redução de desigualdades.[1282]

Referindo-se à profunda assimetria com que a base econômica de incidência tributária brasileira convive, aponta o autor para o campo do Imposto de Renda como uma das possíveis renúncias a ser revisada, na medida em que, no sistema regressivo brasileiro, as menores rendas sofrem a tributação mais elevada. A ilustrar sua assertiva, discorre o autor que, segundo apuração do Instituto Brasileiro de Planejamento Tributário (IBPT), no primeiro semestre de 2014 não menos que 53,79% de todos os tributos arrecadados no Brasil provieram de cidadãos que ganharam até três salários mínimos, consumindo, a carga tributária brasileira, 46% da renda de quem ganhava até dois salários mínimos e apenas 18%, das rendas acima de 25 salários mínimos mensais.[1283]

Outrossim, ao apontar para a subtração de extratos importantes de impostos sobre a renda da carteira das receitas públicas como uma parte não desprezível da história do recrudescimento da regressividade brasileira, assevera André Horta que, em 2015, estima-se que o Imposto de Renda sobre lucros e dividendos, que teve sua incidência cessada em 1995, poderia ter gerado 43 bilhões de reais em receitas.[1284]

com Estados e Municípios por contribuições sociais, reduziu-se significativamente a receita dos Fundos de Participação dos Estados e dos Municípios".

1281 Horta, Os Estados na Crise do Federalismo Fiscal Brasileiro: perspectivas, assimetrias e tempestividade, p. 607.

1282 *Ibid.*, p. 608.

1283 *Ibid.*, p. 609.

1284 *Ibid.*

Outra tentativa de os entes subnacionais se defenderem contra a concentração de receitas promovida pela União, conforme lição de Sacha Calmon Navarro Coêlho, foi a inserção na Lei Complementar nº 143/2013, por meio de emenda parlamentar, de artigo (o art. 5º) que dispunha que eventuais desonerações concedidas pelo Governo Federal incidiriam apenas na cota de arrecadação destinada à União, não sendo consideradas para efeito de repasse do FPE e do FPM, artigo que foi vetado pela Presidência da República sob o argumento de a desconsideração de eventuais desonerações do cálculo deste produto ser inconstitucional.[1285]

Todavia, contra-argumenta Sacha Calmon que, por os impostos que compõem este fundo (o IR e o IPI) terem distribuição vinculada a fundos estaduais e municipais (art. 159 da CF/88), não são impostos exclusivos da União Federal, de forma que, toda e qualquer política da União Federal no sentido de diminuir ou suprimir a arrecadação desses dois impostos atingem os fundos que são destinados a estados, Distrito Federal e municípios. Visava, pois, a norma do referido art. 5º, justamente findar com o excessivo beneplácito que a União Federal faz com o "chapéu alheio", chance preciosa desperdiçada pelo Congresso Nacional que não afastou o veto presidencial, completa o autor.[1286]

Ao findar deste tópico, de se concluir que, dos desequilíbrios verificados nas transferências intergovernamentais, aos entes subnacionais, prejudicados em suas capacidades de promoção das prestações de suas competências, duas alternativas se apresentam: i) buscar por uma melhor eficiência na fiscalização tributária visando a se alcançar contribuintes que se omitem em sua obrigação constitucional de contribuir com a custa estatal na medida de sua capacidade contributiva; ou ii) intensificar ainda mais a pressão sobre o bom contribuinte, aquele que, ou por sua índole de correção, ou mesmo por seu tipo de negócio não lhe oportunizar meios a se furtar de tal obrigação, honra com seus compromissos tributários.

A sensação é a de que o Distrito Federal, apenas para citar um exemplo prático, ainda que possa ter se esforçado quanto à primeira alternativa, da segunda não conseguiu desvencilhar-se. É o que se verifica quanto à reformulação de suas alíquotas do ICMS ocorrida no ano de 2015, conforme se depreende do teor do artigo 18 da Lei nº 1.254/96, quando, por exemplo,

[1285] Coêlho, **Curso de Direito Tributário Brasileiro**, p. 445.

[1286] *Ibid.*

bebida alcoólica de 25% (art. 18, II, "a", 4) tem sua alíquota alçada a 29% (art. 18, II, "g", 1); fumos e seus derivados, cachimbos, cigarreiras, piteiras e isqueiros de 25% (art. 18, II, "a", 5) alcançam alíquota de 35%[1287] (art. 18, II, "h"), ambas as alterações legislativas operadas pela Lei nº 5.545/2015.

Mais significativa, porém, em termos de arrecadação, foi a majoração da alíquota modal do ICMS na medida em que a Lei nº 5.548/2015 a incrementa em um ponto percentual, que de 17% é alçada a 18% (art. 18, II, "c"). No embalo, mesmo efeito é operado também quanto aos produtos de perfumaria ou de toucador, que, anteriormente apartados no item 1 da alínea "c" anteriormente citada, passa a integrar o texto desta alínea.

Por fim, inconteste é a conclusão de que a União, ao burlar a taxativa distribuição constitucional das competências tributárias, esvaziando a arrecadação referente aos tributos compartilhados, e incrementando a arrecadação proveniente das contribuições, acaba por privar os entes subnacionais de recursos que lhes caberiam por determinação constitucional, impondo-lhes a necessidade de um esforço maior na arrecadação de seus tributos próprios.

Ocorre que, compondo-se a arrecadação dos entes subnacionais preponderantemente de impostos incidentes sobre o consumo, notadamente o ICMS nos estados e, nos municípios, o ISS – os quais, por suas naturezas regressivas impelem maior peso sobre o contribuinte de baixa renda –, o agravamento da regressividade sistêmica da matriz tributária torna-se inevitável.

Destarte, de se concluir que, seja pela ampliação da arrecadação de tributos não compartilhados, seja pelo encolhimento dos impostos repartidos, pela União; seja pela defeituosa eleição de critérios a definir as cotas partes das transferências intergovernamentais, o pacto federativo brasileiro não tem se revelado alinhado a uma postura que prime pela equidade federativa.

1287 A alíquota de 35%, ainda que incidente sobre produtos nocivos e não essenciais, não prosperou, e fora, mediante a Lei nº 6.253/2019, novamente acomodada na mesma previsão em que se acomodaram as bebidas alcoólicas, a de 29%.

CONCLUSÕES

Lastreada pela ideia de que os tributos devem guardar relação com a riqueza daqueles de quem se os exige, é na ideia de justiça fiscal, na igualdade material na tributação, na proteção do mínimo vital, que o princípio da capacidade contributiva vai encontrar seu fundamento.

Trata-se de uma expressão do princípio da igualdade no domínio dos impostos, somente se permitindo alcançar pela incidência de determinada exação quem revelar capacidade para suportá-la, os contribuintes com a mesma capacidade pagando os mesmos impostos, e os contribuintes com diferentes capacidades pagando diferentes impostos, seja em termos qualitativos, seja em termos quantitativos.

Autores diversos manifestam não ver necessidade de um preceito constitucional específico a autorizar a vigência do princípio da capacidade contributiva, vinculando seu fundamento jurídico ao sentido e alcance geral da igualdade, decorrente das diversas concretizações constantes do texto constitucional e da sua adequada articulação com os preceitos e princípios constitucionais relativos aos impostos ou mesmo aos direitos fundamentais.

Dessa forma, ainda que a atual Constituição nada previsse expressamente sobre este princípio, este persistiria no direito brasileiro como formulação implícita nas dobras do primado da igualdade.

Em princípio, acreditava-se que a capacidade contributiva seria a causa jurídica da obrigação tributária e que o tributo se justificaria pela contraprestação do Estado da contribuição recebida, vigia a teoria do benefício. Porém, percebeu-se que, além das inúmeras falhas apontadas por teóricos à época, este modelo ignorava o fato de que as pessoas são diferentes em suas capacidades econômicas, o que conduzia à iniquidade, daí o surgimento da teoria do sacrifício, modelo que considera as diferentes capacidades de contribuir, i.e., o rico tem mais capacidade de pagar do que o pobre, visto que as pessoas com mais dinheiro podem se dar ao luxo de se desfazer de mais dinheiro, já que o excedente que possuem vale menos para elas em termos reais, podendo pagar muito mais que os pobres sem que com isso vejam seu bem-estar degradado.

A suplantação da teoria do benefício pela teoria do sacrifício culminou com a passagem do tributo proporcional ao progressivo, vez que, não conseguindo garantir a igualdade de sacrifícios entre os cidadãos, aquele modelo não concretizava a equidade fiscal. Torna-se o tributo, na forma do imposto, instrumento de realização de justiça, operada por meio da redistribuição de rendimentos.

Mas a proteção ao contribuinte quanto ao respeito à sua capacidade em contribuir não se restringe ao mandamento constitucional da adequada gradação dos impostos. Providência de equivalente valia verifica-se também na rigorosa atribuição pelo constituinte a cada ente federativo dos fatos econômicos que lhes ensejarão a exigência de tributos.

Expressamente determinadas pela Constituição Federal, as normas de competência tributárias, pilares a sustentar o Estado Federal, revelam sua importância, tanto na preservação da harmonia entre os entes políticos, na medida em que se evitam disputas predatórias por fatias da arrecadação tributária, quanto na proteção ao cidadão contribuinte de tributação excessiva.

Ora, se nesta forma de Estado, a cada ente federado deve ser assegurada autonomia perante os demais, não submetendo um ao poder financeiro do outro, o que violaria o próprio pacto federativo, é imprescindível que lhe sejam oferecidas fontes de recursos. É neste cenário de harmonização tributária que se insere a distribuição constitucional das competências tributárias, uma vez que, na sua falta, o ente com maior poder político ver-se-ia livre a escolher, e impor aos demais entes, a competência para exigir os tributos que lhe aprouvessem.

Em adição, outra razão da decisão constitucional de repartir rigidamente as competências tributárias justifica-se no fato de que o poder de tributar deve encontrar limites em prol da segurança do contribuinte. Repartir rigidamente as competências tributárias protege o contribuinte contra o exagero da tributação em virtude de uma eventual pretensão de diversas pessoas políticas alcançarem um mesmo fenômeno econômico revelador de capacidade contributiva. Dessa forma, ao se habilitar uma pessoa política a instituir determinado imposto, proíbe-se as demais de fazê-lo.

Figurando no Texto Constitucional brasileiro desde a Carta Magna de 1891, em atenção ao modelo de Estado Federal que se inaugurava, verificou-se que a cada nova Constituição a rigidez das competências tributárias se aprimorou, a ponto de, na Carta de 1988, perceber-se desde logo que ao legislador ordinário é entregue um Sistema Tributário praticamente pronto, restando-lhe pouco a contribuir.

É o que se depreende dos arts. 153, 155 e 156 da CF/88 ao se constatar que o constituinte, ao distribuir taxativamente as competências às unidades federadas, arrola os fenômenos econômicos que lhes servirão de índices de capacidade contributiva. Ademais, sendo certo não esgotarem, os citados dispositivos constitucionais, todas as hipóteses passíveis de revelar capacidade contributiva, o constituinte, no art. 154 da CF/88, admite que a União venha a instituir outros impostos não previstos, porém, na estrita observância do Princípio em estudo, é do que cuida a ressalva de que estes impostos serão não-cumulativos e não terão fato gerador ou base de cálculo próprios dos impostos já discriminados na Constituição.

Percepção de relevo é a de que apesar de todo o zelo dispensado pelo constituinte no delineamento das normas de competência tributárias, elencando-se rigidamente o campo em que cada ente político estaria autorizado a laborar, as Constituições ao longo de sua existência pouco inovaram, limitando-se a manusear as mesmas fontes de capacidade contributiva de onde extrair sua participação, redistribuindo impostos preexistentes, fundindo alguns e eliminando outros.

Ademais, de se observar que, a despeito da rígida delimitação dos campos reservados aos entes federados na obtenção de recursos a satisfazer os custos de suas burocracias, contrariando uma tendência mundial, a Federação brasileira vem experimentando a partir das últimas décadas um movimento de centralização de recursos em favor da União que não é acompanhada de alteração nas atribuições materiais, o que, naturalmente, tem imposto aos Estados e Municípios uma maior sobrecarga fiscal.

Vale-se para tal, a União, da janela propiciada pela Constituição de 1988 que, em seu artigo 195, oportuniza-lhe, mediante a atribuição de competência exclusiva, a criação de contribuições sociais, as quais, com as vantagens de não precisar obedecer às regras e princípios previstos para os impostos tradicionais, como os da anualidade, da não cumulatividade e, principalmente, sem que o produto de sua arrecadação tivesse de ser dividido com as demais esferas governamentais.

Neste sentido, por exemplo, a Cofins, a CSLL e a CPMF, contribuições nas quais não há qualquer contraprestação estatal em favor do contribuinte, pressuposto desta espécie tributária, o que desenganadamente as transforma em impostos com destinação especial incidentes sobre a renda, as vendas ou as transações bancárias, mas que, se criadas sob a designação de imposto, obrigaria o governo federal ao compartilhamento de seu produto com os demais entes da federação.

Por conseguinte, o esvaziamento da arrecadação de impostos compartilhados, mediante a concessão de benefícios fiscais, promovido pela União, consolida sua deliberada prática concentradora.

Ressalte-se tal prática encontrar reprovação também de juristas do direito comparado, os quais apontam injustiça, e não raro, inconstitucionalidade na cobrança de contribuições sociais que perdem a sua natureza causal, transformando-se em autênticos "impostos com destinação especial", nos quais a responsabilidade tributária recai sobre quem não aufere benefícios da ação estatal, nem participa do grupo protegido.

Das aludidas práticas concentradoras de recursos, inevitável a constatação de sua contribuição ao agravamento da regressividade da matriz tributária brasileira, principalmente quanto ao esvaziamento da arrecadação do Imposto de Renda, imposto direto que melhor oportuniza a gradação da exação conforme a capacidade econômica do contribuinte.

Ora, sendo o produto da arrecadação deste imposto partilhado com os entes subnacionais, o encolhimento de sua arrecadação não acarreta maiores danos ao orçamento da União, que se remedia, como mencionado, com seus tributos não compartilháveis.

Já os entes subnacionais veem-se duplamente penalizados: primeiro, com perda nas transferências de fundos; segundo, com a consequente necessidade de se intensificar ainda mais a cobrança de seus tributos próprios, que notadamente, como exaustivamente demonstrado, por incidirem preponderantemente sobre o consumo, contribuem sobremaneira para o agravamento da regressividade da matriz tributária brasileira.

A ilustrar a referida situação foi a desoneração do Imposto de Renda sobre lucros e dividendos ocorrida em 1995, da qual se estima uma redução de receita em R$ 58 bilhões, com perda de receitas para a União de

R$ 29,6 bilhões, para os estados de R$ 12,5 bilhões e para os municípios de R$ 14,3 bilhões.

Quanto ao ICMS incidente em operações interestaduais, uma dissimetria *sui generis* a marcar o federalismo fiscal dos estados é identificada, a não reversão integral de sua receita para o ente político onde se localiza a riqueza que a originou, onde o contribuinte que arcou com o ônus tributário demanda serviços públicos.

Dissimetria que se confirma pela distribuição territorial do perfil econômico brasileiro ter favorecido uma concentração regional assimétrica de investimento, o que potencializou a arrecadação de estados com economias mais dinâmicas, convocando carências de financiamento para todo estado de perfil comprador-consumidor, vez referir-se o ICMS à maior receita pública do país.

Ademais, o sistema de transferências, que em respeito ao Princípio da Equidade Federativa, visaria ao auxílio orçamentário dos entes de escassas fontes de recursos próprios, têm se revelado, paradoxalmente, promotor de iniquidade, de forma que a maneira como as transferências foram sendo conduzidas ao longo das últimas décadas não só fez com que ele não preenchesse essa função, como também concorreu para que elas fossem fruto de novas distorções.

É o que revela estudo apresentado pelo Observatório da Equidade, no qual o maior orçamento *per capita* municipal do país superou em 41 vezes o menor orçamento por habitante. Caso se descontassem as transferências intergovernamentais, essa proporção cairia para 10 vezes.

Outrossim, a despeito das imperfeições verificadas quanto à estrita obediência das competências tributárias comandadas pela Constituição da República, os dois grandes vilões da regressividade sistêmica verificada na matriz tributária brasileira apontados pela doutrina, fundamentada na legislação, foram i) a prevalência da base tributária consumo na arrecadação e ii) a acanhada progressividade verificada na legislação do Imposto de Renda.

Na tributação sobre o consumo, ao verem-se as alíquotas efetivas amiudarem-se frente ao incremento da capacidade contributiva, seu efeito regressivo é inconteste na medida em que, quanto maior a manifestação de riqueza do contribuinte, menor é a porção desta alcançada pela tributação, o que se busca atenuar mediante a gradação seletividade das alíquotas em função da essencialidade do que se tributa. No entanto, nem mesmo o instrumento da seletividade tem se revelado hábil a compensar o citado efeito regressivo, impropriedade que se atribui a dois fatores principais.

Primeiro por sua inerente imperfeição, vez que, ao tempo em que beneficia o contribuinte de baixa renda, aquele que vê seu mínimo existencial ameaçado pela tributação que excede sua capacidade contributiva, também exime da contribuição com a burocracia estatal aquele contribuinte com plena capacidade, o que, de certa forma, revela-se danoso ao erário, vez que o Estado acaba por abrir mão de tributo legítimo.

Segundo, pela inapropriada gradação das alíquotas, em determinadas legislações do ICMS, com respeito ao grau de essencialidade que determinados bens e serviços revelam, como foi o caso identificado na legislação do ICMS do Distrito Federal em que o serviço de comunicação e alguns combustíveis líquidos, a despeito de se revelarem essenciais, são tributados a alíquota superior à aplicada a mercadorias consideradas de luxo, e por um ponto percentual se igualariam à alíquota incidente sobre mercadorias consideradas de menor essencialidade e nocivas à saúde.

Outrossim, constatou-se que as próprias decisões do Poder Judiciário têm contribuído para o desmantelamento de uma já precária progressividade da matriz tributária brasileira, do que é demonstração a decisão do Egrégio Tribunal ao limitar a alíquota incidente sobre o fornecimento de energia elétrica (no caso em estudo haviam duas alíquotas, 12% e 25%, a depender do consumo aferido) à alíquota modal do ICMS (17%), restringindo-se, portanto, a possibilidade de uma maior distribuição na graduação da exação conforme as diversas capacidades contributivas reveladas, vez que, quanto maior o consumo de eletricidade, de se presumir maior desfrute de bens e comodidades pelo contribuinte, o que, em certa medida, demonstra capacidade econômica.

Note-se no caso ilustrativo apresentado a existência de duas alíquotas, uma menor de 12%, incidente sobre as contas que revelem baixo consumo, e uma maior, de 25%, incidente sobre contas que ultrapassam aquele limite, o que revela seu caráter de progressividade. Neste sentido, o que a decisão de se limitar o teto da tributação à alíquota modal das respectivas unidades da federação promove é, mais uma vez, a mitigação da carga tributária atribuída aos mais favorecidos economicamente, haja vista, ao contribuinte de baixa renda, a previsão de alíquota menor já haver cuidado de sua proteção. Neste sentido, mais sensato reverlar-se-ia um maior escalonamento na quantidade de alíquotas, não o achatamento de seu teto.

Ademais, migrando para o tributo que, conforme exposto pela doutrina fora instituído com o propósito de se promover uma compensação na regressividade provocada pela tributação sobre o consumo (Imposto de Importação, à época), e ainda, tido como o imposto que mais capacidade dispõe de atender os princípios da capacidade econômica e da pessoalidade comandados pelo art. 145, §1º, da Constituição de 1988, o Imposto de Renda não tem se revelado eficaz na missão de compensar a citada regressividade, e os fatores são diversos.

Historicamente, o Imposto de Renda sempre foi merecedor de resistências das elites econômicas e políticas, tanto em relação à sua instituição, quanto à progressividade de suas alíquotas, quando instituído. Em raríssimos períodos na história mundial, notadamente os protagonizados pelas guerras ou por crises econômicas, tais resistências viram-se superadas e o "capital" assumiu o protagonismo no financiamento das despesas estatais, mas superadas tais dificuldades, rapidamente a proteção ao capital se restabeleceu.

Foi o que se verificou, por exemplo, em 1970 com a ofensiva ideológica e política global contra o Estado regulador e os direitos universais dos cidadãos às políticas de bem-estar, com destaque para a redução da carga tributária sobre o capital e indivíduos de alta renda, o que, inevitavelmente culminou com o esvaziamento da progressividade tributária.

Atualmente, a livre circulação do capital mundial é outro fator a fragilizar o imposto progressivo sobre a renda na medida em que as nações, com o propósito de atrair investimentos para seus territórios, valem-se de desonerações tributárias, o que provoca uma disputa fiscal entre os países, com reduções principalmente do imposto sobre os lucros das empresas e isenção de juros, dividendos e outras rendas financeiras.

Tendência que se refletiu no Brasil em 1988 com o advento da Lei nº 7.713/1988. Reduziram-se a quantidade e os percentuais das alíquotas da tabela progressiva do Imposto de Renda das Pessoas Físicas, com o número de alíquotas passando de oito para apenas duas e seu percentual máximo restringindo-se a 25%, e, menos de uma década depois, reduz-se a tributação sobre o lucro das pessoas jurídicas e isenta-se o recebimento de dividendos.

E a enfatizar o descomprometimento do legislador ordinário com a progressividade do Imposto de Renda, de se ressaltar que, paradoxalmente, o parlamentar que promulga a Constituição Federal (1988), fortalecendo a ideia da progressividade do Imposto de Renda na Constituição Cidadã, à medida que determina a progressividade como critério informativo seu, é o mesmo que edita a lei que promove significativo esvaziamento da progressividade até então verificada, a já mencionada Lei nº 7.713/1988.

A reforçar o entendimento de que a mitigação dos efeitos da progressividade do Imposto de Renda é uma preferência do legislador ordinário, que deliberadamente atenta contra sua existência, está a edição da Lei nº 9.249/1995, que exclui do campo de incidência do IR os dividendos distribuídos a acionistas de empresas, e reduz a tributação sobre o IRPJ.

Fato é que, ao longo deste estudo foram identificadas afrontas incontestes ao mandamento da progressividade do Imposto de Renda, desde o silêncio das autoridades quanto a providências necessárias à sua efetividade, como é o caso da não correção da tabela de faixas de tributação, até as ações deliberadas contra tal mandamento, mediante atos do poder legislativos.

Desta forma, o estudo da legislação tributária positivada no Brasil é inequívoco em demonstrar que o legislador ordinário não tem demonstrado compromisso com respeito ao critério informativo constitucional da progressividade do Imposto de Renda, ao contrário, o que se verifica são atos deliberadamente atentatórios a este mandamento constitucional.

Os grandes números da DIRPF são categóricos em demonstrar o que se expõe. A valer-se dos extratos amostrais representados pelas declarações apresentadas nos anos-bases de 2013 e 2018, esta pesquisa demonstrou que a alíquota efetiva tende a ser crescente enquanto a principal base tributada vincula-se ao trabalho assalariado, a partir daí, onde o rendimento do capital se torna predominante, a alíquota efetiva entra em uma queda contínua até atingir o topo das maiores rendas. A constatação mais preocupante é a de que a alíquota efetiva no topo das maiores rendas na amostragem mais recente, a referente ao ano-base 2018, se apresentou inferior à que fora verificada em 2013.

Na mesma esteira, há de se ressaltar a intransponível resistência oferecida pelo poder econômico a qualquer alteração legislativa que tenha como objetivo a tributação do capital ou do patrimônio, do que é exemplo a previsão constitucional da instituição do IGF, que, embora já contar com mais de três décadas, nunca conseguiu se ver instituído, e que, conforme doutrina majoritária, justamente em virtude do poder de influência que o poder econômico exerce sobre o poder político, jamais o será.

Ademais, ainda a ilustrar a forte influência do poder econômico a nortear os rumos da tributação no Brasil, são as resistências opostas a qualquer tentativa de reforma tributária com o fim de se efetivar uma mais justa distribuição da carga tributária, com consequente redução das desigualdades.

Nessa trilha, registre-se o recente arquivamento, pelo Senado Federal, do Projeto de Lei nº 2.337/2021, o qual, propondo correções nas atuais distorções da legislação do Imposto de Renda afrontivas ao princípio da capacidade contributiva, contribuiria sobremaneira para a mitigação dos principais fatores a qualificar a matriz tributária brasileira como regressiva em seu conjunto. Com seu arquivamento, nem mesmo a modesta proposta de correção da tabela do IRPF, que teria como grande beneficiário o contribuinte de baixa renda, viu-se materializada.

Ante o exposto, de se concluir que o legislador ordinário, ao tempo em que manifesta preferência pela ampliação da base de tributação consumo, não tem se revelado obediente ao critério informativo da progressividade do Imposto de Renda prescrito no art. 153, § 2º, I da CF/88.

Por conseguinte, linhas gerais, demonstra-se não se encontrar a matriz tributária brasileira em harmonia com o que prevê o art. 145, §1º da Constituição Federal de 1988, quanto à observância, sempre que possível, na exigência de impostos, da capacidade contributiva do sujeito da exação, o que tem contribuído sobremaneira para que os objetivos previstos na Constituição da República Federativa do Brasil, esculpidos em seu art. 3º não tenham encontrado condições bastantes de se verem satisfeitos.

Fato é que, na busca de se compreender as razões pelas quais não se consegue suplantar o *status quo* da regressividade sistêmica da matriz tributária brasileira, com vistas a se propor medidas à sua superação, o que se percebe é a existência de um ciclo vicioso a justificar sua intransponibilidade.

Este ciclo se inicia com a constatação de que, conforme apontado pela doutrina, países com forte assimetria política, com acentuada desigualdade econômica entre os segmentos da base e do topo da pirâmide social, poupam os indivíduos que recebem maiores rendimentos e detêm grande patrimônio, com o peso da tributação sendo deslocado sobretudo para a incidência sobre os bens e serviços.

A fechá-lo, apresenta-se a teoria de que pelo fato de não existir um critério válido universalmente aceito a identificar as necessidades a serem providas pelo Estado e quais deverão ser satisfeitas pelos particulares, a necessidade se torna pública por decisão de órgãos políticos que circunscreve o raio de atuação do Estado a escolhas políticas a traduzirem eventuais preferencias do poder político, que, como visto, no Brasil, sempre esteve a serviço do poder econômico.

Desta forma, a confirmar a hipótese levantada ao se iniciar este trabalho, é de se concluir que a persistente regressividade sistêmica verificada na matriz tributária brasileira é resultado de uma dominação irresistível de poderosas unidades econômicas, implicando a atividade econômica em muitos setores o confronto de poderes contratuais desiguais, dirigindo-se o centro do poder econômico contra o poder político, influenciando-o ou dominando-o.

Ademais, ante o que se identifica como possível motivação da persistente e sistêmica regressividade da matriz tributária brasileira, demandam-se providências no sentido de que se promovam ações com vistas à sua mitigação e, em consequência, à criação de um ambiente favorável ao atingimento da justa e equânime distribuição da carga tributária, com adequada redistribuição de renda e redução da desigualdade social.

Oferece-se, pois, um marco a novas pesquisas no sentido de que esforços sejam envidados no intuito de se vislumbrar mecanismos aptos a afastar, ou mesmo, arrefecer a regressividade sistêmica verificada na matriz tributária brasileira.

REFERÊNCIAS

ALCHOURRÓN, Carlos E.; BULYGIN, Eugenio. **Analisis logico y Derecho**. Madrid: Centro de Estudios Constitucionales, 1991.

ALCHOURRÓN, Carlos E.; BULYGIN, Eugenio. **Introducción a la Metodologia de las Ciencias Jurídicas y Sociales**. Buenos Aires: Astrea, 1998.

ALEXANDRE, Ricardo. **Direito Tributário Esquematizado**. São Paulo: Forense, 2016.

ALEXANDRINO, Marcelo; PAULO, Vicente. **Direito Tributário na Constituição e no STF**. 17. ed. São Paulo: Método, 2014.

AMARO, Luciano. **Direito Tributário Brasileiro**. 16. ed. São Paulo: Saraiva, 2010.

AMED, Fernando José; NEGREIRO, Plínio José Labriora de Campos. **História dos Tributos no Brasil**. São Paulo: SINAFRESP, 2012.

ARAÚJO NETO, Pedro Lopes de. Impactos das Políticas Tributárias da União no Federalismo Fiscal Brasileiro. *In*: FAGNANI, Eduardo (Org.). **A Reforma Tributária Necessária: diagnósticos e premissas**. Brasília: ANFIP, 2018, p. 586–599.

ATALIBA, Geraldo. **Hipótese de Incidência Tributária**. 6. ed. São Paulo: Malheiros, 2006.

ATALIBA, Geraldo. **Sistema Constitucional Tributário Brasileiro**. São Paulo: Revistas dos Tribunais, 1968.

ATIENZA, Manuel; MANERO, Juan Ruiz. **Las Piezas Del Derecho: teoría de los enunciados jurídicos**. Barcelona: Ariel, 2004.

ÁVILA, Humberto. IVA, Uma Proposta Inconstitucional: a proposta de introduzir o Imposto Sobre o Valor Agregado, que consta no programa de Fernando Haddad, pode alterar a estrutura federativa. **Exame**, 2018. Disponível em: https://exame.com/colunistas/opiniao/iva-uma-proposta-inconstitucional/. Acesso em: 12 jun. 2022.

ÁVILA, Humberto. **Sistema Constitucional Tributário**. 5. ed. São Paulo: Saraiva, 2012.

ÁVILA, Humberto. **Teoria dos Princípios: da definição à aplicação dos princípios jurídicos**. 2. ed. São Paulo: Malheiros, 2003.

BALEEIRO, Aliomar; DERZI, Misabel Abreu Machado. **Direito Tributário Brasileiro: CTN comentado**. 14. ed. Rio de Janeiro: Forense, 2018. *E-book*.

BELTRÁN, Jordi Ferrer. **Las Normas de Competencia: un aspecto de la dinámica jurídica**. Madrid: Centro de Estudios Políticos y Constitucionales, 2000.

BITTAR, Eduardo C. B.; DE ALMEIDA, Guilherme Assis. **Curso de Filosofia do Direito**. 14. ed. São Paulo: Atlas, 2019.

BORGES, José Souto Maior. **Introdução ao direito Financeiro**. São Paulo: Max Limonad, 1998.

BRASIL. ADPF 655 de 03 de março de 2020.

BRASIL. Constituição da República Federativa do Brasil. Disponível em: http://www.planalto.gov.br/ccivil_03/constituicao/constituicao.htm. Acesso em: 19 nov. 2020.

BRASIL. Constituição da República Federativa do Brasil. Disponível em: https://www.planalto.gov.br/ccivil_03/Constituicao/Constituicao34.htm. Acesso em: 24 jun. 2022.

BRASIL. **Estimativa da Carga Tributária Bruta no Brasil – 2019**. Brasília-DF: Secretaria do Tesouro Nacional – Ministério da Fazenda, 2019. Disponível em: https://cdn.tesouro.gov.br/sistemas-internos/apex/producao/sistemas/thot/arquivos/publicacoes/32076_1105936/Boletim_CTB_2019.pdf?v=3400. Acesso em: 16 ago. 2021.

BRASIL. **Funcionalidade do Sistema Tributário e Desempenho das Administrações Tributárias**. Brasília-DF: Senado Federal, 2017. Disponível em: https://legis.senado.leg.br/sdleg-getter/documento?dm=7229607&disposition=inline. Acesso em: 7 jun. 2022.

BRASIL. **Relatório do Grupo de Trabalho Destinado a Avaliar a Funcionalidade do Sistema Tributário Nacional**. Brasília: Senado Federal, 2017.

BRASIL, Presidência da República. **Indicadores de Equidade do Sistema Tributário Nacional**. Brasília: Observatório da Equidade, 2009. Disponível em: http://www.oimtmunicipal.org.br/abre_documento.cfm?arquivo=_repositorio/_oim/_documentos/4E5294A7-BA23-D854-8FB7E321DEA8C1B013102009113445.PDF&i=846. Acesso em: 5 fev. 2022.

BULYGIN, Eugenio; MENDONCA, Daniel. **Normas y Sistemas Normativos**. Madri: Marcial Pons, 2005.

CALDEIRA, Jorge. **História da Riqueza no Brasil: cinco séculos de pessoas, costumes e governos**. Rio de Janeiro: Estação Brasil, 2017.

CARRAZZA, Roque Antônio. **Curso de Direito Constitucional Tributário**. 29. ed. São Paulo: Malheiros, 2013.

CARRAZZA, Roque Antônio. **Imposto Sobre a Renda (Perfil Constitucional e Temas Específicos)**. São Paulo: Malheiros, 2005.

CARVALHO, Paulo de Barros. **Curso de Direito Tributário**. 30. ed. São Paulo: Saraiva jur, 2019.

CARVALHO, Paulo de Barros. **Direito Tributário: linguagem e método**. 7. ed. São Paulo: Noeses, 2018.

CHIESA, Clélio. **A Competência Tributária do Estado Brasileiro: desonerações nacionais e imunidades condicionadas**. São Paulo: Max Limonad, 2002.

COÊLHO, Sacha Calmon Navarro. **Curso de Direito Tributário Brasileiro**. 17. ed. Rio de Janeiro: Forense, 2020. *E-book*.

COÊLHO, Sacha Calmon Navarro. **Curso de Direito Tributário Brasileiro**. 16. ed. Rio de Janeiro: Forense, 2018. Disponível em: https://integrada.minhabiblioteca.com.br/#/books/9788530979935/cfi/6/10!/4/22/2@0:100.

CONTI, José Maurício. **Princípios Tributários da Capacidade Contributiva e da Progressividade**. São Paulo: Dialética, 1996.

CONTI, José Maurício; SCAFF, Fernando Facury (Orgs.). **Orçamentos Públicos**

e Direito Financeiro. São Paulo: Revista dos Tribunais, 2011.

COSTA, Regina Helena. **Curso de Direito tributário: Constituição e Código Tributário Nacional**. 9. ed. São Paulo: Saraiva Jur, 2019.

COSTA, Regina Helena. **Princípio da Capacidade Contributiva**. São Paulo: Malheiros, 1993.

DALLARI, Dalmo de Abreu. **Elementos de Teoria Geral do Estado**. 33. ed. São Paulo: Saraiva, 2016.

DE ALMEIDA, Edvaldo Nilo; DICKENS, Charles. Reforma Tributária e Temas Relacionados aos Serviços Sociais Autônomos: financiamento, sujeição ativa, poder de isenção e imunidade. *In*: ROCHA, Wesley (Org.). **Reforma Tributária em Pauta**. São Paulo: Almedina, 2021, p. 173–210.

DE GODOI, Marciano Seabra. Tributo e Solidariedade Social. *In*: DE GODOI, Marciano Seabra; GRECO, Marco Aurélio (Orgs.). **Solidariedade Social e Tributação**. São Paulo: Dialética, 2005.

DE MELLO, Celso Antônio Bandeira. **O Conteúdo Jurídico do Princípio da Igualdade**. 3. ed. São Paulo: Malheiros, 2001.

DE OLIVEIRA, Fabrício Augusto; CHIEZA, Rosa Angela. Auge e Declínio da Federação Brasileira: 1988-2017. *In*: FAGNANI, Eduardo (Org.). **A Reforma Tributária Necessária: diagnósticos e premissas**. Brasília: ANFIP, 2018, p. 559–585.

DE SOUSA, Rubens Gomes. **Compêndio de Legislação Tributária**. Edição Póstuma. São Paulo: Resenha Tributária, 1975.

DE SOUZA, JOÃO MARCOS. Tributos Sobre Consumo: novo modelo para um Brasil mais justo. *In*: FAGNANI, Eduardo (Org.). **A Reforma Tributária Necessária: diagnósticos e premissas**. Brasília: ANFIP, 2018, p. 502–516.

FERRAZ JR., Tércio Samapaio. **Introdução ao Estudo do Direito**. 11. ed. São Paulo: Atlas, 2019.

FERRAZ JR., Tércio Samapaio; BORGES, Guilherme Roman. **A Superação do Direito como Norma: uma revisão descolonial do direito brasileiro**. São Paulo: Almedina, 2020.

FOLLADOR, Guilherme Broto. **As Normas de Competência Tributária**. São Paulo: Almedina, 2021.

FONTES, José. **Teoria Geral do Estado e do Direito**. 3. ed. Coimbra: Coimbra, 2010.

FONTEYNE, Alexis. Onde Está a Real Regressividade do Sistema Tributário Brasileiro? *In*: ROCHA, Wesley (Org.). **Reforma Tributária em Pauta**. São Paulo: Almedina, 2021, p. 29–37.

FRAGA NETO, Armínio. Estado, Desigualdade e Crescimento no Brasil. **Novos Estudos CEBRAP**, v. 38, p. 613–634, 2019.

GAMA, Tácio Lacerda. **Competência Tributária: fundamentos para uma teoria da nulidade**. 3. ed. São Paulo: Noeses, 2020.

GASSEN, Valcir. **Equidade e Eficiência da Matriz Tributária Brasileira**. Brasília: Consulex, 2012.

GASSEN, Valcir; VALADÃO, Marcos Aurélio Pereira. **Tributação nos Estados Unidos e no Brasil: estudo comparativo da matriz tributária**. São Paulo: Almedina, 2020.

GOBETTI, Sérgio Wulff; ORAIR, Rodrigo Octávio. EconStor. **Progressividade Tributária: a agenda negligenciada**, 2016. Disponível em: https://www.econstor.eu/handle/10419/144626. Acesso em: 14 out. 2020.

GUASTINI, Ricardo. **Distinguiendo: estudios de teoría y metateoría del derecho**. Barcelona: Gedisa, 1999.

GUTIERREZ, Miguel Delgado. **Imposto de Renda: princípios da generalidade, da**

universalidade e da progressividade. São Paulo: Quartier Latin, 2004. (Série Doutrina Tributária v. XI).

HARADA, Kiyoshi. **Direito Financeiro e Tributário**. 19. ed. São Paulo: Atlas, 2010.

HART, Herbert L. A. **El Concepto de Derecho**. 3. ed. Buenos Aires: AbeledoPerrot, 2009.

HART, Herbert L. A. **O Conceito de Direito**. 3. ed. Lisboa: Fundação Calouste Gulbenkian, 2001.

HOLMES, Stephen; SUNSTEIN, Cass R. **O Custo dos Direitos: por que a liberdade depende dos impostos**. Trad. Marcelo Brandão Cipolla. São Paulo: WMF Martins Fontes, 2019.

HORTA, André. Os Estados na Crise do Federalismo Fiscal Brasileiro: perspectivas, assimetrias e tempestividade. *In*: FAGNANI, Eduardo (Org.). **A Reforma Tributária Necessária: diagnósticos e premissas**. Brasília: ANFIP, 2018, p. 601–612.

INTROÍNI, Paulo Gil Hölck; DOS SANTOS, Dão Real Pereira; SIQUEIRA, Marcelo Lettieri; *et al.* Tributação Sobre a Renda da Pessoa Física: Isonomia como princípio fundamental de justiça fiscal. *In*: FAGNANI, Eduardo (Org.). **A Reforma Tributária Necessária: diagnóstico e premissas**. Brasília: ANFIP, 2018, p. 245–281.

JUNQUEIRA, Murilo de Oliveira. **O Nó Tributário: por que não se aprova uma reforma tributária no Brasil**. Dissertação (Mestrado), Universidade de São Paulo – USP, São Paulo, 2010.

KFOURI JR, Anis. **Curso de Direito Tributário**. 4. ed. São Paulo: Saraiva, 2018. Disponível em: https://integrada.minhabiblioteca.com.br/#/books/9788553600250/. Acesso em: 2 dez. 2020.

LEAL, Augusto Cesar de Carvalho Leal. (In)Justiça Social por Meio dos Tributos: a finalidade redistributiva da tributação e a regressividade da matriz tributária brasileira. *In*: GASSEN, Valcir (Org.). **Equidade e Eficiência da Matriz Tributária Brasileira: diálogos sobre Estado, Constituição e Direito Tributário**. Brasília-DF: Consulex, 2012, p. 149–191.

LEONETTI, CARLOS ARAÚJO. **Imposto Sobre a Renda como Instrumento de Justiça Social no Brasil**. Barueri – SP: Manole, 2003.

LOBO TORRES, Ricardo. **Curso de Direito Financeiro e Tributário**. 18. ed. Rio de Janeiro: Renovar, 2011.

LOBO TORRES, Ricardo. **Tratado de Direito Constitucional Financeiro e Tributário: os tributos na Constituição**. Rio de Janeiro: Renovar, 2007.

MACHADO, Hugo de Brito. **Curso de Direito Constitucional Tributário**. 2. ed. São Paulo: Malheiros, 2015.

MACHADO, Hugo de Brito. **Curso de Direito Tributário**. 31. ed. São Paulo: Malheiros, 2010.

MACHADO SEGUNDO, Hugo de Brito. **Código Tributário Nacional**. 7. ed. Rio de Janeiro: Atlas, 2018. Disponível em: https://integrada.minhabiblioteca.com.br/#/books/9788597015720/cfi/6/22!/4@0:0. Acesso em: 15 out. 2020.

MACHADO SEGUNDO, Hugo de Brito. **Manual de Direito Tributário**. 11. ed. Rio de Janeiro: Atlas, 2019. Disponível em: https://integrada.minhabiblioteca.com.br/#/books/9788597020717/cfi/6/4!/4/2/4@0:0.

MAIA, Mary Elbe Gomes Queiroz. **Imposto Sobre a Renda e Proventos de Qualquer Natureza: princípios, conceitos, regra-matriz de incidência, mínimo existencial, retenção na fonte, renda**

transnacional, lançamento, apreciações críticas. Barueri – SP: Manole, 2004.

MILL, John Stuart. **Princípios de Economia Política**. [s.l.]: LeBooks, [s.d.]. Disponível em: https://www.academia.edu/41575456/STUART_MILL_John_Principios_de_Economia_Politica_pdf.

MOSCHETTI, Francesco. **El Principio de Capacidad Contributiva**. Trad. Juan M. Calero Gallego; Rafael Navas Vazquez. Madrid: Instituto de Estudios Fiscales, 1980.

MURPHY, Liam; NAGEL, Thomas. **O Mito da Propriedade**. São Paulo: Martins Fontes, 2005.

MUSGRAVE, Richard A. **Teoria das Finanças Públicas: um estudo de economia governamental**. Trad. Auriphebo Berrance Simões. São Paulo: Atlas, 1976.

NABAIS, José Casalta. **O Dever Fundamental de Pagar Impostos: contributo para a compreensão constitucional do estado fiscal contemporâneo**. Coimbra: Almedina, 2012.

NEVES, Marcelo. **A Constitucionalização Simbólica**. 3. ed. São Paulo: Martins Fontes, 2018.

NINO, Carlos Santiago. **Introducción al Análisis del Derecho**. 2. ed. Buenos Aires: Astrea, 2003.

NOGUEIRA, Júlia de Menezes. **Imposto sobre a Renda na Fonte**. São Paulo: Quartier Latin, 2007.

NUNES, Cleucio Santos. **Justiça tributária**. Belo Horizonte: Fórum, 2019.

PAULSEN, Leandro. **Curso de Direito Tributário Completo**. 11. ed. São Paulo: Saraiva Educação, 2020. *E-book*.

PIKETTY, Thomas. **O Capital no Século XXI**. Rio de Janeiro: Editora Intrínseca Ltda, 2014.

RAZ, Joseph. **The Concept of a Legal System: an introduction to the theory of legal system**. 2. ed. Oxford: Oxford University Press, 1980.

REALE, Miguel. **Lições Preliminares de Direito**. 27. ed. São Paulo: Saraiva, 2002.

REZENDE, Fernando. **A Reforma Tributária e a Federação**. Rio de Janeiro: FGV, 2009.

RIBEIRO, Darcy. **Teoria do Brasil**. Rio de Janeiro: Paz e Terra, 1972.

RIBEIRO, Ricardo Lodi. **Temas de Direito Constitucional Tributário**. Rio de Janeiro: Lumen Juris, 2009.

ROSS, Alf. **Lógica de Las Normas**. Madrid: Tecnos, 1971.

ROSS, Alf. **Sobre el Derecho y la Justicia**. Trad. Genaro R. Carrió. Buenos Aires: Editorial Universitária de Buenos Aires, 1963.

SACCHETTO, Cláudio. O Dever de Solidariedade no Direito Tributário: O Ordenamento Italiano. *In*: GRECO, Marco Aurélio; DE GODOI, Marciano Seabra (Orgs.). **Solidariedade Social e Tributação**. São Paulo: Dialética, 2005.

SANDEL, Michael J. **Justiça: o que é fazer a coisa certa**. Trad. Heloísa Matias; Maria Alice Máximo. Rio de Janeiro: Civilização Brasileira, 2015. *E-book*.

SCHOUERI, Luís Eduardo. **Direito Tributário**. 9. ed. São Paulo: Saraiva jur, 2019.

SILVA, José Afonso da. **Curso de Direito Constitucional Positivo**. 37. ed. São Paulo: Malheiros, 2014.

SILVA JÚNIOR, Valter Peixoto da. A viabilidade da regulamentação do imposto sobre grandes fortunas (IGF). **Revista Jus Navigandi**, n. 4409, 2015. Disponível em: https://jus.com.br/artigos/41021. Acesso em: 29 maio 2021.

Sindicato Nacional dos Auditores Fiscais da Receita Federal do Brasil. **A Defasagem na Correção da Tabela do Imposto de Renda Pessoa Física**. Brasília: Sindifisco Nacional, 2022.

SPAAK, Torben. The Concept of Legal Competence. **The IVR Encyclopeadia of Jurisprudence, Legal Theory and Philosophy of Law**, 2005. Disponível em: http://ssrn.com/abstract=923531. Acesso em: 12 jan. 2021.

TAKAR, Téo. **Bolsonaro não corrige tabela e obriga 10,5 milhões a pagar Imposto de Renda – 27/02/2021 – UOL Economia**. Uol. Disponível em: https://economia.uol.com.br/imposto-de-renda/noticias/redacao/2021/02/27/ir-2021-defasagem-de-113-na-tabela-obriga-105-milhoes-a-pagarem-imposto.htm. Acesso em: 16 jan. 2022.

TORRES, Ricardo Lobo. Existe um Princípio Estrutural da Solidariedade? *In*: GRECO, Marco Aurélio; DE GODOI, Marciano Seabra (Orgs.). **Solidariedade Social e Tributação**. São Paulo: Dialética, 2005.

TREVISAN, Rosaldo. **O Imposto de Importação e o Direito Aduaneiro Internacional**. São Paulo: LEX, 2018.

VALLE, Maurício Dalri Timm do. **Princípios Constitucionais e Regras-Matrizes de Incidência do Imposto Sobre Produtos Industrializados – IPI**. Curitiba: Noeses, 2016.

VIEIRA, José Roberto. A Extrafiscalidade da Lei 12.715/2012 e a Capacidade Contributiva: a convivência do lobo e do cordeiro? *In*: **Revista de Direito Tributário**. 118. ed. São Paulo: Malheiros, 2013.

VIEIRA, José Roberto. E, Afinal, A Constituição Cria Tributos! *In*: TÔRRES, Heleno Taveira (Org.). **Teoria Geral da Obrigação Tributária: estudos em homenagem ao professor José Souto Maior Borges**. São Paulo: Malheiros, 2005, p. 594–642.

VIEIRA, José Roberto. O Papel da Lei Complementar no Estabelecimento das Fronteiras IPI x ISS: óculos para macacos. **IBET Instituto Brasileiro de Estudos Tributários**, 2013.

VIEIRA, José Roberto. Uma Cruzada de Souto Contra o Instinto de Rebanho: a Constituição brasileira como berço dos tributos. *In*: BERNARDES, Flávio Couto; DA MATA, Juselder Cordeiro; LOBATO, Valter de Souza (Orgs.). **ABRADT: Estudos em Homenagem ao Professor José Souto Maior Borges**. Belo Horizonte: Arraes Editores, 2022.

VIEIRA, José Roberto; VALLE, Maurício Dalri Timm do. Incentivos Tributários ao Turismo no Brasil: excelências e excrescências da extrafiscalidade. *In*: DOMINGOS, Francisco Nicolau; PISCITELLI, Tathiane (Orgs.). **Direito Tributário do Turismo: um desafio do século XXI**. [s.l.]: Marcial Pons, 2021, p. 391–420.

VON WRIGHT, G. Henrik. **Norma y Acción: una investigación lógica**. Madrid: Tecnos, 1970.

ZILVETI, Fernando Aurélio. **Princípios de Direito Tributário e a Capacidade Contributiva**. São Paulo: Quartier Latin, 2004.